CONTES ET NOUVELLES ROMANTIQUES
DE BALZAC À VIGNY

ÉTUDE DES ŒUVRES PAR
MARC SAVOIE

COLLECTION
PARCOURS D'UN GENRE

SOUS LA DIRECTION DE MICHEL LAURIN

Beauchemin
CHENELIÈRE ÉDUCATION

Contes et nouvelles romantiques : de Balzac à Vigny
Choix de textes

Édition présentée, annotée et commentée
par Marc Savoie, enseignant au Collège Ahuntsic

Collection « Parcours d'un genre »

Sous la direction de Michel Laurin

© 2008 Groupe Beauchemin, Éditeur Ltée

Édition : Johanne O'Grady, Sophie Gagnon
Coordination : Johanne O'Grady
Révision linguistique : Carole Pâquet
Correction d'épreuves : Christine Langevin
Conception graphique : Josée Bégin
Infographie : Transcontinental Transmédia

Tableau de la couverture :
Tigre attaquant un cheval sauvage (vers 1826-1829).
Louvre, Paris, France/The Bridgeman Art Library.
Œuvre d'**Eugène Delacroix,** peintre français lié au mouvement romantique (1798-1863).

**Catalogage avant publication
de Bibliothèque et Archives nationales du Québec
et Bibliothèque et Archives Canada**

Contes et nouvelles romantiques : de Balzac à Vigny

(Collection Parcours d'un genre)
« Choix de textes ».

Comprend des réf. bibliogr.
Pour les étudiants du niveau collégial.

ISBN 978-2-7616-4622-2

1. Nouvelles françaises. 2. Roman français – 19e siècle.
3. Nouvelles françaises – Histoire et critique. 4. Roman français –
19e siècle – Histoire et critique. 5. Romantisme – France.
i. Savoie, Marc, 1966- . ii. Collection.

PQ1276.R7C66 2007   843'.0108145   C2007-942002-8

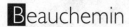

CHENELIÈRE ÉDUCATION

5800, rue Saint-Denis, bureau 900
Montréal (Québec) H2S 3L5 Canada
Téléphone : 514 273-1066
Télécopieur : 514 276-0324 ou 1 800 814-0324
info@cheneliere.ca

ISBN 978-2-7616-4622-2

Dépôt légal : 1er trimestre 2008
Bibliothèque et Archives nationales du Québec
Bibliothèque et Archives Canada

Imprimé au Canada

3 4 5 6 7 M 19 18 17 16 15

Nous reconnaissons l'aide financière du gouvernement du Canada par l'entremise du Fonds du livre du Canada (FLC) pour nos activités d'édition.

Gouvernement du Québec – Programme de crédit d'impôt pour l'édition de livres – Gestion SODEC.

À ma mère.

TABLE DES MATIÈRES

PRÉSENTATION DE L'ŒUVRE — 227

Plongée dans l'œuvre 301

Annexes 317

La littérature romantique est la seule qui soit susceptible encore d'être perfectionnée, parce qu'ayant ses racines dans notre propre sol, elle est la seule qui puisse croître et se vivifier de nouveau : elle exprime notre religion ; elle rappelle notre histoire ; son origine est ancienne, mais non antique.

Mme de Staël, De l'Allemagne.

Les littératures romantiques [...] ont leurs mérites, leurs exploits, leur rôle brillant, mais en dehors des cadres ; elles sont à cheval sur deux ou trois époques, jamais établies en plein dans une seule, inquiètes, chercheuses, excentriques de leur nature, ou très en avant ou très en arrière, volontiers ailleurs, — errantes. [...]

Le classique, je le répète, a cela, au nombre de ses caractères, d'aimer sa patrie, son temps, de ne voir rien de plus désirable ni de plus beau ; il en a le légitime orgueil. [...]

Le romantique a la nostalgie, comme Hamlet ; il cherche ce qu'il n'a pas, et jusque par-delà les nuages ; il rêve, il vit dans les songes. Au dix-neuvième siècle, il adore le Moyen Âge ; au dix-huitième siècle, il est déjà révolutionnaire avec Rousseau.

Sainte-Beuve, Causeries du Lundi.

Le Phare (1866).
Victor Hugo (1802-1885).

INTRODUCTION

LES ROMANTIQUES ET LE RÉCIT BREF

Ce qui caractérise la littérature française par rapport à la littérature québécoise, c'est qu'elle permet une classification par courants : romantisme, réalisme, symbolisme, surréalisme, existentialisme, etc. S'il est pratique pour les anthologistes et les enseignants, ce découpage a toutefois le désavantage d'uniformiser les œuvres d'écrivains qui, malgré qu'ils appartiennent à une même école de pensée, n'en poursuivent pas moins des voies toutes personnelles.

Ce recueil de 11 contes et nouvelles en est une preuve flagrante. Balzac, Stendhal et Mérimée, qui paveront éventuellement la voie au réalisme, y côtoient Nodier et Hugo, figures de proue du romantisme. L'élégance aristocratique du style de Musset s'y oppose à l'inspiration rurale de Sand. Le fantastique populaire d'un Dumas tranche avec l'érudition d'un Nerval ou d'un Gautier, dont la nouvelle annonce déjà le Parnasse. Enfin, le thème de l'abnégation, si présent dans l'œuvre de Vigny, semble de prime abord en contradiction avec la soif de liberté chère aux romantiques.

Bien sûr, force est de constater que ces distinctions contribuent à la fois à la richesse du recueil et à celle du romantisme même. Comment pourrait-il en être autrement, puisque, après tout, être romantique, c'est d'abord valoriser l'expression individuelle. En cela, tous ces auteurs font corps, et l'ensemble des contes et nouvelles du présent recueil témoigne à merveille de cette idée qui marque l'entrée de la littérature dans le monde moderne.

Honoré
DE BALZAC
1799-1850

UNE PASSION DANS LE DÉSERT

— Ce spectacle est effrayant ! s'écria-t-elle en sortant de la ménagerie[1] de monsieur Martin[2].

Elle venait de contempler ce hardi spéculateur *travaillant* avec sa
hyène, pour parler en style d'affiche[3].

5   — Par quels moyens, dit-elle en continuant, peut-il avoir apprivoisé
ses animaux au point d'être assez certain de leur affection pour…

— Ce fait, qui vous semble un problème, répondis-je en l'inter-
rompant, est cependant une chose naturelle…

— Oh ! s'écria-t-elle en laissant errer sur ses lèvres un sourire
10   d'incrédulité.

— Vous croyez donc les bêtes entièrement dépourvues de passions ? lui demandai-je, apprenez que nous pouvons leur donner tous
les vices dus à notre état de civilisation.

N.B. : Les quatre extraits des œuvres qui font l'objet d'une analyse approfondie sont indiqués
par une trame superposée au texte. Les mots suivis d'un astérisque sont définis dans le glossaire,
à la page 318. Pour faciliter la lecture des œuvres, nous avons utilisé la graphie moderne des
mots plutôt que la graphie vieillie.

1. Ménagerie : lieu où sont rassemblées toutes sortes d'animaux exotiques ou rares, soit
   pour l'étude, soit pour la présentation au public.
2. Monsieur Martin : emprunt à l'actualité ; la ménagerie Martin remportait un vif succès à
   l'époque de Balzac.
3. Parler en style d'affiche : s'exprimer en utilisant le même genre d'expressions et de vocabulaire
   que ceux des affiches publicitaires.

Elle me regarda d'un air étonné.

15 — Mais, repris-je, en voyant monsieur Martin pour la première fois, j'avoue qu'il m'a échappé, comme à vous, une exclamation de surprise. Je me trouvais alors près d'un ancien militaire amputé de la jambe droite entré avec moi. Cette figure m'avait frappé. C'était une de ces têtes intrépides, marquées du sceau de la guerre et sur lesquelles

20 sont écrites les batailles de Napoléon[1]. Ce vieux soldat avait surtout un air de franchise et de gaieté qui me préviennent toujours favorablement[2]. C'était sans doute un de ces troupiers que rien ne surprend, qui trouvent matière à rire dans la dernière grimace d'un camarade, l'ensevelissent ou le dépouillent gaiement, interpellent les boulets avec

25 autorité, dont enfin les délibérations sont courtes, et qui fraterniseraient avec le diable. Après avoir regardé fort attentivement le propriétaire de la ménagerie au moment où il sortait de la loge, mon compagnon plissa ses lèvres de manière à formuler un dédain moqueur par cette espèce de moue significative que se permettent les

30 hommes supérieurs pour se faire distinguer des dupes. Aussi, quand je me récriai sur le courage de monsieur Martin, sourit-il, et me dit-il d'un air capable en hochant la tête : — Connu !…

— Comment, connu ? lui répondis-je. Si vous voulez m'expliquer ce mystère, je vous serai très obligé.

35 Après quelques instants pendant lesquels nous fîmes connaissance, nous allâmes dîner chez le premier restaurateur dont la boutique s'offrit à nos regards. Au dessert, une bouteille de vin de Champagne rendit aux souvenirs de ce curieux soldat toute leur clarté. Il me raconta son histoire, et je vis qu'il avait eu raison de s'écrier :

40 — *Connu !*

Rentrée chez elle, elle me fit tant d'agaceries, tant de promesses, que je consentis à lui rédiger la confidence du soldat. Le lendemain elle reçut donc cet épisode d'une épopée qu'on pourrait intituler : Les Français en Égypte.

---

1. Napoléon Bonaparte ou Napoléon Ier (1769-1821).
2. Me préviennent toujours favorablement : fait naître en moi des sentiments favorables.

45   Lors de l'expédition entreprise dans la Haute-Égypte par le
général Desaix[1], un soldat provençal[2], étant tombé au pouvoir des
Maugrabins[3], fut emmené par ces Arabes dans les déserts situés au
delà des cataractes du Nil. Afin de mettre entre eux et l'armée française un espace suffisant pour leur tranquillité, les Maugrabins firent
50 une marche forcée, et ne s'arrêtèrent qu'à la nuit. Ils campèrent
autour d'un puits masqué par des palmiers, auprès desquels ils
avaient précédemment enterré quelques provisions. Ne supposant pas
que l'idée de fuir pût venir à leur prisonnier, ils se contentèrent de lui
attacher les mains, et s'endormirent tous après avoir mangé quelques
55 dattes et donné de l'orge à leurs chevaux. Quand le hardi Provençal
vit ses ennemis hors d'état de le surveiller, il se servit de ses dents pour
s'emparer d'un cimeterre[4], puis, s'aidant de ses genoux pour en fixer
la lame, il trancha les cordes qui lui ôtaient l'usage de ses mains et
se trouva libre. Aussitôt il se saisit d'une carabine et d'un poignard, se
60 précautionna d'une provision de dattes sèches, d'un petit sac d'orge,
de poudre et de balles ; ceignit un cimeterre, monta sur un cheval, et
piqua vivement dans la direction où il supposa que devait être l'armée
française. Impatient de revoir un bivouac[5], il pressa tellement le coursier déjà fatigué, que le pauvre animal expira, les flancs déchirés, lais-
65 sant le Français au milieu du désert.

        Après avoir marché pendant quelque temps dans le sable avec tout
le courage d'un forçat qui s'évade, le soldat fut forcé de s'arrêter, le
jour finissait. Malgré la beauté du ciel pendant les nuits en Orient, il
ne se sentit pas la force de continuer son chemin. Il avait heureuse-
70 ment pu gagner une éminence sur le haut de laquelle s'élançaient
quelques palmiers, dont les feuillages aperçus depuis longtemps
avaient réveillé dans son cœur les plus douces espérances. Sa lassitude
était si grande qu'il se coucha sur une pierre de granit, capricieuse-
ment taillée en lit de camp, et s'y endormit sans prendre aucune pré-
75 caution pour sa défense pendant son sommeil. Il avait fait le sacrifice

---

1. Louis Charles Antoine Desaix (1768-1800), général français s'étant illustré sous les ordres de
    Napoléon, notamment lors de la campagne d'Égypte (1798-1801).

2. Provençal : originaire de la Provence (région du sud de la France).

3. Maugrabins : synonyme de Maghrébins (habitants de l'Afrique du Nord).

4. Cimeterre : sabre oriental à lame recourbée.

5. Bivouac : campement ; ici, campement militaire.

de sa vie. Sa dernière pensée fut même un regret. Il se repentait déjà d'avoir quitté les Maugrabins dont la vie errante commençait à lui sourire, depuis qu'il était loin d'eux et sans secours. Il fut réveillé par le soleil, dont les impitoyables rayons, tombant d'aplomb sur le
80 granit, y produisaient une chaleur intolérable. Or, le Provençal avait eu la maladresse de se placer en sens inverse de l'ombre projetée par les têtes verdoyantes et majestueuses des palmiers… Il regarda ces arbres solitaires, et tressaillit ! ils lui rappelèrent les fûts[1] élégants et couronnés de longues feuilles qui distinguent les colonnes sarra-
85 sines[2] de la cathédrale d'Arles[3]. Mais quand, après avoir compté les palmiers, il jeta les yeux autour de lui, le plus affreux désespoir fondit sur son âme. Il voyait un océan sans bornes. Les sables noirâtres du désert s'étendaient à perte de vue dans toutes les directions, et ils étincelaient comme une lame d'acier frappée par une vive lumière. Il ne
90 savait pas si c'était une mer de glaces ou des lacs unis comme un miroir. Emportée par lames, une vapeur de feu tourbillonnait audessus de cette terre mouvante. Le ciel avait un éclat oriental d'une pureté désespérante, car il ne laisse alors rien à désirer à l'imagination. Le ciel et la terre étaient en feu. Le silence effrayait par sa
95 majesté[4] sauvage et terrible. L'infini, l'immensité, pressaient l'âme de toutes parts : pas un nuage au ciel, pas un souffle dans l'air, pas un accident au sein du sable agité par petites vagues menues ; enfin l'horizon finissait, comme en mer, quand il fait beau, par une ligne de lumière aussi déliée que le tranchant d'un sabre. Le Provençal serra le
100 tronc d'un des palmiers, comme si c'eût été le corps d'un ami ; puis, à l'abri de l'ombre grêle et droite que l'arbre dessinait sur le granit, il pleura, s'assit et resta là, contemplant avec une tristesse profonde la scène implacable qui s'offrait à ses regards. Il cria comme pour tenter la solitude. Sa voix, perdue dans les cavités de l'éminence, rendit au
105 loin un son maigre qui ne réveilla point d'écho ; l'écho était dans son cœur : le Provençal avait vingt-deux ans, il arma sa carabine.

---

1. Fûts : corps des colonnes, compris entre leur base et leur chapiteau.
2. Sarrasines : adjectif tiré du nom Sarrasins (nom donné aux musulmans au Moyen Âge). Il s'agit donc ici de colonnes au style arabisant.
3. Cathédrale d'Arles : église Saint-Trophime, construite au Vᵉ siècle et rénovée au Xᵉ et au XIᵉ siècle. Son architecture, de style roman, contient des traces de l'influence byzantine et musulmane.
4. Majesté : grandeur imposant le respect.

— Il sera toujours bien temps ! se dit-il en posant à terre l'arme libératrice.

Regardant tour à tour l'espace noirâtre et l'espace bleu, le soldat
110 rêvait à la France. Il sentait avec délices les ruisseaux de Paris, il se rappelait les villes par lesquelles il avait passé, les figures de ses camarades,
et les plus légères circonstances de sa vie. Enfin, son imagination méridionale[1] lui fit bientôt entrevoir les cailloux de sa chère Provence dans
les jeux de la chaleur qui ondoyait au-dessus de la nappe étendue
115 dans le désert. Craignant tous les dangers de ce cruel mirage, il descendit le revers opposé à celui par lequel il était monté, la veille, sur la
colline. Sa joie fut grande en découvrant une espèce de grotte, naturellement taillée dans les immenses fragments de granit qui formaient la
base de ce monticule. Les débris d'une natte[2] annonçaient que cet asile
120 avait été jadis habité. Puis à quelques pas il aperçut des palmiers
chargés de dattes. Alors l'instinct qui nous attache à la vie se réveilla
dans son cœur. Il espéra vivre assez pour attendre le passage de quelques
Maugrabins*, ou peut-être entendrait-il bientôt le bruit des canons ;
car, en ce moment, Bonaparte parcourait l'Égypte. Ranimé par cette
125 pensée, le Français abattit quelques régimes de fruits mûrs sous le
poids desquels les dattiers semblaient fléchir, et il s'assura en goûtant
cette manne inespérée, que l'habitant de la grotte avait cultivé les palmiers. La chair savoureuse et fraîche de la datte accusait en effet les
soins de son prédécesseur. Le Provençal* passa subitement d'un sombre
130 désespoir à une joie presque folle. Il remonta sur le haut de la colline,
et s'occupa pendant le reste du jour à couper un des palmiers in-
féconds qui, la veille, lui avaient servi de toit. Un vague souvenir lui fit
penser aux animaux du désert ; et, prévoyant qu'ils pourraient venir
boire à la source perdue dans les sables qui apparaissait au bas des
135 quartiers de roche, il résolut de se garantir de leurs visites en mettant
une barrière à la porte de son ermitage[3]. Malgré son ardeur, malgré les
forces que lui donna la peur d'être dévoré pendant son sommeil, il lui
fut impossible de couper le palmier en plusieurs morceaux dans cette
journée ; mais il réussit à l'abattre. Quand, vers le soir, ce roi du désert

---

1. Méridionale : du sud de la France, du Midi.
2. Natte : morceau de tissu fait de fils entrelacés qui sert de tapis ou de couchette.
3. Ermitage : habitation d'un ou de plusieurs ermites.

140 tomba, le bruit de chute retentit au loin, et ce fut comme un gémissement poussé par la solitude ; le soldat en frémit comme s'il eût entendu quelque voix lui prédire un malheur. Mais, comme un héritier qui ne s'apitoie pas longtemps sur la mort d'un parent, il dépouilla ce bel arbre des larges et hautes feuilles vertes qui en sont le poétique orne-

145 ment, et s'en servit pour réparer la natte sur laquelle il allait se coucher. Fatigué par la chaleur et le travail, il s'endormit sous les lambris[1] rouges de sa grotte humide. Au milieu de la nuit son sommeil fut troublé par un bruit extraordinaire. Il se dressa sur son séant, et le silence profond qui régnait lui permit de reconnaître l'accent alternatif

150 d'une respiration dont la sauvage énergie ne pouvait appartenir à une créature humaine. Une profonde peur, encore augmentée par l'obscurité, par le silence et par les fantaisies du réveil lui glaça le cœur. Il sentit même à peine la douloureuse contraction de sa chevelure quand, à force de dilater les pupilles de ses yeux, il aperçut dans

155 l'ombre deux lueurs faibles et jaunes. D'abord il attribua ces lumières à quelque reflet de ses prunelles ; mais bientôt, le vif éclat de la nuit l'aidant par degrés à distinguer les objets qui se trouvaient dans la grotte, il aperçut un énorme animal couché à deux pas de lui. Était-ce un lion, un tigre, ou un crocodile ? Le Provençal n'avait pas assez d'instruction

160 pour savoir dans quel sous-genre était classé son ennemi ; mais son effroi fut d'autant plus violent que son ignorance lui fit supposer tous les malheurs ensemble. Il endura le cruel supplice d'écouter, de saisir les caprices de cette respiration, sans en rien perdre, et sans oser se permettre le moindre mouvement. Une odeur aussi forte que celle exhalée

165 par les renards, mais plus pénétrante, plus grave pour ainsi dire, remplissait la grotte ; et quand le Provençal l'eut dégustée du nez, sa terreur fut au comble, car il ne pouvait plus révoquer en doute l'existence du terrible compagnon, dont l'antre royal lui servait de bivouac*. Bientôt les reflets de la lune qui se précipitait vers l'horizon éclairant la tanière

170 firent insensiblement resplendir la peau tachetée d'une panthère. Ce lion d'Égypte dormait, roulé comme un gros chien, paisible possesseur d'une niche somptueuse à la porte d'un hôtel[2] ; ses yeux, ouverts pendant un moment, s'étaient refermés. Il avait la face tournée vers le

---

1. Lambris : revêtements.
2. Hôtel : au XIXe siècle, demeure d'une personne éminente ou riche.

Français. Mille pensées confuses passèrent dans l'âme du prisonnier de
175 la panthère ; d'abord il voulut la tuer d'un coup de fusil ; mais il
s'aperçut qu'il n'y avait pas assez d'espace entre elle et lui pour l'ajuster,
le canon aurait dépassé l'animal. Et s'il l'éveillait ? Cette hypothèse le
rendit immobile. En écoutant battre son cœur au milieu du silence, il
maudissait les pulsations trop fortes que l'affluence du sang y produi-
180 sait, redoutant de troubler ce sommeil qui lui permettait de chercher
un expédient salutaire. Il mit la main deux fois sur son cimeterre* dans
le dessein de trancher la tête à son ennemi ; mais la difficulté de couper
un poil ras et dur l'obligea de renoncer à son hardi projet. — La manquer ? ce serait mourir sûrement, pensa-t-il. Il préféra les chances d'un
185 combat, et résolut d'attendre le jour. Et le jour ne se fit pas longtemps
désiré. Le Français put alors examiner la panthère ; elle avait le
museau teint de sang. — Elle a bien mangé !… pensa-t-il sans s'in-
quiéter si le festin avait été composé de chair humaine, elle n'aura pas
faim à son réveil.

190   C'était une femelle. La fourrure du ventre et des cuisses étincelait
de blancheur. Plusieurs petites taches, semblables à du velours, formaient de jolis bracelets autour des pattes. La queue musculeuse était
également blanche, mais terminée par des anneaux noirs. Le dessus de
la robe, jaune comme de l'or mat, mais bien lisse et doux, portait ces
195 mouchetures caractéristiques, nuancées en forme de roses, qui servent à distinguer les panthères des autres espèces de *felis*[1]. Cette tranquille et redoutable hôtesse ronflait dans une pose aussi gracieuse que
celle d'une chatte couchée sur le coussin d'une ottomane[2]. Ses sanglantes pattes, nerveuses et bien armées, étaient en avant de sa tête qui
200 reposait dessus, et de laquelle partaient ces barbes rares et droites,
semblables à des fils d'argent. Si elle avait été ainsi dans une cage, le
Provençal* aurait certes admiré la grâce de cette bête et les vigoureux
contrastes des couleurs vives qui donnaient à sa simarre[3] un éclat
impérial ; mais en ce moment il sentait sa vue troublée par cet aspect
205 sinistre. La présence de la panthère, même endormie, lui faisait

---

1. *Felis* : dans la taxinomie classique, genre de chats (sauvages) de la famille des *felidae*.
2. Ottomane : canapé sans dossier sur lequel on s'allonge à la manière des Orientaux.
3. Simarre : longue robe d'intérieur faite d'une riche étoffe ; désigne ici métaphoriquement
   le pelage de la bête.

éprouver l'effet que les yeux magnétiques du serpent produisent, dit-on, sur le rossignol. Le courage du soldat finit par s'évanouir un moment devant ce danger, tandis qu'il se serait sans doute exalté sous la bouche des canons vomissant la mitraille. Cependant, une pensée
210 intrépide se fit jour en son âme, et tarit, dans sa source, la sueur froide qui lui découlait du front. Agissant comme les hommes qui, poussés à bout par le malheur, arrivent à défier la mort et s'offrent à ses coups, il vit sans s'en rendre compte une tragédie dans cette aventure, et résolut d'y jouer son rôle avec honneur jusqu'à la dernière scène.

215   — Avant-hier, les Arabes m'auraient peut-être tué?… se dit-il. Se considérant comme mort, il attendit bravement et avec une inquiète curiosité le réveil de son ennemi. Quand le soleil parut, la panthère ouvrit subitement les yeux; puis elle étendit violemment ses pattes, comme pour les dégourdir et dissiper des crampes. Enfin elle bâilla,
220 montrant ainsi l'épouvantable appareil de ses dents et sa langue fourchue, aussi dure qu'une râpe. — C'est comme une petite maîtresse!… pensa le Français en la voyant se rouler et faire les mouvements les plus doux et les plus coquets. Elle lécha le sang qui teignait ses pattes, son museau, et se gratta la tête par des gestes réitérés pleins de gentil-
225 lesse. — Bien!… Fais un petit bout de toilette!… dit en lui-même le Français qui retrouva sa gaieté en reprenant du courage, nous allons nous souhaiter le bonjour. Et il saisit le petit poignard court dont il avait débarrassé les Maugrabins*.

    En ce moment, la panthère retourna la tête vers le Français, et le
230 regarda fixement sans avancer. La rigidité de ces yeux métalliques et leur insupportable clarté firent tressaillir le Provençal, surtout quand la bête marcha vers lui; mais il la contempla d'un air caressant, et la guignant[1] comme pour la magnétiser, il la laissa venir près de lui; puis, par un mouvement aussi doux, aussi amoureux que s'il avait
235 voulu caresser la plus jolie femme, il lui passa la main sur tout le corps, de la tête à la queue, en irritant avec ses ongles les flexibles vertèbres qui partageaient le dos jaune de la panthère. La bête redressa voluptueusement sa queue, ses yeux s'adoucirent; et quand, pour la troisième fois, le Français accomplit cette flatterie intéressée, elle fit
240 entendre un de ces *rourou* par lesquels nos chats expriment leur

---

1. Guignant: regardant du coin de l'œil, à la dérobée.

plaisir ; mais ce murmure partait d'un gosier si puissant et si profond, qu'il retentit dans la grotte comme les derniers ronflements des orgues dans une église. Le Provençal*, comprenant l'importance de ses caresses, les redoubla de manière à étourdir, à stupéfier cette cour-
245 tisane impérieuse[1]. Quand il se crut sûr d'avoir éteint la férocité de sa capricieuse compagne, dont la faim avait été si heureusement assouvie la veille, il se leva et voulut sortir de la grotte ; la panthère le laissa bien partir, mais quand il eut gravi la colline, elle bondit avec la légèreté des moineaux sautant d'une branche à une autre, et vint se
250 frotter contre les jambes du soldat en faisant le gros dos à la manière des chattes. Puis, regardant son hôte d'un œil dont l'éclat était devenu moins inflexible, elle jeta ce cri sauvage que les naturalistes comparent au bruit d'une scie.

— Elle est exigeante ! s'écria le Français en souriant. Il essaya de
255 jouer avec les oreilles, de lui caresser le ventre et lui gratter fortement la tête avec ses ongles. Et, s'apercevant de ses succès, il lui chatouilla le crâne avec la pointe de son poignard, en épiant l'heure de la tuer ; mais la dureté des os le fit trembler de ne pas réussir.

La sultane du désert agréa les talents de son esclave en levant la
260 tête, en tendant le cou, en accusant son ivresse par la tranquillité de son attitude. Le Français songea soudain que, pour assassiner d'un seul coup cette farouche princesse, il fallait la poignarder dans la gorge, et il levait la lame, quand la panthère, rassasiée sans doute, se coucha gracieusement à ses pieds en jetant de temps en temps des
265 regards où, malgré une rigueur native, se peignait confusément de la bienveillance. Le pauvre Provençal mangea ses dattes, en s'appuyant sur un des palmiers ; mais il lançait tour à tour un œil investigateur sur le désert pour y chercher des libérateurs, et sur sa terrible compagne pour en épier la clémence incertaine. La panthère regardait l'endroit
270 où les noyaux de datte tombaient, chaque fois qu'il en jetait un, et ses yeux exprimaient alors une incroyable méfiance. Elle examinait le Français avec une prudence commerciale ; mais cet examen lui fut favorable, car lorsqu'il eut achevé son maigre repas, elle lui lécha ses souliers, et, d'une langue rude et forte, elle en enleva miraculeuse-
275 ment la poussière incrustée dans les plis.

---

1. Impérieuse : autoritaire, tranchante.

— Mais quand elle aura faim?... pensa le Provençal. Malgré le frisson que lui causa son idée, le soldat se mit à mesurer curieusement les proportions de la panthère, certainement un des plus beaux individus de l'espèce, car elle avait trois pieds de hauteur et quatre pieds de longueur, sans y comprendre la queue. Cette arme puissante, ronde comme un gourdin, était haute de près de trois pieds. La tête, aussi grosse que celle d'une lionne, se distinguait par une rare expression de finesse; la froide cruauté des tigres y dominait bien, mais il y avait aussi une vague ressemblance avec la physionomie d'une femme artificieuse[1]. Enfin la figure de cette reine solitaire révélait en ce moment une sorte de gaieté semblable à celle de Néron[2] ivre: elle s'était désaltérée dans le sang et voulait jouer. Le soldat essaya d'aller et de venir, la panthère le laissa libre, se contentant de le suivre des yeux, ressemblant ainsi moins à un chien fidèle qu'à un gros angora inquiet de tout, même des mouvements de son maître. Quand il se retourna, il aperçut du côté de la fontaine les restes de son cheval, la panthère en avait traîné jusque-là le cadavre. Les deux tiers environ étaient dévorés. Ce spectacle rassura le Français. Il lui fut facile alors d'expliquer l'absence de la panthère, et le respect qu'elle avait eu pour lui pendant son sommeil. Ce premier bonheur l'enhardissant à tenter l'avenir, il conçut le fol espoir de faire bon ménage avec la panthère pendant toute la journée, en ne négligeant aucun moyen de l'apprivoiser et de se concilier ses bonnes grâces. Il revint près d'elle et eut l'ineffable bonheur de lui voir remuer la queue par un mouvement presque insensible. Il s'assit alors sans crainte auprès d'elle, et ils se mirent à jouer tous les deux, il lui prit les pattes, le museau, lui tournilla les oreilles, la renversa sur le dos, et gratta fortement ses flancs chauds et soyeux. Elle se laissa faire, et quand le soldat essaya de lui lisser le poil des pattes, elle rentra soigneusement ses ongles recourbés comme des damas[3]. Le Français, qui gardait une main sur son poignard, pensait encore à le plonger dans le ventre de la trop confiante panthère; mais il craignit d'être immédiatement étranglé dans la dernière convulsion qui l'agiterait. Et d'ailleurs, il entendit dans son

---

1. Artificieuse: rusée, trompeuse.

2. Néron: empereur romain (37-68) reconnu pour sa cruauté et son amour de la débauche.

3. Damas: sortes de sabres.

cœur une sorte de remords qui lui criait de respecter une créature
310 inoffensive. Il lui semblait avoir trouvé une amie dans ce désert sans
bornes. Il songea involontairement à sa première maîtresse, qu'il avait
surnommée *Mignonne* par antiphrase, parce qu'elle était d'une si
atroce jalousie, que pendant tout le temps que dura leur passion, il eut
à craindre le couteau dont elle l'avait toujours menacé. Ce souvenir
315 de son jeune âge lui suggéra d'essayer de faire répondre à ce nom la
jeune panthère de laquelle il admirait, maintenant avec moins d'effroi, l'agilité, la grâce et la mollesse.

Vers la fin de la journée, il s'était familiarisé avec sa situation périlleuse, et il en aimait presque les angoisses. Enfin sa compagne avait
320 fini par prendre l'habitude de le regarder quand il criait en voix de
fausset : « *Mignonne.* » Au coucher du soleil, Mignonne fit entendre à
plusieurs reprises un cri profond et mélancolique.

— Elle est bien élevée !… pensa le gai soldat ; elle dit ses prières !…
Mais cette plaisanterie mentale ne lui vint en l'esprit que quand il eut
325 remarqué l'attitude pacifique dans laquelle restait sa camarade. — Va,
ma petite blonde, je te laisserai coucher la première, lui dit-il en
comptant bien sur l'activité de ses jambes pour s'évader au plus vite
quand elle serait endormie, afin d'aller chercher un autre gîte pendant
la nuit. Le soldat attendit avec impatience l'heure de sa fuite, et quand
330 elle fut arrivée, il marcha vigoureusement dans la direction du Nil ;
mais à peine eut-il fait un quart de lieue[1] dans les sables qu'il entendit
la panthère bondissant derrière lui, et jetant par intervalles ce cri de
scie, plus effrayant encore que le bruit lourd de ses bonds.

— Allons ! se dit-il, elle m'a pris en amitié !… Cette jeune panthère
335 n'a peut-être encore rencontré personne, il est flatteur d'avoir son
premier amour ! En ce moment le Français tomba dans un de ces
sables mouvants si redoutables pour les voyageurs, et d'où il est
impossible de se sauver. En se sentant pris, il poussa un cri d'alarme,
la panthère le saisit avec ses dents par le collet ; et, sautant avec
340 vigueur en arrière, elle le tira du gouffre, comme par magie. — Ah !
Mignonne, s'écria le soldat, en la caressant avec enthousiasme, c'est
entre nous maintenant à la vie à la mort. Mais pas de farces ? Et il
revint sur ses pas.

---

1. Lieue : ancienne unité de distance. Une lieue équivalait à environ 4 km.

Le désert fut dès lors comme peuplé. Il renfermait un être auquel
345 le Français pouvait parler, et dont la férocité s'était adoucie pour lui,
sans qu'il s'expliquât les raisons de cette incroyable amitié. Quelque
puissant que fût le désir du soldat de rester debout et sur ses gardes,
il dormit. À son réveil, il ne vit plus Mignonne ; il monta sur la colline, et dans le lointain, il l'aperçut accourant par bonds, suivant l'ha-
350 bitude de ces animaux, auxquels la course est interdite par l'extrême
flexibilité de leur colonne vertébrale. Mignonne arriva les babines
sanglantes, elle reçut les caresses nécessaires que lui fit son compagnon, en témoignant même par plusieurs *rourou* graves combien elle
en était heureuse. Ses yeux pleins de mollesse se tournèrent avec
355 encore plus de douceur que la veille sur le Provençal*, qui lui parlait
comme à un animal domestique.

— Ah ! ah ! mademoiselle, car vous êtes une honnête fille, n'est-ce
pas ? Voyez-vous ça ?… Nous aimons à être câlinée. N'avez-vous pas
honte ? Vous avez mangé quelque Maugrabin* ? – Bien ! C'est pourtant
360 des animaux comme vous !… Mais n'allez pas gruger les Français au
moins… Je ne vous aimerais plus !…

Elle joua comme un jeune chien avec son maître, se laissant rouler,
battre et flatter tour à tour ; et parfois elle provoquait le soldat en
avançant la patte sur lui, par un geste de solliciteur.

365 Quelques jours se passèrent ainsi. Cette compagnie permit au
Provençal d'admirer les sublimes beautés du désert. Du moment où
il y trouvait des heures de crainte et de tranquillité, des aliments, et
une créature à laquelle il pensait, il eut l'âme agitée par des
contrastes… C'était une vie pleine d'oppositions. La solitude lui
370 révéla tous ses secrets, l'enveloppa de ses charmes. Il découvrit dans le
lever et le coucher du soleil des spectacles inconnus au monde. Il sut
tressaillir en entendant au-dessus de sa tête le doux sifflement des
ailes d'un oiseau, – rare passager ! – en voyant les nuages se confondre,
– voyageurs changeants et colorés ! Il étudia pendant la nuit les effets
375 de la lune sur l'océan des sables où le simoun[1] produisait des vagues,
des ondulations et de rapides changements. Il vécut avec le jour de
l'Orient, il en admira les pompes[2] merveilleuses ; et souvent, après

---

1. Simoun : vent du désert.
2. Pompes : éclats.

avoir joui du terrible spectacle d'un ouragan dans cette plaine où les sables soulevés produisaient des brouillards rouges et secs, des nuées mortelles, il voyait venir la nuit avec délices, car alors tombait la bienfaisante fraîcheur des étoiles. Il écouta des musiques imaginaires dans les cieux. Puis la solitude lui apprit à déployer les trésors de la rêverie. Il passait des heures entières à se rappeler des riens, à comparer sa vie passée à sa vie présente. Enfin il se passionna pour sa panthère ; car il lui fallait bien une affection. Soit que sa volonté, puissamment projetée, eût modifié le caractère de sa compagne, soit qu'elle trouvât une nourriture abondante, grâce aux combats qui se livraient alors dans ces déserts, elle respecta la vie du Français, qui finit par ne plus s'en défier en la voyant si bien apprivoisée. Il employait la plus grande partie du temps à dormir ; mais il était obligé de veiller, comme une araignée au sein de sa toile, pour ne pas laisser échapper le moment de sa délivrance, si quelqu'un passait dans la sphère décrite par l'horizon. Il avait sacrifié sa chemise pour en faire un drapeau, arboré sur le haut d'un palmier dépouillé de feuillage. Conseillé par la nécessité, il sut trouver le moyen de le garder déployé en le tendant avec des baguettes, car le vent aurait pu ne pas l'agiter au moment où le voyageur attendu regarderait le désert.

C'était pendant les longues heures où l'abandonnait l'espérance qu'il s'amusait avec la panthère. Il avait fini par connaître les différentes inflexions de sa voix, l'expression de ses regards, il avait étudié les caprices de toutes les taches qui nuançaient l'or de sa robe. Mignonne ne grondait même plus quand il lui prenait la touffe par laquelle sa redoutable queue était terminée, pour en compter les anneaux noirs et blancs, ornement gracieux, qui brillait de loin au soleil comme des pierreries. Il avait plaisir à contempler les lignes moelleuses et fines des contours, la blancheur du ventre, la grâce de la tête. Mais c'était surtout quand elle folâtrait qu'il la contemplait complaisamment, et l'agilité, la jeunesse de ses mouvements, le surprenaient toujours ; il admirait sa souplesse quand elle se mettait à bondir, à ramper, à se glisser, à se fourrer, à s'accrocher, se rouler, se blottir, s'élancer partout. Quelque rapide que fût son élan, quelque glissant que fût un bloc de granit, elle s'y arrêtait tout court, au mot de « Mignonne… ».

Un jour, par un soleil éclatant, un immense oiseau plana dans les
415 airs. Le Provençal* quitta sa panthère pour examiner ce nouvel
hôte ; mais après un moment d'attente, la sultane délaissée gronda
sourdement. — Je crois, Dieu m'emporte, qu'elle est jalouse, s'écria-
t-il en voyant ses yeux redevenus rigides. L'âme de Virginie[1] aura
passé dans ce corps-là, c'est sûr !... L'aigle disparut dans les airs pen-
420 dant que le soldat admirait la croupe rebondie de la panthère. Mais
il y avait tant de grâce et de jeunesse dans ses contours ! C'était joli
comme une femme. La blonde fourrure de la robe se mariait par des
teintes fines aux tons du blanc mat qui distinguait les cuisses. La
lumière profusément jetée par le soleil faisait briller cet or vivant,
425 ces taches brunes, de manière à leur donner d'indéfinissables
attraits. Le Provençal et la panthère se regardèrent l'un et l'autre
d'un air intelligent, la coquette tressaillit quand elle sentit les ongles
de son ami lui gratter le crâne, ses yeux brillèrent comme deux
éclairs, puis elle les ferma fortement.
430   — Elle a une âme… dit-il en étudiant la tranquillité de cette reine
des sables, dorée comme eux, blanche comme eux, solitaire et brûlante comme eux…

     — Eh ! bien, me dit-elle, j'ai lu votre plaidoyer en faveur des bêtes ;
mais comment deux personnes si bien faites pour se comprendre ont-
435 elles fini ?…
     — Ah ! voilà !… Elles ont fini comme finissent toutes les grandes pas-
sions, par un malentendu. On croit de part et d'autre à quelque trahison,
l'on ne s'explique point par fierté, l'on se brouille par entêtement.
     — Et quelquefois dans les plus beaux moments, dit-elle ; un
440 regard, une exclamation suffisent. Eh ! bien, alors, achevez l'histoire ?
     — C'est horriblement difficile, mais vous comprendrez ce que
m'avait déjà confié le vieux grognard quand, en finissant sa bouteille
de vin de Champagne, il s'est écrié : — Je ne sais pas quel mal je lui ai
fait, mais elle se retourna comme si elle eût été enragée ; et, de ses
445 dents aiguës, elle m'entama la cuisse, faiblement sans doute. Moi,

---

1. Virginie : personnage de jeune adolescente amoureuse passionnée du roman *Paul et Virginie*
(1788) de Bernardin de Saint-Pierre (1737-1814), racontant l'histoire de ces deux enfants sans
père dans l'île de France (actuellement l'île Maurice, État de l'océan Indien).

croyant qu'elle voulait me dévorer, je lui plongeai mon poignard dans le cou. Elle roula en jetant un cri qui me glaça le cœur, je la vis se débattant en me regardant sans colère. J'aurais voulu pour tout au monde, pour ma croix, que je n'avais pas encore, la rendre à la vie.
450 C'était comme si j'eusse assassiné une personne véritable. Et les soldats qui avaient vu mon drapeau, et qui accoururent à mon secours, me trouvèrent tout en larmes… — Eh! bien, monsieur, reprit-il après un moment de silence, j'ai fait depuis la guerre en Allemagne, en Espagne, en Russie, en France; j'ai bien promené mon cadavre, je n'ai
455 rien vu de semblable au désert… Ah! c'est que cela est bien beau. — Qu'y sentiez-vous? lui ai-je demandé. — Oh! cela ne se dit pas, jeune homme. D'ailleurs je ne regrette pas toujours mon bouquet de palmiers et ma panthère… il faut que je sois triste pour cela. Dans le désert, voyez-vous, il y a tout, et il n'y a rien… — Mais encore
460 expliquez-moi? — Eh! bien, reprit-il en laissant échapper un geste d'impatience, c'est Dieu sans les hommes........................

Paris, 1832.

Alexandre DUMAS
1802-1870

LE BRACELET DE CHEVEUX

— Mon cher abbé, dit Alliette, j'ai la plus grande estime pour vous et la plus grande vénération pour Cazotte[1] ; j'admets parfaitement l'influence de votre bon et de votre mauvais génie ; mais il y a une chose que vous oubliez et dont je suis, moi, un exemple : c'est que la
5 mort ne tue pas la vie ; la mort n'est qu'un mode de transformation du corps humain ; la mort tue la mémoire, voilà tout. Si la mémoire ne mourait pas, chacun se souviendrait de toutes les pérégrinations[2] de son âme, depuis le commencement du monde jusqu'à nous. La pierre philosophale n'est pas autre chose que ce secret ; c'est le secret
10 qu'avait trouvé Pythagore, et qu'ont retrouvé le comte de Saint-Germain et Cagliostro[3] ; c'est ce secret que je possède à mon tour, et qui fait que mon corps mourra, comme je me rappelle positivement que cela lui est déjà arrivé quatre ou cinq fois, et encore, quand je dis que mon corps mourra, je me trompe, il y a certains corps qui ne meurent
15 pas, et je suis de ceux-là.

---

1. Jacques Cazotte (1719-1792), écrivain français dont les œuvres aux accents gothiques, ésotériques et mystiques (en particulier *Le Diable amoureux*, 1772) en font un précurseur du récit fantastique en France.
2. Pérégrinations : voyages, déplacements.
3. Pythagore (580-490 av. J.-C.) est un philosophe grec qui croyait en la réincarnation ; le comte de Saint-Germain (1707-1784) est un aventurier français qui prétendait avoir le souvenir de ses vies antérieures ; Cagliostro (1743-1795) (de son vrai nom Joseph Balsamo) est un aventurier italien qui se disait disciple du comte de Saint-Germain.

— Monsieur Alliette, dit le docteur, voulez-vous d'avance me donner une permission ?

— Laquelle ?

— C'est de faire ouvrir votre tombeau un mois après votre mort.

20 — Un mois, deux mois, un an, dix ans, quand vous voudrez, docteur ; seulement prenez vos précautions… car le mal que vous ferez à mon cadavre pourrait nuire à l'autre corps dans lequel mon âme serait entrée.

— Ainsi vous croyez à cette folie ?

25 — Je suis payé pour y croire : j'ai vu.

— Qu'avez-vous vu ?… un de ces morts vivants ?

— Oui.

— Voyons, monsieur Alliette, puisque chacun a raconté son histoire, racontez aussi la vôtre ; il serait curieux que ce fût la plus vrai-
30 semblable de la société.

— Vraisemblable ou non, docteur, la voici dans toute sa vérité. J'allais de Strasbourg aux eaux de Loèche [1]. Vous connaissez la route, docteur ?

— Non ; mais n'importe, allez toujours.

35 — J'allais donc de Strasbourg aux eaux de Loèche, et je passais naturellement par Bâle, où je devais quitter la voiture publique pour prendre un voiturin [2].

Arrivé à l'hôtel de la Couronne que l'on m'avait recommandé, je m'enquis d'une voiture et d'un voiturin, priant mon hôte de s'in-
40 former si quelqu'un dans la ville n'était point en disposition de faire la même route que moi ; alors il était chargé de proposer à cette personne une association qui devait naturellement rendre à la fois la route plus agréable et moins coûteuse.

Le soir, il revint ayant trouvé ce que je demandais ; la femme d'un
45 négociant bâlois, qui venait de perdre son enfant, âgé de trois mois, qu'elle nourrissait elle-même, avait fait, à la suite de cette perte, une maladie pour laquelle on lui ordonnait les eaux de Loèche. C'était le premier enfant de ce jeune ménage marié depuis un an.

---

1. Eaux de Loèche : eaux thermales aux vertus thérapeutiques de Loèche-les-Bains, commune suisse du canton du Valais.

2. Voiturin : conducteur.

Mon hôte me raconta qu'on avait eu grand-peine à décider la
50 femme à quitter son mari. Elle voulait absolument ou rester à Bâle ou
qu'il vînt avec elle à Loèche ; mais d'un autre côté l'état de sa santé exigeant les eaux, tandis que l'état de leur commerce exigeait sa présence
à Bâle, elle s'était décidée et partait avec moi le lendemain matin. Sa
femme de chambre l'accompagnait.

55 Un prêtre catholique, desservant l'église d'un petit village des
environs, nous accompagnait, et occupait la quatrième place dans
la voiture.

Le lendemain, vers huit heures du matin, la voiture vint nous prendre
à l'hôtel ; le prêtre y était déjà. J'y montai à mon tour, et nous allâmes
60 prendre la dame et sa femme de chambre.

Nous assistâmes, de l'intérieur de la voiture, aux adieux des deux
époux, qui, commencés au fond de leur appartement, continuèrent
dans le magasin, et ne s'achevèrent que dans la rue. Sans doute la
femme avait quelque pressentiment, car elle ne pouvait se consoler.
65 On eût dit qu'au lieu de partir pour un voyage d'une cinquantaine de
lieues*, elle partait pour faire le tour du monde.

Le mari paraissait plus calme qu'elle, mais néanmoins était plus
ému qu'il ne convenait raisonnablement pour une pareille séparation.

Nous partîmes enfin.

70 Nous avions naturellement, le prêtre et moi, donné les deux meil-
leures places à la voyageuse et à sa femme de chambre, c'est-à-dire que
nous étions sur le devant et elles au fond.

Nous prîmes la route de Soleure, et le premier jour nous allâmes
coucher à Mundischwyll. Toute la journée, notre compagne avait été
75 tourmentée, inquiète. Le soir, ayant vu passer une voiture de retour,
elle voulait reprendre le chemin de Bâle. Sa femme de chambre parvint cependant à la décider à continuer sa route.

Le lendemain, nous nous mîmes en route vers neuf heures du
matin. La journée était courte ; nous ne comptions pas aller plus loin
80 que Soleure.

Vers le soir, et comme nous commencions d'apercevoir la ville,
notre malade tressaillit.

— Ah! dit-elle, arrêtez, on court après nous.

Je me penchai hors de la portière.

85   — Vous vous trompez, madame, répondis-je, la route est parfaitement vide.

— C'est étrange, insista-t-elle. J'entends le galop d'un cheval.

Je crus avoir mal vu. Je sortis plus avant hors de la voiture.

— Personne, madame, lui dis-je.

90   Elle regarda elle-même et vit comme moi la route déserte.

— Je m'étais trompée, dit-elle en se rejetant au fond de la voiture.

Et elle ferma les yeux comme une femme qui veut concentrer sa pensée en elle-même.

Le lendemain nous partîmes à cinq heures du matin. Cette fois la
95 journée était longue. Notre conducteur vint coucher à Berne. À la même heure que la veille, c'est-à-dire vers cinq heures, notre compagne sortit d'une espèce de sommeil où elle était plongée, et étendant le bras vers le cocher :

— Conducteur, dit-elle, arrêtez. Cette fois, j'en suis sûre, on court
100 après nous.

— Madame se trompe, répondit le cocher. Je ne vois que les trois paysans qui viennent de nous croiser, et qui suivent tranquillement leur chemin.

— Oh! mais j'entends le galop du cheval.

105   Ces paroles étaient dites avec une telle conviction, que je ne pus m'empêcher de regarder derrière nous.

Comme la veille, la route était absolument déserte.

— C'est impossible, madame, répondis-je, je ne vois pas de cavalier.

— Comment se fait-il que vous ne voyiez point de cavalier,
110 puisque je vois, moi, l'ombre d'un homme et d'un cheval ?

Je regardai dans la direction de sa main, et je vis en effet l'ombre d'un cheval et d'un cavalier. Mais je cherchai inutilement les corps auxquels les ombres appartenaient.

Je fis remarquer cet étrange phénomène au prêtre, qui se signa.

115   Peu à peu cette ombre s'éclaircit, devint d'instants en instants moins visible, et enfin disparut tout à fait.

Nous entrâmes à Berne.

Tous ces présages paraissaient fatals à la pauvre femme ; elle disait sans cesse qu'elle voulait retourner, et cependant elle continuait 120 son chemin.

Soit inquiétude morale, soit progrès naturel de la maladie, en arrivant à Thun, la malade se trouva si souffrante, qu'il lui fallut continuer son chemin en litière[1]. Ce fut ainsi qu'elle traversa le Kander-Thal et le Gemmi. En arrivant à Loèche, un érésipèle[2] se déclara, et pendant 125 plus d'un mois elle fut sourde et aveugle.

Au reste, ses pressentiments ne l'avaient pas trompée ; à peine avait-elle fait vingt lieues* que son mari avait été pris d'une fièvre cérébrale.

La maladie avait fait des progrès si rapides que le même jour, sentant la gravité de son état, il avait envoyé un homme à cheval pour 130 prévenir sa femme et l'inviter à revenir. Mais entre Lauffen et Breinteinbach le cheval s'était abattu, et le cavalier étant tombé, sa tête avait donné contre une pierre et il était resté dans une auberge, ne pouvant rien pour celui qui l'avait envoyé que de le faire prévenir de l'accident qui était arrivé.

135 Alors on avait envoyé un autre courrier, mais sans doute il y avait une fatalité sur eux ; à l'extrémité du Kander-Thal, il avait quitté son cheval et pris un guide pour monter le plateau du Schwalbach, qui sépare l'Oberland du Valais, quand, à moitié chemin, une avalanche, roulant du mont Attels, l'avait entraîné avec elle dans un abîme ; le 140 guide avait été sauvé comme par miracle.

Pendant ce temps, le mal faisait des progrès terribles. On avait été obligé de raser la tête du malade, qui portait des cheveux très longs, afin de lui appliquer de la glace sur le crâne. À partir de ce moment, le moribond n'avait plus conservé aucun espoir, et dans un moment 145 de calme il avait écrit à sa femme :

« Chère Bertha,

Je vais mourir, mais je ne veux pas me séparer de toi tout entier. Fais-toi faire un bracelet des cheveux qu'on vient de me couper et que

---

1. Litière : lit couvert porté sur deux pièces de bois par des chevaux ou des mulets.
2. Érésipèle (ou érysipèle) : infection de la peau d'origine bactérienne qui touchait le visage.

je fais mettre à part. Porte-le toujours, et il me semble qu'ainsi nous
150 serons encore réunis.

TON FRÉDÉRICK. »

Puis il avait remis cette lettre à un troisième exprès, à qui il avait
ordonné de partir aussitôt qu'il serait expiré.

Le soir même il était mort. Une heure après sa mort, l'exprès était
155 parti, et plus heureux que ses deux prédécesseurs, il était, vers la fin du
cinquième jour, arrivé à Loèche.

Mais il avait trouvé la femme aveugle et sourde ; au bout d'un mois
seulement, grâce à l'efficacité des eaux, cette double infirmité avait
commencé à disparaître. Ce n'était qu'un autre mois écoulé qu'on
160 avait osé apprendre à la femme la fatale nouvelle à laquelle du reste les
différentes visions qu'elle avait eues l'avaient préparée. Elle était restée
un dernier mois pour se remettre complètement ; enfin, après trois
mois d'absence, elle était repartie pour Bâle.

Comme, de mon côté, j'avais achevé mon traitement, que l'infir-
165 mité pour laquelle j'avais pris les eaux, et qui était un rhumatisme,
allait beaucoup mieux, je lui demandai la permission de partir avec
elle, ce qu'elle accepta avec reconnaissance, ayant trouvé en moi une
personne à qui parler de son mari, que je n'avais fait qu'entrevoir au
moment du départ, mais enfin que j'avais vu.

170 Nous quittâmes Loèche, et le cinquième jour, au soir, nous étions
de retour à Bâle.

Rien ne fut plus triste et plus douloureux que la rentrée de cette
pauvre veuve dans sa maison ; comme les deux jeunes époux étaient
seuls au monde, le mari mort, on avait fermé le magasin, le commerce
175 avait cessé comme cesse le mouvement lorsqu'une pendule s'arrête.
On envoya chercher le médecin qui avait soigné le malade, les différentes personnes qui l'avaient assisté à ses derniers moments, et par
eux, en quelque sorte, on ressuscita cette agonie, on reconstruisit cette
mort déjà presque oubliée chez ces cœurs indifférents.

180 Elle redemanda au moins ces cheveux que son mari lui léguait.

Le médecin se rappela bien avoir ordonné qu'on les lui coupât ; le barbier se souvint bien d'avoir rasé le malade, mais voilà tout. Les cheveux avaient été jetés au vent, dispersés, perdus.

La femme fut désespérée ; ce seul et unique désir du moribond, 185 qu'elle portât un bracelet de ses cheveux, était donc impossible à réaliser.

Plusieurs nuits s'écoulèrent ; nuits profondément tristes, pendant lesquelles la veuve, errante dans la maison, semblait bien plutôt une ombre elle-même qu'un être vivant.

À peine couchée, ou plutôt à peine endormie, elle sentait son bras 190 droit tomber dans l'engourdissement, et elle ne se réveillait qu'au moment où cet engourdissement lui semblait gagner le cœur.

Cet engourdissement commençait au poignet, c'est-à-dire à la place où aurait dû être le bracelet de cheveux, et où elle sentait une pression pareille à celle d'un bracelet de fer trop étroit ; et du poignet, 195 comme nous l'avons dit, l'engourdissement gagnait le cœur.

Il était évident que le mort manifestait son regret de ce que ses volontés avaient été si mal suivies.

La veuve comprit ces regrets qui venaient de l'autre côté de la tombe. Elle résolut d'ouvrir la fosse, et, si la tête de son mari n'avait 200 pas été entièrement rasée, d'y recueillir assez de cheveux pour réaliser son dernier désir.

En conséquence, sans rien dire de ses projets à personne, elle envoya chercher le fossoyeur.

Mais le fossoyeur qui avait enterré son mari était mort. Le nouveau 205 fossoyeur, entré en exercice depuis quinze jours seulement, ne savait pas où était la tombe.

Alors, espérant une révélation, elle qui, par la double apparition du cheval, du cavalier, elle qui, par la pression du bracelet, avait le droit de croire aux prodiges, elle se rendit seule au cimetière, s'assit sur un 210 tertre couvert d'herbe verte et vivace comme il en pousse sur les tombes, et là elle invoqua quelque nouveau signe auquel elle pût se rattacher pour ses recherches.

Une danse macabre[1] était peinte sur le mur de ce cimetière. Ses yeux s'arrêtèrent sur la Mort et se fixèrent longtemps sur cette figure railleuse[2] et terrible à la fois.

Alors il lui sembla que la Mort levait son bras décharné, et du bout de son doigt osseux désignait une tombe au milieu des dernières tombes.

La veuve alla droit à cette tombe, et quand elle y fut il lui sembla voir bien distinctement la Mort qui laissait retomber son bras à la place primitive.

Alors elle fit une marque à la tombe, alla chercher le fossoyeur, le ramena à l'endroit désigné, et lui dit :

— Creusez, c'est ici !

J'assistais à cette opération. J'avais voulu suivre cette malheureuse aventure jusqu'au bout.

Le fossoyeur creusa.

Arrivé au cercueil, il leva le couvercle. D'abord il avait hésité ; mais la veuve lui avait dit d'une voix ferme :

— Levez, c'est le cercueil de mon mari.

Il obéit donc, tant cette femme savait inspirer aux autres la confiance qu'elle possédait elle-même.

Alors, apparut une chose miraculeuse et que j'ai vue de mes yeux. Non seulement le cadavre était le cadavre de son mari, non seulement ce cadavre, à la pâleur près, était tel que de son vivant, mais encore, depuis qu'ils avaient été rasés, c'est-à-dire depuis le jour de sa mort, ses cheveux avaient poussé de telle sorte, qu'ils sortaient comme des racines par toutes les fissures de la bière[3].

Alors la pauvre femme se pencha vers ce cadavre, qui semblait seulement endormi ; elle le baisa au front, coupa une mèche de ses longs cheveux si merveilleusement poussés sur la tête d'un mort, et en fit faire un bracelet.

---

1. Danse macabre : élément pictural du Moyen Âge représentant généralement des squelettes entraînant chacun par la main un humain vers la Mort. On appelle cet élément « danse macabre » parce qu'il prend l'allure d'une farandole (sorte de danse en file).
2. Railleuse : qui plaisante (souvent avec ironie, sarcasme).
3. Bière : cercueil.

Depuis ce jour, l'engourdissement nocturne cessa. Seulement, à chaque fois qu'elle était près de courir quelque grand danger, une douce pression, une amicale étreinte du bracelet l'avertissait de se tenir sur ses gardes.

Eh bien! croyez-vous que ce mort fût réellement mort, que ce cadavre fût bien un cadavre? Moi je ne le crois pas. […]

Théophile GAUTIER
1811-1872

LA CAFETIÈRE

J'ai vu sous de sombres voiles
Onze étoiles,
La lune, aussi le soleil,
Me faisant la révérence,
En silence,
Tout le long de mon sommeil.
(*LA VISION DE JACOB.*)

I

L'année dernière, je fus invité, ainsi que deux de mes camarades d'atelier, Arrigo Cohic et Pedrino Borgnioli, à passer quelques jours dans une terre au fond de la Normandie.

Le temps, qui, à notre départ, promettait d'être superbe, s'avisa de
5   changer tout à coup, et il tomba tant de pluie, que les chemins creux où nous marchions étaient comme le lit d'un torrent.

Nous enfoncions dans la bourbe[1] jusqu'aux genoux, une couche épaisse de terre grasse s'était attachée aux semelles de nos bottes, et

---

1. Bourbe : boue formant le fond des eaux croupissantes.

par sa pesanteur ralentissait tellement nos pas, que nous n'arrivâmes
10 au lieu de notre destination qu'une heure après le coucher du soleil.

Nous étions harassés ; aussi, notre hôte, voyant les efforts que
nous faisions pour comprimer nos bâillements et tenir les yeux
ouverts, aussitôt que nous eûmes soupé, nous fit conduire chacun
dans notre chambre.

15 La mienne était vaste ; je sentis, en y entrant, comme un frisson de
fièvre, car il me sembla que j'entrais dans un monde nouveau.

En effet, l'on aurait pu se croire au temps de la Régence[1], à voir les
dessus de porte de Boucher[2] représentant les quatre Saisons, les meubles surchargés d'ornements de rocaille[3] du plus mauvais goût, et les
20 trumeaux[4] des glaces sculptés lourdement.

Rien n'était dérangé. La toilette couverte de boîtes à peignes, de
houppes à poudrer[5], paraissait avoir servi la veille. Deux ou trois robes
de couleurs changeantes, un éventail semé de paillettes d'argent, jon-
chaient le parquet bien ciré, et, à mon grand étonnement, une tabatière
25 d'écaille ouverte sur la cheminée était pleine de tabac encore frais.

Je ne remarquai ces choses qu'après que le domestique, déposant
son bougeoir sur la table de nuit, m'eut souhaité un bon somme, et, je
l'avoue, je commençai à trembler comme la feuille. Je me déshabillai
promptement, je me couchai, et, pour en finir avec ces sottes frayeurs,
30 je fermai bientôt les yeux en me tournant du côté de la muraille.

Mais il me fut impossible de rester dans cette position : le lit s'agitait sous moi comme une vague, mes paupières se retiraient violemment en arrière. Force me fut de me retourner et de voir.

Le feu qui flambait jetait des reflets rougeâtres dans l'appartement,
35 de sorte qu'on pouvait sans peine distinguer les personnages de la
tapisserie et les figures des portraits enfumés pendus à la muraille.

---

1. Régence (1715-1723) : à la mort de Louis XIV (1638-1715), période au cours de laquelle le duc
Philippe d'Orléans (1674-1723) occupe le trône en raison du trop jeune âge de l'héritier
désigné, Louis XV (1710-1774). Philippe d'Orléans n'était donc pas roi de France, mais régent
(d'où le nom donné à cette période).

2. François Boucher (1703-1770), peintre français dont les œuvres appartiennent au style rococo
(mouvement privilégiant un enrichissement décoratif très chargé).

3. Ornements de rocaille : ornements de style rococo.

4. Trumeaux : panneaux décoratifs.

5. Houppes à poudrer : petits tampons arrondis pour se poudrer.

C'étaient les aïeux de notre hôte, des chevaliers bardés[1] de fer, des conseillers en perruque, et de belles dames au visage fardé et aux cheveux poudrés à blanc[2], tenant une rose à la main.

40   Tout à coup le feu prit un étrange degré d'activité ; une lueur blafarde illumina la chambre, et je vis clairement que ce que j'avais pris pour de vaines peintures était la réalité ; car les prunelles de ces êtres encadrés remuaient, scintillaient d'une façon singulière ; leurs lèvres s'ouvraient et se fermaient comme des lèvres de gens qui parlent, mais je n'entendais

45 rien que le tic-tac de la pendule et le sifflement de la bise d'automne.

Une terreur insurmontable s'empara de moi, mes cheveux se hérissèrent sur mon front, mes dents s'entrechoquèrent à se briser, une sueur froide inonda tout mon corps.

La pendule sonna onze heures. Le vibrement du dernier coup

50 retentit longtemps, et, lorsqu'il fut éteint tout à fait…

Oh ! non, je n'ose pas dire ce qui arriva, personne ne me croirait, et l'on me prendrait pour un fou.

Les bougies s'allumèrent toutes seules ; le soufflet, sans qu'aucun être visible lui imprimât le mouvement, se prit à souffler le feu, en

55 râlant comme un vieillard asthmatique, pendant que les pincettes fourgonnaient dans les tisons et que la pelle relevait les cendres.

Ensuite une cafetière se jeta en bas d'une table où elle était posée, et se dirigea, clopin-clopant, vers le foyer, où elle se plaça entre les tisons.

Quelques instants après, les fauteuils commencèrent à s'ébranler,

60 et, agitant leurs pieds tortillés d'une manière surprenante, vinrent se ranger autour de la cheminée.

II

Je ne savais que penser de ce que je voyais ; mais ce qui me restait à voir était encore bien plus extraordinaire.

Un des portraits, le plus ancien de tous, celui d'un gros joufflu à

65 barbe grise, ressemblant, à s'y méprendre, à l'idée que je me suis faite

---

1. Bardés : recouverts.
2. Poudrés à blanc : recouverts de poudre jusqu'à ce qu'ils soient blancs.

du vieux sir John Falstaff [1], sortit, en grimaçant, la tête de son cadre, et, après de grands efforts, ayant fait passer ses épaules et son ventre rebondi entre les ais [2] étroits de la bordure, sauta lourdement par terre.

Il n'eut pas plutôt pris haleine, qu'il tira de la poche de son pourpoint une clef d'une petitesse remarquable ; il souffla dedans pour s'assurer si la forure [3] était bien nette, et il l'appliqua à tous les cadres les uns après les autres.

Et tous les cadres s'élargirent de façon à laisser passer aisément les figures qu'ils renfermaient.

75   Petits abbés poupins [4], douairières [5] sèches et jaunes, magistrats à l'air grave ensevelis dans de grandes robes noires, petits-maîtres en bas de soie, en culotte de prunelle [6], la pointe de l'épée en haut, tous ces personnages présentaient un spectacle si bizarre, que, malgré ma frayeur, je ne pus m'empêcher de rire.

80   Ces dignes personnages s'assirent ; la cafetière sauta légèrement sur la table. Ils prirent le café dans des tasses du Japon blanches et bleues, qui accoururent spontanément de dessus un secrétaire, chacune d'elles munie d'un morceau de sucre et d'une petite cuiller d'argent.

Quand le café fut pris, tasses, cafetières et cuillers disparurent à la
85   fois, et la conversation commença, certes la plus curieuse que j'aie jamais ouïe, car aucun de ces étranges causeurs ne regardait l'autre en parlant : ils avaient tous les yeux fixés sur la pendule.

Je ne pouvais moi-même en détourner mes regards et m'empêcher de suivre l'aiguille qui marchait vers minuit à pas imperceptibles.

90   Enfin, minuit sonna ; une voix, dont le timbre était exactement celui de la pendule, se fit entendre et dit :

— Voici l'heure, il faut danser.

Toute l'assemblée se leva. Les fauteuils se reculèrent de leur propre mouvement ; alors, chaque cavalier prit la main d'une dame, et la
95   même voix dit :

---

1. Sir John Falstaff : personnage de fiction, célèbre compagnon de débauche du roi d'Angleterre Henri V (1387-1422) dans trois pièces de Shakespeare (1564-1616).

2. Ais : plaques rectangulaires en bois ou en carton utilisées ici dans la confection du cadre.

3. Forure : trou d'une clef pratiqué à l'aide d'un outil appelé « foret ».

4. Poupins : qui ressemblent à des poupées.

5. Douairières : vieilles dames sévères de la haute société.

6. Culotte de prunelle : culotte faite de ce tissu de laine croisée.

— Allons, messieurs de l'orchestre, commencez !

J'ai oublié de dire que le sujet de la tapisserie était un concerto italien d'un côté, et de l'autre une chasse au cerf où plusieurs valets donnaient du cor [1]. Les piqueurs [2] et les musiciens, qui, jusque-là, n'avaient fait aucun geste, inclinèrent la tête en signe d'adhésion.

Le maestro leva sa baguette, et une harmonie vive et dansante s'élança des deux bouts de la salle. On dansa d'abord le menuet [3].

Mais les notes rapides de la partition exécutée par les musiciens s'accordaient mal avec ces graves révérences : aussi chaque couple de danseurs, au bout de quelques minutes, se mit à pirouetter comme une toupie d'Allemagne. Les robes de soie des femmes, froissées dans ce tourbillon dansant, rendaient des sons d'une nature particulière ; on aurait dit le bruit d'ailes d'un vol de pigeons. Le vent qui s'engouffrait par-dessous les gonflait prodigieusement, de sorte qu'elles avaient l'air de cloches en branle.

L'archet des virtuoses passait si rapidement sur les cordes, qu'il en jaillissait des étincelles électriques. Les doigts des flûteurs [4] se haussaient et se baissaient comme s'ils eussent été de vif-argent [5] ; les joues des piqueurs étaient enflées comme des ballons, et tout cela formait un déluge de notes et de trilles si pressés et de gammes ascendantes et descendantes si entortillées, si inconcevables, que les démons eux-mêmes n'auraient pu deux minutes suivre une pareille mesure.

Aussi, c'était pitié de voir tous les efforts de ces danseurs pour rattraper la cadence. Ils sautaient, cabriolaient, faisaient des ronds de jambe, des jetés battus et des entrechats [6] de trois pieds de haut, tant que la sueur, leur coulant du front sur les yeux, leur emportait les mouches [7] et le fard. Mais ils avaient beau faire, l'orchestre les devançait toujours de trois ou quatre notes.

La pendule sonna une heure ; ils s'arrêtèrent. Je vis quelque chose qui m'était échappé : une femme qui ne dansait pas.

1. Donnaient du cor : jouaient du cor (instrument de musique utilisé dans la chasse à courre).
2. Piqueurs : dans une chasse à courre, valets de chiens qui suivent leur bête à cheval.
3. Menuet : ancienne danse de bal à trois temps.
4. Flûteurs (vieilli et familier) : synonyme de flûtistes.
5. Vif-argent (anciennement) : mercure.
6. Les ronds de jambe, les jetés battus et les entrechats sont des pas de danse.
7. Mouches : faux grains de beauté de tissu noir que les femmes portaient pour faire ressortir la blancheur de leur peau.

Elle était assise dans une bergère [1] au coin de la cheminée, et ne paraissait pas le moins du monde prendre part à ce qui se passait autour d'elle.

Jamais, même en rêve, rien d'aussi parfait ne s'était présenté à mes yeux ; une peau d'une blancheur éblouissante, des cheveux d'un blond cendré, de longs cils et des prunelles bleues, si claires et si transparentes, que je voyais son âme à travers aussi distinctement qu'un caillou au fond d'un ruisseau.

Et je sentis que, si jamais il m'arrivait d'aimer quelqu'un, ce serait elle. Je me précipitai hors du lit, d'où jusque-là je n'avais pu bouger, et je me dirigeai vers elle, conduit par quelque chose qui agissait en moi sans que je pusse m'en rendre compte ; et je me trouvai à ses genoux, une de ses mains dans les miennes, causant avec elle comme si je l'eusse connue depuis vingt ans.

Mais, par un prodige bien étrange, tout en lui parlant, je marquais d'une oscillation de tête la musique qui n'avait pas cessé de jouer ; et, quoique je fusse au comble du bonheur d'entretenir une aussi belle personne, les pieds me brûlaient de danser avec elle.

Cependant je n'osais lui en faire la proposition. Il paraît qu'elle comprit ce que je voulais, car, levant vers le cadran de l'horloge la main que je ne tenais pas :

— Quand l'aiguille sera là, nous verrons, mon cher Théodore.

Je ne sais comment cela se fit, je ne fus nullement surpris de m'entendre ainsi appeler par mon nom, et nous continuâmes à causer. Enfin, l'heure indiquée sonna, la voix au timbre d'argent vibra encore dans la chambre et dit :

— Angéla, vous pouvez danser avec monsieur, si cela vous fait plaisir, mais vous savez ce qui en résultera.

— N'importe, répondit Angéla d'un ton boudeur.

Et elle passa son bras d'ivoire autour de mon cou.

— *Prestissimo !* cria la voix.

Et nous commençâmes à valser. Le sein de la jeune fille touchait ma poitrine, sa joue veloutée effleurait la mienne, et son haleine suave flottait sur ma bouche.

---

1. Bergère : fauteuil.

Jamais de la vie je n'avais éprouvé une pareille émotion ; mes nerfs tressaillaient comme des ressorts d'acier, mon sang coulait dans mes artères en torrent de lave, et j'entendais battre mon cœur comme une montre accrochée à mes oreilles.

Pourtant cet état n'avait rien de pénible. J'étais inondé d'une joie ineffable et j'aurais toujours voulu demeurer ainsi, et, chose remarquable, quoique l'orchestre eût triplé de vitesse, nous n'avions besoin de faire aucun effort pour le suivre.

Les assistants, émerveillés de notre agilité, criaient bravo, et frappaient de toutes leurs forces dans leurs mains, qui ne rendaient aucun son.

Angéla, qui jusqu'alors avait valsé avec une énergie et une justesse surprenantes, parut tout à coup se fatiguer ; elle pesait sur mon épaule comme si les jambes lui eussent manqué ; ses petits pieds, qui, une minute auparavant, effleuraient le plancher, ne s'en détachaient que lentement, comme s'ils eussent été chargés d'une masse de plomb.

— Angéla, vous êtes lasse, lui dis-je, reposons-nous.

— Je le veux bien, répondit-elle en s'essuyant le front avec son mouchoir. Mais, pendant que nous valsions, ils se sont tous assis ; il n'y a plus qu'un fauteuil, et nous sommes deux.

— Qu'est-ce que cela fait, mon bel ange ? Je vous prendrai sur mes genoux.

III

Sans faire la moindre objection, Angéla s'assit, m'entourant de ses bras comme d'une écharpe blanche, cachant sa tête dans mon sein[1] pour se réchauffer un peu, car elle était devenue froide comme un marbre.

Je ne sais pas combien de temps nous restâmes dans cette position, car tous mes sens étaient absorbés dans la contemplation de cette mystérieuse et fantastique créature.

Je n'avais plus aucune idée de l'heure ni du lieu ; le monde réel n'existait plus pour moi, et tous les liens qui m'y attachent étaient

---

1. Dans mon sein : contre ma poitrine.

rompus; mon âme, dégagée de sa prison de boue, nageait dans le vague et l'infini; je comprenais ce que nul homme ne peut comprendre, les pensées d'Angéla se révélant à moi sans qu'elle eût besoin de parler; car son âme brillait dans son corps comme une lampe d'albâtre[1], et les
195 rayons partis de sa poitrine perçaient la mienne de part en part.

L'alouette chanta, une lueur pâle se joua sur les rideaux.

Aussitôt qu'Angéla l'aperçut, elle se leva précipitamment, me fit un geste d'adieu, et, après quelques pas, poussa un cri et tomba de sa hauteur.

200 Saisi d'effroi, je m'élançai pour la relever… Mon sang se fige rien que d'y penser: je ne trouvai rien que la cafetière brisée en mille morceaux.

À cette vue, persuadé que j'avais été le jouet de quelque illusion diabolique, une telle frayeur s'empara de moi, que je m'évanouis.

IV

Lorsque je repris connaissance, j'étais dans mon lit; Arrigo Cohic
205 et Pedrino Borgnioli se tenaient debout à mon chevet.

Aussitôt que j'eus ouvert les yeux, Arrigo s'écria:

— Ah! ce n'est pas dommage! voilà bientôt une heure que je te frotte les tempes d'eau de Cologne. Que diable as-tu fait cette nuit? Ce matin, voyant que tu ne descendais pas, je suis entré dans ta
210 chambre, et je t'ai trouvé tout du long étendu par terre, en habit à la française, serrant dans tes bras un morceau de porcelaine brisée, comme si c'eût été une jeune et jolie fille.

— Pardieu! c'est l'habit de noce de mon grand-père, dit l'autre en soulevant une des basques de soie fond rose à ramages verts. Voilà les
215 boutons de strass[2] et de filigrane[3] qu'il nous vantait tant. Théodore l'aura trouvé dans quelque coin et l'aura mis pour s'amuser. Mais à propos de quoi t'es-tu trouvé mal? ajouta Borgnioli. Cela est bon pour une petite-maîtresse qui a des épaules blanches; on la délace, on

---

1. D'albâtre: d'une blancheur éclatante, translucide.
2. Strass: verre imitant certaines pierres précieuses.
3. De filigrane: faits de fil de métal.

lui ôte ses colliers, son écharpe, et c'est une belle occasion de faire
220 des minauderies[1].

— Ce n'est qu'une faiblesse qui m'a pris; je suis sujet à cela,
répondis-je sèchement.

Je me levai, je me dépouillai de mon ridicule accoutrement.

Et puis l'on déjeuna.

225 Mes trois camarades mangèrent beaucoup et burent encore plus;
moi, je ne mangeais presque pas, le souvenir de ce qui s'était passé me
causait d'étranges distractions.

Le déjeuner fini, comme il pleuvait à verse, il n'y eut pas moyen
de sortir; chacun s'occupa comme il put. Borgnioli tambourina des
230 marches guerrières sur les vitres; Arrigo et l'hôte firent une partie
de dames; moi, je tirai de mon album un carré de vélin[2], et je me
mis à dessiner.

Les linéaments[3] presque imperceptibles tracés par mon crayon,
sans que j'y eusse songé le moins du monde, se trouvèrent représenter
235 avec la plus merveilleuse exactitude la cafetière qui avait joué un rôle
si important dans les scènes de la nuit.

— C'est étonnant comme cette tête ressemble à ma sœur Angéla,
dit l'hôte, qui, ayant terminé sa partie, me regardait travailler par-
dessus mon épaule.

240 En effet, ce qui m'avait semblé tout à l'heure une cafetière était
bien réellement le profil doux et mélancolique d'Angéla.

— De par tous les saints du paradis! est-elle morte ou vivante?
m'écriai-je d'un ton de voix tremblant, comme si ma vie eût dépendu
de sa réponse.

245 — Elle est morte, il y a deux ans, d'une fluxion de poitrine[4] à la
suite d'un bal.

— Hélas! répondis-je douloureusement.

Et, retenant une larme qui était près de tomber, je replaçai le papier
dans l'album.

250 Je venais de comprendre qu'il n'y avait plus pour moi de bonheur
sur la terre!

1. Minauderies: mines, manières par lesquelles on cherche à séduire, agaceries.
2. Carré de vélin: morceau de parchemin très fin.
3. Linéaments: coups de crayon.
4. Fluxion de poitrine: pneumonie.

Victor HUGO
1802-1885

Claude Gueux

Dunkerque, le 30 juillet 1834.

Monsieur le directeur de La Revue de Paris[1],

Claude Gueux, *de Victor Hugo, par vous inséré dans votre livraison du 6 courant, est une grande leçon ; aidez-moi, je vous prie, à la faire profiter.*

Rendez-moi, je vous prie, le service d'en faire tirer à mes frais autant d'exemplaires qu'il y a de députés en France, et de les leur adresser individuellement et bien exactement.

J'ai l'honneur de vous saluer.

Charles Carlier
Négociant[2].

(L'original de cette lettre est déposé aux bureaux de La Revue de Paris*.)*

Il y a sept ou huit ans, un homme nommé Claude Gueux, pauvre ouvrier, vivait à Paris. Il avait avec lui une fille[3] qui était sa maîtresse,

---

1. La nouvelle de Victor Hugo fut d'abord publiée dans *La Revue de Paris*, le 6 juillet 1834.
2. Après avoir paru dans *La Revue de Paris*, il fut tiré 500 exemplaires à part de la nouvelle à la demande de ce négociant de Dunkerque (ville du nord de la France).
3. Fille : le terme est utilisé ici par opposition à « femme mariée » et non pas dans le sens d'« enfant ».

et un enfant de cette fille. Je dis les choses comme elles sont, laissant le lecteur ramasser les moralités à mesure que les faits les sèment sur
5 leur chemin. L'ouvrier était capable, habile, intelligent, fort mal traité par l'éducation, fort bien traité par la nature, ne sachant pas lire et sachant penser. Un hiver, l'ouvrage manqua. Pas de feu ni de pain dans le galetas [1]. L'homme, la fille et l'enfant eurent froid et faim. L'homme vola. Je ne sais ce qu'il vola, je ne sais où il vola. Ce que je
10 sais, c'est que de ce vol il résulta trois jours de pain et de feu pour la femme et pour l'enfant, et cinq ans de prison pour l'homme.

L'homme fut envoyé faire son temps à la maison centrale de Clairvaux [2]. Clairvaux, abbaye dont on a fait une bastille [3], cellule [4] dont on a fait un cabanon [5], autel dont on a fait un pilori [6]. Quand
15 nous parlons de progrès, c'est ainsi que certaines gens le comprennent et l'exécutent. Voilà la chose qu'ils mettent sous notre mot.

Poursuivons.

Arrivé là, on le mit dans un cachot pour la nuit, et dans un atelier pour le jour. Ce n'est pas l'atelier que je blâme.
20 Claude Gueux, honnête ouvrier naguère, voleur désormais, était une figure digne et grave. Il avait le front haut, déjà ridé, quoique jeune encore, quelques cheveux gris perdus dans les touffes noires, l'œil doux et fort puissamment enfoncé sous une arcade sourcilière bien modelée, les narines ouvertes, le menton avancé, la lèvre dédai-
25 gneuse. C'était une belle tête. On va voir ce que la société en a fait.

Il avait la parole rare, le geste plus fréquent, quelque chose d'impé-rieux* dans toute sa personne et qui se faisait obéir, l'air pensif, sérieux plutôt que souffrant. Il avait pourtant bien souffert.

Dans le dépôt [7] où Claude Gueux était enfermé, il y avait un direc-
30 teur des ateliers, espèce de fonctionnaire propre aux prisons, qui tient

---

1. Galetas: logement misérable.
2. La maison centrale de Clairvaux: ancienne abbaye fondée en 1115 et transformée en prison en 1808.
3. Bastille: forteresse. Hugo fait indirectement référence à la prison de la Bastille, prison d'État détruite lors de la Révolution française le 14 juillet 1789 (voir «Les romantiques et leur époque», p. 229).
4. Cellule: petite chambre d'un religieux, d'une religieuse.
5. Cabanon: cachot obscur.
6. Pilori: poteau auquel on attachait un criminel pour l'exposer à la vue de la population.
7. Dépôt: prison.

tout ensemble du guichetier [1] et du marchand, qui fait en même temps une commande à l'ouvrier et une menace au prisonnier, qui vous met l'outil aux mains et les fers aux pieds. Celui-là était lui-même une variété dans l'espèce, un homme bref [2], tyrannique, obéis-
35 sant à ses idées, toujours à courte bride sur son autorité [3]; d'ailleurs, dans l'occasion, bon compagnon, bon prince, jovial même et raillant* avec grâce; dur plutôt que ferme; ne raisonnant avec personne, pas même avec lui; bon père, bon mari sans doute, ce qui est devoir et non vertu; en un mot, pas méchant, mauvais. C'était un de ces
40 hommes qui n'ont rien de vibrant ni d'élastique, qui sont composés de molécules inertes, qui ne résonnent [4] au choc d'aucune idée, au contact d'aucun sentiment, qui ont des colères glacées, des haines mornes, des emportements sans émotion, qui prennent feu sans s'échauffer, dont la capacité de calorique est nulle, et qu'on dirait sou-
45 vent faits de bois: ils flambent par un bout et sont froids par l'autre. La ligne principale, la ligne diagonale du caractère de cet homme, c'était la ténacité. Il était fier d'être tenace, et se comparait à Napoléon*. Ceci n'est qu'une illusion d'optique. Il y a nombre de gens qui en sont dupes et qui, à certaine distance, prennent la ténacité pour de la
50 volonté et une chandelle pour une étoile. Quand cet homme donc avait une fois ajusté ce qu'il appelait *sa volonté* à une chose absurde, il allait tête haute et à travers toute broussaille jusqu'au bout de la chose absurde. L'entêtement sans l'intelligence, c'est la sottise soudée au bout de la bêtise et lui servant de rallonge. Cela va loin. En général, quand
55 une catastrophe privée ou publique s'est écroulée sur nous, si nous examinons, d'après les décombres qui en gisent à terre, de quelle façon elle s'est échafaudée, nous trouvons presque toujours qu'elle a été aveuglément construite par un homme médiocre et obstiné qui avait

---

1. Guichetier: employé qui ouvre et ferme le guichet, terme désignant ici la petite ouverture pratiquée dans la porte de la cellule, qui permet de parler au prisonnier ou de lui passer quelque chose.
2. Bref: sec, qui parle peu.
3. À courte bride sur son autorité: qui exige une soumission et une satisfaction immédiates.
4. Hugo a recours ici à un vocabulaire scientifique à la mode: «élastique» fait référence à la capacité d'un corps de retrouver sa forme première après avoir subi un choc; le verbe «résonner» désigne la capacité d'un corps de vibrer sous l'impulsion d'un choc.

foi en lui et qui s'admirait. Il y a par le monde beaucoup de ces petites
60 fatalités têtues qui se croient des providences.

Voilà donc ce que c'était que le directeur des ateliers de la prison centrale de Clairvaux. Voilà de quoi était fait le briquet avec lequel la société
frappait chaque jour sur les prisonniers pour en tirer des étincelles.

L'étincelle que de pareils briquets arrachent à de pareils cailloux
65 allume souvent des incendies.

Nous avons dit qu'une fois arrivé à Clairvaux, Claude Gueux fut
numéroté dans un atelier et rivé à une besogne. Le directeur de l'atelier fit connaissance avec lui, le reconnut bon ouvrier, et le traita bien.
Il paraît même qu'un jour, étant de bonne humeur, et voyant Claude
70 Gueux fort triste, car cet homme pensait toujours à celle qu'il appelait *sa femme,* il lui conta, par manière de jovialité et de passe-temps,
et aussi pour le consoler, que cette malheureuse s'était faite fille
publique. Claude demanda froidement ce qu'était devenu l'enfant.
On ne savait.

75 Au bout de quelques mois, Claude s'acclimata à l'air de la prison
et parut ne plus songer à rien. Une certaine sérénité sévère, propre à
son caractère, avait repris le dessus.

Au bout du même espace de temps à peu près, Claude avait acquis
un ascendant singulier sur tous ses compagnons. Comme par une
80 sorte de convention tacite, et sans que personne sût pourquoi, pas
même lui, tous ces hommes le consultaient, l'écoutaient, l'admiraient
et l'imitaient, ce qui est le dernier degré ascendant de l'admiration. Ce
n'était pas une médiocre gloire d'être obéi par toutes ces natures dés-
obéissantes. Cet empire[1] lui était venu sans qu'il y songeât. Cela tenait
85 au regard qu'il avait dans les yeux. L'œil d'un homme est une fenêtre
par laquelle on voit les pensées qui vont et viennent dans sa tête.

Mettez un homme qui contient des idées parmi des hommes qui
n'en contiennent pas, au bout d'un temps donné, et par une loi
d'attraction irrésistible, tous les cerveaux ténébreux graviteront
90 humblement et avec adoration autour du cerveau rayonnant. Il y a
des hommes qui sont fer et des hommes qui sont aimant. Claude
était aimant.

---

1. Empire : pouvoir, force.

En moins de trois mois donc, Claude était devenu l'âme, la loi et l'ordre de l'atelier. Toutes ces aiguilles tournaient sur son cadran. Il devait douter lui-même par moments s'il était roi ou prisonnier. C'était une sorte de pape captif avec ses cardinaux.

Et, par une réaction toute naturelle dont l'effet s'accomplit sur toutes les échelles, aimé des prisonniers, il était détesté des geôliers. Cela est toujours ainsi. La popularité ne va jamais sans la défaveur. L'amour des esclaves est toujours doublé de la haine des maîtres.

Claude Gueux était grand mangeur. C'était une particularité de son organisation. Il avait l'estomac fait de telle sorte que la nourriture de deux hommes ordinaires suffisait à peine à sa journée. M. de Cotadilla avait un de ces appétits-là, et en riait ; mais ce qui est une occasion de gaieté pour un duc, grand d'Espagne, qui a cinq cent mille moutons, est une charge pour un ouvrier et un malheur pour un prisonnier.

Claude Gueux, libre dans son grenier, travaillait tout le jour, gagnait son pain de quatre livres et le mangeait. Claude Gueux, en prison, travaillait tout le jour et recevait invariablement pour sa peine une livre et demie de pain et quatre onces de viande. La ration est inexorable. Claude avait donc habituellement faim dans la prison de Clairvaux.

Il avait faim, et c'était tout. Il n'en parlait pas. C'était sa nature ainsi.

Un jour, Claude venait de dévorer sa maigre pitance, et s'était remis à son métier[1], croyant tromper la faim par le travail. Les autres prisonniers mangeaient joyeusement. Un jeune homme, pâle, blond, faible, vint se placer près de lui. Il tenait à la main sa ration, à laquelle il n'avait pas encore touché, et un couteau. Il restait là debout près de Claude, ayant l'air de vouloir parler et de ne pas oser. Cet homme, et son pain, et sa viande, importunaient Claude. — Que veux-tu ? dit-il enfin brusquement. — Que tu me rendes un service, dit timidement le jeune homme. — Quoi ? reprit Claude. — Que tu m'aides à manger cela. J'en ai trop. Une larme roula dans l'œil hautain de Claude. Il prit le couteau, partagea la ration du jeune homme en deux parts égales, en prit une, et se mit à manger. — Merci, dit le jeune homme. Si tu veux, nous partagerons comme cela tous les jours.

---

1. Métier : machine utilisée dans l'industrie textile.

— Comment t'appelles-tu? dit Claude Gueux. — Albin. — Pourquoi es-tu ici? reprit Claude. — J'ai volé. — Et moi aussi, dit Claude.

130　Ils partagèrent en effet de la sorte tous les jours. Claude Gueux avait trente-six ans, et par moments, il en paraissait cinquante, tant sa pensée habituelle était sévère. Albin avait vingt ans, on lui en eût donné dix-sept, tant il y avait encore d'innocence dans le regard de ce voleur. Une étroite amitié se noua entre ces deux hommes, amitié de
135　père à fils plutôt que de frère à frère. Albin était encore presque un enfant; Claude était déjà presque un vieillard.

Ils travaillaient dans le même atelier, ils couchaient sous la même clef de voûte[1], ils se promenaient dans le même préau[2], ils mordaient au même pain. Chacun des deux amis était l'univers pour l'autre. Il
140　paraît qu'ils étaient heureux.

Nous avons déjà parlé du directeur des ateliers. Cet homme, haï des prisonniers, était souvent obligé, pour se faire obéir d'eux, d'avoir recours à Claude Gueux qui en était aimé. Dans plus d'une occasion, lorsqu'il s'était agi d'empêcher une rébellion ou un tumulte, l'autorité
145　sans titre de Claude Gueux avait prêté main-forte à l'autorité officielle du directeur. En effet, pour contenir les prisonniers, dix paroles de Claude valaient dix gendarmes. Claude avait maintes fois rendu ce service au directeur. Aussi le directeur le détestait-il cordialement. Il était jaloux de ce voleur. Il avait au fond du cœur une haine secrète,
150　envieuse, implacable, contre Claude, une haine de souverain de droit à souverain de fait[3], de pouvoir temporel à pouvoir spirituel.

Ces haines-là sont les pires.

Claude aimait beaucoup Albin, et ne songeait pas au directeur.

Un jour, un matin, au moment où les porte-clefs[4] transvasaient les
155　prisonniers deux à deux du dortoir dans l'atelier, un guichetier* appela Albin qui était à côté de Claude, et le prévint que le directeur

---

1. Clef de voûte: pierre du milieu et du haut d'une voûte (ouvrage de maçonnerie cintré), qui permet à celle-ci de tenir en place. La prison de Clairvaux étant une ancienne abbaye, il est probable que les prisonniers dormaient dans une salle dont le plafond était voûté (plafond typique de l'architecture médiévale).

2. Préau: cour intérieure.

3. Une haine de souverain de droit à souverain de fait: un souverain de droit est celui à qui revient légalement le pouvoir; un souverain de fait est celui qui détient le pouvoir, légalement ou non.

4. Porte-clefs: valets de prison portant les clés.

le demandait. — Que te veut-on? dit Claude. — Je ne sais pas, dit Albin. Le guichetier emmena Albin.

160 La matinée se passa, Albin ne revint pas à l'atelier. Quand arriva l'heure du repas, Claude pensa qu'il retrouverait Albin au préau. Albin n'était pas au préau. On rentra dans l'atelier, Albin ne reparut pas dans l'atelier. La journée s'écoula ainsi. Le soir quand on ramena les prisonniers dans leur dortoir, Claude y chercha des yeux Albin, et ne le vit pas. Il paraît qu'il souffrit beaucoup dans ce moment-là, car

165 il adressa la parole à un guichetier, ce qu'il ne faisait jamais : — Est-ce qu'Albin est malade? dit-il. — Non, répondit le guichetier. — D'où vient donc, reprit Claude, qu'il n'a pas reparu aujourd'hui? — Ah! dit négligemment le porte-clefs, c'est qu'on l'a changé de quartier. Les témoins qui ont déposé de ces faits plus tard remarquèrent qu'à cette

170 réponse du guichetier la main de Claude qui portait une chandelle allumée trembla légèrement. Il reprit avec calme : — Qui a donné cet ordre-là? Le guichetier répondit : — Monsieur D.

Le directeur des ateliers s'appelait M. D.

La journée du lendemain se passa comme la journée précédente,

175 sans Albin.

Le soir, à l'heure de la clôture des travaux, le directeur, M. D., vint faire sa ronde habituelle dans l'atelier. Du plus loin que Claude le vit, il ôta son bonnet de grosse laine, il boutonna sa veste grise, triste livrée[1] de Clairvaux, car il est de principe dans les prisons qu'une veste

180 respectueusement boutonnée prévient favorablement les supérieurs[2], et il se tint debout et son bonnet à la main à l'entrée de son banc, attendant le passage du directeur. Le directeur passa. — Monsieur! dit Claude. Le directeur s'arrêta et se détourna à demi. — Monsieur, reprit Claude, est-ce que c'est vrai qu'on a changé Albin de quartier?

185 — Oui, répondit le directeur. — Monsieur, poursuivit Claude, j'ai besoin d'Albin pour vivre. Il ajouta : — Vous savez que je n'ai pas assez de quoi manger avec la ration de la maison, et qu'Albin partageait son pain avec moi. — C'était son affaire, dit le directeur.

— Monsieur, est-ce qu'il n'y aurait pas moyen de faire remettre Albin

190 dans le même quartier que moi? — Impossible. Il y a décision prise.

---

1. Livrée : couleurs et caractéristiques propres à une maison, à une famille.
2. Prévient favorablement les supérieurs : fait naître des sentiments favorables chez les supérieurs.

— Par qui ? — Par moi. — Monsieur D., reprit Claude, c'est la vie ou la mort pour moi, et cela dépend de vous. — Je ne reviens jamais sur mes décisions. — Monsieur, est-ce que je vous ai fait quelque chose ? — Rien. — En ce cas, dit Claude, pourquoi me séparez-vous d'Albin ?
195 — Parce que, dit le directeur.

Cette explication donnée, le directeur passa outre[1].

Claude baissa la tête et ne répliqua pas. Pauvre lion en cage à qui l'on ôtait son chien !

Nous sommes forcés de dire que le chagrin de cette séparation
200 n'altéra en rien la voracité en quelque sorte maladive du prisonnier. Rien d'ailleurs ne parut sensiblement changé en lui. Il ne parlait d'Albin à aucun de ses camarades. Il se promenait seul dans le préau* aux heures de récréation, et il avait faim. Rien de plus.

Cependant ceux qui le connaissaient bien remarquaient quelque
205 chose de sinistre et de sombre qui s'épaississait chaque jour de plus en plus sur son visage. Du reste, il était plus doux que jamais.

Plusieurs voulurent partager leur ration avec lui, il refusa en souriant.

Tous les soirs, depuis l'explication que lui avait donnée le directeur,
210 il faisait une espèce de chose folle qui étonnait de la part d'un homme aussi sérieux. Au moment où le directeur, ramené à heure fixe par sa tournée habituelle, passait devant le métier* de Claude, Claude levait les yeux et le regardait fixement, puis il lui adressait d'un ton plein d'angoisse et de colère qui tenait à la fois de la prière et de la menace
215 ces deux mots seulement : — *Et Albin ?* Le directeur faisait semblant de ne pas entendre ou s'éloignait en haussant les épaules.

Cet homme avait tort de hausser les épaules, car il était évident pour tous les spectateurs de ces scènes étranges que Claude Gueux était intérieurement déterminé à quelque chose. Toute la prison
220 attendait avec anxiété quel serait le résultat de cette lutte entre une ténacité et une résolution.

Il a été constaté qu'une fois entre autres Claude dit au directeur : — Écoutez, monsieur, rendez-moi mon camarade. Vous ferez bien, je vous assure. Remarquez que je vous dis cela.

---

1. Passa outre : alla plus loin.

225 Une autre fois, un dimanche, comme il se tenait dans le préau, assis sur une pierre, les coudes sur les genoux et son front dans ses mains, immobile depuis plusieurs heures dans la même attitude, le condamné Faillette s'approcha de lui, et lui cria en riant : — Que diable fais-tu donc là, Claude ? Claude leva lentement sa tête sévère et

230 dit : — *Je juge quelqu'un.*

Un soir enfin, le 25 octobre 1831, au moment où le directeur faisait sa ronde, Claude brisa sous son pied avec bruit un verre de montre qu'il avait trouvé le matin dans un corridor. Le directeur demanda d'où venait ce bruit. — Ce n'est rien, dit Claude, c'est moi. Monsieur

235 le directeur, rendez-moi mon camarade. — Impossible, dit le maître.

— Il le faut pourtant, dit Claude d'une voix basse et ferme, et, regardant le directeur en face, il ajouta : — Réfléchissez. Nous sommes aujourd'hui le 25 octobre. Je vous donne jusqu'au 4 novembre.

Un guichetier* fit remarquer à M. D. que Claude le menaçait et que

240 c'était un cas de cachot. — Non, point de cachot, dit le directeur avec un sourire dédaigneux, il faut être bon avec ces gens-là.

Le lendemain, le condamné Pernot aborda Claude qui se promenait seul et pensif, laissant les autres prisonniers s'ébattre dans un petit carré de soleil à l'autre bout de la cour. — Eh bien ! Claude ! À

245 quoi songes-tu ? tu parais triste. — *Je crains,* dit Claude, *qu'il n'arrive bientôt quelque malheur à ce bon monsieur D.*

Il y a neuf jours pleins du 25 octobre au 4 novembre. Claude n'en laissa pas passer un sans avertir gravement le directeur de l'état de plus en plus douloureux où le mettait la disparition d'Albin. Le direc-

250 teur fatigué lui infligea une fois vingt-quatre heures de cachot parce que la prière ressemblait trop à une sommation[1]. Voilà tout ce que Claude obtint.

Le 4 novembre arriva. Ce jour-là, Claude s'éveilla avec un visage serein qu'on ne lui avait pas encore vu depuis le jour où la *décision* de

255 M. D. l'avait séparé de son ami. En se levant, il fouilla dans une espèce de caisse de bois blanc qui était au pied de son lit et qui contenait ses quelques guenilles. Il en tira une paire de ciseaux de couturière.

---

1. Sommation : ordre, commandement.

C'était, avec un volume dépareillé de l'*Émile*[1], la seule chose qui lui
restât de la femme qu'il avait aimée, de la mère de son enfant, de son
260 heureux petit ménage d'autrefois. Deux meubles bien inutiles pour
Claude : les ciseaux ne pouvaient servir qu'à une femme, le livre qu'à
un lettré. Claude ne savait ni coudre ni lire.

Au moment où il traversait le vieux cloître[2] déshonoré et blanchi
à la chaux qui sert de promenoir[3] d'hiver, il s'approcha du condamné
265 Ferrari qui regardait avec attention les énormes barreaux d'une
croisée[4]. Claude tenait à la main la petite paire de ciseaux, il la montra
à Ferrari en disant : — Ce soir je couperai ces barreaux-ci avec ces
ciseaux-là.

Ferrari, incrédule, se mit à rire, et Claude aussi.

270 Ce matin-là, il travailla avec plus d'ardeur qu'à l'ordinaire ; jamais
il n'avait fait si vite et si bien. Il parut attacher un certain prix à terminer dans la matinée un chapeau de paille que lui avait payé
d'avance un honnête bourgeois de Troyes, M. Bressier.

Un peu avant midi, il descendit sous un prétexte à l'atelier des
275 menuisiers, situé au rez-de-chaussée, au-dessous de l'étage où il travaillait. Claude était aimé là comme ailleurs, mais il y entrait rare-
ment. Aussi : — Tiens ! voilà Claude ! — on l'entoura. Ce fut une fête.
Claude jeta un coup d'œil rapide dans la salle. Pas un des surveillants n'y était. — Qui est-ce qui a une hache à me prêter ? dit-il.
280 — Pourquoi faire ? lui demanda-t-on. Il répondit : — C'est pour tuer
ce soir le directeur des ateliers. On lui présenta plusieurs haches à
choisir. Il prit la plus petite qui était fort tranchante, la cacha dans son
pantalon, et sortit. Il y avait là vingt-sept prisonniers. Il ne leur avait
pas recommandé le secret. Tous le gardèrent.

285 Ils ne causèrent même pas de la chose entre eux.

---

1. *Émile ou De l'éducation* (1762) de Jean-Jacques Rousseau est, comme son titre l'indique,
   un traité sur l'éducation des enfants. L'auteur affirme qu'il faut laisser libre cours à la nature
   et se contenter d'écarter les obstacles ou de créer les conditions les plus favorables au
   développement des instincts et des facultés de l'enfant.
2. Cloître : lieu situé à l'intérieur d'un monastère et comportant une galerie à colonnes encadrant
   une cour intérieure ou un jardin carré.
3. Promenoir : lieu destiné à la promenade dans un hôpital, une prison, etc.
4. Croisée : fenêtre dont l'espace est divisé en quatre par une croix de pierre.

Chacun attendit de son côté ce qui arriverait. L'affaire était terrible, droite et simple. Pas de complication possible. Claude ne pouvait être ni conseillé, ni dénoncé.

Une heure après, il aborda un jeune condamné de seize ans qui
290 bâillait dans le promenoir, et lui conseilla d'apprendre à lire. En ce moment, le détenu Faillette accosta Claude, et lui demanda ce que diable il cachait là dans son pantalon. Claude dit : — C'est une hache pour tuer monsieur D. ce soir. Il ajouta : — Est-ce que cela se voit ? — Un peu, dit Faillette.

295 Le reste de la journée fut à l'ordinaire. À sept heures du soir, on renferma les prisonniers, chaque section dans l'atelier qui lui était assigné, et les surveillants sortirent des salles de travail, comme il paraît que c'est l'habitude, pour ne rentrer qu'après la ronde du directeur.

Claude Gueux fut donc verrouillé comme les autres dans son ate-
300 lier avec ses compagnons de métier.

Alors il se passa dans cet atelier une scène extraordinaire, une scène qui n'est ni sans majesté* ni sans terreur, la seule de ce genre qu'aucune histoire puisse raconter.

Il y avait là, ainsi que l'a constaté l'instruction judiciaire qui a eu
305 lieu depuis, quatre vingt-deux voleurs, y compris Claude.

Une fois que les surveillants les eurent laissés seuls, Claude se leva debout sur son banc, et annonça à toute la chambrée qu'il avait quelque chose à dire. On fit silence.

Alors Claude haussa la voix et dit : — Vous savez tous qu'Albin était
310 mon frère. Je n'ai pas assez de ce qu'on me donne ici pour manger. Même en n'achetant que du pain avec le peu que je gagne, cela ne suffirait pas. Albin partageait sa ration avec moi ; je l'ai aimé d'abord parce qu'il m'a nourri, ensuite parce qu'il m'a aimé. Le directeur, monsieur D., nous a séparés, cela ne lui faisait rien que nous fussions ensemble ; mais
315 c'est un méchant homme qui jouit de tourmenter. Je lui ai redemandé Albin. Vous l'avez vu ? Il n'a pas voulu. Je lui ai donné jusqu'au 4 novembre pour me rendre Albin. Il m'a fait mettre au cachot pour avoir dit cela. Moi, pendant ce temps-là, je l'ai jugé et je l'ai condamné à mort[1], nous sommes le 4 novembre. Il viendra dans deux heures faire

---

1. Note de Hugo : « Textuel. » L'auteur veut insister sur le fait que ce sont bien, mot pour mot, les paroles du véritable Claude Gueux.

320 sa tournée. Je vous préviens que je vais le tuer. Avez-vous quelque chose
à dire à cela ?

Tous gardèrent le silence.

Claude reprit. Il parla, à ce qu'il paraît, avec une éloquence singulière qui d'ailleurs lui était naturelle. Il déclara qu'il savait bien qu'il
325 allait faire une action violente, mais qu'il ne croyait pas avoir tort.
Il attesta la conscience des quatre-vingt-un voleurs qui l'écoutaient.
Qu'il était dans une rude extrémité. Que la nécessité de se faire justice
soi-même était un cul-de-sac où l'on se trouvait engagé quelquefois.
Qu'à la vérité il ne pouvait prendre la vie du directeur sans donner la
330 sienne propre, mais qu'il trouvait bon de donner sa vie pour une
chose juste. Qu'il avait mûrement réfléchi, et à cela seulement, depuis
deux mois. Qu'il croyait bien ne pas se laisser entraîner par le ressentiment[1], mais que, dans le cas que cela serait, il suppliait qu'on l'en
avertît. Qu'il soumettait honnêtement ses raisons aux hommes justes
335 qui l'écoutaient. Qu'il allait donc tuer monsieur D., mais que si
quelqu'un avait une objection à lui faire, il était prêt à l'écouter.

Une voix seulement s'éleva et dit qu'avant de tuer le directeur,
Claude devait essayer une dernière fois de lui parler et de le fléchir[2].

— C'est juste ! dit Claude, et je le ferai.

340 Huit heures sonnèrent à la grande horloge. Le directeur devait
venir à neuf heures.

Une fois que cette étrange cour de cassation[3] eut en quelque sorte
ratifié[4] la sentence qu'il avait portée, Claude reprit toute sa sérénité.
Il mit sur une table tout ce qu'il possédait en linge et en vêtements, la
345 pauvre dépouille du prisonnier, et, appelant l'un après l'autre ceux de
ses compagnons qu'il aimait le plus après Albin, il leur distribua tout.
Il ne garda que la petite paire de ciseaux.

Puis il les embrassa tous. Quelques-uns pleuraient, il souriait à
ceux-là.

350 Il y eut dans cette heure dernière des instants où il causa avec tant
de tranquillité et même de gaieté que plusieurs de ses camarades

---

1. Ressentiment : rancune.
2. De le fléchir : de lui faire changer d'idée.
3. Cour de cassation : tribunal suprême qui annule une décision juridictionnelle, juridique ou
administrative.
4. Ratifié : approuvé.

espéraient intérieurement, comme ils l'ont déclaré depuis, qu'il abandonnerait peut-être sa résolution. Il s'amusa même une fois à éteindre une des rares chandelles qui éclairaient l'atelier avec le
355 souffle de sa narine, car il avait de mauvaises habitudes d'éducation qui dérangeaient sa dignité naturelle plus souvent qu'il n'aurait fallu. Rien ne pouvait faire que cet ancien gamin des rues n'eût point par moments l'odeur du ruisseau de Paris[1].

Il aperçut un jeune condamné qui était pâle, qui le regardait avec
360 des yeux fixes, et qui tremblait, sans doute de l'attente de ce qu'il allait voir. — Allons, du courage, jeune homme! lui dit Claude doucement, ce ne sera que l'affaire d'un instant.

Quand il eut distribué toutes ses hardes[2], fait tous ses adieux, serré toutes les mains, il interrompit quelques causeries inquiètes qui se fai-
365 saient çà et là dans les coins obscurs de l'atelier, et il commanda qu'on se remît au travail. Tous obéirent en silence.

L'atelier où ceci se passait était une salle oblongue[3], un long parallélogramme percé de fenêtres sur ses deux grands côtés, et de deux portes qui se regardaient à ses deux extrémités. Les métiers* étaient
370 rangés de chaque côté près des fenêtres, les bancs touchant le mur à angle droit, et l'espace resté libre entre les deux rangées de métiers formait une sorte de longue voie qui allait en ligne droite de l'une des deux portes à l'autre, et traversait ainsi toute la salle. C'était cette longue voie, assez étroite, que le directeur avait à parcourir en faisant
375 son inspection; il devait entrer par la porte sud et ressortir par la porte nord, après avoir regardé les travailleurs à droite et à gauche. D'ordinaire il faisait ce trajet assez rapidement et sans s'arrêter.

Claude s'était replacé lui-même à son banc et il s'était remis au travail, comme Jacques Clément[4] se fût remis à la prière.
380 Tous attendaient. Le moment approchait. Tout à coup on entendit un coup de cloche. Claude dit: — C'est l'avant-quart[5]. Alors il se leva,

---

1. L'odeur du ruisseau de Paris: l'odeur de l'eau des rigoles, des caniveaux des rues de Paris.
2. Hardes: vêtements pauvres et usés, guenilles.
3. Oblongue: plus longue que large.
4. Jacques Clément (1567-1589), moine dominicain ayant assassiné le roi Henri III (1551-1589) parce qu'il le considérait hérétique (celui ou celle qui s'écarte de la foi chrétienne).
5. L'avant-quart: coup sonné par certaines horloges quelques minutes avant l'heure, la demi-heure ou le quart d'heure.

traversa gravement une partie de la salle, et alla s'accouder sur l'angle du premier métier* à gauche, tout à côté de la porte d'entrée. Son visage était parfaitement calme et bienveillant.

385   Neuf heures sonnèrent. La porte s'ouvrit. Le directeur entra.

En ce moment-là, il se fit dans l'atelier un silence de statues.

Le directeur était seul comme d'habitude.

Il entra avec sa figure joviale, satisfaite et inexorable, ne vit pas Claude qui était debout à gauche de la porte, la main droite cachée
390 dans son pantalon, et passa rapidement devant les premiers métiers, hochant la tête, mâchant ses paroles, et jetant çà et là son regard banal, sans s'apercevoir que tous les yeux qui l'entouraient étaient fixés sur une idée terrible.

Tout à coup il se détourna brusquement, surpris d'entendre un pas
395 derrière lui.

C'était Claude qui le suivait en silence depuis quelques instants.

— Que fais-tu là, toi? dit le directeur; pourquoi n'es-tu pas à ta place?

Car un homme n'est plus un homme là, c'est un chien, on le tutoie.

400   Claude Gueux répondit respectueusement : — C'est que j'ai à vous parler, monsieur le directeur.

— De quoi!

— D'Albin.

— Encore! dit le directeur.

405   — Toujours! dit Claude.

— Ah çà, reprit le directeur continuant de marcher, tu n'as donc pas eu assez de vingt-quatre heures de cachot?

Claude répondit, en continuant de le suivre : — Monsieur le directeur, rendez-moi mon camarade.

410   — Impossible!

— Monsieur le directeur, dit Claude avec une voix qui eût attendri le démon, je vous en supplie, remettez Albin avec moi; vous verrez comme je travaillerai bien. Vous qui êtes libre, cela vous est égal, vous ne savez pas ce que c'est qu'un ami; mais moi, je n'ai que les quatre
415 murs de la prison. Vous pouvez aller et venir, vous, moi, je n'ai qu'Albin. Rendez-le-moi. Albin me nourrissait, vous le savez bien. Cela ne vous coûterait que la peine de dire oui. Qu'est-ce que cela

vous fait qu'il y ait dans la même salle un homme qui s'appelle Claude
Gueux et un autre qui s'appelle Albin ? Car ce n'est pas plus com-
420 pliqué que cela. Monsieur le directeur, mon bon monsieur D., je vous
supplie vraiment, au nom du ciel !

Claude n'en avait peut-être jamais tant dit à la fois à un geôlier.
Après cet effort, épuisé, il attendit. Le directeur répliqua avec un
geste d'impatience : — Impossible. C'est dit. Voyons, ne m'en reparle
425 plus. Tu m'ennuies.

Et comme il était pressé, il doubla le pas. Claude aussi. En parlant
ainsi, ils étaient arrivés tous deux près de la porte de sortie ; les quatre-
vingts voleurs[1] regardaient et écoutaient, haletants[2].

Claude toucha doucement le bras du directeur. — Mais au moins
430 que je sache pourquoi je suis condamné à mort. Dites-moi pourquoi
vous l'avez séparé de moi.

— Je te l'ai déjà dit, répondit le directeur. Parce que.

Et tournant le dos à Claude, il avança la main vers le loquet de la
porte de sortie.

435 À la réponse du directeur, Claude avait reculé d'un pas. Les quatre-
vingts statues qui étaient là virent sortir de son pantalon sa main
droite avec la hache. Cette main se leva, et avant que le directeur eût
pu pousser un cri, trois coups de hache, chose affreuse à dire, assénés
tous les trois dans la même entaille, lui avaient ouvert le crâne. Au
440 moment où il tombait à la renverse, un quatrième coup lui balafra[3]
le visage ; puis, comme une fureur lancée ne s'arrête pas court, Claude
Gueux lui fendit la cuisse droite d'un cinquième coup inutile. Le
directeur était mort.

Alors Claude jeta la hache et cria : — *À l'autre maintenant !* L'autre,
445 c'était lui. On le vit tirer de sa veste les petits ciseaux de « sa femme » ;
et, sans que personne songeât à l'en empêcher, il se les enfonça dans
la poitrine. La lame était courte, la poitrine était profonde. Il y fouilla
longtemps et à plus de vingt reprises, en criant : — Cœur de damné,
je ne te trouverai donc pas ! – et enfin il tomba baigné dans son sang,
450 évanoui sur le mort.

1. Les quatre-vingts voleurs : petite erreur de Hugo, puisqu'il écrit à la ligne 326 qu'il y avait
   quatre-vingt-deux voleurs, incluant Claude Gueux.

2. Haletants : hors d'haleine.

3. Balafra : tailla.

Lequel des deux était la victime de l'autre ?

Quand Claude reprit connaissance, il était dans un lit, couvert de linges et de bandages, entouré de soins. Il avait auprès de son chevet de bonnes sœurs de charité, et de plus un juge d'instruction qui ins-
455 trumentait[1] et qui lui demanda avec beaucoup d'intérêt : — *Comment vous trouvez-vous* ?

Il avait perdu une grande quantité de sang ; mais les ciseaux avec lesquels il avait eu la superstition touchante de se frapper avaient mal fait leur devoir, aucun des coups qu'il s'était portés n'était dangereux. Il n'y
460 avait de mortelles pour lui que les blessures qu'il avait faites à M. D.

Les interrogatoires commencèrent. On lui demanda si c'était lui qui avait tué le directeur des ateliers de la prison de Clairvaux. Il répondit : — *Oui*. On lui demanda pourquoi. Il répondit : — *Parce que*.

Cependant, à un certain moment, ses plaies s'envenimèrent ; il fut
465 pris d'une fièvre mauvaise dont il faillit mourir.

Novembre, décembre, janvier et février se passèrent en soins et en préparatifs ; médecins et juges s'empressaient autour de Claude ; les uns guérissaient ses blessures, les autres dressaient son échafaud[2].

Abrégeons. Le 16 mars 1832, il parut, étant parfaitement guéri,
470 devant la cour d'assises de Troyes. Tout ce que la ville peut donner de foule était là.

Claude eut une bonne attitude devant la cour ; il s'était fait raser avec soin, il avait la tête nue, il portait ce morne habit des prisonniers de Clairvaux, mi-parti[3] de deux espèces de gris.

475 Le procureur du roi[4] avait encombré la salle de toutes les baïonnettes[5] de l'arrondissement, « afin, dit-il à l'audience, de contenir tous les scélérats qui devaient figurer comme témoins dans cette affaire ».

Lorsqu'il fallut entamer le débat, il se présenta une difficulté singulière. Aucun des témoins des événements du 4 novembre ne vou-
480 lait déposer contre Claude. Le président les menaça de son pouvoir

---

1. Instrumentait : rédigeait un procès-verbal.
2. Échafaud : estrade destinée à l'exécution publique des condamnés à mort par décapitation.
3. Mi-parti : composé de deux parties égales.
4. Procureur du roi : magistrat qui, dans un régime monarchique, représente le ministère public dans un procès.
5. Baïonnettes : armes pointues (couteaux) qui s'ajoutent au bout d'un fusil.

discrétionnaire[1]. Ce fut en vain. Claude alors leur commanda de déposer. Toutes ces langues se délièrent. Ils dirent ce qu'ils avaient vu.

Claude les écoutait tous avec une profonde attention. Quand l'un d'eux, par oubli ou par affection pour Claude, omettait des faits à la
485 charge de l'accusé, Claude les rétablissait.

De témoignage en témoignage, la série des faits que nous venons de développer se déroula devant la cour.

Il y eut un moment où les femmes qui étaient là pleurèrent. L'huissier appela le condamné Albin. C'était son tour de déposer. Il
490 entra en chancelant ; il sanglotait. Les gendarmes ne purent empêcher qu'il n'allât tomber dans les bras de Claude. Claude le soutint et dit en souriant au procureur du roi : « Voilà un scélérat qui partage son pain avec ceux qui ont faim. » Puis il baisa la main d'Albin.

La liste des témoins épuisée, M. le procureur du roi se leva et prit
495 la parole en ces termes : « Messieurs les jurés, la société serait ébranlée jusque dans ses fondements, si la vindicte publique[2] n'atteignait pas les grands coupables comme celui qui, etc. »

Après ce discours mémorable, l'avocat de Claude parla. La plaidoirie contre et la plaidoirie pour firent, chacune à leur tour, les évo-
500 lutions qu'elles ont coutume de faire dans cette espèce d'hippodrome[3] qu'on appelle un procès criminel.

Claude jugea que tout n'était pas dit. Il se leva à son tour. Il parla de telle sorte qu'une personne intelligente qui assistait à cette audience s'en revint frappée d'étonnement. Il paraît que ce pauvre ouvrier
505 contenait bien plutôt un orateur qu'un assassin. Il parla debout, avec une voix pénétrante et bien ménagée, avec un œil clair, honnête et résolu, avec un geste presque toujours le même, mais plein d'empire*. Il dit les choses comme elles étaient, simplement, sérieusement, sans charger ni amoindrir, convint de tout, regarda l'article 296 en face, et
510 posa sa tête dessous. Il eut des moments de véritable haute éloquence qui faisaient remuer la foule, et où l'on se répétait à l'oreille dans l'auditoire ce qu'il venait de dire. Cela faisait un murmure pendant lequel Claude reprenait haleine en jetant un regard fier sur les assistants.

---

1. Pouvoir discrétionnaire : pouvoir donné au juge, dans certains cas, de décider de son propre chef de la culpabilité de l'accusé.

2. Vindicte publique : poursuite d'un crime au nom de la société.

3. Hippodrome : dans l'Antiquité, cirque aménagé pour les courses de chevaux et de chars.

Dans d'autres instants, cet homme, qui ne savait pas lire, était doux,
515 poli, choisi[1] comme un lettré ; puis, par moments encore, modeste,
mesuré, attentif, marchant pas à pas dans la partie irritante de la discussion, bienveillant pour les juges. Une fois seulement, il se laissa
aller à une secousse de colère. Le procureur du roi* avait établi dans
le discours que nous avons cité en entier[2] que Claude Gueux avait
520 assassiné le directeur des ateliers sans voie de fait ni violence de la part
du directeur, par conséquent *sans provocation*.

— Quoi ! s'écria Claude, je n'ai pas été provoqué ! Ah ! oui, vraiment, c'est juste, je vous comprends. Un homme ivre me donne un
coup de poing, je le tue, j'ai été provoqué, vous me faites grâce, vous
525 m'envoyez aux galères[3]. Mais un homme qui n'est pas ivre et qui a
toute sa raison me comprime le cœur pendant quatre ans, m'humilie
pendant quatre ans, me pique tous les jours, toutes les heures, toutes
les minutes, d'un coup d'épingle à quelque place inattendue pendant
quatre ans ! J'avais une femme pour qui j'ai volé, il me torture avec
530 cette femme ; j'avais un enfant pour qui j'ai volé, il me torture avec cet
enfant ; je n'ai pas assez de pain, un ami m'en donne, il m'ôte mon ami
et mon pain. Je redemande mon ami, il me met au cachot. Je lui dis
vous, à lui mouchard[4], il me dit *tu*. Je lui dis que je souffre, il me
dit que je l'ennuie. Alors que voulez-vous que je fasse ? Je le tue. C'est
535 bien, je suis un monstre, j'ai tué cet homme, je n'ai pas été provoqué,
vous me coupez la tête. Faites ! – Mouvement sublime, selon nous, qui
faisait tout à coup surgir, au-dessus du système de la provocation
matérielle, sur lequel s'appuie l'échelle mal proportionnée des circonstances atténuantes, toute une théorie de la provocation morale
540 oubliée par la loi.

Les débats fermés, le président fit son résumé impartial et lumineux. Il en résulta ceci : une vilaine vie ; un monstre en effet ; Claude

---

1. Choisi : élégant.
2. Hugo n'a cité qu'une seule phrase de ce discours (voir lignes 495 à 497). On comprend donc
   que cette affirmation est ironique.
3. Aux galères : peine de ceux qui étaient condamnés à ramer sur les galères (grands navires
   à rames et à voiles).
4. Mouchard : délateur pour la police, dénonciateur.

Gueux avait commencé par vivre en concubinage[1] avec une fille publique ; puis il avait volé ; puis il avait tué. Tout cela était vrai.

545   Au moment d'envoyer les jurés dans leur chambre, le président demanda à l'accusé s'il avait quelque chose à dire sur la position des questions. — Peu de chose, dit Claude. Voici pourtant. Je suis un voleur et un assassin ; j'ai volé et j'ai tué. Mais pourquoi ai-je volé ? Pourquoi ai-je tué ? Posez-vous ces deux questions à côté des autres,
550   messieurs les jurés.

Après un quart d'heure de délibération, sur la déclaration des douze champenois[2] qu'on appelait *messieurs les jurés*, Claude Gueux fut condamné à mort.

Il est certain que dès l'ouverture des débats, plusieurs d'entre eux
555   avaient remarqué que l'accusé s'appelait *Gueux*[3], ce qui leur avait fait une impression profonde.

On lut son arrêt à Claude, qui se contenta de dire : — *C'est bien. Mais pourquoi cet homme a-t-il volé ? Pourquoi cet homme a-t-il tué ? Voilà deux questions auxquelles ils ne répondent pas.*

560   Rentré dans la prison, il soupa presque gaiement et dit : — Trente-six ans de faits !

Il ne voulait pas se pourvoir en cassation[4]. Une des sœurs qui l'avaient soigné vint l'en prier avec larmes. Il se pourvut par complaisance pour elle. Il paraît qu'il résista jusqu'au dernier instant, car au
565   moment où il signa son pourvoi[5] sur le registre du greffe[6], le délai légal des trois jours était expiré depuis quelques minutes. La pauvre fille reconnaissante lui donna cinq francs. Il prit l'argent et la remercia.

Pendant que son pourvoi pendait, des offres d'évasion lui furent faites par les prisonniers de Troyes qui s'y dévouaient tous. Il refusa.
570   Les détenus jetèrent successivement dans son cachot par le soupirail un clou, un morceau de fil de fer et une anse de seau. Chacun de ces

---

1. En concubinage : hors des liens du mariage.
2. Champenois : habitants de la Champagne, en France, où se déroulait le procès (dans la ville de Troyes, plus précisément).
3. Gueux : mendiant, vagabond.
4. Se pourvoir en cassation : faire appel à la cour de cassation.
5. Pourvoi : demande en appel.
6. Greffe : lieu d'un tribunal où l'on dépose les actes des minutes des procédures et où se font certaines déclarations, certains dépôts.

trois outils eût suffi à un homme aussi intelligent que l'était Claude pour limer ses fers. Il remit l'anse, le fil de fer et le clou au guichetier*.

575 Le 8 juin 1832, sept mois et quatre jours après le fait, l'expiation arriva, *pede claudo*[1], comme on voit. Ce jour-là, à sept heures du matin, le greffier du tribunal entra dans le cachot de Claude, et lui annonça qu'il n'avait plus qu'une heure à vivre. Son pourvoi* était rejeté.

— Allons, dit Claude froidement, j'ai bien dormi cette nuit sans me douter que je dormirais encore mieux la prochaine.

580 Il paraît que les paroles des hommes forts doivent toujours recevoir de l'approche de la mort une certaine grandeur.

Le prêtre arriva, puis le bourreau. Il fut humble avec le prêtre, doux avec l'autre. Il ne refusa ni son âme, ni son corps.

Il conserva une liberté d'esprit parfaite. Pendant qu'on lui coupait

585 les cheveux[2], quelqu'un parla, dans un coin du cachot, du choléra qui menaçait Troyes en ce moment. — Quant à moi, dit Claude avec un sourire, je n'ai pas peur du choléra.

Il écoutait d'ailleurs le prêtre avec une attention extrême, en s'accusant beaucoup et en regrettant de n'avoir pas été instruit dans

590 la religion.

Sur sa demande on lui avait rendu les ciseaux avec lesquels il s'était frappé. Il y manquait une lame qui s'était brisée dans sa poitrine. Il pria le geôlier de faire porter de sa part ces ciseaux à Albin. Il dit aussi qu'il désirait qu'on ajoutât à ce legs la ration de pain qu'il aurait dû

595 manger ce jour-là.

Il pria ceux qui lui lièrent les mains de mettre dans sa main droite la pièce de cinq francs que lui avait donnée la sœur, la seule chose qui lui restât désormais.

À huit heures moins un quart, il sortit de la prison, avec tout le

600 lugubre cortège ordinaire des condamnés. Il était à pied, pâle, l'œil fixé sur le crucifix du prêtre, mais marchant d'un pas ferme.

On avait choisi ce jour-là pour l'exécution, parce que c'était jour de marché, afin qu'il y eût le plus de regards possible sur son passage,

---

1. *Pede claudo* : avec son pied boiteux.
2. Pendant qu'on lui coupait les cheveux : on dégageait la nuque des condamnés avant de les décapiter.

car il paraît qu'il y a encore en France des bourgades[1] à demi sauvages
605 où, quand la société tue un homme, elle s'en vante.

Il monta sur l'échafaud* gravement, l'œil toujours fixé sur le gibet
du Christ[2]. Il voulut embrasser le prêtre, puis le bourreau, remerciant
l'un, pardonnant à l'autre. Le bourreau *le repoussa doucement,* dit une
relation. Au moment où l'aide le liait sur la hideuse mécanique[3], il fit
610 signe au prêtre de prendre la pièce de cinq francs qu'il avait dans sa
main droite, et lui dit : — *Pour les pauvres.* Comme huit heures sonnaient en ce moment, le bruit du beffroi[4] de l'horloge couvrit sa voix,
et le confesseur lui répondit qu'il n'entendait pas. Claude attendit l'intervalle de deux coups et répéta avec douceur : — *Pour les pauvres.*

615 Le huitième coup n'était pas encore sonné que cette noble et intelligente tête était tombée.

Admirable effet des exécutions publiques ! ce jour-là même, la
machine étant encore debout au milieu d'eux et pas lavée, les gens du
marché s'ameutèrent pour une question de tarif et faillirent massacrer
620 un employé de l'octroi[5]. Le doux peuple que vous font ces lois-là !

Nous avons cru devoir raconter en détail l'histoire de Claude
Gueux, parce que, selon nous, tous les paragraphes de cette histoire
pourraient servir de têtes de chapitre au livre où serait résolu le grand
problème du peuple au dix-neuvième siècle. Dans cette vie impor-
625 tante il y a deux phases principales, avant la chute, après la chute[6] ; et
sous ces deux phases, deux questions, question de l'éducation, question de la pénalité ; et entre ces deux questions, la société tout entière.

Cet homme, certes, était bien né, bien organisé, bien doué. Que lui
a-t-il donc manqué ? Réfléchissez.

630 C'est là le grand problème de proportion dont la solution, encore
à trouver, donnera l'équilibre universel : *Que la société fasse toujours
pour l'individu autant que la nature.*

---

1. Bourgades : petits bourgs, villages.
2. Le gibet du Christ : le crucifix (un gibet est un instrument de supplice utilisé pour la pendaison).
3. La hideuse mécanique : Claude Gueux est décapité à l'aide d'une guillotine.
4. Beffroi : clocher.
5. Employé de l'octroi : employé qui perçoit l'octroi (impôt prélevé sur certains produits de
   consommation locale par la ville).
6. Avant la chute, après la chute : dans la Bible, la chute de l'Homme, exilé du paradis terrestre
   pour avoir cédé à la tentation du péché.

Voyez Claude Gueux. Cerveau bien fait, cœur bien fait, sans nul doute. Mais le sort le met dans une société si mal faite qu'il finit par
635 voler. La société le met dans une prison si mal faite qu'il finit par tuer.

Qui est réellement coupable ? Est-ce lui ? Est-ce nous ?

Questions sévères, questions poignantes, qui sollicitent à cette heure toutes les intelligences, qui nous tirent tous tant que nous sommes par le pan[1] de notre habit, et qui nous barreront un jour si
640 complètement le chemin qu'il faudra bien les regarder en face et savoir ce qu'elles nous veulent.

Celui qui écrit ces lignes essaiera de dire bientôt peut-être de quelle façon il les comprend.

Quand on est en présence de pareils faits, quand on songe à la
645 manière dont ces questions nous pressent, on se demande à quoi pensent ceux qui gouvernent, s'ils ne pensent pas à cela.

Les chambres[2], tous les ans, sont gravement occupées. Il est sans doute très important de désenfler les sinécures[3] et d'écheniller[4] le budget ; il est très important de faire des lois pour que j'aille, déguisé
650 en soldat, monter patriotiquement la garde à la porte de M. le comte de Lobau[5], que je ne connais pas et que je ne veux pas connaître, ou pour me contraindre à parader au carré Marigny[6], sous le bon plaisir de mon épicier, dont on a fait mon officier[7] !

Il est important, députés ou ministres, de fatiguer et de tirailler
655 toutes les choses et toutes les idées de ce pays dans des discussions pleines d'avortements ; il est essentiel, par exemple, de mettre sur la sellette et d'interroger et de questionner à grands cris, et sans savoir ce qu'on dit, l'art du dix-neuvième siècle, ce grand et sévère accusé

---

1. Pan : partie flottante ou tombante d'un vêtement.
2. Les chambres : la Chambre des pairs et la Chambre des députés, sous la monarchie de Juillet (voir « Les romantiques et leur époque », p. 236).
3. Sinécures : emplois où l'on est pratiquement payé à rien faire.
4. Écheniller : débarrasser un arbre, une haie, des chenilles ; ici, métaphoriquement, supprimer les emplois parasitaires.
5. Georges Moulon, comte de Lobau (1770-1838), commandant national de la Garde de Paris en 1830, attaqué par les journaux satiriques pour avoir dispersé une manifestation avec des pompes à incendie.
6. Carré Marigny : endroit où se déroulaient des manifestations publiques.
7. Note de Hugo : « Il va sans dire que nous n'entendons pas attaquer ici la patrouille urbaine, chose utile, qui garde la rue, le seuil et le foyer, mais seulement la parade, le pompon, la gloriole et le tapage militaire, choses ridicules, qui ne servent qu'à faire du bourgeois une parodie du soldat. »

qui ne daigne pas répondre et qui fait bien ; il est expédient[1] de passer
660 son temps, gouvernants et législateurs, en conférences classiques qui
font hausser les épaules aux maîtres d'école de la banlieue ; il est utile
de déclarer que c'est le drame moderne qui a inventé l'inceste, l'adul-
tère, le parricide, l'infanticide et l'empoisonnement et de prouver par
là qu'on ne connaît ni Phèdre, ni Jocaste, ni Œdipe, ni Médée, ni
665 Rodogune[2] ; il est indispensable que les orateurs politiques de ce pays
ferraillent[3], trois grands jours durant, à propos du budget, pour
Corneille et Racine, contre on ne sait qui, et profitent de cette occasion littéraire pour s'enfoncer les uns les autres à qui mieux mieux
dans la gorge de grandes fautes de français jusqu'à la garde[4].
670   Tout cela est important ; nous croyons cependant qu'il pourrait y
avoir des choses plus importantes encore.
    Que dirait la chambre, au milieu des futiles démêlés qui font si sou-
vent colleter le ministère par l'opposition et l'opposition par le ministère, si, tout à coup, des bancs de la chambre ou de la tribune publique,
675 qu'importe ? quelqu'un se levait et disait ces sérieuses paroles :
    « Taisez-vous, monsieur Mauguin ! taisez-vous, monsieur Thiers !
vous croyez être dans la question, vous n'y êtes pas. La question, la
voici : La justice vient, il y a un an à peine, de déchiqueter un homme à
Pamiers avec un eustache[5] ; à Dijon, elle vient d'arracher la tête à une
680 femme ; à Paris, elle fait, barrière Saint-Jacques, des exécutions inédites.
Ceci est la question. Occupez-vous de ceci. Vous vous querellerez après

---

1. Expédient : profitable.
2. Phèdre, Jocaste, Œdipe, Médée et Rodogune sont des personnages de la mythologie (hormis
   Rodogune, fille du roi Parthe Mithridate Ier [171-135 av. J.-C.]) associés, dans l'ordre, aux
   comportements immoraux nommés par Hugo aux lignes 662 et 663. Ainsi, Phèdre éprouvait
   un amour incestueux pour le fils de son deuxième mari, Hippolyte. Jocaste a marié son fils
   (Œdipe) sans le savoir après que celui-ci a tué son mari, ignorant qu'il s'agissait de son propre
   père. Médée a tué ses enfants pour se venger de Jason, son mari, qui voulait épouser Créuse.
   Enfin, *Rodogune* (1647) est une tragédie de Pierre Corneille (1606-1684) centrée autour de la
   tentative d'empoisonnement de ce personnage par la reine Cléopâtre (qui veut également
   empoisonner l'un de ses deux fils, après avoir fait tuer le premier). Hugo cherche ainsi à
   prouver que le drame moderne n'a pas inventé l'immoralité.
3. Ferraillent : frappent des lames d'armes blanches les unes contre les autres pour faire du bruit ;
   ici, au sens figuré, se battaillent.
4. Garde : partie d'une épée, d'un poignard ou d'un sabre qui protège la main.
5. Eustache : petit couteau à manche de bois.

pour savoir si les boutons de la garde nationale doivent être blancs ou jaunes, et si *l'assurance* est une plus belle chose que *la certitude*.

« Messieurs des centres, messieurs des extrémités, le gros du peuple
685   souffre. Que vous l'appeliez république ou que vous l'appeliez monarchie, le peuple souffre. Ceci est un fait.

« Le peuple a faim, le peuple a froid. La misère le pousse au crime ou au vice, selon le sexe. Ayez pitié du peuple, à qui le bagne prend ses fils, et le lupanar[1] ses filles. Vous avez trop de forçats, vous avez trop
690   de prostituées. Que prouvent ces deux ulcères ? Que le corps social a un vice dans le sang. Vous voilà réunis en consultation au chevet du malade : occupez-vous de la maladie.

« Cette maladie, vous la traitez mal. Étudiez-la mieux. Les lois que vous faites, quand vous en faites, ne sont que des palliatifs et des expé-
695   dients. Une moitié de vos codes est routine, l'autre moitié empirisme[2]. La flétrissure[3] était une cautérisation[4] qui gangrénait[5] la plaie ; peine insensée que celle qui pour la vie scellait et rivait le crime sur le criminel ! qui en faisait deux amis, deux compagnons, deux inséparables ! Le bagne est un vésicatoire[6] absurde qui laisse résorber,
700   non sans l'avoir rendu pire encore, presque tout le mauvais sang qu'il extrait. La peine de mort est une amputation barbare.

« Or flétrissure, bagne, peine de mort, trois choses qui se tiennent. Vous avez supprimé la flétrissure ; si vous êtes logiques, supprimez le reste. Le fer rouge, le boulet et le couperet, c'étaient les trois parties
705   d'un syllogisme[7]. Vous avez ôté le fer rouge[8] ; le boulet et le couperet n'ont plus de sens. Farinace[9] était atroce ; mais il n'était pas absurde.

---

1. Lupanar : maison de prostitution.
2. Empirisme : mode de pensée et d'action s'appuyant uniquement sur l'expérience.
3. Flétrissure : marque au fer rouge infligée à certains criminels.
4. Cautérisation : application d'un fer rouge sur une plaie pour la désinfecter et provoquer la cicatrisation.
5. Gangrénait : provoquait la gangrène (empoisonnement du sang).
6. Vésicatoire : médicament qui, appliqué sur la peau (muqueuse), provoque la formation d'ampoules cutanées et est utilisé comme révulsif (médicament produisant un afflux de sang dans une région donnée afin de décongestionner un organe).
7. Syllogisme : opération par laquelle, à partir du rapport de deux termes avec un même troisième, on conclut à leur rapport mutuel.
8. En 1832, une loi visant à humaniser les châtiments supprimait entre autres l'utilisation du fer rouge.
9. Prosper Farinace (1554-1613), juge et juriste romain.

« Démontez-moi cette vieille échelle boiteuse des crimes et des peines, et refaites-la. Refaites votre pénalité, refaites vos codes, refaites vos prisons, refaites vos juges. Remettez les lois au pas des mœurs.

710 « Messieurs, il se coupe trop de têtes par an en France. Puisque vous êtes en train de faire des économies, faites-en là-dessus. Puisque vous êtes en verve de suppressions, supprimez le bourreau. Avec la solde de vos quatre-vingts bourreaux, vous paierez six cents maîtres d'école.

« Songez au gros du peuple. Des écoles pour les enfants, des ateliers 715 pour les hommes. Savez-vous que la France est un des pays de l'Europe où il y a le moins de natifs qui sachent lire ? Quoi ! La Suisse sait lire, la Belgique sait lire, le Danemark sait lire, la Grèce sait lire, l'Irlande sait lire, et la France ne sait pas lire ! c'est une honte.

« Allez dans les bagnes. Appelez autour de vous toute la chiourme [1]. 720 Examinez un à un tous ces damnés de la loi humaine. Calculez l'inclinaison de tous ces profils [2], tâtez tous ces crânes [3]. Chacun de ces hommes tombés a au-dessous de lui son type bestial ; il semble que chacun d'eux soit le point d'intersection de telle ou telle espèce animale avec l'humanité. Voici le loup-cervier [4], voici le chat, voici le 725 singe, voici le vautour, voici l'hyène. Or, de ces pauvres têtes mal conformées, le premier tort est à la nature sans doute, le second à l'éducation. La nature a mal ébauché, l'éducation a mal retouché l'ébauche. Tournez vos soins de ce côté. Une bonne éducation au peuple. Développez de votre mieux ces malheureuses têtes afin que l'intelli-730 gence qui est dedans puisse grandir. Les nations ont le crâne bien ou mal fait, selon leurs institutions. Rome et la Grèce avaient le front haut. Ouvrez le plus que vous pourrez l'angle facial du peuple.

---

1. Toute la chiourme : tous les prisonniers.
2. L'inclinaison de tous ces profils : la physiognomonie (science désuète cherchant à déduire la personnalité à partir de l'étude des traits physiques) était employée pour prouver la nature criminelle d'un homme. Ainsi, un front fuyant et une mâchoire proéminente (établissant ainsi une diagonale marquée, si l'on observait le suspect de profil) étaient associés à une nature bestiale, possiblement criminelle.
3. Tâtez tous ces crânes : allusion à la phrénologie, autre science périmée qui croyait pouvoir déduire le caractère d'un individu d'après la forme (et les bosses) de son crâne.
4. Loup-cervier : lynx des régions boréales.

« Quand la France saura lire, ne laissez pas sans direction cette intelligence que vous aurez développée. Ce serait un autre désordre.
735 L'ignorance vaut encore mieux que la mauvaise science. Non. Souvenez-vous qu'il y a un livre plus philosophique que *le Compère Mathieu*[1], plus populaire que le *Constitutionnel*[2], plus éternel que la Charte de 1830[3]. C'est l'Écriture sainte[4]. Et ici un mot d'explication. Quoi que vous fassiez, le sort de la grande foule, de la multitude, de la
740 *majorité,* sera toujours relativement pauvre, et malheureux, et triste. À elle le dur travail, les fardeaux à pousser, les fardeaux à traîner, les fardeaux à porter. Examinez cette balance : toutes les jouissances dans le plateau du riche, toutes les misères dans le plateau du pauvre. Les deux parts ne sont-elles pas inégales ? La balance ne doit-elle pas nécessaire-
745 ment pencher, et l'État avec elle ? Et maintenant dans le lot du pauvre, dans le plateau des misères, jetez la certitude d'un avenir céleste, jetez l'aspiration au bonheur éternel, jetez le paradis, contrepoids magnifique ! Vous rétablissez l'équilibre. La part du pauvre est aussi riche que la part du riche. C'est ce que savait Jésus, qui en savait plus long
750 que Voltaire[5].

« Donnez au peuple qui travaille et qui souffre, donnez au peuple pour qui ce monde-ci est mauvais, la croyance à un meilleur monde fait pour lui. Il sera tranquille, il sera patient. La patience est faite d'espérance.

755 « Donc ensemencez les villages d'évangiles. Une Bible par cabane. Que chaque livre et chaque champ produisent à eux deux un travailleur moral.

---

1. *Le Compère Mathieu, ou les Bigarrures de l'esprit humain* (1766) est un roman licencieux de Henri-Joseph Laurent, dit Dulaurens (1719-1793), qui se moquait, entre autres, de la religion.

2. Le *Constitutionnel* : journal partisan de la monarchie de Juillet (voir « Les romantiques et leur époque », p. 236).

3. La Charte de 1830 : la constitution du gouvernement de Louis-Philippe Ier (voir « Les romantiques et leur époque », p. 235).

4. L'Écriture sainte : la Bible.

5. François Marie Arouet, dit Voltaire (1694-1778), écrivain et philosophe français du siècle des Lumières (XVIIIe siècle) dont les œuvres sont souvent très critiques à l'endroit de la religion et de l'Église.

« La tête de l'homme du peuple, voilà la question. Cette tête est pleine de germes utiles. Employez pour la faire mûrir et venir à bien ce qu'il y a de plus lumineux et de mieux tempéré dans la vertu. Tel a assassiné sur les grandes routes qui, mieux dirigé, eût été le plus excellent serviteur de la cité. Cette tête de l'homme du peuple, cultivez-la, défrichez-la, arrosez-la, fécondez-la, éclairez-la, moralisez-la, utilisez-la ; vous n'aurez pas besoin de la couper. »

Prosper MÉRIMÉE
1803-1870

TAMANGO

Le capitaine Ledoux était un bon marin. Il avait commencé par
être simple matelot, puis il devint aide-timonier[1]. Au combat de
Trafalgar[2], il eut la main gauche fracassée par un éclat de bois ; il fut
amputé, et congédié ensuite avec de bons certificats. Le repos ne lui
5 convenait guère, et, l'occasion de se rembarquer se présentant, il
servit, en qualité de second lieutenant, à bord d'un corsaire[3]. L'argent
qu'il retira de quelques prises lui permit d'acheter des livres et d'étudier la théorie de la navigation, dont il connaissait déjà parfaitement
la pratique. Avec le temps, il devint capitaine d'un lougre[4] corsaire de
10 trois canons et de soixante hommes d'équipage, et les caboteurs[5]
de Jersey conservent encore le souvenir de ses exploits. La paix[6] le
désola ; il avait amassé pendant la guerre une petite fortune, qu'il
espérait augmenter aux dépens des Anglais. Force lui fut d'offrir ses
services à de pacifiques négociants ; et, comme il était connu pour
15 un homme de résolution et d'expérience, on lui confia facilement un

---

1. Aide-timonier : celui qui assiste le pilote d'un navire.
2. Combat de Trafalgar (Espagne, 1805) : célèbre bataille navale qui marque la défaite de la flotte
   franco-espagnole devant la marine britannique, commandée par l'amiral Nelson (1758-1805).
3. Corsaire : navire armé par des particuliers, mais avec l'autorisation du gouvernement de
   capturer des vaisseaux marchands ennemis.
4. Lougre : de l'anglais *lugger*, petit navire à trois mâts.
5. Caboteurs : marins qui naviguent le long des côtes (du verbe « caboter »).
6. La paix : scellée par le traité de Paris de 1814, puis par le Congrès de Vienne, en 1815.

navire. Quand la traite des Nègres fut défendue [1], et que, pour s'y livrer, il fallut non seulement tromper la vigilance des douaniers français, ce qui n'était pas très difficile, mais encore, et c'était le plus hasardeux, échapper aux croiseurs [2] anglais, le capitaine Ledoux devint un
20 homme précieux pour les trafiquants de bois d'ébène [3].

Bien différent de la plupart des marins qui ont langui longtemps comme lui dans les postes subalternes, il n'avait point cette horreur profonde des innovations, et cet esprit de routine qu'ils apportent trop souvent dans les grades supérieurs. Le capitaine Ledoux, au
25 contraire, avait été le premier à recommander à son armateur l'usage des caisses en fer, destinées à contenir et conserver l'eau. À son bord, les menottes et les chaînes, dont les bâtiments [4] négriers ont provision, étaient fabriquées d'après un système nouveau, et soigneusement vernies pour les préserver de la rouille. Mais ce qui lui fit le plus
30 d'honneur parmi les marchands d'esclaves, ce fut la construction, qu'il dirigea lui-même, d'un brick [5] destiné à la traite, fin voilier, étroit, long comme un bâtiment de guerre, et cependant capable de contenir un très grand nombre de Noirs. Il le nomma *L'Espérance*. Il voulut que les entreponts [6], étroits et rentrés, n'eussent que trois pieds
35 quatre pouces de haut, prétendant que cette dimension permettait aux esclaves de taille raisonnable d'être commodément assis ; et quel besoin ont-ils de se lever ?

« Arrivés aux colonies, disait Ledoux, ils ne resteront que trop sur leurs pieds ! »
40 Les Noirs, le dos appuyé aux bordages [7] du navire, et disposés sur deux lignes parallèles, laissaient entre leurs pieds un espace vide, qui, dans tous les autres négriers, ne sert qu'à la circulation. Ledoux imagina de placer dans cet intervalle d'autres Nègres, couchés perpendiculairement aux premiers. De la sorte, son navire contenait une

---

1. La traite des Nègres fut défendue : le Congrès de Vienne avait en principe interdit la traite des esclaves noirs, mais celle-ci se poursuivit malgré tout jusqu'en 1848.
2. Croiseurs : vaisseaux de guerre.
3. Note de Mérimée : « Nom que se donnent eux-mêmes les gens qui font la traite. »
4. Bâtiments : navires.
5. Brick : navire à deux mâts.
6. Entreponts : étages inférieurs d'un grand navire.
7. Bordages : bords.

45 dizaine de Nègres de plus qu'un autre du même tonnage. À la rigueur, on aurait pu en placer davantage ; mais il faut avoir de l'humanité, et laisser à un Nègre au moins cinq pieds en longueur et deux en largeur pour s'ébattre pendant une traversée de six semaines et plus : « Car enfin, disait Ledoux à son armateur pour justifier cette mesure libé-
50 rale, les Nègres, après tout, sont des hommes comme les Blancs. »

L'*Espérance* partit de Nantes[1] un vendredi, comme le remarquèrent depuis des gens superstitieux. Les inspecteurs qui visitèrent scrupuleusement le brick* ne découvrirent pas six grandes caisses remplies de chaînes, de menottes, et de ces fers que l'on nomme, je ne sais pour-
55 quoi, *barres de justice*. Ils ne furent point étonnés non plus de l'énorme provision d'eau que devait porter L'*Espérance*, qui, d'après ses papiers, n'allait qu'au Sénégal pour y faire le commerce de bois et d'ivoire. La traversée n'est pas longue, il est vrai, mais enfin le trop de précautions ne peut nuire. Si l'on était surpris par un calme[2], que deviendrait-on
60 sans eau[3] ?

L'*Espérance* partit donc un vendredi, bien gréée[4] et bien équipée de tout. Ledoux aurait voulu peut-être des mâts un peu plus solides ; cependant, tant qu'il commanda le bâtiment*, il n'eut point à s'en plaindre. Sa traversée fut heureuse et rapide jusqu'à la côte d'Afrique.
65 Il mouilla dans la rivière de Joale[5] (je crois) dans un moment où les croiseurs* anglais ne surveillaient point cette partie de la côte. Des courtiers[6] du pays vinrent aussitôt à bord. Le moment était on ne peut plus favorable ; Tamango, guerrier fameux et vendeur d'hommes, venait de conduire à la côte une grande quantité d'esclaves ; et il s'en
70 défaisait à bon marché, en homme qui se sent la force et les moyens d'approvisionner promptement la place, aussitôt que les objets de son commerce y deviennent rares.

---

1. Nantes : ville du nord-ouest de la France, près de l'océan Atlantique.
2. Un calme : une accalmie complète du vent.
3. Ce passage est évidemment ironique : il est impossible que les inspecteurs n'aient rien vu de tout cela et ne se soient pas étonnés de la quantité d'eau à bord du navire. Le transport de chaque esclave exigeait plus de 350 kilos en eau et vivres. Un négrier comptait donc environ 600 barriques d'eau douce !
4. Gréée : munie de ses voiles, poulies, cordages, etc.
5. La rivière de Joale : au Sénégal.
6. Courtiers : intermédiaires gérant la vente d'esclaves.

Le capitaine Ledoux se fit descendre sur le rivage, et fit sa visite à Tamango. Il le trouva dans une case[1] en paille qu'on lui avait élevée
75 à la hâte, accompagné de ses deux femmes et de quelques sous-marchands et conducteurs d'esclaves. Tamango s'était paré pour recevoir le capitaine blanc. Il était vêtu d'un vieil habit d'uniforme bleu, ayant encore les galons[2] de caporal; mais sur chaque épaule pendaient deux épaulettes d'or[3] attachées au même bouton, et ballottant,
80 l'une par-devant, l'autre par-derrière. Comme il n'avait pas de chemise, et que l'habit était un peu court pour un homme de sa taille, on remarquait entre les revers blancs de l'habit et son caleçon de toile de Guinée[4] une bande considérable de peau noire qui ressemblait à une large ceinture. Un grand sabre de cavalerie était suspendu à son côté
85 au moyen d'une corde, et il tenait à la main un beau fusil à deux coups, de fabrique anglaise. Ainsi équipé, le guerrier africain croyait surpasser en élégance le petit-maître le plus accompli de Paris ou de Londres.

Le capitaine Ledoux le considéra quelque temps en silence, tandis
90 que Tamango, se redressant à la manière d'un grenadier qui passe à la revue devant un général étranger, jouissait de l'impression qu'il croyait produire sur le Blanc. Ledoux, après l'avoir examiné en connaisseur, se tourna vers son second, et lui dit:

« Voilà un gaillard que je vendrais au moins mille écus[5], rendu sain
95 et sans avaries à la Martinique. »

On s'assit, et un matelot qui savait un peu la langue wolofe[6] servit d'interprète. Les premiers compliments de politesse échangés, un mousse[7] apporta un panier de bouteilles d'eau-de-vie; on but, et le capitaine, pour mettre Tamango en belle humeur, lui fit présent d'une
100 jolie poire à poudre[8] en cuivre, ornée du portrait de Napoléon* en

---

1. Case : hutte.
2. Galons : tissus d'or ou d'argent plus étroits qu'un ruban et servant soit de décoration ou à indiquer un rang, un ordre, un mérite particuliers sur un habit.
3. Épaulettes d'or : décoration militaire (bande de galon de couleur or garnie d'une touffe de fils pendants portée sur chaque épaule).
4. Toile de Guinée : toile de coton.
5. Écus : monnaie d'argent.
6. Wolofe : d'une ethnie du Sénégal.
7. Mousse : jeune garçon qui fait son apprentissage du métier de marin.
8. Poire à poudre : petite bouteille en forme de poire dans laquelle on mettait de la poudre à fusil.

relief. Le présent accepté avec la reconnaissance convenable, on sortit de la case*, on s'assit à l'ombre en face des bouteilles d'eau-de-vie, et Tamango donna le signal de faire venir les esclaves qu'il avait à vendre.

105 Ils parurent sur une longue file, le corps courbé par la fatigue et la frayeur, chacun ayant le cou pris dans une fourche longue de plus de six pieds, dont les deux pointes étaient réunies vers la nuque par une barre de bois. Quand il faut se mettre en marche, un des conducteurs prend sur son épaule le manche de la fourche du premier esclave ; celui-ci se charge de la fourche de l'homme qui le suit immédiate-
110 ment ; le second porte la fourche du troisième esclave, et ainsi des autres. S'agit-il de faire halte, le chef de file enfonce en terre le bout pointu du manche de sa fourche, et toute la colonne s'arrête. On juge facilement qu'il ne faut pas penser à s'échapper à la course, quand on porte attaché au cou un gros bâton de six pieds de longueur.

115 À chaque esclave mâle ou femelle qui passait devant lui, le capitaine haussait les épaules, trouvait les hommes chétifs, les femmes trop vieilles ou trop jeunes et se plaignait de l'abâtardissement de la race noire.

« Tout dégénère, disait-il ; autrefois, c'était bien différent. Les
120 femmes avaient cinq pieds six pouces de haut, et quatre hommes auraient tourné seuls le cabestan[1] d'une frégate[2], pour lever la maîtresse ancre. »

Cependant, tout en critiquant, il faisait un premier choix des Noirs les plus robustes et les plus beaux. Ceux-là, il pouvait les payer au prix
125 ordinaire ; mais, pour le reste, il demandait une forte diminution. Tamango, de son côté, défendait ses intérêts, vantait sa marchandise, parlait de la rareté des hommes et des périls de la traite. Il conclut en demandant un prix, je ne sais lequel, pour les esclaves que le capitaine blanc voulait charger à son bord.

130 Aussitôt que l'interprète eut traduit en français la proposition de Tamango, Ledoux manqua tomber à la renverse de surprise et d'indignation ; puis, murmurant quelques juremens affreux, il se leva comme pour rompre tout marché avec un homme aussi déraisonnable. Alors Tamango le retint ; il parvint avec peine à le faire rasseoir.

---

1. Cabestan : treuil par lequel on remonte l'ancre d'un navire.

2. Frégate : navire de guerre à trois mâts.

135 Une nouvelle bouteille fut débouchée, et la discussion recommença. Ce fut le tour du Noir à trouver folles et extravagantes les propositions du Blanc. On cria, on disputa longtemps, on but prodigieusement d'eau-de-vie ; mais l'eau-de-vie produisait un effet bien différent sur les deux parties contractantes. Plus le Français buvait,
140 plus il réduisait ses offres, plus l'Africain buvait, plus il cédait de ses prétentions. De la sorte, à la fin du panier, on tomba d'accord. De mauvaises cotonnades[1], de la poudre, des pierres à feu, trois barriques d'eau-de-vie, cinquante fusils mal raccommodés[2] furent donnés en échange de cent soixante esclaves. Le capitaine, pour ratifier* le
145 traité, frappa dans la main du Noir plus qu'à moitié ivre, et aussitôt les esclaves furent remis aux matelots français, qui se hâtèrent de leur ôter leurs fourches de bois pour leur donner des carcans et des menottes en fer ; ce qui montre bien la supériorité de la civilisation européenne.

Restait encore une trentaine d'esclaves : c'étaient des enfants, des
150 vieillards, des femmes infirmes. Le navire était plein.

Tamango, qui ne savait que faire de ce rebut, offrit au capitaine de les lui vendre pour une bouteille d'eau-de-vie la pièce. L'offre était séduisante. Ledoux se souvint qu'à la représentation des *Vêpres siciliennes*[3] à Nantes*, il avait vu bon nombre de gens gros et gras entrer dans un
155 parterre déjà plein, et parvenir cependant à s'y asseoir, en vertu de la compressibilité des corps humains. Il prit les vingt plus sveltes des trente esclaves.

Alors Tamango ne demanda plus qu'un verre d'eau-de-vie pour chacun des dix restants. Ledoux réfléchit que les enfants ne paient et
160 n'occupent que demi-place dans les voitures publiques. Il prit donc trois enfants ; mais il déclara qu'il ne voulait plus se charger d'un seul Noir. Tamango, voyant qu'il lui restait encore sept esclaves sur les bras, saisit son fusil et coucha en joue une femme qui venait la première : c'était la mère des trois enfants.

165 « Achète, dit-il au Blanc, ou je la tue ; un petit verre d'eau-de-vie ou je tire.

— Et que diable veux-tu que j'en fasse ? » répondit Ledoux.

---

1. Cotonnades : étoffes de coton imprimé, aussi appelées indiennes.

2. Raccommodés : remis en état.

3. *Les Vêpres siciliennes* (1819) sont une tragédie de Casimir Delavigne (1793-1843) racontant la révolte des Siciliens contre les envahisseurs français.

Tamango fit feu, et l'esclave tomba morte à terre.

« Allons à un autre ! s'écria Tamango en visant un vieillard tout
170 cassé : un verre d'eau-de-vie, ou bien… »

Une des femmes lui détourna le bras, et le coup partit au hasard.
Elle venait de reconnaître dans le vieillard que son mari allait tuer un
guiriot ou magicien, qui lui avait prédit qu'elle serait reine.

Tamango, que l'eau-de-vie avait rendu furieux, ne se posséda plus
175 en voyant qu'on s'opposait à ses volontés. Il frappa rudement sa
femme de la crosse de son fusil ; puis se tournant vers Ledoux :

« Tiens, dit-il, je te donne cette femme. »

Elle était jolie. Ledoux la regarda en souriant, puis il la prit par
la main :

180 « Je trouverai bien où la mettre », dit-il.

L'interprète était un homme humain. Il donna une tabatière de
carton à Tamango, et lui demanda les six esclaves restants. Il les
délivra de leurs fourches, et leur permit de s'en aller où bon leur sem-
blerait. Aussitôt ils se sauvèrent qui deçà, qui delà, fort embarrassés de
185 retourner dans leur pays à deux cents lieues* de la côte.

Cependant le capitaine dit adieu à Tamango et s'occupa de faire au
plus vite embarquer sa cargaison. Il n'était pas prudent de rester longtemps en rivière ; les croiseurs* pourraient reparaître, et il voulait
appareiller le lendemain. Pour Tamango, il se coucha sur l'herbe, à
190 l'ombre, et dormit pour cuver son eau-de-vie.

Quand il se réveilla, le vaisseau était déjà sous voiles et descendait
la rivière. Tamango, la tête encore embarrassée de la débauche de la
veille, demanda sa femme Ayché. On lui répondit qu'elle avait eu le
malheur de lui déplaire, et qu'il l'avait donnée en présent au capitaine
195 blanc, lequel l'avait emmenée à son bord. À cette nouvelle, Tamango
stupéfait se frappa la tête, puis il prit son fusil, et comme la rivière faisait plusieurs détours avant de se décharger dans la mer, il courut, par
le chemin le plus direct, à une petite anse, éloignée de l'embouchure
d'une demi-lieue. Là, il espérait trouver un canot avec lequel il pour-
200 rait joindre le brick*, dont les sinuosités de la rivière devaient retarder
la marche. Il ne se trompait pas : en effet, il eut le temps de se jeter
dans un canot et de joindre le négrier.

Ledoux fut surpris de le voir, mais encore plus de l'entendre rede-
mander sa femme.

205 « Bien donné ne se reprend plus », répondit-il.

Et il lui tourna le dos.

Le Noir insista, offrant de rendre une partie des objets qu'il avait
reçus en échange des esclaves. Le capitaine se mit à rire, dit qu'Ayché
était une très bonne femme, et qu'il voulait la garder. Alors le pauvre
210 Tamango versa un torrent de larmes, et poussa des cris de douleur aussi
aigus que ceux d'un malheureux qui subit une opération chirurgicale.
Tantôt il se roulait sur le pont en appelant sa chère Ayché ; tantôt il se
frappait la tête contre les planches, comme pour se tuer. Toujours
impassible, le capitaine, en lui montrant le rivage, lui faisait signe qu'il
215 était temps pour lui de s'en aller ; mais Tamango persistait. Il offrit
jusqu'à ses épaulettes d'or*, son fusil et son sabre. Tout fut inutile.

Pendant ce débat, le lieutenant de *L'Espérance* dit au capitaine :

« Il nous est mort cette nuit trois esclaves, nous avons de la place.
Pourquoi ne prendrions-nous pas ce vigoureux coquin, qui vaut
220 mieux à lui seul que les trois morts ? » Ledoux fit réflexion que
Tamango se vendrait bien mille écus*, que ce voyage, qui s'annonçait
comme très profitable pour lui, serait probablement son dernier ;
qu'enfin sa fortune étant faite, et lui renonçant au commerce d'esclaves, peu lui importait de laisser à la côte de Guinée une bonne ou
225 une mauvaise réputation. D'ailleurs, le rivage était désert, et le guerrier africain entièrement à sa merci. Il ne s'agissait plus que de lui
enlever ses armes ; car il eût été dangereux de mettre la main sur
lui pendant qu'il les avait encore en sa possession. Ledoux lui
demanda donc son fusil, comme pour l'examiner et s'assurer s'il
230 valait bien autant que la belle Ayché. En faisant jouer les ressorts, il eut
soin de laisser tomber la poudre de l'amorce. Le lieutenant de son côté
maniait le sabre ; et, Tamango se trouvant ainsi désarmé, deux vigoureux matelots se jetèrent sur lui, le renversèrent sur le dos, et se mirent
en devoir de le garrotter[1]. La résistance du Noir fut héroïque. Revenu
235 de sa première surprise, et malgré le désavantage de sa position, il
lutta longtemps contre les deux matelots. Grâce à sa force prodi-
gieuse, il parvint à se relever. D'un coup de poing, il terrassa l'homme

---

1. Garrotter : ligoter.

qui le tenait au collet ; il laissa un morceau de son habit entre les mains de l'autre matelot, et s'élança comme un furieux sur le lieute-
240 nant pour lui arracher son sabre. Celui-ci l'en frappa à la tête, et lui fit une blessure large, mais peu profonde. Tamango tomba une seconde fois. Aussitôt on lui lia fortement les pieds et les mains. Tandis qu'il se défendait, il poussait des cris de rage et s'agitait comme un sanglier pris dans les toiles, mais, lorsqu'il vit que toute résistance était inutile,
245 il ferma les yeux et ne fit plus aucun mouvement. Sa respiration forte et précipitée prouvait seule qu'il était encore vivant.

« Parbleu ! s'écria le capitaine Ledoux, les Noirs qu'il a vendus vont rire de bon cœur en le voyant esclave à son tour. C'est pour le coup qu'ils verront bien qu'il y a une Providence. »

250 Cependant le pauvre Tamango perdait tout son sang. Le charitable interprète qui, la veille, avait sauvé la vie à six esclaves, s'approcha de lui, banda sa blessure et lui adressa quelques paroles de consolation. Ce qu'il put lui dire, je l'ignore. Le Noir restait immobile, ainsi qu'un cadavre. Il fallut que deux matelots le portassent comme un paquet
255 dans l'entrepont*, à la place qui lui était destinée. Pendant deux jours, il ne voulut ni boire ni manger ; à peine lui vit-on ouvrir les yeux. Ses compagnons de captivité, autrefois ses prisonniers, le virent paraître au milieu d'eux avec un étonnement stupide. Telle était la crainte qu'il leur inspirait encore, que pas un seul n'osa insulter à la misère de celui
260 qui avait causé la leur.

Favorisé par un bon vent de terre, le vaisseau s'éloignait rapide-ment de la côte d'Afrique. Déjà sans inquiétude au sujet de la croisière anglaise, le capitaine ne pensait plus qu'aux énormes bénéfices qui l'attendaient dans les colonies vers lesquelles il se dirigeait. Son bois
265 d'ébène se maintenait sans avaries. Point de maladies contagieuses. Douze Nègres seulement, et des plus faibles, étaient morts de chaleur : c'était bagatelle. Afin que sa cargaison humaine souffrît le moins pos-sible des fatigues de la traversée, il avait l'attention de faire monter tous les jours ses esclaves sur le pont. Tour à tour un tiers de ces mal-
270 heureux avait une heure pour faire sa provision d'air de toute la journée. Une partie de l'équipage les surveillait armée jusqu'aux dents, de peur de révolte ; d'ailleurs, on avait soin de ne jamais ôter entièrement leurs fers. Quelquefois un matelot qui savait jouer du

violon les régalait d'un concert. Il était alors curieux de voir toutes ces
275 figures noires se tourner vers le musicien, perdre par degrés leur
expression de désespoir stupide, rire d'un gros rire et battre des mains
quand leurs chaînes le leur permettaient. L'exercice est nécessaire à la
santé ; aussi l'une des salutaires pratiques du capitaine Ledoux, c'était
de faire souvent danser ses esclaves, comme on fait piaffer[1] des che-
280 vaux embarqués pour une longue traversée.

« Allons, mes enfants, dansez, amusez-vous », disait le capitaine
d'une voix de tonnerre, en faisant claquer un énorme fouet de poste[2].

Et aussitôt les pauvres Noirs sautaient et dansaient.

Quelque temps la blessure de Tamango le retint sous les écou-
285 tilles[3]. Il parut enfin sur le pont ; et d'abord relevant la tête avec fierté
au milieu de la foule craintive des esclaves, il jeta un coup d'œil triste,
mais calme, sur l'immense étendue d'eau qui environnait le navire,
puis il se coucha, ou plutôt se laissa tomber sur les planches du tillac[4],
sans prendre même le soin d'arranger ses fers de manière qu'ils lui
290 fussent moins incommodes. Ledoux, assis au gaillard d'arrière[5],
fumait tranquillement sa pipe. Près de lui, Ayché, sans fers, vêtue
d'une robe élégante de cotonnade* bleue, les pieds chaussés de jolies
pantoufles de maroquin[6], portant à la main un plateau chargé de
liqueurs, se tenait prête à lui servir à boire. Il était évident qu'elle rem-
295 plissait de hautes fonctions auprès du capitaine. Un Noir, qui détestait Tamango, lui fit signe de regarder de ce côté. Tamango tourna la
tête, l'aperçut, poussa un cri ; et, se levant avec impétuosité, courut
vers le gaillard d'arrière avant que les matelots de garde eussent pu
s'opposer à une infraction aussi énorme de toute discipline navale.

300 « Ayché ! cria-t-il d'une voix foudroyante, et Ayché poussa un cri
de terreur ; crois-tu que dans le pays des Blancs il n'y ait point de
MAMA-JUMBO ? »

1. Piaffer : frapper des sabots la terre (en parlant du cheval).
2. Fouet de poste : fouet utilisé pour les chevaux.
3. Écoutilles : ouvertures faites au pont d'un navire pour établir la communication entre deux étages.
4. Tillac (anciennement) : pont.
5. Gaillard d'arrière : partie du pont située à l'arrière du mât d'artimon (mât le plus près de l'arrière du bateau).
6. Maroquin : cuir de bouc ou de chèvre.

Déjà des matelots accouraient le bâton levé ; mais Tamango, les bras croisés, et comme insensible, retournait tranquillement à sa 305 place, tandis qu'Ayché, fondant en larmes, semblait pétrifiée par ces mystérieuses paroles.

L'interprète expliqua ce qu'était ce terrible Mama-Jumbo, dont le nom seul produisait tant d'horreur.

« C'est le Croquemitaine des Nègres, dit-il. Quand un mari a peur 310 que sa femme ne fasse ce que font bien des femmes en France comme en Afrique, il la menace du Mama-Jumbo. Moi, qui vous parle, j'ai vu le Mama-Jumbo, et j'ai compris la ruse ; mais les Noirs…, comme c'est simple, cela ne comprend rien. – Figurez-vous qu'un soir, pendant que les femmes s'amusaient à danser, à faire un *folgar*[1], comme 315 ils disent dans leur jargon, voilà que, d'un petit bois bien touffu et bien sombre, on entend une musique étrange, sans que l'on vît personne pour la faire ; tous les musiciens étaient cachés dans le bois. Il y avait des flûtes de roseau, des tambourins de bois, des *balafos*[2], et des guitares faites avec des moitiés de calebasses[3]. Tout cela jouait un air 320 à porter le diable en terre. Les femmes n'ont pas plus tôt entendu cet air-là, qu'elles se mettent à trembler, elles veulent se sauver, mais les maris les retiennent : elles savaient bien ce qui leur pendait à l'oreille. Tout à coup sort du bois une grande figure blanche, haute comme notre mât de perroquet[4], avec une tête grosse comme un boisseau[5], 325 des yeux larges comme des écubiers[6], et une gueule comme celle du diable avec du feu dedans. Cela marchait lentement, lentement ; et cela n'alla pas plus loin qu'à demi-encablure[7] du bois. Les femmes criaient : "Voilà Mama-Jumbo !" Elles braillaient comme des vendeuses d'huîtres. Alors les maris leur disaient :

330 "Allons, coquines, dites-nous si vous avez été sages ; si vous mentez, Mama-Jumbo est là pour vous manger toutes crues." Il y en avait qui

---

1. *Folgar* : danse collective.
2. *Balafos* : sortes de grandes guitares.
3. Calebasses : fruits du calebassier, que l'on peut évider afin de se servir de l'écorce comme d'un récipient.
4. Mât de perroquet : petit mât ajouté au mât de hune (mât supportant la hune, sorte de plate-forme arrondie), portant une petite voile carrée.
5. Boisseau : ancienne mesure de capacité pour les matières sèches.
6. Écubiers : trous ronds, percés à l'avant du navire, pour le passage du câble attaché à l'ancre.
7. Demi-encablure : 100 mètres.

étaient assez simples pour avouer, et alors les maris les battaient comme plâtre.

— Et qu'était-ce donc que cette figure blanche, ce Mama-Jumbo ? demanda le capitaine.

— Eh bien, c'était un farceur affublé d'un grand drap blanc, portant, au lieu de tête, une citrouille creusée et garnie d'une chandelle allumée au bout d'un grand bâton. Cela n'est pas plus malin, et il ne faut pas de grands frais d'esprit pour attraper les Noirs. Avec tout cela, c'est une bonne invention que le Mama-Jumbo, et je voudrais que ma femme y crût.

— Pour la mienne, dit Ledoux, si elle n'a pas peur de Mama-Jumbo, elle a peur de Martin-Bâton[1] ; et elle sait de reste comment je l'arrangerais si elle me jouait quelque tour. Nous ne sommes pas endurants dans la famille des Ledoux, et quoique je n'aie qu'un poignet, il manie encore assez bien une garcette[2]. Quant à votre drôle, là-bas, qui parle de Mama-Jumbo, dites-lui qu'il se tienne bien et qu'il ne fasse pas peur à la petite mère que voici, ou je lui ferai si bien ratisser l'échine, que son cuir, de noir, deviendra rouge comme un rosbif cru. »

À ces mots, le capitaine descendit dans sa chambre, fit venir Ayché et tâcha de la consoler ; mais ni les caresses, ni les coups même, car on perd patience à la fin, ne purent rendre traitable la belle Négresse ; des flots de larmes coulaient de ses yeux. Le capitaine remonta sur le pont, de mauvaise humeur, et querella l'officier de quart sur la manœuvre qu'il commandait dans le moment.

La nuit, lorsque presque tout l'équipage dormait d'un profond sommeil, les hommes de garde entendirent d'abord un chant grave, solennel, lugubre, qui partait de l'entrepont*, puis un cri de femme horriblement aigu. Aussitôt après, la grosse voix de Ledoux jurant et menaçant, et le bruit de son terrible fouet, retentirent dans tout le bâtiment*. Un instant après, tout rentra dans le silence. Le lendemain, Tamango parut sur le pont la figure meurtrie, mais l'air aussi fier, aussi résolu qu'auparavant.

---

1. Martin-Bâton : dans la littérature et le folklore, personnification du bâton dont on se sert pour donner les punitions.
2. Garcette : tresse plate faite de vieux cordages avec laquelle on infligeait des corrections.

À peine Ayché l'eut-elle aperçu, que quittant le gaillard d'arrière*
365 où elle était assise à côté du capitaine, elle courut avec rapidité vers
Tamango, s'agenouilla devant lui, et lui dit avec un accent de désespoir concentré :

« Pardonne-moi, Tamango, pardonne-moi ! »

Tamango la regarda fixement pendant une minute ; puis, remar-
370 quant que l'interprète était éloigné :

« Une lime ! » dit-il.

Et il se coucha sur le tillac* en tournant le dos à Ayché. Le capitaine
la réprimanda vertement, lui donna même quelques soufflets[1], et lui
défendit de parler à son ex-mari ; mais il était loin de soupçonner le
375 sens des courtes paroles qu'ils avaient échangées, et il ne fit aucune
question à ce sujet.

Cependant Tamango, renfermé avec les autres esclaves, les exhor-
tait jour et nuit à tenter un effort généreux pour recouvrer leur
liberté. Il leur parlait du petit nombre de Blancs, et leur faisait remar-
380 quer la négligence toujours croissante de leurs gardiens ; puis, sans
s'expliquer nettement, il disait qu'il saurait les ramener dans leur
pays, vantait son savoir dans les sciences occultes, dont les Noirs sont
fort entichés, et menaçait de la vengeance du diable ceux qui se refu-
seraient à l'aider dans son entreprise. Dans ses harangues[2], il ne se
385 servait que du dialecte des Peuls[3], qu'entendaient la plupart des
esclaves, mais que l'interprète ne comprenait pas. La réputation de
l'orateur, l'habitude qu'avaient les esclaves de le craindre et de lui
obéir, vinrent merveilleusement au secours de son éloquence, et les
Noirs le pressèrent de fixer un jour pour leur délivrance, bien avant
390 que lui-même se crût en état de l'effectuer. Il répondit vaguement aux
conjurés[4] que le temps n'était pas venu, et que le diable, qui lui apparaissait en songe, ne l'avait pas encore averti, mais qu'ils eussent à se
tenir prêts au premier signal. Cependant, il ne négligeait aucune occasion de faire des expériences sur la vigilance de ses gardiens. Une fois,

---

1. Soufflets : gifles.
2. Harangues : discours.
3. Dialecte des Peuls : dialecte de cette ethnie du Sénégal et de la Guinée, parlé dans toute
   l'Afrique occidentale.
4. Conjurés : ceux qui prennent part à un complot.

395 un matelot, laissant son fusil appuyé contre les plats-bords [1], s'amusait à regarder une troupe de poissons volants qui suivaient le vaisseau ; Tamango prit le fusil et se mit à le manier, imitant avec des gestes grotesques les mouvements qu'il avait vu faire à des matelots qui faisaient l'exercice. On lui retira le fusil au bout d'un instant ; mais

400 il avait appris qu'il pourrait toucher une arme sans éveiller immédiatement le soupçon ; et, quand le temps viendrait de s'en servir, bien hardi celui qui voudrait la lui arracher des mains.

Un jour, Ayché lui jeta un biscuit en lui faisant un signe que lui seul comprit. Le biscuit contenait une petite lime : c'était de cet ins-

405 trument que dépendait la réussite du complot. D'abord Tamango se garda bien de montrer la lime à ses compagnons ; mais, lorsque la nuit fut venue, il se mit à murmurer des paroles inintelligibles qu'il accompagnait de gestes bizarres. Par degrés, il s'anima jusqu'à pousser des cris. À entendre les intonations variées de sa voix, on

410 eût dit qu'il était engagé dans une conversation animée avec une personne invisible. Tous les esclaves tremblaient, ne doutant pas que le diable ne fût en ce moment même au milieu d'eux. Tamango mit fin à cette scène en poussant un cri de joie.

« Camarades, s'écria-t-il, l'esprit que j'ai conjuré vient enfin de

415 m'accorder ce qu'il m'avait promis, et je tiens dans mes mains l'instrument de notre délivrance. Maintenant il ne vous faut plus qu'un peu de courage pour vous faire libres. »

Il fit toucher la lime à ses voisins, et la fourbe [2], toute grossière qu'elle était, trouva créance [3] auprès d'hommes encore plus grossiers.

420 Après une longue attente vint le grand jour de vengeance et de liberté. Les conjurés, liés entre eux par un serment solennel, avaient arrêté leur plan après une mûre délibération. Les plus déterminés, ayant Tamango à leur tête, lorsqu'ils monteraient à leur tour sur le pont, devaient s'emparer des armes de leurs gardiens ; quelques autres

425 iraient à la chambre du capitaine pour y prendre les fusils qui s'y trouvaient. Ceux qui seraient parvenus à limer leurs fers devaient commencer l'attaque ; mais, malgré le travail opiniâtre de plusieurs nuits,

---

1. Plats-bords : rangées de larges planches fixées horizontalement sur le sommet de la muraille d'un navire dans toute sa longueur, accoudoirs.

2. Fourbe : supercherie.

3. Trouva créance : convainquit.

le plus grand nombre des esclaves était encore incapable de prendre une part énergique à l'action. Aussi trois Noirs robustes avaient la charge de tuer l'homme qui portait dans sa poche la clef des fers, et d'aller aussitôt délivrer leurs compagnons enchaînés.

Ce jour-là, le capitaine Ledoux était d'une humeur charmante ; contre sa coutume, il fit grâce à un mousse* qui avait mérité le fouet. Il complimenta l'officier de quart sur sa manœuvre, déclara à l'équipage qu'il était content, et lui annonça qu'à la Martinique, où ils arriveraient dans peu, chaque homme recevrait une gratification. Tous les matelots, entretenant de si agréables idées, faisaient déjà dans leur tête l'emploi de cette gratification. Ils pensaient à l'eau-de-vie et aux femmes de couleur de la Martinique, lorsqu'on fit monter sur le pont Tamango et les autres conjurés*.

Ils avaient eu soin de limer leurs fers de manière qu'ils ne parussent pas être coupés, et que le moindre effort suffit cependant pour les rompre. D'ailleurs, ils les faisaient si bien résonner, qu'à les entendre on eût dit qu'ils en portaient un double poids. Après avoir humé l'air quelque temps, ils se prirent tous par la main et se mirent à danser pendant que Tamango entonnait le chant guerrier de sa famille[1], qu'il chantait autrefois avant d'aller au combat. Quand la danse eut duré quelque temps, Tamango, comme épuisé de fatigue, se coucha tout de son long au pied d'un matelot qui s'appuyait nonchalamment contre les plats-bords* du navire ; tous les conjurés en firent autant. De la sorte, chaque matelot était entouré de plusieurs Noirs.

Tout à coup Tamango, qui venait doucement de rompre ses fers, pousse un grand cri, qui devait servir de signal, tire violemment par les jambes le matelot qui se trouvait près de lui, le culbute, et, lui mettant le pied sur le ventre, lui arrache son fusil, et s'en sert pour tuer l'officier de quart. En même temps, chaque matelot de garde est assailli, désarmé et aussitôt égorgé. De toutes parts, un cri de guerre s'élève. Le contremaître, qui avait la clef des fers, succombe un des premiers. Alors une foule de Noirs inondent le tillac*. Ceux qui ne peuvent trouver d'armes saisissent les barres du cabestan* ou les rames de la chaloupe. Dès ce moment, l'équipage européen fut perdu.

---

1. Note de Mérimée : «Chaque capitaine nègre a le sien. »

Cependant quelques matelots firent tête sur le gaillard d'arrière*; mais ils manquaient d'armes et de résolution. Ledoux était encore vivant et n'avait rien perdu de son courage. S'apercevant que
465 Tamango était l'âme de la conjuration, il espéra que, s'il pouvait le tuer, il aurait bon marché de ses complices. Il s'élança donc à sa rencontre, le sabre à la main, en l'appelant à grands cris. Aussitôt Tamango se précipita sur lui. Il tenait un fusil par le bout du canon et s'en servait comme d'une massue. Les deux chefs se joignirent sur un
470 des passavants [1], ce passage étroit qui communique du gaillard d'avant à l'arrière. Tamango frappa le premier. Par un léger mouvement de corps, le Blanc évita le coup. La crosse, tombant avec force sur les planches, se brisa, et le contrecoup fut si violent que le fusil échappa des mains de Tamango. Il était sans défense, et Ledoux, avec
475 un sourire de joie diabolique, levait le bras et allait le percer; mais Tamango était aussi agile que les panthères de son pays. Il s'élança dans les bras de son adversaire, et lui saisit la main dont il tenait son sabre. L'un s'efforce de retenir son arme, l'autre de l'arracher. Dans cette lutte furieuse, ils tombent tous les deux; mais l'Africain avait le
480 dessous. Alors, sans se décourager, Tamango, étreignant son adversaire de toute sa force, le mordit à la gorge avec tant de violence que le sang jaillit comme sous la dent d'un lion. Le sabre échappa de la main défaillante du capitaine. Tamango s'en saisit; puis, se relevant, la bouche sanglante, et poussant un cri de triomphe, il perça de coups
485 redoublés son ennemi déjà demi-mort.

La victoire n'était plus douteuse. Le peu de matelots qui restaient essayèrent d'implorer la pitié des révoltés; mais tous, jusqu'à l'interprète qui ne leur avait jamais fait de mal, furent impitoyablement massacrés. Le lieutenant mourut avec gloire. Il s'était retiré à l'arrière,
490 auprès d'un de ces petits canons qui tournent sur un pivot, et que l'on charge de mitraille. De la main gauche, il dirigea la pièce, et, de la droite, armé d'un sabre, il se défendit si bien qu'il attira autour de lui une foule de Noirs. Alors, pressant la détente du canon, il fit au milieu de cette masse serrée une large rue pavée de morts et de mourants. Un
495 instant après il fut mis en pièces.

---

1. Passavants : parties du pont supérieur bordées par le bastingage et comprises entre les deux gaillards.

Lorsque le cadavre du dernier Blanc, déchiqueté et coupé par morceaux, eut été jeté à la mer, les Noirs, rassasiés de vengeance, levèrent les yeux vers les voiles du navire, qui, toujours enflées par un vent frais, semblaient obéir encore à leurs oppresseurs et mener les vain-
500 queurs, malgré leur triomphe, vers la terre de l'esclavage.

« Rien n'est donc fait, pensèrent-ils avec tristesse ; et ce grand fétiche[1] des Blancs voudra-t-il nous ramener dans notre pays, nous qui avons versé le sang de ses maîtres ? »

Quelques-uns dirent que Tamango saurait le faire obéir. Aussitôt
505 on appelle Tamango à grands cris.

Il ne se pressait pas de se montrer. On le trouva dans la chambre de poupe[2], debout, une main appuyée sur le sabre sanglant du capitaine ; l'autre, il la tendait d'un air distrait à sa femme Ayché, qui la baisait à genoux devant lui. La joie d'avoir vaincu ne diminuait pas une
510 sombre inquiétude qui se trahissait dans toute sa contenance. Moins grossier que les autres, il sentait mieux la difficulté de sa position.

Il parut enfin sur le tillac*, affectant un calme qu'il n'éprouvait pas. Pressé par cent voix confuses de diriger la course du vaisseau, il s'approcha du gouvernail à pas lents, comme pour retarder un peu le
515 moment qui allait, pour lui-même et pour les autres, décider de l'étendue de son pouvoir.

Dans tout le vaisseau, il n'y avait pas un Noir, si stupide qu'il fût, qui n'eût remarqué l'influence qu'une certaine roue et la boîte placée en face exerçaient sur les mouvements du navire ; mais, dans ce méca-
520 nisme, il y avait toujours pour eux un grand mystère. Tamango examina la boussole pendant longtemps en remuant les lèvres, comme s'il lisait les caractères qu'il y voyait tracés ; puis il portait la main à son front, et prenait l'attitude pensive d'un homme qui fait un calcul de tête. Tous les Noirs l'entouraient, la bouche béante, les yeux déme-
525 surément ouverts, suivant avec anxiété le moindre de ses gestes. Enfin, avec ce mélange de crainte et de confiance que l'ignorance donne, il imprima un violent mouvement à la roue du gouvernail.

---

1. Fétiche : objet ensorcelé, magique.
2. Poupe : arrière d'un navire.

Comme un généreux coursier qui se cabre sous l'éperon du cavalier imprudent, le beau brick* *L'Espérance* bondit sur la vague à cette
530 manœuvre inouïe. On eût dit qu'indigné il voulait s'engloutir avec son pilote ignorant. Le rapport nécessaire entre la direction des voiles et celle du gouvernail étant brusquement rompu, le vaisseau s'inclina avec tant de violence qu'on eût dit qu'il allait s'abîmer [1]. Ses longues vergues [2] plongèrent dans la mer. Plusieurs hommes furent renversés ;
535 quelques-uns tombèrent par-dessus le bord. Bientôt le vaisseau se releva fièrement contre la lame [3], comme pour lutter encore une fois avec la destruction. Le vent redoubla d'efforts, et tout d'un coup, avec un bruit horrible, tombèrent les deux mâts, cassés à quelques pieds du pont, couvrant le tillac de débris et comme d'un lourd filet
540 de cordages.

Les Nègres épouvantés fuyaient sous les écoutilles* en poussant des cris de terreur ; mais, comme le vent ne trouvait plus de prise, le vaisseau se releva et se laissa doucement ballotter par les flots. Alors les plus hardis des Noirs remontèrent sur le tillac et le débarrassèrent
545 des débris qui l'obstruaient. Tamango restait immobile, le coude appuyé sur l'habitacle et se cachant le visage sur son bras replié. Ayché était auprès de lui, mais n'osait lui adresser la parole. Peu à peu les Noirs s'approchèrent ; un murmure s'éleva, qui bientôt se changea en un orage de reproches et d'injures.

550 « Perfide ! imposteur ! s'écriaient-ils, c'est toi qui as causé tous nos maux, c'est toi qui nous as vendus aux Blancs, c'est toi qui nous as contraints de nous révolter contre eux. Tu nous avais vanté ton savoir, tu nous avais promis de nous ramener dans notre pays. Nous t'avons cru, insensés que nous étions ! et voilà que nous avons manqué de
555 périr tous parce que tu as offensé le fétiche des Blancs. »

Tamango releva fièrement la tête, et les Noirs qui l'entouraient reculèrent intimidés. Il ramassa deux fusils, fit signe à sa femme de le suivre, traversa la foule, qui s'ouvrit devant lui, et se dirigea vers l'avant du vaisseau. Là, il se fit comme un rempart avec des tonneaux

---

1. S'abîmer : sombrer dans l'abîme, couler.
2. Vergues : pièces de bois léger qui portent les voiles.
3. Lame : vague.

560 vides et des planches ; puis il s'assit au milieu de cette espèce de retranchement, d'où sortaient menaçantes les baïonnettes* de ses deux fusils. On le laissa tranquille. Parmi les révoltés, les uns pleuraient ; d'autres, levant les mains au ciel, invoquaient leurs fétiches* et ceux des Blancs ; ceux-ci, à genoux devant la boussole, dont ils admi-
565 raient le mouvement continuel, la suppliaient de les ramener dans leur pays ; ceux-là se couchaient sur le tillac* dans un morne abattement. Au milieu de ces désespérés, qu'on se représente des femmes et des enfants hurlant d'effroi, et une vingtaine de blessés implorant des secours que personne ne pensait à leur donner.

570 Tout à coup un Nègre paraît sur le tillac : son visage est radieux. Il annonce qu'il vient de découvrir l'endroit où les Blancs gardent leur eau-de-vie ; sa joie et sa contenance prouvent assez qu'il vient d'en faire l'essai. Cette nouvelle suspend un instant les cris de ces malheureux. Ils courent à la cambuse[1] et se gorgent de liqueur. Une heure
575 après, on les eût vus sauter et rire sur le pont, se livrant à toutes les extravagances de l'ivresse la plus brutale. Leurs danses et leurs chants étaient accompagnés des gémissements et des sanglots des blessés. Ainsi se passa le reste du jour et toute la nuit.

Le matin, au réveil, nouveau désespoir. Pendant la nuit, un grand
580 nombre de blessés étaient morts. Le vaisseau flottait entouré de cadavres. La mer était grosse et le ciel brumeux. On tint conseil. Quelques apprentis dans l'art magique, qui n'avaient point osé parler de leur savoir-faire devant Tamango, offrirent tour à tour leurs services. On essaya plusieurs conjurations[2] puissantes. À chaque tentative inutile,
585 le découragement augmentait. Enfin on reparla de Tamango, qui n'était pas encore sorti de son retranchement. Après tout, c'était le plus savant d'entre eux, et lui seul pouvait les tirer de la situation horrible où il les avait placés. Un vieillard s'approcha de lui, porteur de propositions de paix. Il le pria de venir donner son avis ; mais

---

1. Cambuse : endroit où l'on distribue des vivres à l'équipage d'un navire.
2. Conjurations : exorcismes ou cérémonies visant à délivrer un être ou un objet de forces maléfiques.

590 Tamango, inflexible comme Coriolan[1], fut sourd à ses prières. La nuit, au milieu du désordre, il avait fait sa provision de biscuits et de chair salée. Il paraissait déterminé à vivre seul dans sa retraite.

L'eau-de-vie restait. Au moins elle fait oublier et la mer, et l'esclavage, et la mort prochaine. On dort, on rêve de l'Afrique, on voit des
595 forêts de gommiers[2], des cases* couvertes en paille, des baobabs dont l'ombre couvre tout un village. L'orgie de la veille recommença. De la sorte se passèrent plusieurs jours. Crier, pleurer, s'arracher les cheveux, puis s'enivrer et dormir, telle était leur vie. Plusieurs moururent à force de boire ; quelques-uns se jetèrent à la mer, ou se poignardèrent.

600 Un matin, Tamango sortit de son fort et s'avança jusqu'auprès du tronçon du grand mât.

« Esclaves, dit-il, l'Esprit m'est apparu en songe et m'a révélé les moyens de vous tirer d'ici pour vous ramener dans votre pays. Votre ingratitude mériterait que je vous abandonnasse ; mais j'ai pitié de ces
605 femmes et de ces enfants qui crient. Je vous pardonne : écoutez-moi. »

Tous les Noirs baissèrent la tête avec respect et se serrèrent autour de lui.

« Les Blancs, poursuivit Tamango, connaissent seuls les paroles puissantes qui font remuer ces grandes maisons de bois ; mais nous
610 pouvons diriger à notre gré ces barques légères qui ressemblent à celles de notre pays. »

Il montrait la chaloupe et les autres embarcations du brick*.

« Remplissons-les de vivres, montons dedans, et ramons dans la direction du vent ; mon maître et le vôtre le fera souffler vers
615 notre pays. »

On le crut. Jamais projet ne fut plus insensé. Ignorant l'usage de la boussole, et sous un ciel inconnu, il ne pouvait qu'errer à l'aventure. D'après ses idées, il s'imaginait qu'en ramant tout droit devant lui, il trouverait à la fin quelque terre habitée par les Noirs, car les Noirs
620 possèdent la terre, et les Blancs vivent sur leurs vaisseaux. C'est ce qu'il avait entendu dire à sa mère.

---

1. Coriolan : C. Marius Coriolanus, général romain accusé d'avoir dilapidé les fonds de sa patrie et qui s'allia avec ses anciens ennemis (les Volsques) pour se venger de ses concitoyens romains en s'en prenant à leur ville natale. Ces derniers cherchèrent à le dissuader d'attaquer, mais Coriolan resta sourd à leurs prières. Seule sa mère put le convaincre de lever le siège de Rome.

2. Gommiers : grands arbres à gomme.

Tout fut bientôt prêt pour l'embarquement, mais la chaloupe avec un canot seulement se trouvèrent en état de servir. C'était trop peu pour contenir environ quatre-vingts Nègres encore vivants. Il fallut
625 abandonner tous les blessés et les malades. La plupart demandèrent qu'on les tuât avant de se séparer d'eux.

Les deux embarcations, mises à flot avec des peines infinies et chargées outre mesure, quittèrent le vaisseau par une mer clapoteuse, qui menaçait à chaque instant de les engloutir. Le canot s'éloigna le pre-
630 mier. Tamango avec Ayché avait pris place dans la chaloupe qui, beaucoup plus lourde et plus chargée, demeurait considérablement en arrière. On entendait encore les cris plaintifs de quelques malheureux abandonnés à bord du brick*, quand une vague assez forte prit la chaloupe en travers et l'emplit d'eau. En moins d'une minute, elle coula.
635 Le canot vit leur désastre, et ses rameurs doublèrent d'efforts de peur d'avoir à recueillir quelques naufragés. Presque tous ceux qui montaient la chaloupe furent noyés. Une douzaine seulement put regagner le vaisseau. De ce nombre étaient Tamango et Ayché. Quand le soleil se coucha, ils virent disparaître le canot derrière l'horizon, mais ce
640 qu'il devint, on l'ignore.

Pourquoi fatiguerais-je le lecteur par la description dégoûtante des tortures de la faim ? Vingt personnes environ sur un espace étroit, tantôt ballottées par une mer orageuse, tantôt brûlées par un soleil ardent, se disputent tous les jours les faibles restes de leurs provisions.
645 Chaque morceau de biscuit coûte un combat, et le faible meurt, non parce que le fort le tue, mais parce qu'il le laisse mourir. Au bout de quelques jours, il ne resta plus de vivant à bord du brick *L'Espérance* que Tamango et Ayché.

* * *

Une nuit, la mer était agitée, le vent soufflait avec violence, et l'obs-
650 curité était si grande que de la poupe* on ne pouvait voir la proue du navire. Ayché était couchée sur un matelas dans la chambre du capitaine, et Tamango était assis à ses pieds. Tous les deux gardaient le silence depuis longtemps.

« Tamango, s'écria enfin Ayché, tout ce que tu souffres, tu le souf-
655 fres à cause de moi…

— Je ne souffre pas », répondit-il brusquement. Et il jeta sur le
matelas, à côté de sa femme, la moitié d'un biscuit qui lui restait.

« Garde-le pour toi, dit-elle en repoussant doucement le biscuit ;
je n'ai plus faim. D'ailleurs, pourquoi manger ? Mon heure n'est-elle
660 pas venue ? »

Tamango se leva sans répondre, monta en chancelant sur le tillac*
et s'assit au pied d'un mât rompu. La tête penchée sur sa poitrine, il
sifflait l'air de sa famille. Tout à coup un grand cri se fit entendre au-
dessus du bruit du vent et de la mer ; une lumière parut. Il entendit
665 d'autres cris, et un gros vaisseau noir glissa rapidement auprès du
sien ; si près que les vergues* passèrent au-dessus de sa tête. Il ne vit
que deux figures éclairées par une lanterne suspendue à un mât. Ces
gens poussèrent encore un cri, et aussitôt leur navire, emporté par le
vent, disparut dans l'obscurité. Sans doute les hommes de garde
670 avaient aperçu le vaisseau naufragé ; mais le gros temps les empêchait
de virer de bord. Un instant après, Tamango vit la flamme d'un canon
et entendit le bruit de l'explosion ; puis il vit la flamme d'un autre
canon, mais il n'entendit aucun bruit ; puis il ne vit plus rien. Le lendemain, pas une voile ne paraissait à l'horizon. Tamango se recoucha
675 sur son matelas et ferma les yeux. Sa femme Ayché était morte cette
nuit-là.

* * *

Je ne sais combien de temps après, une frégate* anglaise, la *Bellone*,
aperçut un bâtiment* démâté et en apparence abandonné de son
équipage. Une chaloupe, l'ayant abordé, y trouva une Négresse morte
680 et un Nègre si décharné et si maigre qu'il ressemblait à une momie. Il
était sans connaissance, mais avait encore un souffle de vie. Le chirurgien s'en empara, lui donna des soins, et quand la *Bellone* aborda à
Kingston, Tamango était en parfaite santé. On lui demanda son histoire. Il dit ce qu'il en savait. Les planteurs de l'île voulaient qu'on le
685 pendît comme un Nègre rebelle ; mais le gouverneur, qui était un

homme humain, s'intéressa à lui, trouvant son cas justifiable, puisque, après tout, il n'avait fait qu'user du droit légitime de défense et puis ceux qu'il avait tués n'étaient que des Français. On le traita comme on traite les Nègres pris à bord d'un vaisseau négrier que l'on confisque.
690 On lui donna la liberté, c'est-à-dire qu'on le fit travailler pour le gouvernement ; mais il avait six sous par jour et la nourriture. C'était un fort bel homme. Le colonel du 75e le vit et le prit pour en faire un cymbalier dans la musique de son régiment. Il apprit un peu d'anglais ; mais il ne parlait guère. En revanche, il buvait avec excès du
695 rhum et du tafia [1]. – Il mourut à l'hôpital d'une inflammation de poitrine.

1829.

---

1. Tafia (ou ratafia) : liqueur obtenue par macération d'ingrédients divers dans l'eau-de-vie sucrée.

Alfred
DE MUSSET
1810-1857

CROISILLES

I

Au commencement du règne de Louis XV[1], un jeune homme nommé Croisilles, fils d'un orfèvre, revenait de Paris au Havre[2], sa ville natale. Il avait été chargé par son père d'une affaire de commerce, et cette affaire s'était terminée à son gré. La joie d'apporter une bonne
5 nouvelle le faisait marcher plus gaiement et plus lestement[3] que de coutume ; car, bien qu'il eût dans ses poches une somme d'argent assez considérable, il voyageait à pied pour son plaisir. C'était un garçon de bonne humeur, et qui ne manquait pas d'esprit, mais tellement distrait et étourdi, qu'on le regardait comme un peu fou. Son
10 gilet boutonné de travers, sa perruque au vent, son chapeau sous le bras, il suivait les rives de la Seine, tantôt rêvant, tantôt chantant, levé dès le matin, soupant au cabaret, et charmé de traverser ainsi l'une des plus belles contrées de la France. Tout en dévastant, au passage, les pommiers de la Normandie, il cherchait des rimes dans sa tête (car

---

1. Louis XV (1710-1774), roi de France de 1715 à sa mort.
2. Le Havre est une ville portuaire de Haute-Normandie (région du nord-ouest de la France).
3. Lestement : avec dextérité et rapidité.

15 tout étourdi est un peu poète), et il essayait de faire un madrigal ❶
pour une belle demoiselle de son pays ; ce n'était pas moins que la fille
d'un fermier général, mademoiselle Godeau, la perle du Havre*, riche
héritière fort courtisée. Croisilles n'était pas reçu chez M. Godeau
autrement que par hasard, c'est-à-dire qu'il y avait porté quelquefois
20 des bijoux achetés chez son père. M. Godeau, dont le nom, tant soit
peu commun, soutenait mal une immense fortune, se vengeait par sa
morgue ❷ du tort de sa naissance, et se montrait, en toute occasion,
énormément et impitoyablement riche. Il n'était donc pas homme à
laisser entrer dans son salon le fils d'un orfèvre ; mais, comme made-
25 moiselle Godeau avait les plus beaux yeux du monde, que Croisilles
n'était pas mal tourné, et que rien n'empêche un joli garçon de
devenir amoureux d'une belle fille, Croisilles adorait mademoiselle
Godeau, qui n'en paraissait pas fâchée. Il pensait donc à elle, tout en
regagnant Le Havre, et comme il n'avait jamais réfléchi à rien, au lieu
30 de songer aux obstacles invincibles qui le séparaient de sa bien-aimée,
il ne s'occupait que de trouver une rime au nom de baptême qu'elle
portait. Mademoiselle Godeau s'appelait Julie, et la rime était aisée à
trouver. Croisilles, arrivé à Honfleur, s'embarqua le cœur satisfait, son
argent et son madrigal en poche, et, dès qu'il eut touché le rivage, il
35 courut à la maison paternelle.

Il trouva la boutique fermée ; il y frappa à plusieurs reprises, non
sans étonnement ni sans crainte, car ce n'était point un jour de fête ;
personne ne venait. Il appela son père, mais en vain. Il entra chez
un voisin pour demander ce qui était arrivé ; au lieu de lui répondre, le
40 voisin détourna la tête, comme ne voulant plus le reconnaître.
Croisilles répéta ses questions ; il apprit que son père, depuis longtemps gêné dans ses affaires, venait de faire faillite, et s'était enfui en
Amérique, abandonnant à ses créanciers tout ce qu'il possédait.

Avant de sentir tout son malheur, Croisilles fut d'abord frappé de
45 l'idée qu'il ne reverrait peut-être jamais son père. Il lui paraissait
impossible de se trouver ainsi abandonné tout à coup ; il voulut à toute
force entrer dans la boutique, mais on lui fit entendre que les scellés ❸

---

1. Madrigal : court poème exprimant une pensée ingénieuse et galante.
2. Morgue : allure hautaine, méprisante.
3. Scellés : sceaux apposés à des serrures, à un cabinet, par autorité de justice pour empêcher de les ouvrir.

étaient mis; il s'assit sur une borne, et, se livrant à sa douleur, il se mit
à pleurer à chaudes larmes, sourd aux consolations de ceux qui l'en-
50 touraient, ne pouvant cesser d'appeler son père, quoiqu'il le sût déjà
bien loin; enfin il se leva, honteux de voir la foule s'attrouper autour
de lui, et, dans le plus profond désespoir, il se dirigea vers le port.

Arrivé sur la jetée, il marcha devant lui comme un homme égaré
qui ne sait où il va ni que devenir. Il se voyait perdu sans ressources,
55 n'ayant plus d'asile, aucun moyen de salut, et, bien entendu, plus
d'amis. Seul, errant au bord de la mer, il fut tenté de mourir en s'y
précipitant. Au moment où, cédant à cette pensée, il s'avançait vers un
rempart élevé, un vieux domestique, nommé Jean, qui servait sa
famille depuis nombre d'années, s'approcha de lui.

60 — Ah! mon pauvre Jean! s'écria-t-il, tu sais ce qui s'est passé
depuis mon départ. Est-il possible que mon père nous quitte sans
avertissement, sans adieu?

— Il est parti, répondit Jean, mais non pas sans vous dire adieu.

En même temps il tira de sa poche une lettre qu'il donna à son
65 jeune maître. Croisilles reconnut l'écriture de son père, et, avant d'ouvrir la lettre, il la baisa avec transport; mais elle ne renfermait que
quelques mots. Au lieu de sentir sa peine adoucie, le jeune homme la
trouva confirmée. Honnête jusque-là et connu pour tel, ruiné par un
malheur imprévu (la banqueroute d'un associé), le vieil orfèvre
70 n'avait laissé à son fils que quelques paroles banales de consolation, et
nul espoir, sinon cet espoir vague, sans but ni raison, le dernier bien,
dit-on, qui se perde.

— Jean, mon ami, tu m'as bercé, dit Croisilles après avoir lu la
lettre, et tu es certainement aujourd'hui le seul être qui puisse
75 m'aimer un peu; c'est une chose qui m'est bien douce, mais qui est
fâcheuse pour toi; car, aussi vrai que mon père s'est embarqué là, je
vais me jeter dans cette mer qui le porte, non pas devant toi ni tout de
suite, mais un jour ou l'autre, car je suis perdu.

— Que voulez-vous y faire? répliqua Jean, n'ayant point l'air
80 d'avoir entendu, mais retenant Croisilles par le pan* de son habit; que
voulez-vous y faire, mon cher maître? Votre père a été trompé; il
attendait de l'argent qui n'est pas venu, et ce n'était pas peu de chose.
Pouvait-il rester ici? Je l'ai vu, monsieur, gagner sa fortune depuis

trente ans que je le sers ; je l'ai vu travailler, faire son commerce, et les
85 écus* arriver un à un chez vous. C'était un honnête homme, et habile ;
on a cruellement abusé de lui. Ces jours derniers, j'étais encore là, et
comme les écus étaient arrivés, je les ai vus partir du logis. Votre père
a payé tout ce qu'il a pu pendant une journée entière ; et, lorsque son
secrétaire a été vide, il n'a pu s'empêcher de me dire, en me montrant
90 un tiroir où il ne restait que six francs : « Il y avait ici cent mille francs
ce matin ! » Ce n'est pas là une banqueroute, monsieur, ce n'est pas là
une chose qui déshonore !

— Je ne doute pas plus de la probité[1] de mon père, répondit
Croisilles, que de son malheur. Je ne doute pas non plus de son affec-
95 tion ; mais j'aurais voulu l'embrasser, car que veux-tu que je
devienne ? Je ne suis point fait à la misère, je n'ai pas l'esprit nécessaire
pour recommencer ma fortune. Et quand je l'aurais, mon père est
parti. S'il a mis trente ans à s'enrichir, combien m'en faudra-t-il pour
réparer ce coup ? Bien davantage. Et vivra-t-il alors ? Non, sans doute ;
100 il mourra là-bas, et je ne puis pas même l'y aller trouver ; je ne puis le
rejoindre qu'en mourant aussi.

Tout désolé qu'était Croisilles, il avait beaucoup de religion.
Quoique son désespoir lui fît désirer la mort, il hésitait à se la donner.
Dès les premiers mots de cet entretien, il s'était appuyé sur le bras de
105 Jean, et tous deux retournaient vers la ville. Lorsqu'ils furent entrés
dans les rues, et lorsque la mer ne fut plus si proche : — Mais, monsieur, dit encore Jean, il me semble qu'un homme de bien a le droit de
vivre, et qu'un malheur ne prouve rien. Puisque votre père ne s'est pas
tué, Dieu merci, comment pouvez-vous songer à mourir ? Puisqu'il
110 n'y a point de déshonneur, et toute la ville le sait, que penserait-on de
vous ? Que vous n'avez pu supporter la pauvreté. Ce ne serait ni brave,
ni chrétien ; car, au fond, qu'est-ce qui vous effraye ? Il y a des gens qui
naissent pauvres, et qui n'ont jamais eu ni père ni mère. Je sais bien
que tout le monde ne se ressemble pas, mais enfin il n'y a rien d'im-
115 possible à Dieu. Qu'est-ce que vous feriez en pareil cas ? Votre père
n'était pas né riche, tant s'en faut, sans vous offenser, et c'est peut-être
ce qui le console. Si vous aviez été ici depuis un mois, cela vous aurait
donné du courage. Oui, monsieur, on peut se ruiner, personne n'est à

---

1. Probité : honnêteté.

l'abri d'une banqueroute; mais votre père, j'ose le dire, a été un
120 homme, quoiqu'il soit parti un peu vite. Mais que voulez-vous? on ne
trouve pas tous les jours un bâtiment* pour l'Amérique. Je l'ai accompagné jusque sur le port, et si vous aviez vu sa tristesse! Comme il m'a
recommandé d'avoir soin de vous, de lui donner de vos nouvelles!…
Monsieur, c'est une vilaine idée que vous avez de jeter le manche
125 après la cognée ⓘ. Chacun a son temps d'épreuve ici-bas, et j'ai été
soldat avant d'être domestique. J'ai rudement souffert, mais j'étais
jeune; j'avais votre âge, monsieur, à cette époque-là, et il me semblait
que la Providence ne peut pas dire son dernier mot à un homme
de vingt-cinq ans. Pourquoi voulez-vous empêcher le bon Dieu de
130 réparer le mal qu'il vous fait? Laissez-lui le temps, et tout s'arrangera.
S'il m'était permis de vous conseiller, vous attendriez seulement deux
ou trois ans, et je gagerais que vous vous en trouveriez bien. Il y a toujours moyen de s'en aller de ce monde. Pourquoi voulez-vous profiter
d'un mauvais moment?

135   Pendant que Jean s'évertuait à persuader son maître, celui-ci marchait en silence, et, comme font souvent ceux qui souffrent, il regardait
de côté et d'autre, comme pour chercher quelque chose qui pût le rattacher à la vie. Le hasard fit que, sur ces entrefaites, mademoiselle
Godeau, la fille du fermier général, vint à passer avec sa gouvernante.
140 L'hôtel* qu'elle habitait n'était pas éloigné de là; Croisilles la vit entrer
chez elle. Cette rencontre produisit sur lui plus d'effet que tous les rai-
sonnements du monde. J'ai dit qu'il était un peu fou, et qu'il cédait
presque toujours à un premier mouvement. Sans hésiter plus longtemps et sans s'expliquer, il quitta le bras de son vieux domestique, et
145 alla frapper à la porte de M. Godeau.

II

Quand on se représente aujourd'hui ce qu'on appelait jadis un
financier, on imagine un ventre énorme, de courtes jambes, une
immense perruque, une large face à triple menton, et ce n'est pas sans

---

1. Jeter le manche après la cognée : baisser les bras, renoncer par découragement.

raison qu'on s'est habitué à se figurer ainsi ce personnage. Tout le
150 monde sait à quels abus ont donné lieu les fermes royales, et il semble
qu'il y ait une loi de nature qui rende plus gras que le reste des hommes
ceux qui s'engraissent non seulement de leur oisiveté, mais encore du
travail des autres. M. Godeau, parmi les financiers, était des plus classiques qu'on pût voir, c'est-à-dire des plus gros ; pour l'instant il avait
155 la goutte[1], chose fort à la mode en ce temps-là, comme l'est à présent la
migraine. Couché sur une chaise longue, les yeux à demi fermés, il se
dorlotait au fond d'un boudoir. Les panneaux de glaces qui l'environ-
naient répétaient majestueusement de toutes parts son énorme personne ; des sacs pleins d'or couvraient sa table ; autour de lui, les
160 meubles, les lambris*, les portes, les serrures, la cheminée, le plafond,
étaient dorés ; son habit l'était ; je ne sais si sa cervelle ne l'était pas
aussi. Il calculait les suites d'une petite affaire qui ne pouvait manquer
de lui rapporter quelques milliers de louis[2] ; il daignait en sourire tout
seul, lorsqu'on lui annonça Croisilles, qui entra d'un air humble, mais
165 résolu, et dans tout le désordre qu'on peut supposer d'un homme qui
a grande envie de se noyer. M. Godeau fut un peu surpris de cette visite
inattendue ; il crut que sa fille avait fait quelque emplette ; il fut
confirmé dans cette pensée en la voyant paraître presque en même
temps que le jeune homme. Il fit signe à Croisilles, non pas de s'asseoir,
170 mais de parler. La demoiselle prit place sur un sofa, et Croisilles, resté
debout, s'exprima à peu près en ces termes :

— Monsieur, mon père vient de faire faillite. La banqueroute d'un
associé l'a forcé à suspendre ses paiements, et, ne pouvant assister à sa
propre honte, il s'est enfui en Amérique, après avoir donné à ses créan-
175 ciers jusqu'à son dernier sou. J'étais absent lorsque cela s'est passé ; j'arrive, et il y a deux heures que je sais cet événement. Je suis absolument
sans ressources et déterminé à mourir. Il est très probable qu'en sortant
de chez vous je vais me jeter à l'eau. Je l'aurais déjà fait, selon toute
apparence, si le hasard ne m'avait fait rencontrer mademoiselle votre
180 fille tout à l'heure. Je l'aime, monsieur, du plus profond de mon cœur ;
il y a deux ans que je suis amoureux d'elle, et je me suis tu jusqu'ici à
cause du respect que je lui dois ; mais aujourd'hui, en vous le déclarant,

---

1. Goutte : maladie des petites articulations, caractérisée par de la rougeur, un gonflement.
2. Louis : ancienne monnaie d'or.

je remplis un devoir indispensable, et je croirais offenser Dieu, si, avant de me donner la mort, je ne venais pas vous demander si vous voulez que j'épouse mademoiselle Julie. Je n'ai pas la moindre espérance que vous m'accordiez cette demande, mais je dois néanmoins vous la faire, car je suis bon chrétien, monsieur, et, lorsqu'un bon chrétien se voit arrivé à un tel degré de malheur qu'il ne lui soit plus possible de souffrir la vie, il doit du moins, pour atténuer son crime, épuiser toutes les chances qui lui restent avant de prendre un dernier parti.

Au commencement de ce discours, M. Godeau avait supposé qu'on venait lui emprunter de l'argent, et il avait jeté prudemment son mouchoir sur les sacs placés auprès de lui, préparant d'avance un refus poli, car il avait toujours eu de la bienveillance pour le père de Croisilles. Mais, quand il eut écouté jusqu'au bout, et qu'il eut compris de quoi il s'agissait, il ne douta pas que le pauvre garçon ne fût devenu complètement fou. Il eut d'abord quelque envie de sonner et de le faire mettre à la porte ; mais il lui trouva une apparence si ferme, un visage si déterminé, qu'il eut pitié d'une démence si tranquille. Il se contenta de dire à sa fille de se retirer, afin de ne pas s'exposer plus longtemps à entendre de pareilles inconvenances.

Pendant que Croisilles avait parlé, mademoiselle Godeau était devenue rouge comme une pêche au mois d'août. Sur l'ordre de son père, elle se retira. Le jeune homme lui fit un profond salut dont elle ne sembla pas s'apercevoir. Demeuré seul avec Croisilles, M. Godeau toussa, se souleva, se laissa retomber sur ses coussins, et, s'efforçant de prendre un air paternel :

— Mon garçon, dit-il, je veux bien croire que tu ne te moques pas de moi et que tu as réellement perdu la tête. Non seulement j'excuse ta démarche, mais je consens à ne point t'en punir. Je suis fâché que ton pauvre diable de père ait fait banqueroute et qu'il ait décampé ; c'est fort triste, et je comprends assez que cela t'ait tourné la cervelle. Je veux faire quelque chose pour toi ; prends un pliant[1] et assieds-toi là.

— C'est inutile, monsieur, répondit Croisilles ; du moment que vous me refusez, je n'ai plus qu'à prendre congé de vous. Je vous souhaite toutes sortes de prospérités.

— Et où t'en vas-tu ?

1. Pliant : siège pliant.

— Écrire à mon père et lui dire adieu.

— Eh! que diantre! on jurerait que tu dis vrai: tu vas te noyer, ou
220 le diable m'emporte!

— Oui, monsieur; du moins je le crois, si le courage ne m'aban-
donne pas.

— La belle avance! fi donc! quelle niaiserie! Assieds-toi, te dis-je,
et écoute-moi.

225   M. Godeau venait de faire une réflexion fort juste, c'est qu'il n'est
jamais agréable qu'on dise qu'un homme, quel qu'il soit, s'est jeté à
l'eau en nous quittant. Il toussa donc de nouveau, pris sa tabatière,
jeta un regard distrait sur son jabot[1], et continua:

— Tu n'es qu'un sot, un fou, un enfant, c'est clair; tu ne sais ce que
230 tu dis. Tu es ruiné, voilà ton affaire. Mais, mon cher ami, tout cela ne
suffit pas; il faut réfléchir aux choses de ce monde. Si tu venais me
demander… je ne sais quoi, un bon conseil, eh bien! passe; mais
qu'est-ce que tu veux? Tu es amoureux de ma fille?

— Oui, monsieur, et je vous répète que je suis bien éloigné de sup-
235 poser que vous puissiez me la donner pour femme; mais, comme il
n'y a que cela au monde qui pourrait m'empêcher de mourir, si vous
croyez en Dieu, comme je n'en doute pas, vous comprendrez la raison
qui m'amène.

— Que je croie en Dieu ou non, cela ne te regarde pas, je n'entends
240 pas qu'on m'interroge; réponds d'abord: où as-tu vu ma fille?

— Dans la boutique de mon père et dans cette maison, lorsque j'y
ai apporté des bijoux pour mademoiselle Julie.

— Qui est-ce qui t'a dit qu'elle s'appelle Julie? On ne s'y reconnaît
plus, Dieu me pardonne. Mais qu'elle s'appelle Julie ou Javotte, sais-
245 tu ce qu'il faut, avant tout, pour oser prétendre à la main de la fille
d'un fermier général?

— Non, je l'ignore absolument, à moins que ce ne soit d'être aussi
riche qu'elle.

— Il faut autre chose, mon cher, il faut un nom.

250   — Eh bien! je m'appelle Croisilles.

— Tu t'appelles Croisilles, malheureux! Est-ce un nom que Croisilles?

---

1. Jabot: sorte de cravate de mousseline ou de dentelle.

— Ma foi, monsieur, en mon âme et conscience, c'est un aussi beau nom que Godeau.

— Tu es un impertinent et tu me le payeras.

255 — Eh! mon Dieu, monsieur, ne vous fâchez pas : je n'ai pas la moindre envie de vous offenser. Si vous voyez là quelque chose qui vous blesse, et si vous voulez m'en punir, vous n'avez que faire de vous mettre en colère ; en sortant d'ici, je vais me noyer.

Bien que M. Godeau se fût promis de renvoyer Croisilles le plus 260 doucement possible, afin d'éviter tout scandale, sa prudence ne pouvait résister à l'impatience de l'orgueil offensé ; l'entretien auquel il essayait de se résigner lui paraissait monstrueux en lui-même ; je laisse à penser ce qu'il éprouvait en s'entendant parler de la sorte.

— Écoute, dit-il, presque hors de lui et résolu à en finir à tout prix, 265 tu n'es pas tellement fou que tu ne puisses comprendre un mot de sens commun. Es-tu riche ?... non. Es-tu noble ?... encore moins. Qu'est-ce que c'est que la frénésie qui t'amène ? Tu viens me tracasser, tu crois faire un coup de tête ; tu sais parfaitement bien que c'est inutile ; tu veux me rendre responsable de ta mort ? As-tu à te plaindre de 270 moi ? dois-je un sou à ton père ? est-ce ma faute si tu en es là ? Eh! mordieu, on se noie et on se tait.

— C'est ce que je vais faire de ce pas ; je suis votre très humble serviteur.

— Un moment! il ne sera pas dit que tu auras eu en vain recours 275 à moi. Tiens, mon garçon, voilà quatre louis* d'or, va-t'en dîner à la cuisine, et que je n'entende plus parler de toi.

— Bien obligé, je n'ai pas faim, et je n'ai que faire de votre argent!

Croisilles sortit de la chambre, et le financier, ayant mis sa conscience en repos par l'offre qu'il venait de faire, se renfonça de plus 280 belle dans sa chaise et reprit ses méditations.

Mademoiselle Godeau, pendant ce temps-là, n'était pas aussi loin qu'on pouvait le croire ; elle s'était, il est vrai, retirée par obéissance pour son père ; mais, au lieu de regagner sa chambre, elle était restée à écouter derrière la porte. Si l'extravagance de Croisilles lui paraissait 285 inconcevable, elle n'y voyait du moins rien d'offensant ; car l'amour, depuis que le monde existe, n'a jamais passé pour offense ; d'un autre côté, comme il n'était pas possible de douter du désespoir du jeune

homme, mademoiselle Godeau se trouvait prise à la fois par deux sentiments les plus dangereux aux femmes, la compassion et la curiosité.
290 Lorsqu'elle vit l'entretien terminé et Croisilles près de sortir, elle traversa rapidement le salon où elle se trouvait, ne voulant pas être surprise aux aguets, et elle se dirigea vers son appartement ; mais presque
aussitôt elle revint sur ses pas. L'idée que Croisilles allait peut-être
réellement se donner la mort lui troubla le cœur malgré elle. Sans se
295 rendre compte de ce qu'elle faisait, elle marcha à sa rencontre ; le salon
était vaste, et les deux jeunes gens vinrent lentement au-devant l'un
de l'autre. Croisilles était pâle comme la mort, et mademoiselle
Godeau cherchait vainement quelque parole qui pût exprimer ce
qu'elle sentait. En passant à côté de lui, elle laissa tomber à terre un
300 bouquet de violettes qu'elle tenait à la main. Il se baissa aussitôt,
ramassa le bouquet et le présenta à la jeune fille pour le lui rendre ;
mais, au lieu de le reprendre, elle continua sa route sans prononcer un
mot, et entra dans le cabinet de son père. Croisilles, resté seul, mit le
bouquet dans son sein*, et sortit de la maison le cœur agité, ne
305 sachant trop que penser de cette aventure.

III

À peine avait-il fait quelques pas dans la rue, qu'il vit accourir son
fidèle Jean, dont le visage exprimait la joie.

— Qu'est-il arrivé ? lui demanda-t-il ; as-tu quelque nouvelle à
m'apprendre ?
310 — Monsieur, répondit Jean, j'ai à vous apprendre que les scellés*
sont levés, et que vous pouvez rentrer chez vous. Toutes les dettes de
votre père payées, vous restez propriétaire de la maison. Il est bien vrai
qu'on a emporté tout ce qu'il y avait d'argent et de bijoux, et qu'on en
a même enlevé les meubles ; mais enfin la maison vous appartient, et
315 vous n'avez pas tout perdu. Je cours partout depuis une heure, ne
sachant ce que vous étiez devenu, et j'espère, mon cher maître, que
vous serez assez sage pour prendre un parti raisonnable.

— Quel parti veux-tu que je prenne ?

— Vendre cette maison, monsieur, c'est toute votre fortune. Elle
320 vaut une trentaine de mille francs. Avec cela, du moins, on ne meurt
pas de faim, et qui vous empêcherait d'acheter un petit fonds de commerce qui ne manquerait pas de prospérer ?

— Nous verrons cela, répondit Croisilles tout en se hâtant de
prendre le chemin de sa rue. Il lui tardait de revoir le toit paternel ;
325 mais, lorsqu'il y fut arrivé, un si triste spectacle s'offrit à lui, qu'il eut
à peine le courage d'entrer. La boutique en désordre, les chambres
désertes, l'alcôve de son père vide, tout présentait à ses regards la
nudité de la misère. Il ne restait pas une chaise, tous les tiroirs avaient
été fouillés, le comptoir brisé, la caisse emportée ; rien n'avait échappé
330 aux recherches avides des créanciers et de la justice, qui, après avoir
pillé la maison, étaient partis, laissant les portes ouvertes, comme
pour témoigner aux passants que leur besogne était accomplie.

— Voilà donc, s'écria Croisilles, voilà donc ce qui reste de trente
ans de travail et de la plus honnête existence, faute d'avoir eu à
335 temps, au jour fixe, de quoi faire honneur à une signature impru-
demment engagée !

Pendant que le jeune homme se promenait de long en large, livré
aux plus tristes pensées, Jean paraissait fort embarrassé. Il supposait
que son maître était sans argent, et qu'il pouvait même n'avoir pas
340 dîné. Il cherchait donc quelque moyen pour le questionner là-dessus,
et pour lui offrir, en cas de besoin, une part de ses économies. Après
s'être mis l'esprit à la torture pendant un quart d'heure pour imaginer
un biais[1] convenable, il ne trouva rien de mieux que de s'approcher
de Croisilles, et de lui demander d'une voix attendrie :
345 — Monsieur aime-t-il toujours les perdrix aux choux ?

Le pauvre homme avait prononcé ces mots avec un accent à la fois
si burlesque et si touchant, que Croisilles, malgré sa tristesse, ne put
s'empêcher d'en rire.

— Et à propos de quoi cette question ? dit-il.
350 — Monsieur, répondit Jean, c'est que ma femme m'en fait cuire
une pour mon dîner, et si par hasard vous les aimiez toujours…

---

1. Biais : manière d'aborder indirectement la question.

Croisilles avait entièrement oublié jusqu'à ce moment la somme qu'il rapportait à son père ; la proposition de Jean le fit se ressouvenir que ses poches étaient pleines d'or.

355 — Je te remercie de tout mon cœur, dit-il au vieillard, et j'accepte avec plaisir ton dîner ; mais, si tu es inquiet de ma fortune, rassure-toi, j'ai plus d'argent qu'il ne m'en faut pour avoir ce soir un bon souper que tu partageras à ton tour avec moi.

En parlant ainsi, il posa sur la cheminée quatre bourses bien gar-
360 nies, qu'il vida, et qui contenaient chacune cinquante louis*.

— Quoique cette somme ne m'appartienne pas, ajouta-t-il, je puis en user pour un jour ou deux. À qui faut-il que je m'adresse pour la faire tenir[1] à mon père ?

— Monsieur, répondit Jean avec empressement, votre père m'a
365 bien recommandé de vous dire que cet argent vous appartenait, et, si je ne vous en parlais point, c'est que je ne savais pas de quelle manière vos affaires de Paris s'étaient terminées. Votre père ne manquera de rien là-bas ; il logera chez un de vos correspondants, qui le recevra de son mieux ; il a d'ailleurs emporté ce qu'il lui faut, car il était bien
370 sûr d'en laisser encore de trop, et ce qu'il a laissé, monsieur, tout ce qu'il a laissé, est à vous ; il vous le marque lui-même dans sa lettre, et je suis expressément chargé de vous le répéter. Cet or est donc aussi légitimement votre bien que cette maison où nous sommes. Je puis vous rapporter les paroles mêmes que votre père m'a dites en partant :
375 « Que mon fils me pardonne de le quitter ; qu'il se souvienne seule-ment pour m'aimer que je suis encore en ce monde, et qu'il use de ce qui restera après mes dettes payées, comme si c'était mon héritage. » Voilà, monsieur, ses propres expressions ; ainsi remettez ceci dans votre poche, et puisque vous voulez bien de mon dîner, allons, je vous
380 prie, à la maison.

La joie et la sincérité qui brillaient dans les yeux de Jean ne lais-saient aucun doute à Croisilles. Les paroles de son père l'avaient ému à tel point qu'il ne put retenir ses larmes ; d'autre part, dans un pareil moment, quatre mille francs n'étaient pas une bagatelle. Pour ce qui
385 regardait la maison, ce n'était point une ressource certaine ; car on ne

---

1. La faire tenir : la rendre.

pouvait en tirer parti qu'en la vendant, chose toujours longue et difficile. Tout cela cependant ne laissait pas que d'apporter un changement considérable à la situation dans laquelle se trouvait le jeune homme ; il se sentit tout à coup attendri, ébranlé dans sa funeste réso-
390 lution, et, pour ainsi dire, à la fois plus triste et moins désolé. Après avoir fermé les volets de la boutique, il sortit de la maison avec Jean, et, en traversant de nouveau la ville, il ne put s'empêcher de songer combien c'est peu de chose que nos afflictions, puisqu'elles servent quelquefois à nous faire trouver une joie imprévue dans la plus faible
395 lueur d'espérance. Ce fut avec cette pensée qu'il se mit à table à côté de son vieux serviteur, qui ne manqua point, durant le repas, de faire tous ses efforts pour l'égayer.

Les étourdis ont un heureux défaut : ils se désolent aisément, mais ils n'ont même pas le temps de se consoler, tant il leur est facile de se
400 distraire. On se tromperait de les croire insensibles ou égoïstes ; ils sentent peut-être plus vivement que d'autres, et ils sont très capables de se brûler la cervelle dans un moment de désespoir ; mais, ce moment passé, s'ils sont encore en vie, il faut qu'ils aillent dîner, qu'ils boivent et mangent comme à l'ordinaire, pour fondre ensuite en
405 larmes en se couchant. La joie et la douleur ne glissent pas sur eux ; elles les traversent comme des flèches ; bonne et violente nature qui sait souffrir, mais qui ne peut pas mentir, dans laquelle on lit tout à nu, non pas fragile et vide comme le verre, mais pleine et transparente comme le cristal de roche.

410 Après avoir trinqué avec Jean, Croisilles, au lieu de se noyer, s'en alla à la comédie. Debout dans le fond du parterre, il tira de son sein* le bouquet de mademoiselle Godeau, et, pendant qu'il en respirait le parfum, dans un profond recueillement, il commença à penser d'un esprit plus calme à son aventure du matin. Dès qu'il y eut réfléchi
415 quelque temps, il vit clairement la vérité, c'est-à-dire que la jeune fille, en lui laissant son bouquet entre les mains et en refusant de le reprendre, avait voulu lui donner une marque d'intérêt ; car, autrement, ce refus et ce silence n'auraient été qu'une preuve de mépris, et cette supposition n'était pas possible. Croisilles jugea donc que made-
420 moiselle Godeau avait le cœur moins dur que monsieur son père, et il n'eut pas de peine à se souvenir que le visage de la demoiselle,

lorsqu'elle avait traversé le salon, avait exprimé une émotion d'autant
plus vraie qu'elle semblait involontaire. Mais cette émotion était-elle
de l'amour ou seulement de la pitié, ou moins encore peut-être, de
425 l'humanité? Mademoiselle Godeau avait-elle craint de le voir mourir,
lui, Croisilles, ou seulement d'être la cause de la mort d'un homme,
quel qu'il fût? Bien que fané et à demi effeuillé, le bouquet avait encore
une odeur si exquise, et une si galante tournure, qu'en le respirant et
en le regardant, Croisilles ne put se défendre d'espérer. C'était une
430 guirlande de roses autour d'une touffe de violettes. Combien de sentiments et de mystères un Turc aurait lus dans ces fleurs en interprétant
leur langage! Mais il n'y a que faire d'être Turc en pareille circonstance.
Les fleurs qui tombent du sein* d'une jolie femme, en Europe comme
en Orient, ne sont jamais muettes; quand elles ne raconteraient que ce
435 qu'elles ont vu, lorsqu'elles reposaient sur une belle gorge [1], ce serait
assez pour un amoureux, et elles le racontent en effet. Les parfums ont
plus d'une ressemblance avec l'amour, et il y a même des gens qui pensent que l'amour n'est qu'une sorte de parfum: il est vrai que la fleur
qui l'exhale est la plus belle de la création.

440 Pendant que Croisilles divaguait ainsi, fort peu attentif à la tragédie qu'on représentait pendant ce temps-là, mademoiselle Godeau
elle-même parut devant une loge en face de lui. L'idée ne lui vint pas
que, si elle l'apercevait, elle pourrait bien trouver singulier de le voir
là après ce qui venait de se passer. Il fit, au contraire, tous ses efforts
445 pour se rapprocher d'elle; mais il n'y put parvenir. Une figurante de
Paris était venue en poste jouer *Mérope* [2], et la foule était si serrée,
qu'il n'y avait pas moyen de bouger. Faute de mieux, il se contenta
donc de fixer ses regards sur sa belle, et de ne pas la quitter un instant
des yeux. Il remarqua qu'elle semblait préoccupée, maussade, et
450 qu'elle ne parlait à personne qu'avec une sorte de répugnance. Sa loge
était entourée, comme on peut penser, de tout ce qu'il y avait de
petits-maîtres normands dans la ville; chacun venait à son tour passer
devant elle à la galerie, car, pour entrer dans la loge même qu'elle
occupait, cela n'était pas possible, attendu que monsieur son père
455 en remplissait, seul, de sa personne, plus des trois quarts. Croisilles

---

1. Gorge: poitrine.
2. *Mérope* (1743): tragédie de Voltaire (1694-1778).

remarqua encore qu'elle ne lorgnait point[1], et qu'elle n'écoutait pas la pièce. Le coude appuyé sur la balustrade, le menton dans sa main, le regard distrait, elle avait l'air, au milieu de ses atours, d'une statue de Vénus[2] déguisée en marquise ; l'étalage de sa robe et de sa coiffure,
460 son rouge, sous lequel on devinait sa pâleur, toute la pompe* de sa toilette, ne faisaient que mieux ressortir son immobilité. Jamais Croisilles ne l'avait vue si jolie. Ayant trouvé moyen, pendant l'entracte, de s'échapper de la cohue, il courut regarder au carreau de la loge, et, chose étrange, à peine y eut-il mis la tête, que mademoiselle
465 Godeau, qui n'avait pas bougé depuis une heure, se retourna. Elle tressaillit légèrement en l'apercevant, et ne jeta sur lui qu'un coup d'œil ; puis elle reprit sa première posture. Si ce coup d'œil exprimait la surprise, l'inquiétude, le plaisir ou l'amour ; s'il voulait dire : « Quoi ! vous n'êtes pas mort ! » ou : « Dieu soit béni ! vous voilà
470 vivant ! » je ne me charge pas de le démêler ; toujours est-il que sur ce coup d'œil Croisilles se jura tout bas de mourir ou de se faire aimer.

IV

De tous les obstacles qui nuisent à l'amour, l'un des plus grands est sans contredit ce qu'on appelle la fausse honte, qui en est bien une très véritable. Croisilles n'avait pas ce triste défaut que donnent l'or-
475 gueil et la timidité ; il n'était pas de ceux qui tournent pendant des mois entiers autour de la femme qu'ils aiment, comme un chat autour d'un oiseau en cage. Dès qu'il eut renoncé à se noyer, il ne songea plus qu'à faire savoir à sa chère Julie qu'il vivait uniquement pour elle ; mais comment le lui dire ? S'il se présentait une seconde fois à l'hôtel*
480 du fermier général, il n'était pas douteux que M. Godeau ne le fît mettre au moins à la porte. Julie ne sortait jamais qu'avec une femme de chambre, quand il lui arrivait d'aller à pied ; il était donc inutile d'entreprendre de la suivre. Passer les nuits sous les croisées* de sa maîtresse est une folie chère aux amoureux, mais qui, dans le cas pré-
485 sent, était plus inutile encore. J'ai dit que Croisilles était fort religieux ;

---

1. Ne lorgnait point : n'utilisait pas sa lorgnette (jumelles qu'on utilise au spectacle).
2. Vénus : dans la mythologie romaine, déesse de l'amour.

il ne lui vint donc pas à l'esprit de chercher à rencontrer sa belle à l'église. Comme le meilleur parti, quoique le plus dangereux, est d'écrire aux gens lorsqu'on ne peut leur parler soi-même, il écrivit dès le lendemain. Sa lettre n'avait, bien entendu, ni ordre ni raison. Elle 490 était à peu près conçue en ces termes :

« Mademoiselle,

« Dites-moi au juste, je vous en supplie, ce qu'il faudrait posséder de fortune pour pouvoir prétendre à vous épouser. Je vous fais là une étrange question ; mais je vous aime si éperdument qu'il m'est impos-495 sible de ne pas la faire, et vous êtes la seule personne au monde à qui je puisse l'adresser. Il m'a semblé, hier au soir, que vous me regardiez au spectacle. Je voulais mourir ; plût à Dieu que je fusse mort en effet, si je me trompe et si ce regard n'était pas pour moi ! Dites-moi si le hasard peut être assez cruel pour qu'un homme s'abuse d'une 500 manière à la fois si triste et si douce. J'ai cru que vous m'ordonniez de vivre. Vous êtes riche, belle, je le sais ; votre père est orgueilleux et avare, et vous avez le droit d'être fière ; mais je vous aime, et le reste est un songe. Fixez sur moi ces yeux charmants, pensez à ce que peut l'amour, puisque je souffre, que j'ai tout lieu de craindre, et que je res-505 sens une inexprimable jouissance à vous écrire cette folle lettre qui m'attirera peut-être votre colère ; mais pensez aussi, mademoiselle, qu'il y a un peu de votre faute dans cette folie. Pourquoi m'avez-vous laissé ce bouquet ? Mettez-vous un instant, s'il se peut, à ma place ; j'ose croire que vous m'aimez, et j'ose vous demander de me le dire. 510 Pardonnez-moi, je vous en conjure. Je donnerais mon sang pour être certain de ne pas vous offenser, et pour vous voir écouter mon amour avec ce sourire d'ange qui n'appartient qu'à vous. Quoi que vous fassiez, votre image m'est restée ; vous ne l'effacerez qu'en m'arrachant le cœur. Tant que votre regard vivra dans mon souvenir, tant que ce 515 bouquet gardera un reste de parfum, tant qu'un mot voudra dire qu'on aime, je conserverai quelque espérance. »

Après avoir cacheté sa lettre, Croisilles s'en alla devant l'hôtel* Godeau, et se promena de long en large dans la rue, jusqu'à ce qu'il vît sortir un domestique. Le hasard, qui sert toujours les amoureux en

520 cachette, quand il le peut sans se compromettre, voulut que la femme de chambre de mademoiselle Julie eût résolu ce jour-là de faire emplette d'un bonnet. Elle se rendait chez la marchande de modes, lorsque Croisilles l'aborda, lui glissa un louis* dans la main, et la pria de se charger de sa lettre. Le marché fut bientôt conclu : la servante

525 prit l'argent pour payer son bonnet, et promit de faire la commission par reconnaissance. Croisilles, plein de joie, revint à sa maison et s'assit devant sa porte, attendant la réponse.

Avant de parler de cette réponse, il faut dire un mot de mademoiselle Godeau. Elle n'était pas tout à fait exempte de la vanité de son

530 père, mais son bon naturel y remédiait. Elle était, dans la force du terme, ce qu'on nomme une enfant gâtée. D'habitude elle parlait fort peu, et jamais on ne la voyait tenir une aiguille ; elle passait les journées à sa toilette, et les soirées sur un sofa, n'ayant pas l'air d'entendre la conversation. Pour ce qui regardait sa parure, elle était prodigieu-

535 sement coquette, et son propre visage était à coup sûr ce qu'elle avait le plus considéré en ce monde. Un pli à sa collerette, une tache d'encre à son doigt, l'auraient désolée ; aussi, quand sa robe lui plaisait, rien ne saurait rendre le dernier regard qu'elle jetait sur sa glace avant de quitter sa chambre. Elle ne montrait ni goût ni aversion pour les plai-

540 sirs qu'aiment ordinairement les jeunes filles ; elle allait volontiers au bal, et elle y renonçait sans humeur, quelquefois sans motif ; le spectacle l'ennuyait, et elle s'y endormait continuellement. Quand son père, qui l'adorait, lui proposait de lui faire quelque cadeau à son choix, elle était une heure à se décider, ne pouvant se trouver un

545 désir. Quand M. Godeau recevait ou donnait à dîner, il arrivait que Julie ne parût pas au salon : elle passait la soirée, pendant ce temps-là, seule dans sa chambre, en grande toilette, à se promener de long en large, son éventail à la main. Si on lui adressait un compliment, elle détournait la tête, et si on tentait de lui faire la cour, elle ne répondait

550 que par un regard à la fois si brillant et si sérieux, qu'elle déconcertait le plus hardi. Jamais un bon mot ne l'avait fait rire ; jamais un air d'opéra, une tirade de tragédie, ne l'avaient émue ; jamais, enfin, son cœur n'avait donné signe de vie, et, en la voyant passer dans tout l'éclat de sa nonchalante beauté, on aurait pu la prendre pour une

555 belle somnambule qui traversait ce monde en rêvant.

Tant d'indifférence et de coquetterie ne semblaient pas aisées à comprendre. Les uns disaient qu'elle n'aimait rien ; les autres, qu'elle n'aimait qu'elle-même. Un seul mot suffisait cependant pour expliquer son caractère : elle attendait. Depuis l'âge de quatorze ans, elle
560 avait entendu répéter sans cesse que rien n'était aussi charmant qu'elle ; elle en était persuadée ; c'est pourquoi elle prenait grand soin de sa parure : en manquant de respect à sa personne, elle aurait cru commettre un sacrilège. Elle marchait, pour ainsi dire, dans sa beauté, comme un enfant dans ses habits de fête ; mais elle était bien loin de
565 croire que cette beauté dût rester inutile ; sous son apparente insouciance se cachait une volonté secrète, inflexible et d'autant plus forte qu'elle était mieux dissimulée. La coquetterie des femmes ordinaires, qui se dépense en œillades, en minauderies* et en sourires, lui semblait une escarmouche puérile, vaine, presque méprisable. Elle se sentait en
570 possession d'un trésor, et elle dédaignait de le hasarder au jeu pièce à pièce : il lui fallait un adversaire digne d'elle ; mais, trop habituée à voir ses désirs prévenus, elle ne cherchait pas cet adversaire ; on peut même dire davantage, elle était étonnée qu'il se fît attendre. Depuis quatre ou cinq ans qu'elle allait dans le monde et qu'elle étalait consciencieuse-
575 ment ses paniers [1], ses falbalas [2] et ses belles épaules, il lui paraissait inconcevable qu'elle n'eût point encore inspiré une grande passion. Si elle eût dit le fond de sa pensée, elle eût volontiers répondu à ceux qui lui faisaient des compliments : « Eh bien ! s'il est vrai que je sois si belle, que ne vous brûlez-vous la cervelle pour moi ? » Réponse que, du reste,
580 pourraient faire bien des jeunes filles, et que plus d'une qui ne dit rien a au fond du cœur, quelquefois sur le bord des lèvres.

Qu'y a-t-il, en effet, au monde, de plus impatientant pour une femme que d'être jeune, belle, riche, de se regarder dans son miroir, de se voir parée, digne en tout point de plaire, toute disposée à se
585 laisser aimer, et de se dire : « On m'admire, on me vante, tout le monde me trouve charmante, et personne ne m'aime. Ma robe est de la meilleure faiseuse, mes dentelles sont superbes, ma coiffure est irréprochable, mon visage le plus beau de la terre, ma taille fine, mon pied

---

1. Paniers : jupons garnis de baleines (fanons de baleine, cornes fortes et flexibles dont on se servait pour donner l'apparence gonflée, en forme de cloche, des jupons au XVIIIᵉ siècle).
2. Falbalas : bandes d'étoffe plissées que l'on met au bas et autour des jupes.

bien chaussé; et tout cela ne me sert à rien qu'à aller bâiller dans le
590 coin d'un salon! Si un jeune homme me parle, il me traite en enfant;
si on me demande en mariage, c'est pour ma dot[1]; si quelqu'un me
serre la main en dansant, c'est un fat[2] de province; dès que je parais
quelque part, j'excite un murmure d'admiration, mais personne ne
me dit, à moi seule, un mot qui me fasse battre le cœur. J'entends des
595 impertinents qui me louent tout haut, à deux pas de moi, et pas un
regard modeste et sincère ne cherche le mien. Je porte une âme
ardente, pleine de vie, et je ne suis, à tout prendre, qu'une jolie poupée
qu'on promène, et qu'on fait sauter au bal, qu'une gouvernante
habille le matin et décoiffe le soir, pour recommencer le lendemain. »
600   Voilà ce que mademoiselle Godeau s'était dit bien des fois à elle-
même, et il y avait de certains jours où cette pensée lui inspirait un si
sombre ennui, qu'elle restait muette et presque immobile une journée
entière. Lorsque Croisilles lui écrivit, elle était précisément dans un
accès d'humeur semblable. Elle venait de prendre son chocolat[3], et
605 elle rêvait profondément, étendue dans une bergère*, lorsque sa
femme de chambre entra et lui remit la lettre d'un air mystérieux. Elle
regarda l'adresse, et, ne reconnaissant pas l'écriture, elle retomba dans
sa distraction. La femme de chambre se vit alors forcée d'expliquer de
quoi il s'agissait, ce qu'elle fit d'un air assez déconcerté, ne sachant
610 trop comment la jeune fille prendrait cette démarche. Mademoiselle
Godeau écouta sans bouger, ouvrit ensuite la lettre, et y jeta seulement
un coup d'œil; elle demanda aussitôt une feuille de papier, et écrivit
nonchalamment ce peu de mots:

    « Eh! mon Dieu, non, monsieur, je ne suis pas fière. Si vous aviez
615 seulement cent mille écus*, je vous épouserais très volontiers. »

    Telle fut la réponse que la femme de chambre rapporta sur-
le-champ à Croisilles, qui lui donna encore un louis* pour sa peine.

---

1. Dot: somme donnée à une fille à son mariage.
2. Fat: prétentieux.
3. Chocolat: breuvage chocolaté, chocolat chaud.

V

Cent mille écus*, comme dit le proverbe, ne se trouvent pas « dans le pas d'un âne », et, si Croisilles eût été défiant, il eût pu croire, en 620 lisant la lettre de mademoiselle Godeau, qu'elle était folle ou qu'elle se moquait de lui. Il ne pensa pourtant ni l'un ni l'autre ; il ne vit rien autre chose, sinon que sa chère Julie l'aimait, qu'il lui fallait cent mille écus, et il ne songea, dès ce moment, qu'à tâcher de se les procurer.

Il possédait deux cents louis* comptant, plus une maison qui, 625 comme je l'ai déjà dit, pouvait valoir une trentaine de mille francs. Que faire ? Comment s'y prendre pour que ces trente-quatre mille francs en devinssent tout d'un coup trois cent mille ? La première idée qui vint à l'esprit du jeune homme fut de trouver une manière quelconque de jouer à croix ou pile[1] toute sa fortune ; mais, pour cela, il fallait vendre 630 la maison. Croisilles commença donc par coller sur sa porte un écriteau portant que sa maison était à vendre ; puis, tout en rêvant à ce qu'il ferait de l'argent qu'il pourrait en tirer, il attendit un acheteur.

Une semaine s'écoula, puis une autre ; pas un acheteur ne se présenta. Croisilles passait ses journées à se désoler avec Jean, et le déses-635 poir s'emparait de lui, lorsqu'un brocanteur juif sonna à sa porte.

— Cette maison est à vendre, monsieur ? En êtes-vous le propriétaire ?

— Oui, monsieur.

— Et combien vaut-elle ?

640 — Trente mille francs, à ce que je crois ; du moins je l'ai entendu dire à mon père.

Le juif visita toutes les chambres, monta au premier, descendit à la cave, frappa sur les murailles, compta les marches de l'escalier, fit tourner les portes sur leurs gonds et les clefs dans les serrures, ouvrit et 645 ferma les fenêtres ; puis enfin, après avoir tout bien examiné, sans dire un mot et sans faire la moindre proposition, il salua Croisilles et se retira.

Croisilles, qui, durant une heure, l'avait suivi le cœur palpitant, ne fut pas, comme on pense, peu désappointé de cette retraite silencieuse. Il supposa que le juif avait voulu se donner le temps de

---

1. Croix ou pile (anciennement) : pile ou face.

650 réfléchir, et qu'il reviendrait incessamment. Il l'attendit pendant huit
jours, n'osant sortir de peur de manquer sa visite, et regardant à la
fenêtre du matin au soir ; mais ce fut en vain : le juif ne reparut point.
Jean, fidèle à son triste rôle de raisonneur, faisait, comme on dit, de la
morale à son maître, pour le dissuader de vendre sa maison d'une
655 manière si précipitée et dans un but si extravagant. Mourant d'impatience, d'ennui et d'amour, Croisilles prit un matin ses deux cents louis
et sortit, résolu à tenter la fortune avec cette somme, puisqu'il n'en pouvait avoir davantage.

Les tripots, dans ce temps-là, n'étaient pas publics, et l'on n'avait pas
660 encore inventé ce raffinement de civilisation qui permet au premier
venu de se ruiner à toute heure, dès que l'envie lui en passe dans la tête.
À peine Croisilles fut-il dans la rue qu'il s'arrêta, ne sachant où aller risquer son argent. Il regardait les maisons du voisinage et les toisait[1] les
unes après les autres, tâchant de leur trouver une apparence suspecte et
665 de deviner ce qu'il cherchait. Un jeune homme de bonne mine, vêtu
d'un habit magnifique, vint à passer. À en juger par les dehors, ce ne
pouvait être qu'un fils de famille. Croisilles l'aborda poliment.

— Monsieur, lui dit-il, je vous demande pardon de la liberté que je
prends. J'ai deux cents louis dans ma poche, et je meurs d'envie de les
670 perdre ou d'en avoir davantage. Ne pourriez-vous pas m'indiquer
quelque honnête endroit où se font ces sortes de choses ?

À ce discours assez étrange, le jeune homme partit d'un éclat de rire.

— Ma foi ! monsieur, répondit-il, si vous cherchez un mauvais lieu,
vous n'avez qu'à me suivre, car j'y vais.

675 Croisilles le suivit, et au bout de quelques pas ils entrèrent tous
deux dans une maison de la plus belle apparence, où ils furent reçus
le mieux du monde par un vieux gentilhomme de fort bonne compagnie. Plusieurs jeunes gens étaient déjà assis autour d'un tapis vert ;
Croisilles y prit modestement une place, et, en moins d'une heure, ses
680 deux cents louis furent perdus.

Il sortit aussi triste que peut l'être un amoureux qui se croit aimé.
Il ne lui restait pas de quoi dîner, mais ce n'était pas ce qui l'inquiétait.

---

1. Toisait : estimait du regard.

— Comment ferai-je à présent, se demanda-t-il, pour me procurer de l'argent ? À qui m'adresser dans cette ville ? Qui voudra me prêter
685 seulement cent louis* sur cette maison que je ne puis vendre ?

Pendant qu'il était dans cet embarras, il rencontra son brocanteur juif. Il n'hésita pas à s'adresser à lui, et, en sa qualité d'étourdi, il ne manqua pas de lui dire dans quelle situation il se trouvait. Le juif n'avait pas grande envie d'acheter la maison ; il n'était venu la voir que
690 par curiosité, ou, pour mieux dire, par acquit de conscience, comme un chien entre en passant dans une cuisine dont la porte est ouverte, pour voir s'il n'y a rien à voler ; mais il vit Croisilles si désespéré, si triste, si dénué de toute ressource, qu'il ne put résister à la tentation de profiter de sa misère, au risque de se gêner un peu pour payer la
695 maison. Il lui en offrit donc à peu près le quart de ce qu'elle valait. Croisilles lui sauta au cou, l'appela son ami et son sauveur, signa aveuglément un marché à faire dresser les cheveux sur la tête, et, dès le lendemain, possesseur de quatre cents nouveaux louis, il se dirigea derechef vers le tripot où il avait été si poliment et si lestement* ruiné
700 la veille.

En s'y rendant, il passa sur le port. Un vaisseau allait en sortir ; le vent était doux, l'Océan tranquille. De toutes parts, des négociants, des matelots, des officiers de marine en uniforme, allaient et venaient. Des crocheteurs[1] transportaient d'énormes ballots pleins de marchandises.
705 Les passagers faisaient leurs adieux, de légères barques flottaient de tous côtés ; sur tous les visages on lisait la crainte, l'impatience ou l'espérance ; et, au milieu de l'agitation qui l'entourait, le majestueux navire se balançait doucement, gonflant ses voiles orgueilleuses.

— Quelle admirable chose, pensa Croisilles, que de risquer ainsi
710 ce qu'on possède, et d'aller chercher au delà des mers une périlleuse fortune ! Quelle émotion de regarder partir ce vaisseau chargé de tant de richesses, du bien-être de tant de familles ! Quelle joie de le voir revenir, rapportant le double de ce qu'on lui a confié, rentrant plus fier et plus riche qu'il n'était parti ! Que ne suis-je un de ces mar-
715 chands ! Que ne puis-je jouer ainsi mes quatre cents louis ! Quel tapis vert que cette mer immense, pour y tenter hardiment le hasard !

---

1. Crocheteurs : porteurs.

Pourquoi n'achèterais-je pas quelques ballots de toiles ou de soieries? Qui m'en empêche, puisque j'ai de l'or? Pourquoi ce capitaine refuserait-il de se charger de mes marchandises? Et qui sait? au lieu
720 d'aller perdre cette pauvre et unique somme dans un tripot, je la doublerais, je la triplerais peut-être par une honnête industrie. Si Julie m'aime véritablement, elle attendra quelques années, et elle me restera fidèle jusqu'à ce que je puisse l'épouser. Le commerce procure quelquefois des bénéfices plus gros qu'on ne pense; il ne manque pas
725 d'exemples, en ce monde, de fortunes rapides, surprenantes, gagnées ainsi sur ces flots changeants; pourquoi la Providence ne bénirait-elle pas une tentative faite dans un but si louable, si digne de sa protection? Parmi ces marchands qui ont tant amassé et qui envoient des navires aux deux bouts de la terre, plus d'un a commencé par une
730 moindre somme que celle que j'ai là. Ils ont prospéré avec l'aide de Dieu; pourquoi ne pourrais-je pas prospérer à mon tour? Il me semble qu'un bon vent souffle dans ces voiles, et que ce vaisseau inspire la confiance. Allons! le sort en est jeté, je vais m'adresser à ce capitaine qui me paraît aussi de bonne mine; j'écrirai ensuite à Julie,
735 et je veux devenir un habile négociant.

Le plus grand danger que courent les gens qui sont habituellement un peu fous, c'est de le devenir tout à fait par instants. Le pauvre garçon, sans réfléchir davantage, mit son caprice à exécution. Trouver des marchandises à acheter, lorsqu'on a de l'argent et qu'on
740 ne s'y connaît pas, c'est la chose du monde la moins difficile. Le capitaine, pour obliger Croisilles, le mena chez un fabricant de ses amis, qui lui vendit autant de toiles et de soieries qu'il put en payer; le tout, mis dans une charrette, fut promptement transporté à bord. Croisilles, ravi et plein d'espérance, avait écrit lui-même en grosses
745 lettres son nom sur ses ballots. Il les regarda s'embarquer avec une joie inexprimable; l'heure du départ arriva bientôt, et le navire s'éloigna de la côte.

VI

Je n'ai pas besoin de dire que, dans cette affaire, Croisilles n'avait rien gardé. D'un autre côté, sa maison était vendue ; il ne lui restait pour tout
750 bien que les habits qu'il avait sur le corps ; point de gîte, et pas un denier [1]. Avec toute la bonne volonté possible, Jean ne pouvait supporter que son maître fût réduit à un tel dénuement ; Croisilles était, non pas trop fier, mais trop insouciant pour le dire ; il prit le parti de coucher à la belle étoile, et, quant aux repas, voici le calcul qu'il fit : il
755 présumait que le vaisseau qui portait sa fortune mettrait six mois à revenir au Havre* ; il vendit, non sans regret, une montre d'or que son père lui avait donnée, et qu'il avait heureusement gardée ; il en eut trente-six livres [2]. C'était de quoi vivre à peu près six mois avec quatre sous par jour. Il ne douta pas que ce ne fût assez, et, rassuré par le pré-
760 sent, il écrivit à mademoiselle Godeau pour l'informer de ce qu'il avait fait ; il se garda bien, dans sa lettre, de lui parler de sa détresse ; il lui annonça, au contraire, qu'il avait entrepris une opération de commerce magnifique, dont les résultats étaient prochains et infaillibles ; il lui expliqua comme quoi *la Fleurette,* vaisseau à fret [3], de cent cinquante
765 tonneaux, portait dans la Baltique ses toiles et ses soieries ; il la supplia de lui rester fidèle pendant un an, se réservant de lui en demander davantage ensuite, et, pour sa part, il lui jura un éternel amour.

Lorsque mademoiselle Godeau reçut cette lettre, elle était au coin de son feu, et elle tenait à la main, en guise d'écran [4], un de ces bulletins
770 qu'on imprime dans les ports, qui marquent l'entrée et la sortie des navires, et en même temps annoncent les désastres. Il ne lui était jamais arrivé, comme on peut penser, de prendre intérêt à ces sortes de choses, et elle n'avait jamais jeté les yeux sur une seule de ces feuilles. La lettre de Croisilles fut cause qu'elle lut le bulletin qu'elle tenait ; le premier
775 mot qui frappa ses yeux fut précisément le nom de *la Fleurette* ; le navire avait échoué sur les côtes de France dans la nuit même qui avait suivi son départ. L'équipage s'était sauvé à grand-peine, mais toutes les marchandises avaient été perdues.

---

1. Denier : ancienne monnaie française.
2. Livres : monnaie de compte qui se divisait en sous et en deniers.
3. Vaisseau à fret : navire de marchandises, de commerce.
4. Écran : meuble ou objet dont on se sert pour se protéger de l'action directe du feu.

Mademoiselle Godeau, à cette nouvelle, ne se souvint plus que
780 Croisilles avait fait devant elle l'aveu de sa pauvreté; elle fut aussi désolée
que s'il se fût agi d'un million; en un instant, l'horreur d'une tempête, les
vents en furie, les cris des noyés, la ruine d'un homme qui l'aimait, toute
une scène de roman, se présentèrent à sa pensée; le bulletin et la lettre lui
tombèrent des mains; elle se leva dans un trouble extrême, et, le sein* pal-
785 pitant, les yeux prêts à pleurer, elle se promena à grands pas, résolue à agir
dans cette occasion, et se demandant ce qu'elle devait faire.

Il y a une justice à rendre à l'amour, c'est que plus les motifs qui le
combattent sont forts, clairs, simples, irrécusables, en un mot, moins
il a le sens commun, plus la passion s'irrite et plus on aime; c'est une
790 belle chose sous le ciel que cette déraison du cœur; nous ne vaudrions
pas grand-chose sans elle. Après s'être promenée dans sa chambre,
sans oublier ni son cher éventail, ni le coup d'œil à la glace en passant,
Julie se laissa retomber dans sa bergère*. Qui l'eût pu voir en ce
moment eût joui d'un beau spectacle; ses yeux étincelaient, ses joues
795 étaient en feu; elle poussa un long soupir et murmura avec une joie
et une douleur délicieuses:

— Pauvre garçon! il s'est ruiné pour moi!

Indépendamment de la fortune qu'elle devait attendre de son père,
mademoiselle Godeau avait, à elle appartenant, le bien que sa mère lui
800 avait laissé. Elle n'y avait jamais songé; en ce moment, pour la première
fois de sa vie, elle se souvint qu'elle pouvait disposer de cinq cent mille
francs. Cette pensée la fit sourire; un projet bizarre, hardi, tout féminin,
presque aussi fou que Croisilles lui-même, lui traversa l'esprit; elle
berça quelque temps son idée dans sa tête, puis se décida à l'exécuter.

805 Elle commença par s'enquérir si Croisilles n'avait pas quelque parent
ou quelque ami; la femme de chambre fut mise en campagne[1]. Tout
bien examiné, on découvrit, au quatrième étage d'une vieille maison,
une tante à demi percluse, qui ne bougeait jamais de son fauteuil, et qui
n'était pas sortie depuis quatre ou cinq ans. Cette pauvre femme, fort
810 âgée, semblait avoir été mise ou plutôt laissée au monde comme un
échantillon des misères humaines. Aveugle, goutteuse*, presque sourde,
elle vivait seule dans un grenier; mais une gaieté plus forte que le malheur et la maladie la soutenait à quatre-vingts ans et lui faisait encore

---

1. Mise en campagne: chargée de se renseigner.

aimer la vie ; ses voisins ne passaient jamais devant sa porte sans entrer
815 chez elle, et les airs surannés qu'elle fredonnait égayaient toutes les filles
du quartier. Elle possédait une petite rente viagère qui suffisait à l'entretenir ; tant que durait le jour, elle tricotait ; pour le reste, elle ne savait
pas ce qui s'était passé depuis la mort de Louis XIV[1].

Ce fut chez cette respectable personne que Julie se fit conduire en
820 secret. Elle se mit pour cela dans tous ses atours ; plumes, dentelles,
rubans, diamants, rien ne fut épargné : elle voulait séduire ; mais sa
vraie beauté en cette circonstance fut le caprice qui l'entraînait. Elle
monta l'escalier raide et obscur qui menait chez la bonne dame, et,
après le salut le plus gracieux, elle parla à peu près ainsi :

825   — Vous avez, madame, un neveu nommé Croisilles, qui m'aime et
qui a demandé ma main ; je l'aime aussi et voudrais l'épouser ; mais
mon père, M. Godeau, fermier général de cette ville, refuse de nous
marier, parce que votre neveu n'est pas riche. Je ne voudrais pour rien
au monde être l'occasion d'un scandale, ni causer de la peine à per-
830 sonne ; je ne saurais donc avoir la pensée de disposer de moi sans le
consentement de ma famille. Je viens vous demander une grâce que je
vous supplie de m'accorder : il faudrait que vous vinssiez vous-même
proposer ce mariage à mon père. J'ai, grâce à Dieu, une petite fortune
qui est toute à votre service ; vous prendrez, quand il vous plaira, cinq
835 cent mille francs chez mon notaire ; vous direz que cette somme
appartient à votre neveu, et elle lui appartient en effet ; ce n'est point
un présent que je veux lui faire, c'est une dette que je lui paye, car je
suis cause de la ruine de Croisilles, et il est juste que je la répare. Mon
père ne cédera pas aisément ; il faudra que vous insistiez et que vous
840 ayez un peu de courage ; je n'en manquerai pas de mon côté. Comme
personne au monde, excepté moi, n'a de droits sur la somme dont je
vous parle, personne ne saura jamais de quelle manière elle aura passé
entre vos mains. Vous n'êtes pas très riche non plus, je le sais, et vous
pouvez craindre qu'on ne s'étonne de vous voir doter ainsi votre
845 neveu ; mais songez que mon père ne vous connaît pas, que vous vous
montrez fort peu par la ville, et que par conséquent il vous sera facile
de feindre que vous arrivez de quelque voyage. Cette démarche vous
coûtera sans doute, il faudra quitter votre fauteuil et prendre un peu

---

1. Louis XIV (1638-1715), roi de France surnommé le Roi-Soleil en raison de son règne éclatant.

de peine ; mais vous ferez deux heureux, madame, et, si vous avez
850 jamais connu l'amour, j'espère que vous ne me refuserez pas.

La bonne dame, pendant ce discours, avait été tour à tour surprise,
inquiète, attendrie et charmée. Le dernier mot la persuada.

— Oui, mon enfant, répéta-t-elle plusieurs fois, je sais ce que c'est,
je sais ce que c'est !

855 En parlant ainsi, elle fit un effort pour se lever ; ses jambes affai-
blies la soutenaient à peine ; Julie s'avança rapidement, et lui tendit la
main pour l'aider ; par un mouvement presque involontaire, elles se
trouvèrent en un instant dans les bras l'une de l'autre. Le traité fut
aussitôt conclu ; un cordial baiser le scella d'avance, et toutes les confi-
860 dences nécessaires s'ensuivirent sans peine.

Toutes les explications étant faites, la bonne dame tira de son armoire
une vénérable robe de taffetas [1] qui avait été sa robe de noce. Ce meuble
antique n'avait pas moins de cinquante ans ; mais pas une tache, pas un
grain de poussière ne l'avait défloré [2] ; Julie en fut dans l'admiration. On
865 envoya chercher un carrosse de louage, le plus beau qui fût dans toute
la ville. La bonne dame prépara le discours qu'elle devait tenir à
M. Godeau ; Julie lui apprit de quelle façon il fallait toucher le cœur de
son père, et n'hésita pas à avouer que la vanité était son côté vulnérable.

— Si vous pouviez imaginer, dit-elle, un moyen de flatter ce pen-
870 chant, nous aurions partie gagnée.

La bonne dame réfléchit profondément, acheva sa toilette sans
mot dire, serra la main de sa future nièce, et monta en voiture. Elle
arriva bientôt à l'hôtel* Godeau ; là, elle se redressa si bien en entrant,
qu'elle semblait rajeunie de dix ans. Elle traversa majestueusement le
875 salon où était tombé le bouquet de Julie, et, quand la porte du boudoir s'ouvrit, elle dit d'une voix ferme au laquais qui la précédait :

— Annoncez la baronne douairière* de Croisilles.

Ce mot décida du bonheur des deux amants ; M. Godeau en fut
ébloui. Bien que les cinq cent mille francs lui semblassent peu de
880 chose, il consentit à tout pour faire de sa fille une baronne, et elle le fut :
qui eût osé lui en contester le titre ? À mon avis, elle l'avait bien gagné.

---

1. Taffetas : étoffe de soie unie.
2. Ne l'avait défloré : ne lui avait retiré sa fraîcheur.

Gérard
DE NERVAL
1808-1855

Sylvie
Souvenirs du Valois[1]

I
Nuit perdue

Je sortais d'un théâtre où tous les soirs je paraissais aux avant-scènes en grande tenue de soupirant[2]. Quelquefois tout était plein, quelquefois tout était vide. Peu m'importait d'arrêter mes regards sur un parterre peuplé seulement d'une trentaine d'amateurs forcés, sur des loges garnies de bonnets ou de toilettes surannées, – ou bien de faire partie d'une salle animée et frémissante, couronnée à tous ses étages de toilettes fleuries, de bijoux étincelants et de visages radieux. Indifférent au spectacle de la salle, celui du théâtre ne m'arrêtait guère, excepté lorsqu'à la seconde ou à la troisième scène d'un maussade chef-d'œuvre d'alors, une apparition bien connue illuminait l'espace vide, rendant la vie d'un souffle et d'un mot à ces vaines figures qui m'entouraient.

Je me sentais vivre en elle, et elle vivait pour moi seul. Son sourire me remplissait d'une béatitude infinie ; la vibration de sa voix si

---

1. Valois : région du Valois, dans le nord-ouest de la France.
2. Soupirant : celui qui aspire à se faire aimer d'une femme.

15 douce et cependant fortement timbrée me faisait tressaillir de joie et
d'amour. Elle avait pour moi toutes les perfections, elle répondait à
tous mes enthousiasmes, à tous mes caprices, belle comme le jour aux
feux de la rampe qui l'éclairait d'en bas, pâle comme la nuit, quand la
rampe baissée la laissait éclairée d'en haut sous les rayons du lustre et
20 la montrait plus naturelle, brillant dans l'ombre de sa seule beauté,
comme les Heures[1] divines qui se découpent, avec une étoile au front,
sur les fonds bruns des fresques d'Herculanum[2] !

Depuis un an, je n'avais pas encore songé à m'informer de ce
qu'elle pouvait être d'ailleurs ; je craignais de troubler le miroir
25 magique qui me renvoyait son image, et tout au plus avais-je prêté
l'oreille à quelques propos concernant non plus l'actrice, mais la
femme. Je m'en informais aussi peu que des bruits qui ont pu courir
sur la princesse d'Élide[3] ou sur la reine de Trébizonde[4], un de mes
oncles, qui avait vécu dans les avant-dernières années du dix-
30 huitième siècle, comme il fallait y vivre pour le bien connaître,
m'ayant prévenu de bonne heure que les actrices n'étaient pas des
femmes, et que la nature avait oublié de leur faire un cœur. Il parlait
de celles de ce temps-là sans doute ; mais il m'avait raconté tant d'histoires de ses illusions, de ses déceptions, et montré tant de portraits
35 sur ivoire, médaillons charmants qu'il utilisait depuis à parer des
tabatières, tant de billets jaunis, tant de faveurs fanées, en m'en faisant
l'histoire et le compte définitif, que je m'étais habitué à penser mal de
toutes sans tenir compte de l'ordre des temps.

Nous vivions alors dans une époque étrange, comme celles qui
40 d'ordinaire succèdent aux révolutions ou aux abaissements des grands
règnes. Ce n'était plus la galanterie héroïque comme sous la Fronde[5],

---

1. Les Heures : dans la mythologie, les Heures étaient d'abord au nombre de trois. Filles de Zeus
   et de Thémis, elles représentaient les trois saisons alors reconnues (le printemps, l'été, l'hiver).
   Plus tard, elles furent associées aux heures du jour et leur nombre fut ainsi porté à 12.
2. Herculanum : ville romaine de l'Antiquité.
3. La princesse d'Élide : l'Élide est une région de la Grèce antique. *La Princesse d'Élide* (1664)
   est le titre d'une comédie galante de Molière (1622-1673). Il n'est pas clair à quoi réfère
   exactement Nerval, ici.
4. Reine de Trébizonde : Trébizonde (Trabzon) est une ville de la Turquie, mais le nom de cette
   ville est fréquemment accolé dans l'histoire littéraire à celui de « reine » ou de « princesse ».
   Encore une fois, Nerval opte ici pour une certaine ambiguïté.
5. La Fronde (1648-1652/1653) : célèbre guerre menée contre le roi de France par la noblesse.

le vice élégant et paré comme sous la Régence*, le scepticisme et les
folles orgies du Directoire ❶; c'était un mélange d'activité, d'hésitation
et de paresse, d'utopies brillantes, d'aspirations philosophiques ou reli-
45 gieuses, d'enthousiasmes vagues, mêlés de certains instincts de renaissance ; d'ennui des discordes passées, d'espoirs incertains, quelque
chose comme l'époque de Pérégrinus et d'Apulée ❷. L'homme matériel
aspirait au bouquet de roses qui devait le régénérer par les mains de la
belle Isis ❸ ; la déesse éternellement jeune et pure nous apparaissait
50 dans les nuits, et nous faisait honte de nos heures de jour perdues.
L'ambition n'était cependant pas de notre âge, et l'avide curée ❹ qui se
faisait alors des positions et des honneurs nous éloignait des sphères
d'activité possibles. Il ne nous restait pour asile que cette tour d'ivoire
des poètes, où nous montions toujours plus haut pour nous isoler de
55 la foule. À ces points élevés où nous guidaient nos maîtres, nous respi-
rions enfin l'air pur des solitudes, nous buvions l'oubli dans la coupe
d'or des légendes, nous étions ivres de poésie et d'amour. Amour,
hélas ! des formes vagues, des teintes roses et bleues, des fantômes
métaphysiques ! Vue de près, la femme réelle révoltait notre ingénuité ;
60 il fallait qu'elle apparût reine ou déesse, et surtout n'en pas approcher.

Quelques-uns d'entre nous néanmoins prisaient peu ces paradoxes
platoniques, et à travers nos rêves renouvelés d'Alexandrie ❺ agitaient
parfois la torche des dieux souterrains, qui éclaire l'ombre un instant
de ses traînées d'étincelles. C'est ainsi que, sortant du théâtre avec
65 l'amère tristesse que laisse un songe évanoui, j'allais volontiers me
joindre à la société d'un cercle où l'on soupait en grand nombre, et où
toute mélancolie cédait devant la verve intarissable de quelques

---

1. Directoire (1795-1799) : régime politique français faisant suite à la Terreur (1792-1794) et prenant
fin avec le coup d'État de Napoléon Bonaparte. La France était alors dirigée par cinq Directeurs
afin d'éviter le fanatisme de la Terreur, d'où le nom donné à cette période de l'histoire.
2. L'époque de Pérégrinus et d'Apulée : il s'agit du IIᵉ siècle ap. J.-C., une époque trouble, marquée
par le brassage des cultures (l'Empire romain est en pleine décadence et ouvert aux influences
étrangères) et des religions (le christianisme se fait de plus en plus dominant, mais on retrouve
également à cette époque la présence de sectes des plus diverses). Pérégrinus est un philosophe
grec qui passa le plus clair de sa vie à changer de doctrine. Apulée est un écrivain romain
d'origine berbère, auteur de *L'Âne d'or*, premier grand roman en prose de langue latine.
3. Isis : dans la mythologie égyptienne, déesse protectrice et salvatrice.
4. Curée : ruée.
5. Alexandrie : ville d'Égypte, berceau du néo-platonisme au IIIᵉ siècle ap. J.-C.

esprits éclatants, vifs, orageux, sublimes parfois, tels qu'il s'en est trouvé toujours dans les époques de rénovation ou de décadence, et
70 dont les discussions se haussaient à ce point, que les plus timides d'entre nous allaient voir parfois aux fenêtres si les Huns, les Turcomans ou les Cosaques[1] n'arrivaient pas enfin pour couper court à ces arguments de rhéteurs et de sophistes.

« Buvons, aimons, c'est la sagesse ! » Telle était la seule opinion des
75 plus jeunes. Un de ceux-là me dit : « Voici bien longtemps que je te rencontre dans le même théâtre, et chaque fois que j'y vais. Pour *laquelle* y viens-tu ? »

Pour laquelle ?… Il ne me semblait pas que l'on pût aller là pour une *autre*. Cependant, j'avouai un nom. « Eh bien ! dit mon ami avec
80 indulgence, tu vois là-bas l'homme heureux qui vient de la reconduire, et qui, fidèle aux lois de notre cercle, n'ira la retrouver peut-être qu'après la nuit. »

Sans trop d'émotion, je tournai les yeux vers le personnage indiqué. C'était un jeune homme correctement vêtu, d'une figure pâle
85 et nerveuse, ayant des manières convenables et des yeux empreints de mélancolie et de douceur. Il jetait de l'or sur une table de whist[2] et le perdait avec indifférence. « Que m'importe, dis-je, lui ou tout autre ? Il fallait qu'il y en eût un, et celui-là me paraît digne d'avoir été choisi. — Et toi ? — Moi ? C'est une image que je poursuis, rien de plus. »

90 En sortant, je passai par la salle de lecture, et machinalement je regardai un journal. C'était, je crois, pour y voir le cours de la Bourse. Dans les débris de mon opulence[3] se trouvait une somme assez forte en titres étrangers. Le bruit avait couru que, négligés longtemps, ils allaient être reconnus ; ce qui venait d'avoir lieu à la suite d'un chan-
95 gement de ministère. Les fonds se trouvaient déjà cotés très haut ; je redevenais riche.

Une seule pensée résulta de ce changement de situation, celle que la femme aimée si longtemps était à moi si je voulais. Je touchais du doigt mon idéal. N'était-ce pas une illusion encore, une faute d'im-
100 pression railleuse* ? Mais les autres feuilles parlaient de même. La

---

1. Les Huns, les Turcomans ou les Cosaques : dans l'Antiquité et au Moyen Âge, peuples nomades d'origines diverses constitués de redoutables guerriers, souvent associés aux barbares.

2. Whist : jeu de cartes.

3. Opulence : richesse, abondance de biens.

somme gagnée se dressa devant moi comme la statue d'or de Moloch[1].
« Que dirait maintenant, pensais-je, le jeune homme de tout à l'heure,
si j'allais prendre sa place près de la femme qu'il a laissée seule ?… » Je
frémis de cette pensée, et mon orgueil se révolta.

105   Non ! ce n'est pas ainsi, ce n'est pas à mon âge que l'on tue l'amour
avec de l'or : je ne serai pas un corrupteur. D'ailleurs ceci est une idée
d'un autre temps. Qui me dit aussi que cette femme soit vénale ? Mon
regard parcourait vaguement le journal que je tenais encore, et j'y lus
ces deux lignes : « *Fête du Bouquet provincial*[2]. – Demain, les archers
110   de Senlis doivent rendre le bouquet à ceux de Loisy[3]. » Ces mots, fort
simples, réveillèrent en moi toute une nouvelle série d'impressions :
c'était un souvenir de la province depuis longtemps oublié, un écho
lointain des fêtes naïves de la jeunesse. – Le cor* et le tambour réson-
naient au loin dans les hameaux et dans les bois ; les jeunes filles tres-
115   saient des guirlandes et assortissaient, en chantant, des bouquets
ornés de rubans. – Un lourd chariot, traîné par des bœufs, recevait ces
présents sur son passage, et nous, enfants de ces contrées, nous for-
mions le cortège avec nos arcs et nos flèches, nous décorant du titre
de chevaliers, – sans savoir que nous ne faisions que répéter d'âge en
120   âge une fête druidique[4], survivant aux monarchies et aux religions
nouvelles.

II

ADRIENNE

Je regagnai mon lit et je ne pus y trouver le repos. Plongé dans une
demi-somnolence, toute ma jeunesse repassait en mes souvenirs. Cet
état, où l'esprit résiste encore aux bizarres combinaisons du songe,

---

1. La statue d'or de Moloch : divinité d'origine cananéenne (du pays de Canaan, région du
   Proche-Orient) à qui les Ammonites (ethnie cananéenne) sacrifiaient leurs premiers-nés.
   La statue (de bronze, et non d'or comme l'écrit Nerval) représentait Moloch les bras tendus,
   prêt à recevoir ses victimes.
2. Fête du Bouquet provincial : fête traditionnelle de l'archerie, qui rassemble tous les archers
   d'une région, jeunes ou vieux.
3. Senlis et Loisy sont des villes de la région du Valois.
4. Druidique : relative à la religion celtique (les druides étant les ministres du culte dans
   la culture celtique).

125 permet souvent de voir se presser en quelques minutes les tableaux les
plus saillants d'une longue période de la vie.

Je me représentais un château du temps de Henri IV[1] avec ses toits
pointus couverts d'ardoises et sa face rougeâtre aux encoignures den-
telées de pierres jaunies, une grande place verte encadrée d'ormes et
130 de tilleuls, dont le soleil couchant perçait le feuillage de ses traits
enflammés. Des jeunes filles dansaient en rond sur la pelouse en
chantant de vieux airs transmis par leurs mères, et d'un français si
naturellement pur, que l'on se sentait bien exister dans ce vieux pays
du Valois*, où, pendant plus de mille ans, a battu le cœur de la France.
135 J'étais le seul garçon dans cette ronde, où j'avais amené ma compagne toute jeune encore, Sylvie, une petite fille du hameau voisin, si
vive et si fraîche, avec ses yeux noirs, son profil régulier et sa peau
légèrement hâlée !… Je n'aimais qu'elle, je ne voyais qu'elle, – jusque-
là ! À peine avais-je remarqué, dans la ronde où nous dansions, une
140 blonde, grande et belle, qu'on appelait Adrienne. Tout à coup, suivant
les règles de la danse, Adrienne se trouva placée seule avec moi au
milieu du cercle. Nos tailles étaient pareilles. On nous dit de nous
embrasser, et la danse et le chœur tournaient plus vivement que
jamais. En lui donnant ce baiser, je ne pus m'empêcher de lui presser
145 la main. Les longs anneaux roulés de ses cheveux d'or effleuraient mes
joues. De ce moment, un trouble inconnu s'empara de moi. La belle
devait chanter pour avoir le droit de rentrer dans la danse. On s'assit
autour d'elle, et aussitôt, d'une voix fraîche et pénétrante, légèrement
voilée, comme celle des filles de ce pays brumeux, elle chanta une de
150 ces anciennes romances pleines de mélancolie et d'amour, qui racontent toujours les malheurs d'une princesse enfermée dans sa tour par
la volonté d'un père qui la punit d'avoir aimé. La mélodie se terminait
à chaque stance par ces trilles chevrotants que font valoir si bien les
voix jeunes, quand elles imitent par un frisson modulé la voix trem-
155 blante des aïeules.

À mesure qu'elle chantait, l'ombre descendait des grands arbres, et
le clair de lune naissant tombait sur elle seule, isolée de notre cercle
attentif. – Elle se tut, et personne n'osa rompre le silence. La pelouse
était couverte de faibles vapeurs condensées, qui déroulaient leurs

1. Henri IV (1553-1610), roi de la Renaissance française.

160 blancs flocons sur les pointes des herbes. Nous pensions être en
paradis. – Je me levai enfin, courant au parterre du château, où se
trouvaient des lauriers, plantés dans de grands vases de faïence peints
en camaïeu [1]. Je rapportai deux branches, qui furent tressées en couronne et nouées d'un ruban. Je posai sur la tête d'Adrienne cet orne-
165 ment, dont les feuilles lustrées éclataient sur ses cheveux blonds aux
rayons pâles de la lune. Elle ressemblait à la Béatrice de Dante [2] qui
sourit au poète errant sur la lisière des saintes demeures.

Adrienne se leva. Développant sa taille élancée, elle nous fit un
salut gracieux, et rentra en courant dans le château. C'était, nous dit-
170 on, la petite-fille de l'un des descendants d'une famille alliée aux
anciens rois de France ; le sang des Valois [3] coulait dans ses veines.
Pour ce jour de fête, on lui avait permis de se mêler à nos jeux ; nous
ne devions plus la revoir, car le lendemain elle repartit pour un couvent où elle était pensionnaire.

175 Quand je revins près de Sylvie, je m'aperçus qu'elle pleurait. La
couronne donnée par mes mains à la belle chanteuse était le sujet de
ses larmes. Je lui offris d'en aller cueillir une autre, mais elle dit qu'elle
n'y tenait nullement, ne la méritant pas. Je voulus en vain me
défendre, elle ne me dit plus un seul mot pendant que je la recondui-
180 sais chez ses parents.

Rappelé moi-même à Paris pour y reprendre mes études, j'em-
portai cette double image d'une amitié tendre tristement rompue,
puis d'un amour impossible et vague, source de pensées douloureuses
que la philosophie de collège était impuissante à calmer.

185 La figure d'Adrienne resta seule triomphante, – mirage de la gloire
et de la beauté, adoucissant ou partageant les heures des sévères
études. Aux vacances de l'année suivante, j'appris que cette belle à
peine entrevue était consacrée par sa famille à la vie religieuse.

---

1. Camaïeu : genre de peinture où l'on n'emploie que les dégradés d'une seule couleur.
2. Dante Alighieri (1265-1321), poète italien, auteur de *La Divine Comédie* (1308-1321), œuvre
en vers dans laquelle l'amoureuse du poète, la belle Béatrice, sert d'intermédiaire entre ce
dernier et l'Autre Monde.
3. Des Valois : famille royale qui porta la couronne de 1328 à 1589. Les Valois succèdent aux
Capétiens et précèdent les Bourbons, deux autres familles de France ayant occupé le trône.

III
Résolution

Tout m'était expliqué par ce souvenir à demi rêvé. Cet amour vague
190 et sans espoir, conçu pour une femme de théâtre, qui tous les soirs me
prenait à l'heure du spectacle, pour ne me quitter qu'à l'heure du sommeil, avait son germe dans le souvenir d'Adrienne, fleur de la nuit
éclose à la pâle clarté de la lune, fantôme rose et blond glissant sur
l'herbe verte à demi baignée de blanches vapeurs. La ressemblance
195 d'une figure oubliée depuis des années se dessinait désormais avec une
netteté singulière ; c'était un crayon estompé par le temps qui se faisait
peinture, comme ces vieux croquis de maîtres admirés dans un musée,
dont on retrouve ailleurs l'original éblouissant.

Aimer une religieuse sous la forme d'une actrice !… et si c'était la
200 même ! – Il y a de quoi devenir fou ! C'est un entraînement fatal où
l'inconnu vous attire comme le feu follet fuyant sur les joncs d'une
eau morte… Reprenons pied sur le réel.

Et Sylvie que j'aimais tant, pourquoi l'ai-je oubliée depuis trois
ans ?… C'était une bien jolie fille, et la plus belle de Loisy* !
205 Elle existe, elle, bonne et pure de cœur sans doute. Je revois sa fenêtre
où le pampre [1] s'enlace au rosier, la cage de fauvettes suspendue à
gauche ; j'entends le bruit de ses fuseaux [2] sonores et sa chanson favorite :

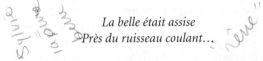

La belle était assise
Près du ruisseau coulant…

210 Elle m'attend encore… Qui l'aurait épousée ? elle est si pauvre !
Dans son village et dans ceux qui l'entourent, de bons paysans en
blouse, aux mains rudes, à la face amaigrie, au teint hâlé ! Elle m'aimait
seul, moi le petit Parisien, quand j'allais voir près de Loisy mon pauvre
oncle, mort aujourd'hui. Depuis trois ans, je dissipe en seigneur le bien
215 modeste qu'il m'a laissé et qui pouvait suffire à ma vie. Avec Sylvie, je
l'aurais conservé. Le hasard m'en rend une partie. Il est temps encore.

---

1. Pampre : tige de vigne couverte de feuillage.
2. Fuseaux : instruments de bois servant à faire de la dentelle.

À cette heure, que fait-elle? Elle dort... Non, elle ne dort pas; c'est aujourd'hui la fête de l'arc[1], la seule de l'année où l'on danse toute la nuit. – Elle est à la fête...

220   Quelle heure est-il?

Je n'avais pas de montre.

Au milieu de toutes les splendeurs de bric-à-brac qu'il était d'usage de réunir à cette époque pour restaurer dans sa couleur locale un appartement d'autrefois, brillait d'un éclat rafraîchi une de ces pendules
225   d'écaille de la Renaissance dont le dôme doré surmonté de la figure du Temps est supporté par des cariatides du style Médicis[2], reposant à leur tour sur des chevaux à demi cabrés. La Diane[3] historique, accoudée sur son cerf, est en bas-relief sous le cadran, où s'étalent sur un fond niellé[4] les chiffres émaillés des heures. Le mouvement, excellent sans doute,
230   n'avait pas été remonté depuis deux siècles. – Ce n'était pas pour savoir l'heure que j'avais acheté cette pendule en Touraine[5].

Je descendis chez le concierge. Son coucou marquait une heure du matin. «En quatre heures, me dis-je, je puis arriver au bal de Loisy*.» Il y avait encore sur la place du Palais-Royal cinq ou six fiacres[6] stationnant
235   pour les habitués des cercles et des maisons de jeu: «À Loisy! dis-je au plus apparent. — Où cela est-il? — Près de Senlis*, à huit lieues*. — Je vais vous conduire à la poste», dit le cocher, moins préoccupé que moi.

Quelle triste route, la nuit, que cette route de Flandre[7], qui ne devient belle qu'en atteignant la zone des forêts! Toujours ces deux
240   files d'arbres monotones qui grimacent des formes vagues; au delà, des carrés de verdure et de terres remuées, bornés à gauche par les collines bleuâtres de Montmorency, d'Écouen, de Luzarches. Voici Gonesse, le bourg vulgaire plein des souvenirs de la Ligue et de la Fronde*...

1. Fête de l'arc: fête du Bouquet provincial (voir note 2, p. 122).
2. Des cariatides du style Médicis: figures de femmes (ou même d'hommes) qui supportent une corniche, le tout dans le style favorisé par les Médicis, famille de banquiers italiens qui gouvernaient la ville de Florence entre les xve et xviiie siècles.
3. Diane: dans la mythologie romaine, déesse de la chasse.
4. Niellé: caractérisé par des ornements gravés en creux, dont les traits sont remplis d'une espèce d'émail noir.
5. Touraine: province de France dont le centre économique est la ville de Tours.
6. Fiacres: voitures publiques tirées par des chevaux.
7. La Flandre désigne des régions du nord de la France et de la Belgique.

Plus loin que Louvres est un chemin bordé de pommiers dont j'ai
245 vu bien des fois les fleurs éclater dans la nuit comme des étoiles de la
terre : c'était le plus court pour gagner les hameaux. Pendant que
la voiture monte les côtes, recomposons les souvenirs du temps où j'y
venais si souvent.

les souvenirs d'avant

IV
Un voyage à Cythère [1]

Quelques années s'étaient écoulées : l'époque où j'avais rencontré
250 Adrienne devant le château n'était plus déjà qu'un souvenir d'enfance.
Je me retrouvai à Loisy au moment de la fête patronale [2]. J'allai de nouveau me joindre aux chevaliers de l'arc, prenant place dans la compagnie
dont j'avais fait partie déjà. Des jeunes gens appartenant aux vieilles
familles qui possèdent encore là plusieurs de ces châteaux perdus dans
255 les forêts, qui ont plus souffert du temps que des révolutions, avaient
organisé la fête. De Chantilly, de Compiègne et de Senlis accouraient de
joyeuses cavalcades qui prenaient place dans le cortège rustique des
compagnies de l'arc. Après la longue promenade à travers les villages et
les bourgs, après la messe à l'église, les luttes d'adresse et la distribution
260 des prix, les vainqueurs avaient été conviés à un repas qui se donnait
dans une île ombragée de peupliers et de tilleuls, au milieu de l'un des
étangs alimentés par la Nonette et la Thève. Des barques pavoisées [3] nous
conduisirent à l'île, – dont le choix avait été déterminé par l'existence
d'un temple ovale à colonnes qui devait servir de salle pour le festin. Là,
265 comme à Ermenonville, le pays est semé de ces édifices légers de la fin du
dix-huitième siècle, où des millionnaires philosophes se sont inspirés
dans leurs plans du goût dominant d'alors. Je crois bien que ce temple
avait dû être primitivement dédié à Uranie [4]. Trois colonnes avaient suc-
combé emportant dans leur chute une partie de l'architrave [5] ; mais on

---

1. Cythère : île grecque de la mer Égée dédiée à Aphrodite, déesse de l'amour. Le titre de ce
   chapitre est évidemment métaphorique. Il est également le titre d'un tableau célèbre de
   Watteau (voir note 2, p. 128).
2. Fête patronale : voir Fête de l'arc (note 1, p. 126) ou Fête du Bouquet provincial (note 2, p. 122).
3. Pavoisées : ornées de pavillons (drapeaux).
4. Uranie : dans la mythologie grecque, muse des astronomes et des astrologues.
5. Architrave : en architecture, poutre horizontale placée directement sur le chapiteau des
   colonnes et servant à les relier.

avait déblayé l'intérieur de la salle, suspendu des guirlandes entre les colonnes, on avait rajeuni cette ruine moderne, – qui appartenait au paganisme de Boufflers ou de Chaulieu plutôt qu'à celui d'Horace[1].

La traversée du lac avait été imaginée peut-être pour rappeler le *Voyage à Cythère* de Watteau[2]. Nos costumes modernes dérangeaient seuls l'illusion. L'immense bouquet de la fête, enlevé du char qui le portait, avait été placé sur une grande barque ; le cortège des jeunes filles vêtues de blanc qui l'accompagnent selon l'usage avait pris place sur les bancs, et cette gracieuse *théorie* renouvelée des jours antiques se reflétait dans les eaux calmes de l'étang qui la séparait du bord de l'île si vermeil aux rayons du soir avec ses halliers[3] d'épine, sa colonnade et ses clairs feuillages. Toutes les barques abordèrent en peu de temps. La corbeille portée en cérémonie occupa le centre de la table, et chacun prit place, les plus favorisés auprès des jeunes filles : il suffisait pour cela d'être connu de leurs parents. Ce fut la cause qui fit que je me retrouvai près de Sylvie. Son frère m'avait déjà rejoint dans la fête, il me fit la guerre de n'avoir pas depuis longtemps rendu visite à sa famille. Je m'excusai sur mes études, qui me retenaient à Paris, et l'assurai que j'étais venu dans cette intention. « Non, c'est moi qu'il a oubliée, dit Sylvie. Nous sommes des gens de village, et Paris est si au-dessus ! » Je voulus l'embrasser pour lui fermer la bouche ; mais elle me boudait encore, et il fallut que son frère intervînt pour qu'elle m'offrît sa joue d'un air indifférent. Je n'eus aucune joie de ce baiser dont bien d'autres obtenaient la faveur, car dans ce pays patriarcal où l'on salue tout homme qui passe, un baiser n'est autre chose qu'une politesse entre bonnes gens.

Une surprise avait été arrangée par les ordonnateurs de la fête. À la fin du repas, on vit s'envoler du fond de la vaste corbeille un cygne sauvage, jusque-là captif sous les fleurs, qui, de ses fortes ailes, soulevant le lacis[4] de guirlandes et de couronnes, finit par les disperser de

---

1. Qui appartenait au paganisme de Boufflers ou de Chaulieu plutôt qu'à celui d'Horace : Stanislas Jean de Boufflers (1738-1815) et Guillaume Amfrye, abbé de Chaulieu (1639-1720), sont des poètes français mineurs qui évoquaient dans leurs œuvres une Antiquité très stéréotypée. En revanche, Horace (65-8 av. J.-C.) est l'un des plus illustres poètes latins de l'Antiquité.

2. Le *Voyage à Cythère* de Watteau (1684-1721) : célèbre tableau de ce peintre français du XVIIIe siècle représentant en pleine nature une fête galante de son époque.

3. Halliers : ensembles de buissons épais.

4. Lacis : réseau de fils ou de soie ; ici, réseau de guirlandes et de couronnes.

300 tous côtés. Pendant qu'il s'élançait joyeux vers les dernières lueurs du soleil, nous rattrapions au hasard les couronnes dont chacun parait aussitôt le front de sa voisine. J'eus le bonheur de saisir une des plus belles, et Sylvie, souriante, se laissa embrasser cette fois plus tendrement que l'autre. Je compris que j'effaçais ainsi le souvenir d'un autre
305 temps. Je l'admirai cette fois sans partage, elle était devenue si belle ! Ce n'était plus cette petite fille de village que j'avais dédaignée pour une plus grande et plus faite aux grâces du monde. Tout en elle avait gagné : le charme de ses yeux noirs, si séduisants dès son enfance, était devenu irrésistible ; sous l'orbite arquée de ses sourcils, son sourire,
310 éclairant tout à coup des traits réguliers et placides, avait quelque chose d'athénien. J'admirais cette physionomie digne de l'art antique au milieu des minois chiffonnés de ses compagnes. Ses mains délicatement allongées, ses bras qui avaient blanchi en s'arrondissant, sa taille dégagée, la faisaient tout autre que je ne l'avais vue. Je ne pus
315 m'empêcher de lui dire combien je la trouvais différente d'elle-même, espérant couvrir ainsi mon ancienne et rapide infidélité.

Tout me favorisait d'ailleurs, l'amitié de son frère, l'impression charmante de cette fête, l'heure du soir et le lieu même où, par une fantaisie pleine de goût, on avait reproduit une image des galantes solennités[1]
320 d'autrefois. Tant que nous pouvions, nous échappions à la danse pour causer de nos souvenirs d'enfance et pour admirer en rêvant à deux les reflets du ciel sur les ombrages et sur les eaux. Il fallut que le frère de Sylvie nous arrachât à cette contemplation en disant qu'il était temps de retourner au village assez éloigné qu'habitaient ses parents.

V

LE VILLAGE

325 C'était à Loisy*, dans l'ancienne maison du garde. Je les conduisis jusque-là, puis je retournai à Montagny, où je demeurais chez mon oncle. En quittant le chemin pour traverser un petit bois qui sépare Loisy de Saint-S…[2], je ne tardai pas à m'engager dans une *sente*[3]

---

1. Solennités : cérémonies publiques solennelles.
2. Saint-S… : probablement Saint-Sulpice-du-Désert, près de Loisy.
3. Sente : sentier.

profonde qui longe la forêt d'Ermenonville ; je m'attendais ensuite à
330 rencontrer les murs d'un couvent qu'il fallait suivre pendant un quart
de lieue*. La lune se cachait de temps à autre sous les nuages, éclairant
à peine les roches de grès sombre et les bruyères qui se multipliaient
sous mes pas. À droite et à gauche, des lisières de forêts sans routes tra-
cées, et toujours, devant moi, ces roches druidiques* de la contrée qui
335 gardent le souvenir des fils d'Armen exterminés par les Romains [1] ! Du
haut de ces entassements sublimes, je voyais les étangs lointains se
découper comme des miroirs sur la plaine brumeuse, sans pouvoir distinguer celui même où s'était passée la fête.

L'air était tiède et embaumé ; je résolus de ne pas aller plus loin et
340 d'attendre le matin, en me couchant sur des touffes de bruyères. En
me réveillant, je reconnus peu à peu les points voisins du lieu où je
m'étais égaré dans la nuit. À ma gauche, je vis se dessiner la longue
ligne des murs du couvent de Saint-S…*, puis de l'autre côté de la
vallée, la butte aux Gens-d'Armes, avec les ruines ébréchées de l'an-
345 tique résidence carlovingienne [2]. Près de là, au-dessus des touffes de
bois, les hautes masures de l'abbaye de Thiers découpaient sur l'horizon leurs pans de muraille percés de trèfles et d'ogives [3]. Au delà, le
manoir gothique de Pontarmé, entouré d'eau comme autrefois,
refléta bientôt les premiers feux du jour, tandis qu'on voyait se dresser
350 au midi le haut donjon de la Tournelle et les quatre tours de
Bertrand-Fosse sur les premiers coteaux de Montméliant.

Cette nuit m'avait été douce, et je ne songeais qu'à Sylvie ; cependant l'aspect du couvent me donna un instant l'idée que c'était celui
peut-être qu'habitait Adrienne. Le tintement de la cloche du matin
355 était encore dans mon oreille et m'avait sans doute réveillé. J'eus un
instant l'idée de jeter un coup d'œil par-dessus les murs en gravissant

---

1. Des fils d'Armen exterminés par les Romains : Nerval semble évoquer ici les barbares
germaniques refusant dans l'Antiquité de se soumettre à l'armée romaine. Armen est en effet le
nom « Hermann » tel qu'on le retrouve écrit dans les annales de Tacite (55-120),
où il symbolise justement le peuple allemand résistant à l'ennemi romain. Dans *Angélique*,
une autre nouvelle de Gérard de Nerval, l'auteur fait un rapprochement entre le nom d'Armen,
familier à cette région, et la ville d'Ermenonville, dont le nom vient lui aussi de Hermann.

2. Carlovingienne (ou carolingienne) : relative à la dynastie des rois francs carolingiens, qui
régnèrent sur l'Europe de 750 jusqu'au Xᵉ siècle.

3. Percés de trèfles et d'ogives : décorés de ces ornements typiques de l'architecture gothique
(XIIᵉ-XVIᵉ siècles).

la plus haute pointe des rochers ; mais en y réfléchissant, je m'en gardai comme d'une profanation. Le jour en grandissant chassa de ma pensée ce vain souvenir et n'y laissa plus que les traits rosés de Sylvie.
360 « Allons la réveiller », me dis-je, et je repris le chemin de Loisy*.

Voici le village au bout de la sente* qui côtoie la forêt : vingt chaumières dont la vigne et les roses grimpantes festonnent les murs. Des fileuses [1] matinales, coiffées de mouchoirs rouges, travaillent, réunies devant une ferme. Sylvie n'est point avec elles. C'est presque une
365 demoiselle depuis qu'elle exécute de fines dentelles, tandis que ses parents sont restés de bons villageois. Je suis monté à sa chambre sans étonner personne ; déjà levée depuis longtemps, elle agitait les fuseaux* de sa dentelle, qui claquaient avec un doux bruit sur le carreau [2] vert que soutenaient ses genoux. « Vous voilà, paresseux, dit-elle
370 avec son sourire divin, je suis sûre que vous sortez seulement de votre lit ! » Je lui racontai ma nuit passée sans sommeil, mes courses égarées à travers les bois et les roches. Elle voulut bien me plaindre un instant. « Si vous n'êtes pas fatigué, je vais vous faire courir encore. Nous irons voir ma grand-tante à Othys. » J'avais à peine répondu, qu'elle se leva
375 joyeusement, arrangea ses cheveux devant un miroir et se coiffa d'un chapeau de paille rustique. L'innocence et la joie éclataient dans ses yeux. Nous partîmes en suivant les bords de la Thève, à travers les prés semés de marguerites et de boutons d'or, puis le long des bois de Saint-Laurent, franchissant parfois les ruisseaux et les halliers* pour abréger
380 la route. Les merles sifflaient dans les arbres, et les mésanges s'échappaient joyeusement des buissons frôlés par notre marche.

Parfois nous rencontrions sous nos pas les pervenches si chères à Rousseau [3], ouvrant leurs corolles bleues parmi ces longs rameaux de feuilles accouplées, lianes modestes qui arrêtaient les pieds furtifs
385 de ma compagne. Indifférente aux souvenirs du philosophe genevois, elle cherchait çà et là les fraises parfumées, et moi, je lui parlais de *la*

---

1. Fileuses : ouvrières tordant ensemble des brins de laine, de chanvre, de lin, etc., pour en former un fil.

2. Carreau (ou coussin) : boîte carrée, garnie et rembourrée à l'extérieur servant à fabriquer la dentelle.

3. Jean-Jacques Rousseau (1712-1778), philosophe genevois du siècle des Lumières considéré comme un précurseur du romantisme, principalement à cause de son roman épistolaire *Julie ou la Nouvelle Héloïse*. Paru en 1761, ce roman raconte l'histoire d'amour entre Saint-Preux et Héloïse, qui ne peuvent pourtant s'épouser en raison de leurs origines sociales différentes.

Nouvelle Héloïse, dont je récitais par cœur quelques passages. « Est-ce que c'est joli ? dit-elle. — C'est sublime. — Est-ce mieux qu'Auguste Lafontaine[1] ? — C'est plus tendre. — Oh ! bien, dit-elle, il faut que je 390 lise cela. Je dirai à mon frère de me l'apporter la première fois qu'il ira à Senlis*. » Et je continuai à réciter des fragments de l'*Héloïse* pendant que Sylvie cueillait des fraises.

[handwritten: Sylvie + narrateur vont à Othys, voir sa grande tante]

VI

OTHYS

Au sortir du bois, nous rencontrâmes de grandes touffes de digitale pourprée[2] ; elle en fit un énorme bouquet en me disant : « C'est 395 pour ma tante ; elle sera si heureuse d'avoir ces belles fleurs dans sa chambre. » Nous n'avions plus qu'un bout de plaine à traverser pour gagner Othys. Le clocher du village pointait sur les coteaux bleuâtres qui vont de Montméliant à Dammartin. La Thève bruissait de nouveau parmi les grès et les cailloux, s'amincissant au voisinage de sa 400 source, où elle se repose dans les prés, formant un petit lac au milieu des glaïeuls et des iris. Bientôt nous gagnâmes les premières maisons. La tante de Sylvie habitait une petite chaumière bâtie en pierres de grès inégales que revêtaient des treillages de houblon et de vigne vierge ; elle vivait seule de quelques carrés de terre que les gens du vil405 lage cultivaient pour elle depuis la mort de son mari. Sa nièce arrivant, c'était le feu dans la maison. « Bonjour, la tante ! Voici vos enfants ! dit Sylvie ; nous avons bien faim ! » Elle l'embrassa tendrement, lui mit dans les bras la botte de fleurs, puis songea enfin à me présenter, en disant : « C'est mon amoureux ! »

410 J'embrassai à mon tour la tante qui dit : « Il est gentil… C'est donc un blond !… — Il a de jolis cheveux fins, dit Sylvie. — Cela ne dure pas, dit la tante, mais vous avez du temps devant vous, et toi qui es brune, cela t'assortit bien. — Il faut le faire déjeuner, la tante », dit Sylvie. Et elle alla cherchant dans les armoires, dans la huche[3], trouvant du lait, du

[left margin handwritten: ils sont arrivés / elle l'appelle son "amoureux"]

---

1. Auguste Lafontaine (1758-1831), romancier allemand, auteur de nombreux romans sentimentaux.
2. Digitale pourprée : plante portant une longue grappe de fleurs pendantes, aussi appelée gant de Notre-Dame ou doigt de la Vierge.
3. Huche : grand coffre de bois pour pétrir ou conserver le pain.

415 pain bis[1], du sucre, étalant sans trop de soin sur la table les assiettes et
     les plats de faïence émaillés de larges fleurs et de coqs au vif plumage.
     Une jatte[2] en porcelaine de Creil, pleine de lait où nageaient les fraises,
     devint le centre du service, et après avoir dépouillé le jardin de quelques
     poignées de cerises et de groseilles, elle disposa deux vases de fleurs aux
420 deux bouts de la nappe. Mais la tante avait dit ces belles paroles : « Tout
     cela, ce n'est que du dessert. Il faut me laisser faire à présent. » Et elle
     avait décroché la poêle et jeté un fagot[3] dans la haute cheminée. « Je ne
     veux pas que tu touches à cela ! dit-elle à Sylvie, qui voulait l'aider ;
     abîmer tes jolis doigts qui font de la dentelle plus belle qu'à Chantilly !
425 tu m'en as donné, et je m'y connais. — Ah ! oui, la tante !… Dites donc,
     si vous en avez des morceaux de l'ancienne, cela me fera des modèles.
     — Eh bien ! va voir là-haut, dit la tante, il y en a peut-être dans ma com-
     mode. — Donnez-moi les clefs, reprit Sylvie. — Bah ! dit la tante, les
     tiroirs sont ouverts. — Ce n'est pas vrai, il y en a un qui est toujours
430 fermé. » Et pendant que la bonne femme nettoyait la poêle après l'avoir
     passée au feu, Sylvie dénouait des pendants de sa ceinture une petite clef
     d'un acier ouvragé qu'elle me fit voir avec triomphe.

     Je la suivis, montant rapidement l'escalier de bois qui conduisait
     à la chambre. – Ô jeunesse, ô vieillesse saintes ! – qui donc eût songé à
435 ternir la pureté d'un premier amour dans ce sanctuaire des souvenirs
     fidèles ? Le portrait d'un jeune homme du bon vieux temps souriait
     avec ses yeux noirs et sa bouche rose, dans un ovale au cadre doré, sus-
     pendu à la tête du lit rustique. Il portait l'uniforme des gardes-chasse
     de la maison de Condé[4] ; son attitude à demi martiale, sa figure rose
440 et bienveillante, son front pur sous ses cheveux poudrés, relevaient ce
     pastel, médiocre peut-être, des grâces de la jeunesse et de la simplicité.
     Quelque artiste modeste invité aux chasses princières s'était appliqué
     à le portraire[5] de son mieux, ainsi que sa jeune épouse, qu'on voyait
     dans un autre médaillon, attrayante, maligne, élancée dans son corsage
445 ouvert à échelle de rubans, agaçant de sa mine retroussée un oiseau

---

1. Pain bis : pain fabriqué à partir de farine bise (dont le taux d'extraction – blutage – est
   de 80 à 90 %).
2. Jatte : vase rond, d'une seule pièce et sans rebord.
3. Fagot : assemblage de petites branches.
4. Maison de Condé : branche de la famille royale des Bourbons qui s'éteignit en 1830.
5. Portraire (vieilli) : faire le portrait de quelqu'un.

posé sur son doigt. C'était pourtant la même bonne vieille qui cuisinait en ce moment, courbée sur le feu de l'âtre. Cela me fit penser aux fées des Funambules qui cachent, sous leur masque ridé, un visage attrayant, qu'elles révèlent au dénouement, lorsque apparaît le temple
450 de l'Amour et son soleil tournant qui rayonne de feux magiques. « Ô bonne tante, m'écriai-je, que vous étiez jolie ! — Et moi donc ? » dit Sylvie, qui était parvenue à ouvrir le fameux tiroir. Elle y avait trouvé une grande robe en taffetas flambé[1], qui criait du froissement de ses plis. « Je veux essayer si cela m'ira, dit-elle. Ah ! je vais avoir l'air d'une
455 vieille fée ! »

« La fée des légendes éternellement jeune !… » dis-je en moi-même. – Et déjà Sylvie avait dégrafé sa robe d'indienne et la laissait tomber à ses pieds. La robe étoffée de la vieille tante s'ajusta parfaitement sur la taille mince de Sylvie, qui me dit de l'agrafer. « Oh ! les manches plates, que
460 c'est ridicule ! » dit-elle. Et cependant les sabots[2] garnis de dentelles découvraient admirablement ses bras nus, la gorge* s'encadrait dans le pur corsage aux tulles jaunis, aux rubans passés, qui n'avait serré que bien peu les charmes évanouis de la tante. « Mais finissez-en ! Vous ne savez donc pas agrafer une robe ? » me disait Sylvie. Elle avait l'air de l'ac-
465 cordée[3] de village de Greuze[4]. « Il faudrait de la poudre, dis-je. — Nous allons en trouver. » Elle fureta de nouveau dans les tiroirs. Oh ! que de richesses ! que cela sentait bon, comme cela brillait, comme cela chatoyait de vives couleurs et de modeste clinquant ! deux éventails de nacre un peu cassés, des boîtes de pâte à sujets chinois, un collier d'ambre et
470 mille fanfreluches[5], parmi lesquelles éclataient deux petits souliers de droguet[6] blanc avec des boucles incrustées de diamants d'Irlande ! « Oh ! je veux les mettre, dit Sylvie, si je trouve les bas brodés ! »

Un instant après, nous déroulions des bas de soie rose tendre à coins verts ; mais la voix de la tante, accompagnée du frémissement de la
475 poêle, nous rappela soudain à la réalité. « Descendez vite ! » dit Sylvie, et

---

1. Taffetas flambé : étoffe de soie unie et brillante dont les fils, de couleurs différentes, produisent un dessin.
2. Sabots : ornements des manches.
3. L'accordée : la promise.
4. Jean-Baptiste Greuze (1725-1805), peintre de sujets domestiques et moralisants.
5. Fanfreluches : ornements légers (nœud, dentelle, volant, plume, pompon).
6. Droguet : étoffe brochée de laine et de coton, ou de laine, coton et soie, ou de soie.

quoi que je pusse dire, elle ne me permit pas de l'aider à se chausser.
Cependant la tante venait de verser dans un plat le contenu de la poêle,
une tranche de lard frite avec des œufs. La voix de Sylvie me rappela
bientôt. « Habillez-vous vite ! » dit-elle, et entièrement vêtue elle-même,
480 elle me montra les habits de noces du garde-chasse réunis sur la commode. En un instant, je me transformai en marié de l'autre siècle. Sylvie
m'attendait sur l'escalier, et nous descendîmes tous deux en nous tenant
par la main. La tante poussa un cri en se retournant : « Ô mes enfants ! »
dit-elle, et elle se mit à pleurer, puis sourit à travers ses larmes. C'était
485 l'image de sa jeunesse, – cruelle et charmante apparition ! Nous nous
assîmes auprès d'elle, attendris et presque graves, puis la gaieté
nous revint bientôt, car, le premier moment passé, la bonne vieille ne
songea plus qu'à se rappeler les fêtes pompeuses de sa noce. Elle retrouva
même dans sa mémoire les chants alternés, d'usage alors, qui se répon-
490 daient d'un bout à l'autre de la table nuptiale, et le naïf épithalame[1] qui
accompagnait les mariés rentrant après la danse. Nous répétions ces
strophes si simplement rythmées, avec les hiatus et les assonances du
temps ; amoureuses et fleuries comme le cantique de l'Ecclésiaste[2] ; nous
étions l'époux et l'épouse pour tout un beau matin d'été.

VII

Châalis

495   Il est quatre heures du matin ; la route plonge dans un pli de terrain ; elle remonte. La voiture va passer à Orry, puis à La Chapelle. À
gauche, il y a une route qui longe le bois d'Hallate. C'est par là qu'un
soir le frère de Sylvie m'a conduit dans sa carriole à une solennité*
du pays. C'était, je crois, le soir de la Saint-Barthélemy[3]. À travers les
500 bois, par des routes peu frayées, son petit cheval volait comme au
sabbat[4]. Nous rattrapâmes le pavé à Mont-l'Évêque, et quelques
minutes plus tard nous nous arrêtions à la maison du garde, à l'ancienne abbaye de Châalis. – Châalis, encore un souvenir !

1. Épithalame : poème composé à l'occasion d'un mariage, en l'honneur des nouveaux mariés.
2. Cantique de l'Ecclésiaste : le *Cantique des cantiques,* poème amoureux et sensuel de la Bible.
3. La Saint-Barthélemy : le 24 août.
4. Sabbat : assemblée nocturne de sorciers.

Cette vieille retraite des empereurs n'offre plus à l'admiration que
505 les ruines de son cloître* aux arcades byzantines [1], dont la dernière
rangée se découpe encore sur les étangs, – reste oublié des fondations
pieuses comprises parmi ces domaines qu'on appelait autrefois les
métairies de Charlemagne [2]. La religion, dans ce pays isolé du mouvement des routes et des villes, a conservé des traces particulières du
510 long séjour qu'y ont fait les cardinaux de la maison d'Este [3] à l'époque
des Médicis* : ses attributs et ses usages ont encore quelque chose de
galant et de poétique, et l'on respire un parfum de la Renaissance sous
les arcs des chapelles à fines nervures, décorées par les artistes de
l'Italie. Les figures des saints et des anges se profilent en rose sur les
515 voûtes* peintes d'un bleu tendre, avec des airs d'allégorie païenne qui
font songer aux sentimentalités de Pétrarque [4] et au mysticisme fabu-
leux de Francesco Colonna [5].

Nous étions des intrus, le frère de Sylvie et moi, dans la fête particulière qui avait lieu cette nuit-là. Une personne de très illustre nais-
520 sance, qui possédait alors ce domaine, avait eu l'idée d'inviter quelques
familles du pays à une sorte de représentation allégorique où devaient
figurer quelques pensionnaires d'un couvent voisin. Ce n'était pas une
réminiscence des tragédies de Saint-Cyr [6], cela remontait aux premiers
essais lyriques importés en France du temps des Valois*. Ce que je vis
525 jouer était comme un mystère des anciens temps. Les costumes, composés de longues robes, n'étaient variés que par les couleurs de l'azur,
de l'hyacinthe [7] ou de l'aurore. La scène se passait entre les anges, sur
les débris du monde détruit. Chaque voix chantait une des splendeurs

---

1. Byzantines : de style byzantin (de Byzance, ancienne cité grecque rebaptisée Constantinople
   par l'empereur Constantin en l'an 330).
2. Les métairies de Charlemagne : domaines agricoles de cet empereur franc (742-814).
3. Maison d'Este : famille originaire de la ville d'Este, en Vénétie (Italie).
4. Francesco Petrarca ou Pétrarque (1304-1374), érudit, poète et humaniste italien, auteur du
   Canzoniere (livre de chant), qui célèbre sa passion pour une femme nommée Laure.
5. Francesco Colonna (1433-1527), moine dominicain italien à qui est attribué *Le Songe de Poliphile*
   (1467), ouvrage célébrant l'amour, mais aussi le savoir antique, celui de la Grèce, surtout.
6. Des tragédies de Saint-Cyr : Saint-Cyr est une école militaire où Mme de Maintenon
   (1635-1719) avait créé une maison d'éducation pour les jeunes filles nobles et désargentées.
   Racine (1639-1699) écrivit ses dernières tragédies (dans lesquelles le thème de l'amour est
   banni) pour Mme de Maintenon et ses protégées.
7. Hyacinthe : pierre précieuse d'un jaune tirant sur le rouge.

de ce globe éteint, et l'ange de la mort définissait les causes de sa destruc-
530 tion. Un esprit montait de l'abîme, tenant en main l'épée flamboyante,
et convoquait les autres à venir admirer la gloire du Christ vainqueur des enfers. Cet esprit, c'était Adrienne transfigurée par son
costume, comme elle l'était déjà par sa vocation. Le nimbe [1] de
carton doré qui ceignait sa tête angélique nous paraissait bien naturel-
535 lement un cercle de lumière ; sa voix avait gagné en force et en étendue,
et les fioritures infinies du chant italien brodaient de leurs gazouille-
ments d'oiseau les phrases sévères d'un récitatif pompeux.

En me retraçant ces détails, j'en suis à me demander s'ils sont réels,
ou bien si je les ai rêvés. Le frère de Sylvie était un peu gris ce soir-là.
540 Nous nous étions arrêtés quelques instants dans la maison du garde,
où, ce qui m'a frappé beaucoup, il y avait un cygne éployé [2] sur la
porte, puis, au dedans, de hautes armoires en noyer sculpté, une
grande horloge dans sa gaine, et des trophées d'arcs et de flèches
d'honneur au-dessus d'une carte de tir rouge et verte. Un nain
545 bizarre, coiffé d'un bonnet chinois, tenant d'une main une bouteille
et de l'autre une bague, semblait inviter les tireurs à viser juste. Ce
nain, je le crois bien, était en tôle découpée. Mais l'apparition
d'Adrienne est-elle aussi vraie que ces détails et que l'existence incon-
testable de l'abbaye de Châalis ? Pourtant c'est bien le fils du garde qui
550 nous avait introduits dans la salle où avait lieu la représentation ; nous
étions près de la porte, derrière une nombreuse compagnie assise et
gravement émue. C'était le jour de la Saint-Barthélemy*, singulièrement lié au souvenir des Médicis, dont les armes accolées à celles de
la maison d'Este décoraient ces vieilles murailles… Ce souvenir est
555 une obsession peut-être ! – Heureusement voici la voiture qui s'arrête
sur la route du Plessis ; j'échappe au monde des rêveries, et je n'ai plus
qu'un quart d'heure de marche pour gagner Loisy* par des routes
bien peu frayées.

---

1. Nimbe : auréole.
2. Éployé : aux ailes étendues.

VIII

Le bal de Loisy*

Je suis entré au bal de Loisy à cette heure mélancolique et douce
560 encore où les lumières pâlissent et tremblent aux approches du jour. Les
tilleuls, assombris par en bas, prenaient à leurs cimes une teinte
bleuâtre. La flûte champêtre ne luttait plus si vivement avec les trilles du
rossignol. Tout le monde était pâle, et dans les groupes dégarnis j'eus
peine à rencontrer des figures connues. Enfin j'aperçus la grande Lise,
565 une amie de Sylvie. Elle m'embrassa. « Il y a longtemps qu'on ne t'a vu,
Parisien ! dit-elle. — Oh ! oui, longtemps. — Et tu arrives à cette heure-
ci ? — Par la poste [1]. — Et pas trop vite ! — Je voulais voir Sylvie ; est-
elle encore au bal ? — Elle ne sort qu'au matin ; elle aime tant à danser. »

En un instant, j'étais à ses côtés. Sa figure était fatiguée ; cependant
570 son œil noir brillait toujours du sourire athénien d'autrefois. Un
jeune homme se tenait près d'elle. Elle lui fit signe qu'elle renonçait à
la contredanse [2] suivante. Il se retira en saluant.

Le jour commençait à se faire. Nous sortîmes du bal, nous tenant
par la main. Les fleurs de la chevelure de Sylvie se penchaient dans ses
575 cheveux dénoués ; le bouquet de son corsage s'effeuillait aussi sur
les dentelles fripées, savant ouvrage de sa main. Je lui offris de l'accom-
pagner chez elle. Il faisait grand jour, mais le temps était sombre. La
Thève bruissait à notre gauche, laissant à ses coudes des remous d'eau
stagnante où s'épanouissaient les nénuphars jaunes et blancs, où écla-
580 tait comme des pâquerettes la frêle broderie des étoiles d'eau. Les
plaines étaient couvertes de javelles [3] et de meules de foin, dont l'odeur
me portait à la tête sans m'enivrer, comme faisait autrefois la fraîche
senteur des bois et des halliers* d'épines fleuries.

Nous n'eûmes pas l'idée de les traverser de nouveau. « Sylvie, lui
585 dis-je, vous ne m'aimez plus ! » Elle soupira. « Mon ami, me dit-elle, il
faut se faire une raison ; les choses ne vont pas comme nous voulons
dans la vie. Vous m'avez parlé autrefois de *la Nouvelle Héloïse*, je l'ai
lue, et j'ai frémi en tombant d'abord sur cette phrase : "Toute jeune

---

1. Par la poste : dans une voiture publique.
2. Contredanse : danse où les couples de danseurs se font vis-à-vis et exécutent des figures
   similaires.
3. Javelles : poignées de grain, fagots de bois de vigne.

fille qui lira ce livre est perdue[1]." Cependant j'ai passé outre*, me fiant
590 sur ma raison. Vous souvenez-vous du jour où nous avons revêtu les
habits de noces de la tante?... Les gravures du livre présentaient aussi
les amoureux sous de vieux costumes du temps passé, de sorte que
pour moi vous étiez Saint-Preux, et je me retrouvais dans Julie[2]. Ah,
que n'êtes-vous revenu alors! Mais vous étiez, disait-on, en Italie.
595 Vous en avez vu là de bien plus jolies que moi! — Aucune, Sylvie, qui
ait votre regard et les traits purs de votre visage. Vous êtes une
nymphe antique qui vous ignorez. D'ailleurs, les bois de cette contrée
sont aussi beaux que ceux de la campagne romaine. Il y a là-bas des
masses de granit non moins sublimes, et une cascade qui tombe du
600 haut des rochers comme celle de Terni[3]. Je n'ai rien vu là-bas que je
puisse regretter ici. — Et à Paris? dit-elle. — À Paris... »

Je secouai la tête sans répondre.

Tout à coup je pensai à l'image vaine qui m'avait égaré si longtemps.

« Sylvie, dis-je, arrêtons-nous ici, le voulez-vous? »

605 Je me jetai à ses pieds; je confessai en pleurant à chaudes larmes
mes irrésolutions, mes caprices; j'évoquai le spectre funeste qui traversait ma vie.

« Sauvez-moi! ajoutai-je, je reviens à vous pour toujours. »

Elle tourna vers moi ses regards attendris...

610 En ce moment, notre entretien fut interrompu par de violents éclats
de rire. C'était le frère de Sylvie qui nous rejoignait avec cette bonne
gaieté rustique, suite obligée d'une nuit de fête, que des rafraîchisse-
ments nombreux avaient développée outre mesure. Il appelait le galant
du bal, perdu au loin dans les buissons d'épines et qui ne tarda pas à
615 nous rejoindre. Ce garçon n'était guère plus solide sur ses pieds que son
compagnon, il paraissait plus embarrassé encore de la présence d'un
Parisien que de celle de Sylvie. Sa figure candide, sa déférence mêlée
d'embarras, m'empêchaient de lui en vouloir d'avoir été le danseur
pour lequel on était resté si tard à la fête. Je le jugeais peu dangereux.

---

1. La phrase exacte du roman de Rousseau est : « Jamais fille chaste n'a lu de romans, et j'ai mis à
celui-ci un titre assez décidé pour qu'en l'ouvrant on sût à quoi s'en tenir. Celle qui, malgré ce
titre, en osera lire une seule page est une fille perdue; [...] »
2. Saint-Preux et Julie : voir note 3, p. 131.
3. Terni : ville d'Ombrie (région d'Italie).

620   « Il faut rentrer à la maison, dit Sylvie à son frère. À tantôt ! » me
dit-elle en me tendant la joue.

L'amoureux ne s'offensa pas.

IX

ERMENONVILLE

Je n'avais nulle envie de dormir. J'allai à Montagny pour revoir la
maison de mon oncle. Une grande tristesse me gagna dès que j'en
625   entrevis la façade jaune et les contrevents verts. Tout semblait dans le
même état qu'autrefois ; seulement il fallut aller chez le fermier pour
avoir la clef de la porte. Une fois les volets ouverts, je revis avec attendrissement les vieux meubles conservés dans le même état et qu'on
frottait de temps en temps, la haute armoire de noyer, deux tableaux
630   flamands qu'on disait l'ouvrage d'un ancien peintre, notre aïeul ; de
grandes estampes d'après Boucher*, et toute une série encadrée
de gravures de l'*Émile**et de *la Nouvelle Héloïse,* par Moreau [1] ; sur la
table, un chien empaillé que j'avais connu vivant, ancien compagnon
de mes courses dans les bois, le dernier carlin [2] peut-être, car il appar-
635   tenait à cette race perdue.

« Quant au perroquet, me dit le fermier, il vit toujours ; je l'ai retiré
chez moi. »

Le jardin présentait un magnifique tableau de végétation sauvage. J'y
reconnus, dans un angle, un jardin d'enfant que j'avais tracé jadis.
640   J'entrai tout frémissant dans le cabinet, où se voyait encore la petite
bibliothèque pleine de livres choisis, vieux amis de celui qui n'était plus,
et sur le bureau quelques débris antiques trouvés dans son jardin, des
vases, des médailles romaines, collection locale qui le rendait heureux.

« Allons voir le perroquet », dis-je au fermier. Le perroquet deman-
645   dait à déjeuner comme en ses plus beaux jours, et me regarda de cet
œil rond, bordé d'une peau chargée de rides, qui fait penser au regard
expérimenté des vieillards.

---

1. Jean-Michel Moreau, dit Moreau le Jeune (1741-1814), dessinateur et graveur français.
2. Carlin : chien d'origine chinoise, de petite taille, au museau écrasé et à la face plissée.

Plein des idées tristes qu'amenait ce retour tardif en des lieux si aimés, je sentis le besoin de revoir Sylvie, seule figure vivante et jeune

650 encore qui me rattachât à ce pays. Je repris la route de Loisy*. C'était au milieu du jour; tout le monde dormait, fatigué de la fête. Il me vint à l'idée de me distraire par une promenade à Ermenonville, distant d'une lieue* par le chemin de la forêt. C'était par un beau temps d'été. Je pris plaisir d'abord à la fraîcheur de cette route qui semble l'allée

655 d'un parc. Les grands chênes d'un vert uniforme n'étaient variés que par les troncs blancs des bouleaux au feuillage frissonnant. Les oiseaux se taisaient, et j'entendais seulement le bruit que fait le pivert[1] en frappant les arbres pour y creuser son nid. Un instant, je risquai de me perdre, car les poteaux dont les palettes[2] annoncent diverses routes

660 n'offrent plus, par endroits, que des caractères effacés. Enfin, laissant le *Désert* à gauche, j'arrivai au rond-point de la danse, où subsiste encore le banc des vieillards[3]. Tous les souvenirs de l'antiquité philosophique, ressuscités par l'ancien possesseur du domaine[4], me revenaient en foule devant cette réalisation pittoresque de l'*Anacharsis*[5] et

665 de l'*Émile*.

Lorsque je vis briller les eaux du lac à travers les branches des saules et des coudriers[6], je reconnus tout à fait un lieu où mon oncle, dans ses promenades, m'avait conduit bien des fois: c'est le *Temple de la philosophie,* que son fondateur n'a pas eu le bonheur de terminer.

670 Il a la forme du temple de la sibylle[7].Tiburtine, et, debout encore,

---

1. Pivert: oiseau à plumage jaune et vert, du genre des pics.

2. Palettes: panneaux.

3. Le banc des vieillards: l'un des bancs du parc (de forme semi-circulaire) de René de Girardin (voir note suivante).

4. L'ancien possesseur du domaine: René de Girardin (1735-1808), ancien militaire, admirateur des philosophes du siècle des Lumières et en particulier de Jean-Jacques Rousseau, habitait le château d'Ermenonville. Il transforma le parc de ce château en un immense jardin anglais (jardin où la nature est plus ou moins laissée à son état sauvage) qui devint un lieu prisé de la bonne société de l'époque. Girardin avait peuplé ce jardin de plusieurs curiosités architecturales à la gloire de l'Antiquité. Ce parc porte aujourd'hui le nom de parc Jean-Jacques Rousseau.

5. *Voyage du jeune Anacharsis en Grèce dans le milieu du quatrième siècle avant l'ère vulgaire* (1787), de l'abbé Barthélemy (1716-1795). Cet ouvrage d'érudition tente de reconstituer les mœurs et les beautés culturelles de la Grèce antique.

6. Coudriers: noisetiers.

7. Sibylle: dans l'Antiquité, femme à qui l'on attribuait le don de voir l'avenir.

sous l'abri d'un bouquet de pins, il étale tous ces grands noms de la pensée qui commencent par Montaigne et Descartes, et qui s'arrêtent à Rousseau [1]. Cet édifice inachevé n'est déjà plus qu'une ruine, le lierre le festonne avec grâce, la ronce envahit les marches disjointes. Là, tout
675 enfant, j'ai vu des fêtes où les jeunes filles vêtues de blanc venaient recevoir des prix d'étude et de sagesse. Où sont les buissons de roses qui entouraient la colline ? L'églantier et le framboisier en cachent les derniers plants, qui retournent à l'état sauvage. Quant aux lauriers, les a-t-on coupés, comme le dit la chanson des jeunes filles qui ne
680 veulent plus aller au bois ? Non, ces arbustes de la douce Italie ont péri sous notre ciel brumeux. Heureusement le troène [2] de Virgile fleurit encore, comme pour appuyer la parole du maître inscrite au-dessus de la porte : *Rerum cognoscere causas !* [3] – Oui, ce temple tombe comme tant d'autres, les hommes oublieux ou fatigués se détourneront de ses
685 abords, la nature indifférente reprendra le terrain que l'art lui disputait ; mais la soif de connaître restera éternelle, mobile de toute force et de toute activité !

Voici les peupliers de l'île, et la tombe de Rousseau [4], vide de ses cendres. Ô sage ! tu nous avais donné le lait des forts, et nous étions
690 trop faibles pour qu'il pût nous profiter. Nous avons oublié tes leçons que savaient nos pères, et nous avons perdu le sens de ta parole, dernier écho des sagesses antiques. Pourtant ne désespérons pas, et, comme tu fis à ton suprême instant, tournons nos yeux vers le soleil !

---

1. Le Temple de la philosophie, ou Temple de la philosophie moderne, est l'une des curiosités architecturales du parc créé par René de Girardin. Volontairement inachevé pour montrer que la philosophie est toujours en évolution, il est composé de six colonnes portant chacune le nom d'un philosophe et un mot latin qui le caractérise : Newton (*lucem*), Descartes (*ni in rebus inane*), Voltaire (*ridiculum*), Rousseau (*naturam*), William Penn (*humanitatem*), Montesquieu (*justitiam*). L'ensemble du temple est dédié à Montaigne et est inspiré, sur le plan architectural, par le temple de la sibylle à Tivoli (temple de la Rome antique situé à Tivoli, en Italie).

2. Troène : arbuste à feuilles presque persistantes, à fleurs blanches et à baies noires.

3. *Rerum cognoscere causas !* : « Heureux celui qui a pu pénétrer le fond des choses ! » Cette citation est tirée des *Géorgiques* (28 av. J.-C.) de Virgile (70-19 av. J.-C.), poète et écrivain romain.

4. La tombe de Rousseau : Jean-Jacques Rousseau fut enterré dans le parc d'Ermenonville (parc Jean-Jacques Rousseau), sur l'île des Peupliers, avant que ses restes ne soient transférés au Panthéon (ancienne église Sainte-Geneviève, à Paris) en 1793. Le monument funéraire construit en son honneur dans le parc a cependant été préservé.

J'ai revu le château[1], les eaux paisibles qui le bordent, la cascade qui
695 gémit dans les roches, et cette chaussée réunissant les deux parties du
village, dont quatre colombiers[2] marquent les angles, la pelouse qui
s'étend au delà comme une savane, dominée par des coteaux ombreux ;
la tour de Gabrielle[3] se reflète de loin sur les eaux d'un lac factice étoilé
de fleurs éphémères ; l'écume bouillonne, l'insecte bruit… Il faut
700 échapper à l'air perfide qui s'exhale en gagnant les grès poudreux du
désert et les landes où la bruyère rose relève le vert des fougères. Que
tout cela est solitaire et triste ! Le regard enchanté de Sylvie, ses courses
folles, ses cris joyeux, donnaient autrefois tant de charme aux lieux que
je viens de parcourir ! C'était encore une enfant sauvage, ses pieds étaient
705 nus, sa peau hâlée, malgré son chapeau de paille, dont le large ruban flottait pêle-mêle avec ses tresses de cheveux noirs. Nous allions boire du lait
à la ferme suisse, et l'on me disait : « Qu'elle est jolie, ton amoureuse, petit
Parisien ! » Oh ! ce n'est pas alors qu'un paysan aurait dansé avec elle ! Elle
ne dansait qu'avec moi, une fois par an, à la fête de l'arc*.

X
LE GRAND FRISÉ

710 J'ai repris le chemin de Loisy* ; tout le monde était réveillé. Sylvie
avait une toilette de demoiselle, presque dans le goût de la ville. Elle
me fit monter à sa chambre avec toute l'ingénuité d'autrefois. Son œil
étincelait toujours dans un sourire plein de charme, mais l'arc prononcé de ses sourcils lui donnait par instants un air sérieux. La
715 chambre était décorée avec simplicité, pourtant les meubles étaient
modernes ; une glace à bordure dorée avait remplacé l'antique trumeau*, où se voyait un berger d'idylle offrant un nid à une bergère
bleue et rose. Le lit à colonnes chastement drapé de vieille perse à
ramage[4] était remplacé par une couchette de noyer garnie du rideau

1. Le château d'Ermenonville (voir note 4, p. 141).
2. Colombiers : bâtiments où l'on élève des pigeons.
3. Tour de Gabrielle : tour dite de la Belle Gabrielle. Cette tour, vestige d'un château gothique,
   avait été nommée ainsi, car Henri IV y aurait rejoint sa maîtresse, Gabrielle d'Estrée
   (1570-1599). La tour n'existe plus aujourd'hui.
4. Perse à ramage : la perse est une toile peinte en provenance d'Orient ; ici, les motifs qui
   y sont représentés sont des ramages, soit des feuillages et des fleurs.

à flèche ; à la fenêtre, dans la cage où jadis étaient les fauvettes, il y avait des canaris. J'étais pressé de sortir de cette chambre où je ne trouvais rien du passé. « Vous ne travaillerez point à votre dentelle aujourd'hui ?… dis-je à Sylvie. — Oh ! je ne fais plus de dentelle, on n'en demande plus dans le pays ; même à Chantilly, la fabrique est fermée. — Que faites-vous donc ? » Elle alla chercher dans un coin de la chambre un instrument en fer qui ressemblait à une longue pince. « Qu'est-ce que c'est que cela ? — C'est ce qu'on appelle la mécanique ; c'est pour maintenir la peau des gants afin de les coudre. — Ah ! vous êtes gantière, Sylvie ? — Oui, nous travaillons ici pour Dammartin, cela donne beaucoup en ce moment ; mais je ne fais rien aujourd'hui ; allons où vous voudrez. » Je tournais les yeux vers la route d'Othys : elle secoua la tête ; je compris que la vieille tante n'existait plus. Sylvie appela un petit garçon et lui fit seller un âne. « Je suis encore fatiguée d'hier, dit-elle, mais la promenade me fera du bien ; allons à Châalis. » Et nous voilà traversant la forêt, suivis du petit garçon armé d'une branche. Bientôt Sylvie voulut s'arrêter, et je l'embrassai en l'engageant à s'asseoir. La conversation entre nous ne pouvait plus être bien intime. Il fallut lui raconter ma vie à Paris, mes voyages… « Comment peut-on aller si loin ? dit-elle. — Je m'en étonne en vous revoyant. — Oh ! cela se dit ! — Et convenez que vous étiez moins jolie autrefois. — Je n'en sais rien. — Vous souvenez-vous du temps où nous étions enfants et vous la plus grande ? — Et vous le plus sage ! — Oh ! Sylvie ! — On nous mettait sur l'âne chacun dans un panier. — Et nous ne nous disions pas *vous*… Te rappelles-tu que tu m'apprenais à pêcher des écrevisses sous les ponts de la Thève et de la Nonette ? — Et toi, te souviens-tu de ton frère de lait qui t'a un jour retiré… *de l'ieau*[1]. — Le *grand frisé* ! c'est lui qui m'avait dit qu'on pouvait la passer… *l'ieau* ! »

Je me hâtai de changer de conversation. Ce souvenir m'avait vivement rappelé l'époque où je venais dans le pays, vêtu d'un petit habit à l'anglaise qui faisait rire les paysans. Sylvie seule me trouvait bien mis, mais je n'osais lui rappeler cette opinion d'un temps si ancien. Je ne sais pourquoi ma pensée se porta sur les habits de noces que nous avions revêtus chez la vieille tante à Othys. Je demandai ce qu'ils

---

1. Ieau (familier) : eau.

755 étaient devenus. « Ah ! la bonne tante, dit Sylvie, elle m'avait prêté sa
robe pour aller danser au carnaval à Dammartin, il y a de cela deux
ans. L'année d'après, elle est morte, la pauvre tante ! »

Elle soupirait et pleurait, si bien que je ne pus lui demander par
quelle circonstance elle était allée à un bal masqué ; mais, grâce à ses
760 talents d'ouvrière, je comprenais assez que Sylvie n'était plus une paysanne. Ses parents seuls étaient restés dans leur condition, et elle vivait
au milieu d'eux comme une fée industrieuse, répandant l'abondance
autour d'elle.

XI
RETOUR

La vue se découvrait au sortir du bois. Nous étions arrivés au bord
765 des étangs de Châalis. Les galeries du cloître*, la chapelle aux ogives*
élancées, la tour féodale et le petit château qui abrita les amours de
Henri IV* et de Gabrielle* se teignaient des rougeurs du soir sur le vert
sombre de la forêt. « C'est un paysage de Walter Scott [1], n'est-ce pas ?
disait Sylvie. — Et qui vous a parlé de Walter Scott ? lui dis-je. Vous
770 avez donc bien lu depuis trois ans !… Moi, je tâche d'oublier les livres,
et ce qui me charme, c'est de revoir avec vous cette vieille abbaye, où,
tout petits enfants, nous nous cachions dans les ruines. Vous souvenez-
vous, Sylvie, de la peur que vous aviez quand le gardien nous racontait
l'histoire des moines rouges ? — Oh ! ne m'en parlez pas. — Alors
775 chantez-moi la chanson de la belle fille enlevée au jardin de son père,
sous le rosier blanc. — On ne chante plus cela. — Seriez-vous devenue
musicienne ? — Un peu. — Sylvie, Sylvie, je suis sûr que vous chantez
des airs d'opéra ! — Pourquoi vous plaindre ? — Parce que j'aimais les
vieux airs, et que vous ne saurez plus les chanter. »

780 Sylvie modula quelques sons d'un grand air d'opéra moderne…
Elle *phrasait* [2] !

Nous avions tourné les étangs voisins. Voici la verte pelouse,
entourée de tilleuls et d'ormeaux, où nous avons dansé souvent ! J'eus

---

1. Sir Walter Scott (1771-1832), écrivain écossais dont les œuvres, appartenant au courant
   romantique britannique, étaient très prisées par les romantiques (voir p. 240).
2. Phrasait : chantait avec l'expression convenable.

l'amour-propre de définir les vieux murs carlovingiens* et de déchif-
785 frer les armoiries de la maison d'Este*. « Et vous ! comme vous avez lu
plus que moi ! dit Sylvie. Vous êtes donc un savant ? »

J'étais piqué de son ton de reproche. J'avais jusque-là cherché l'endroit convenable pour renouveler le moment d'expansion du matin ;
mais que lui dire avec l'accompagnement d'un âne et d'un petit
790 garçon très éveillé, qui prenait plaisir à se rapprocher toujours pour
entendre parler un Parisien ? Alors j'eus le malheur de raconter l'apparition de Châalis, restée dans mes souvenirs. Je menai Sylvie dans la
salle même du château où j'avais entendu chanter Adrienne. « Oh !
que je vous entende ! lui dis-je ; que votre voix chérie résonne sous ces
795 voûtes* et en chasse l'esprit qui me tourmente, fût-il divin ou bien
fatal ! Elle répéta les paroles et le chant après moi :

Anges, descendez promptement
Au fond du purgatoire !...

— C'est bien triste ! me dit-elle.
800 — C'est sublime... Je crois que c'est du Porpora [1], avec des vers
traduits au seizième siècle.

— Je ne sais pas », répondit Sylvie.

Nous sommes revenus par la vallée, en suivant le chemin de
Charlepont, que les paysans, peu étymologistes de leur nature, s'obs-
805 tinent à appeler *Châllepont*. Sylvie, fatiguée de l'âne, s'appuyait sur
mon bras. La route était déserte ; j'essayai de parler des choses que
j'avais dans le cœur, mais je ne sais pourquoi, je ne trouvais que des
expressions vulgaires, ou bien tout à coup quelque phrase pompeuse
de roman, – que Sylvie pouvait avoir lue. Je m'arrêtais alors avec un
810 goût tout classique, et elle s'étonnait parfois de ces effusions inter-
rompues. Arrivés aux murs de Saint-S...*, il fallait prendre garde à
notre marche. On traverse des prairies humides où serpentent les
ruisseaux. « Qu'est devenue la religieuse ? dis-je tout à coup.

— Ah ! vous êtes terrible avec votre religieuse... Eh bien !... eh
815 bien ! cela a mal tourné. »

Sylvie ne voulut pas m'en dire un mot de plus.

---

1. Nicola Antonio Giacinto Porpora (1686-1768), compositeur baroque.

Les femmes sentent-elles vraiment que telle ou telle parole passe sur les lèvres sans sortir du cœur? On ne le croirait pas, à les voir si facilement abusées, à se rendre compte des choix qu'elles font le plus sou-
820 vent: il y a des hommes qui jouent si bien la comédie de l'amour! Je n'ai jamais pu m'y faire, quoique sachant que certaines acceptent sciemment d'être trompées. D'ailleurs un amour qui remonte à l'enfance est quelque chose de sacré… Sylvie, que j'avais vue grandir, était pour moi comme une sœur. Je ne pouvais tenter une séduction… Une
825 tout autre idée vint traverser mon esprit. «À cette heure-ci, me dis-je, je serais au théâtre… Qu'est-ce qu'Aurélie (c'était le nom de l'actrice) doit donc jouer ce soir? Évidemment le rôle de la princesse dans le drame nouveau. Oh! le troisième acte, qu'elle y est touchante!… Et dans la scène d'amour du second! avec ce jeune premier tout ridé…
830 — Vous êtes dans vos réflexions? dit Sylvie, et elle se mit à chanter:

> À Dammartin l'y a trois belles filles:
> L'y en a z'une plus belle que le jour…

— Ah! méchante! m'écriai-je, vous voyez bien que vous en savez encore des vieilles chansons.
835 — Si vous veniez plus souvent ici, j'en retrouverais, dit-elle, mais il faut songer au solide. Vous avez vos affaires de Paris, j'ai mon travail; ne rentrons pas trop tard: il faut que demain je sois levée avec le soleil.»

XII
Le père Dodu

J'allais répondre, j'allais tomber à ses pieds, j'allais offrir la maison de mon oncle, qu'il m'était possible encore de racheter, car nous
840 étions plusieurs héritiers, et cette petite propriété était restée indivise; mais en ce moment nous arrivions à Loisy*. On nous attendait pour souper. La soupe à l'oignon répandait au loin son parfum patriarcal. Il y avait des voisins invités pour ce lendemain de fête. Je reconnus tout de suite un vieux bûcheron, le père Dodu, qui racon-
845 tait jadis aux veillées des histoires si comiques ou si terribles. Tour à

tour berger, messager, garde-chasse, pêcheur, braconnier même, le père Dodu fabriquait à ses moments perdus des coucous et des tourne-broches[1]. Pendant longtemps, il s'était consacré à promener les Anglais dans Ermenonville, en les conduisant aux lieux de médi-
850 tation de Rousseau* et en leur racontant ses derniers moments. C'était lui qui avait été le petit garçon que le philosophe[2] employait à classer ses herbes, et à qui il donna l'ordre de cueillir les ciguës[3] dont il exprima le suc dans sa tasse de café au lait. L'aubergiste de la *Croix d'Or* lui contestait ce détail; de là des haines prolongées. On
855 avait longtemps reproché au père Dodu la possession de quelques secrets bien innocents, comme de guérir les vaches avec un verset dit à rebours et le signe de croix figuré du pied gauche, mais il avait de bonne heure renoncé à ces superstitions, grâce au souvenir, disait-il, des conversations de Jean-Jacques.

860   « Te voilà! petit Parisien, me dit le père Dodu. Tu viens pour débau-cher nos filles? — Moi, père Dodu? — Tu les emmènes dans les bois pendant que le loup n'y est pas? — Père Dodu, c'est vous qui êtes le loup. — Je l'ai été tant que j'ai trouvé des brebis; à présent je ne ren-contre plus que des chèvres, et qu'elles savent bien se défendre! Mais
865 vous autres, vous êtes des malins à Paris. Jean-Jacques avait bien raison de dire: "L'homme se corrompt dans l'air empoisonné des villes." — Père Dodu, vous savez trop bien que l'homme se corrompt partout. »

Le père Dodu se mit à entonner un air à boire; on voulut en vain l'arrêter à un certain couplet scabreux que tout le monde savait par
870 cœur. Sylvie ne voulut pas chanter, malgré nos prières, disant qu'on ne chantait plus à table. J'avais remarqué déjà que l'amoureux de la veille était assis à sa gauche. Il y avait je ne sais quoi dans sa figure ronde, dans ses cheveux ébouriffés, qui ne m'était pas inconnu. Il se leva et vint derrière ma chaise en disant: « Tu ne me reconnais donc
875 pas, Parisien? » Une bonne femme, qui venait de rentrer au dessert après nous avoir servis, me dit à l'oreille: « Vous ne reconnaissez pas votre frère de lait? » Sans cet avertissement, j'allais être ridicule. « Ah!

---

1. Tourne-broches: mécanismes servant à faire tourner les broches de rôtissoires.
2. Le philosophe: Jean-Jacques Rousseau (voir note 3, p. 131 et glossaire, p. 322).
3. Ciguës: plantes des chemins et des décombres, très toxiques. Rousseau est mort subitement au parc d'Ermenonville, probablement d'une crise d'apoplexie. L'anecdote est donc fictive.

c'est toi, *grand frisé* ! dis-je, c'est toi, le même qui m'a retiré de *l'ieau** ! »
Sylvie riait aux éclats de cette reconnaissance. « Sans compter, disait ce
880 garçon en m'embrassant, que tu avais une belle montre en argent, et
qu'en revenant tu étais bien plus inquiet de ta montre que de toi-
même, parce qu'elle ne marchait plus ; tu disais : "La *bête* est *nayée* [1],
ça ne fait plus tic tac ; qu'est-ce que mon oncle va dire ?… "

— Une bête dans une montre ! dit le père Dodu, voilà ce qu'on leur
885 fait croire à Paris, aux enfants ! »

Sylvie avait sommeil, je jugeai que j'étais perdu dans son esprit.
Elle remonta à sa chambre, et pendant que je l'embrassais, elle dit : « À
demain, venez nous voir ! »

Le père Dodu était resté à table avec Sylvain et mon frère de lait ;
890 nous causâmes longtemps, autour d'un flacon de *ratafiat* [2] de Louvres.
« Les hommes sont égaux, dit le père Dodu entre deux couplets, je
bois avec un pâtissier comme je ferais avec un prince. — Où est le
pâtissier ? dis-je. — Regarde à côté de toi ! un jeune homme qui a
l'ambition de s'établir. »

895 Mon frère de lait parut embarrassé. J'avais tout compris. – C'est
une fatalité qui m'était réservée d'avoir un frère de lait dans un pays
illustré par Rousseau, – qui voulait supprimer les nourrices [3] ! – Le
père Dodu m'apprit qu'il était fort question du mariage de Sylvie avec
le *grand frisé,* qui voulait aller former un établissement de pâtisserie à
900 Dammartin. Je n'en demandai pas plus. La voiture de Nanteuil-
le-Haudoin me ramena le lendemain à Paris.

XIII

AURÉLIE

À Paris ! – La voiture met cinq heures. Je n'étais pressé que d'arriver
pour le soir. Vers huit heures, j'étais assis dans ma stalle accoutumée ;
Aurélie répandit son inspiration et son charme sur des vers faiblement

---

1. Nayée (familier) : noyée.
2. Ratafiat (s'écrit « ratafia ») : voir note 1, p. 90.
3. Deux garçons de mères différentes sont frères de lait s'ils ont été nourris par la même
nourrice. Jean-Jacques Rousseau préconisait le retour à un ordre plus naturel des choses :
chaque mère devrait nourrir son enfant.

905 inspirés de Schiller ❶, que l'on devait à un talent de l'époque. Dans la
scène du jardin, elle devint sublime. Pendant le quatrième acte, où elle
ne paraissait pas, j'allai acheter un bouquet chez Mme Prévost ❷. J'y
insérai une lettre fort tendre signée : *Un inconnu*. Je me dis : « Voilà
quelque chose de fixé pour l'avenir », – et le lendemain j'étais sur la
910 route d'Allemagne.

Qu'allais-je y faire ? Essayer de remettre de l'ordre dans mes sentiments. Si j'écrivais un roman, jamais je ne pourrais faire accepter
l'histoire d'un cœur épris de deux amours simultanés. Sylvie
m'échappait par ma faute ; mais la revoir un jour avait suffi pour
915 relever mon âme ; je la plaçais désormais comme une statue souriante
dans le temple de la Sagesse. Son regard m'avait arrêté au bord de
l'abîme. Je repoussais avec plus de force encore l'idée d'aller me présenter à Aurélie, pour lutter un instant avec tant d'amoureux vulgaires
qui brillaient un instant près d'elle et retombaient brisés. « Nous ver-
920 rons quelque jour, me dis-je, si cette femme a un cœur. »

Un matin, je lus dans un journal qu'Aurélie était malade. Je lui
écrivis des montagnes de Salzbourg. La lettre était si empreinte de
mysticisme germanique, que je n'en devais pas attendre un grand
succès, mais aussi je ne demandais pas de réponse. Je comptais un peu
925 sur le hasard et sur – l'*inconnu*.

Des mois se passent. À travers mes courses et mes loisirs, j'avais
entrepris de fixer dans une action poétique les amours du peintre
Colonna pour la belle Laura, que ses parents firent religieuse, et qu'il
aima jusqu'à la mort. Quelque chose dans ce sujet se rapportait à mes
930 préoccupations constantes. Le dernier vers du drame écrit, je ne son-
geai plus qu'à revenir en France.

Que dire maintenant qui ne soit l'histoire de tant d'autres ? J'ai
passé par tous les cercles de ces lieux d'épreuves qu'on appelle théâtres.
« J'ai mangé du tambour et bu de la cymbale », comme dit la phrase
935 dénuée de sens apparent des initiés d'Éleusis ❸. Elle signifie sans doute

---

1. Johann Christoph Friedrich von Schiller (1759-1805), poète allemand ayant considérablement
   influencé le romantisme allemand.
2. Mme Prévost : fleuriste à la mode à cette époque.
3. Éleusis : ville de Grèce où étaient célébrés les mythes fondateurs de la religion grecque.
   On appelait cette célébration « culte à mystères ». Elle obligeait les participants à passer
   par plusieurs initiations successives qui les rapprochaient progressivement des divinités.

qu'il faut au besoin passer les bornes du non-sens et de l'absurdité : la raison pour moi, c'était de conquérir et de fixer mon idéal.

Aurélie avait accepté le rôle principal dans le drame que je rapportais d'Allemagne. Je n'oublierai jamais le jour où elle me permit de lui
940 lire la pièce. Les scènes d'amour étaient préparées à son intention. Je crois bien que je les dis avec âme, mais surtout avec enthousiasme. Dans la conversation qui suivit, je me révélai comme l'*inconnu* des deux lettres. Elle me dit : « Vous êtes bien fou ; mais revenez me voir… Je n'ai jamais pu trouver quelqu'un qui sût m'aimer. »
945 Ô femme ! tu cherches l'amour… Et moi, donc ?

Les jours suivants, j'écrivis les lettres les plus tendres, les plus belles que sans doute elle eût jamais reçues. J'en recevais d'elle qui étaient pleines de raison. Un instant elle fut touchée, m'appela près d'elle, et m'avoua qu'il lui était difficile de rompre un attachement plus ancien.
950 « Si c'est bien *pour moi* que vous m'aimez, dit-elle, vous comprendrez que je ne puis être qu'à un seul. »

Deux mois plus tard, je reçus une lettre pleine d'effusion. Je courus chez elle. – Quelqu'un me donna dans l'intervalle un détail précieux. Le beau jeune homme que j'avais rencontré une nuit au cercle venait
955 de prendre un engagement dans les spahis [1].

L'été suivant, il y avait des courses à Chantilly. La troupe du théâtre où jouait Aurélie donnait là une représentation. Une fois dans le pays, la troupe était pour trois jours aux ordres du régisseur. Je m'étais fait l'ami de ce brave homme, ancien Dorante des comédies de Marivaux [2],
960 longtemps jeune premier de drame, et dont le dernier succès avait été le rôle d'amoureux dans la pièce imitée de Schiller, où mon binocle [3] me l'avait montré si ridé. De près, il paraissait plus jeune, et, resté maigre, il produisait encore de l'effet dans les provinces. Il avait du feu. J'accompagnais la troupe en qualité de *seigneur poète* ; je persuadai au
965 régisseur d'aller donner des représentations à Senlis* et à Dammartin. Il penchait d'abord pour Compiègne ; mais Aurélie fut de mon avis. Le

---

1. Spahis : soldats d'un corps de cavalerie indigène formé en Afrique.
2. Ancien Dorante des comédies de Marivaux : Pierre Carlet de Chamblain de Marivaux (1688-1763) est un dramaturge et romancier français, auteur du *Jeu de l'amour et du hasard* (1730). Dorante est un prénom de personnage masculin très populaire dans les comédies françaises des xviie et xviiie siècles.
3. Binocle : lunettes d'approche.

lendemain, pendant que l'on allait traiter avec les propriétaires des salles et les autorités, je louai des chevaux, et nous prîmes la route des étangs de Commelle pour aller déjeuner au château de la reine
970 Blanche. Aurélie, en amazone[1], avec ses cheveux blonds flottants, traversait la forêt comme une reine d'autrefois, et les paysans s'arrêtaient éblouis. – Madame de F… était la seule qu'ils eussent vue si imposante et si gracieuse dans ses saluts. – Après le déjeuner, nous descendîmes dans des villages rappelant ceux de la Suisse, où l'eau de la Nonette fait
975 mouvoir des scieries. Ces aspects chers à mes souvenirs l'intéressaient sans l'arrêter. J'avais projeté de conduire Aurélie au château, près d'Orry, sur la même place verte où pour la première fois j'avais vu Adrienne. Nulle émotion ne parut en elle. Alors je lui racontai tout ; je lui dis la source de cet amour entrevu dans les nuits, rêvé plus tard,
980 réalisé en elle. Elle m'écoutait sérieusement et me dit : « Vous ne m'aimez pas ! Vous attendez que je vous dise : "La comédienne est la même que la religieuse" ; vous cherchez un drame, voilà tout, et le dénouement vous échappe. Allez, je ne vous crois plus. »

Cette parole fut un éclair. Ces enthousiasmes bizarres que j'avais
985 ressentis si longtemps, ces rêves, ces pleurs, ces désespoirs et ces tendresses… ce n'était donc pas l'amour ? Mais où donc est-il ?

Aurélie joua le soir à Senlis*. Je crus m'apercevoir qu'elle avait un faible pour le régisseur, – le jeune premier ridé. Cet homme était d'un caractère excellent et lui avait rendu des services.
990   Aurélie m'a dit un jour : « Celui qui m'aime, le voilà ! »

XIV
DERNIER FEUILLET

Telles sont les chimères qui charment et égarent au matin de la vie. J'ai essayé de les fixer sans beaucoup d'ordre, mais bien des cœurs me comprendront. Les illusions tombent l'une après l'autre, comme les écorces d'un fruit, et le fruit, c'est l'expérience. Sa saveur est amère ; elle
995 a pourtant quelque chose d'âcre qui fortifie, – qu'on me pardonne ce style vieilli. Rousseau* dit que le spectacle de la nature console de tout.

---

1. Amazone : femme en jupe longue, montée à cheval avec les deux jambes du même côté de la selle.

Je cherche parfois à retrouver mes bosquets de Clarens perdus au nord de Paris, dans les brumes. Tout cela est bien changé !

Ermenonville ! pays où fleurissait encore l'idylle antique, – traduite une seconde fois d'après Gessner[1] ! tu as perdu ta seule étoile, qui chatoyait pour moi d'un double éclat. Tout à tour bleue et rose comme l'astre trompeur d'Aldébaran[2], c'était Adrienne ou Sylvie, – c'étaient les deux moitiés d'un seul amour. L'une était l'idéal sublime, l'autre la douce réalité. Que me font maintenant tes ombrages et tes lacs, et même ton désert ? Othys, Montagny, Loisy*, pauvres hameaux voisins, Châalis, – que l'on restaure, – vous n'avez rien gardé de tout ce passé ! Quelquefois j'ai besoin de revoir ces lieux de solitude et de rêverie. J'y relève tristement en moi-même les traces fugitives d'une époque où le naturel était affecté ; je souris parfois en lisant sur le flanc des granits certains vers de Roucher[3] , qui m'avaient paru sublimes, – ou des maximes de bienfaisance au-dessus d'une fontaine ou d'une grotte consacrée à Pan[4] . Les étangs, creusés à si grands frais, étalent en vain leur eau morte que le cygne dédaigne. Il n'est plus, le temps où les chasses de Condé passaient avec leurs amazones fières, où les cors* se répondaient de loin, multipliés par les échos !... Pour se rendre à Ermenonville, on ne trouve plus aujourd'hui de route directe. Quelquefois j'y vais par Creil et Senlis, d'autres fois par Dammartin.

À Dammartin, l'on n'arrive jamais que le soir. Je vais coucher alors à l'*Image Saint-Jean*. On me donne d'ordinaire une chambre assez propre tendue en vieille tapisserie avec un trumeau* au-dessus de la glace. Cette chambre est un dernier retour vers le bric-à-brac, auquel j'ai depuis longtemps renoncé. On y dort chaudement sous l'édredon,

---

1. Salomon Gessner (1730-1788), poète suisse de langue allemande, auteur d'idylles (petits poèmes dont le sujet est généralement pastoral) en prose rythmée, très populaires aux XVIIIe et XIXe siècles. Ses poèmes peignent la plupart du temps des personnages d'une bonté touchante vivant un bonheur utopique. Nerval veut probablement dire ici que l'idylle antique (appartenant à la littérature antique) a d'abord été traduite en allemand par Gessner, puis en français dans les adaptations françaises des œuvres de ce poète.

2. Aldébaran : étoile célèbre pour sa lumière orangée, appelée « l'étoile-caméléon » par Victor Hugo en raison de sa couleur changeante.

3. Jean-Antoine Roucher (1745-1794), poète français.

4. Pan : dans la mythologie grecque, dieu de la totalité, de la nature entière.

qui est d'usage dans ce pays. Le matin, quand j'ouvre la fenêtre, encadrée de vigne et de roses, je découvre avec ravissement un horizon
vert de dix lieues*, où les peupliers s'alignent comme des armées.
Quelques villages s'abritent çà et là sous leurs clochers aigus, construits,
comme on dit là, en pointes d'ossements. On distingue d'abord Othys,
– puis Ève, puis Ver; on distinguerait Ermenonville à travers le bois, s'il
avait un clocher, – mais dans ce lieu philosophique on a bien négligé
l'église. Après avoir rempli mes poumons de l'air si pur qu'on respire
sur ces plateaux, je descends gaiement et je vais faire un tour chez le
pâtissier. « Te voilà, grand frisé! — Te voilà, petit Parisien!» Nous nous
donnons les coups de poing amicaux de l'enfance, puis je gravis un certain escalier où les joyeux cris de deux enfants accueillent ma venue. Le
sourire athénien de Sylvie illumine ses traits charmés. Je me dis: « Là
était le bonheur peut-être; cependant… »

Je l'appelle quelquefois Lolotte, et elle me trouve un peu de ressemblance avec Werther, moins les pistolets, qui ne sont plus de
mode[1]. Pendant que le *grand frisé* s'occupe du déjeuner, nous allons
promener les enfants dans les allées de tilleuls qui ceignent les débris
des vieilles tours de brique du château. Tandis que ces petits s'exercent, au tir des compagnons de l'arc, à ficher dans la paille les flèches
paternelles, nous lisons quelques poésies ou quelques pages de ces
livres si courts qu'on ne fait plus guère.

J'oubliais de dire que le jour où la troupe dont faisait partie Aurélie
a donné une représentation à Dammartin, j'ai conduit Sylvie au spectacle, et je lui ai demandé si elle ne trouvait pas que l'actrice ressemblait à une personne qu'elle avait connue déjà. « À qui donc? — Vous
souvenez-vous d'Adrienne? »

Elle partit d'un grand éclat de rire en disant: « Quelle idée ! » Puis,
comme se le reprochant, elle reprit en soupirant: « Pauvre Adrienne !
elle est morte au couvent de Saint-S…*, vers 1832. »

---

1. *Les Souffrances du jeune Werther* (1774) sont un roman de l'écrivain allemand Goethe (1749-
1832) qui raconte les déboires amoureux de Werther, un jeune homme qui finit par se suicider
à l'aide de pistolets. Le roman avait eu un succès prodigieux auprès de la jeunesse de l'époque,
au point où il avait déclenché une vague de suicides en Europe (voir p. 240).

Charles
NODIER
1780-1844

LE GÉNIE BONHOMME

Il y avait autrefois des génies. Il y en aurait encore si vous vouliez bien croire tous ceux qui se piquent d'être des génies ; mais il ne faut pas s'y fier.

Celui dont il sera question ici n'était pas d'ailleurs de la première
5   volée[1] des génies. C'était un génie d'entresol[2], un pauvre garçon de génie, qui ne siégeait dans l'assemblée des génies que par droit de naissance, sauf le bon plaisir des génies titrés. Quand il se présenta pour la première fois, j'ai toujours envie de rire quand j'y pense, il avait pris pour devise de son petit étendard de cérémonie : *Fais ce que dois,*
10   *advienne que pourra.* Aussi l'appela-t-on le génie BONHOMME. Ce dernier sobriquet[3] est resté depuis aux esprits simples et naïfs qui pratiquent le bien par sentiment ou par habitude, et qui n'ont pas trouvé le secret de faire une science de la vertu.

Quant au sobriquet de génie, on en a fait tout ce qu'on a voulu.
15   Cela ne nous regarde pas.

À plus de deux cents lieues d'ici, et bien avant la Révolution[4], vivait, dans un vieux château seigneurial, une riche douairière* dont

---

1. Volée : groupe, étudiants d'une même promotion.
2. Entresol : demi-étage situé entre le rez-de-chaussée et le premier étage.
3. Sobriquet : surnom.
4. La Révolution : la Révolution française de 1789, qui mit fin à l'Ancien Régime.

ces messieurs de l'École des Chartes [1] n'ont jamais pu retrouver le nom. La bonne dame avait perdu sa bru jeune, et son fils à la guerre.

20 Il ne lui restait pour la consoler dans les ennuis de sa vieillesse que son petit-fils et sa petite-fille qui semblaient être créés pour le plaisir de les voir; car la peinture elle-même, qui aspire toujours à faire mieux que Dieu n'a fait, n'a jamais rien fait de plus joli. Le garçon, qui avait douze ans, s'appelait Saphir, et la fille, qui en avait dix, s'appelait

25 Améthyste. On croit, mais je n'oserais l'assurer, que ces noms leur avaient été donnés à cause de la couleur de leurs yeux, et ceci me permet de vous apprendre ou de vous rappeler deux choses en passant: la première, c'est que le saphir est une belle pierre d'un bleu transparent, et que l'améthyste est une autre qui tire sur le violet. La

30 seconde, c'est que les enfants de grande maison [2] n'étaient ordinairement nommés que cinq ou six mois après leur naissance.

On chercherait longtemps avant de rencontrer une aussi bonne femme que la grand-mère d'Améthyste et de Saphir; elle l'était même trop, et c'est un inconvénient dans lequel les femmes tombent volontiers

35 quand elles ont pris la peine d'être bonnes; mais ce hasard n'est pas assez commun pour mériter qu'on s'en inquiète. Nous la désignerons cependant sous le nom de Tropbonne, afin d'éviter la confusion, s'il y a lieu.

Tropbonne aimait tant ses petits-enfants qu'elle les élevait comme si elle ne les avait pas aimés. Elle leur laissait suivre tous leurs caprices,

40 ne leur parlait jamais d'études, et jouait avec eux pour aiguiser ou renouveler leur plaisir quand ils s'ennuyaient de jouer. Il résultait de là qu'ils ne savaient presque rien et que, s'ils n'avaient pas été curieux comme sont tous les enfants, ils n'auraient rien su du tout.

Cependant Tropbonne était de vieille date l'amie du génie

45 Bonhomme, qu'elle avait vu quelque part dans sa jeunesse. Il est probable que ce n'était pas à la cour. Elle s'accusait souvent auprès de lui, dans leurs entretiens secrets, de n'avoir pas eu la force de pourvoir à l'instruction de ces deux charmantes petites créatures auxquelles elle pouvait manquer d'un jour à l'autre. Le génie lui avait promis d'y

---

1. L'École des Chartes: grand établissement public français d'enseignement supérieur fondé en 1821 et qui forme des archivistes paléographes (spécialistes du déchiffrage et de l'interprétation des écritures anciennes).

2. De grande maison: de la haute aristocratie.

50 penser quand ses affaires le permettraient, mais il s'occupait alors de remédier aux mauvais effets de l'éducation des pédants et des charlatans, qui commençaient à être à la mode. Il avait bien de la besogne.

Un soir d'été cependant, Tropbonne s'était couchée de bonne heure, selon sa coutume ; le repos des honnêtes gens est si doux !
55 Améthyste et Saphir s'entretenaient dans le grand salon de quelquesuns de ces riens qui remplissent la froide oisiveté des châteaux, et ils auraient bâillé plus d'une fois en se regardant, si la nature n'avait pris soin de les distraire par un de ses phénomènes les plus effrayants, et pourtant des plus communs. L'orage grondait au dehors. De minute
60 en minute, les éclairs enflammaient le vaste espace, ou se croisaient en zigzags de feu sur les vitres ébranlées. Les arbres de l'avenue criaient et se fendaient en éclats ; la foudre roulait dans les nues comme un char d'airain[1] ; il n'y avait pas jusqu'à la cloche de la chapelle qui ne vibrât de terreur, et qui ne mêlât sa plainte longue et sonore au fracas
65 des éléments. Cela était sublime et terrible.

Tout à coup, les domestiques vinrent annoncer qu'on avait recueilli à la porte un petit vieillard, percé par la pluie, transi de froid, et probablement mourant de faim, parce que la tempête devait l'avoir beaucoup écarté de sa route. Améthyste, qui s'était pressée dans son
70 effroi contre le sein* de son frère, fut la première à courir à la rencontre de l'étranger ; mais comme Saphir était le plus fort et le plus leste[2], il l'aurait facilement devancée s'il n'avait pas voulu lui donner le plaisir d'arriver avant lui ; car ces aimables enfants étaient aussi bons qu'ils étaient beaux. Je vous laisse à penser si les membres endo-
75 loris du pauvre homme furent réjouis par un feu pétillant et clair, si le sucre fut ménagé dans le vin généreux qu'Améthyste lui fit sur un petit lit de braise ardente, s'il eut enfin bon souper, bon gîte et surtout bonne mine d'hôte. Je ne vous dirai pas même quel était ce bon vieillard, parce que je veux vous ménager le plaisir de la surprise.
80 Quand le vieillard fut un peu remis de sa fatigue et de ses besoins, il devint joyeux et causeur, et les jeunes gens y prirent plaisir. Les jeunes gens de ce temps-là ne dédaignaient pas la conversation des vieilles gens, où ils pensaient avec raison qu'on peut apprendre quelque chose.

---

1. Airain : alliage de cuivre et d'étain.
2. Leste : adroit, agile.

Aujourd'hui, la vieillesse est beaucoup moins réputée, et je n'en suis
85 pas surpris. La jeunesse a si peu de chose à apprendre.

— Vous m'avez si bien traité, leur dit-il, que mon cœur s'épanouit
à l'idée de vous savoir heureux. Je suppose que, dans ce château magnifique, où tout vous vient à souhait, vous devez couler de beaux jours.

Saphir baissa les yeux.

90 — Heureux, sans doute! répondit Améthyste. Notre grand-mère a
tant de bontés pour nous et nous l'aimons tant! Rien ne nous
manque, à la vérité, mais nous nous ennuyons souvent.

— Vous vous ennuyez! s'écria le vieillard avec les marques du plus
vif étonnement. Qui a jamais entendu dire qu'on s'ennuyât à votre
95 âge, avec de la fortune et de l'esprit? L'ennui est la maladie des gens
inutiles, des paresseux et des sots. Quiconque s'ennuie est un être à
charge à la société comme à lui-même, qui ne mérite que le mépris.
Mais ce n'est pas tout d'être doué par la Providence d'un excellent
naturel comme le vôtre, si on ne le cultive par le travail. Vous ne tra-
100 vaillez donc pas?

— Travailler, répliqua Saphir un peu piqué. Nous sommes riches
et ce château le fait assez voir.

— Prenez garde, reprit le vieillard en laissant échapper à regret un
sourire amer. La foudre qui se tait à peine aurait pu le consumer
105 en passant.

— Ma grand-mère a plus d'or qu'il n'en faut pour suffire au luxe
de sa maison.

— Les voleurs pourraient bien le prendre.

— Si vous venez du côté que vous avez dit, continua Saphir d'un
110 ton assuré, vous avez dû traverser une plaine de dix lieues* d'étendue,
toute chargée de vergers et de moissons. La montagne qui la domine
du côté de l'occident est couronnée d'un palais immense qui fut celui
de mes ancêtres, et où ils avaient amené à grands frais toutes les
richesses de dix générations!

115 — Hélas! dit l'inconnu, pourquoi me forcez-vous à payer une si
douce hospitalité par une mauvaise nouvelle? Le temps, qui n'épargne
rien, n'a pas épargné la plus solide de vos espérances. J'ai côtoyé longtemps la plaine dont vous parlez; elle a été remplacée par un lac. J'ai
voulu visiter le palais de vos aïeux, je n'en ai trouvé que les ruines, qui

120 servent tout au plus d'asile aujourd'hui à quelques oiseaux nocturnes
et à quelques bêtes de proie. Les loutres se disputent la moitié de votre
héritage, et l'autre appartient aux hiboux. C'est si peu, mes amis, que
l'opulence* des hommes !

Les enfants se regardèrent.

125 — Il n'y a qu'un bien, poursuivit le vieillard comme s'il ne les avait
pas remarqués, qui mette la vie à l'abri de ces dures vicissitudes [1], et
on ne se le procure que par l'étude et le travail. Oh ! contre celui-là,
c'est en vain que les eaux se débordent, que la terre se soulève, et que
le ciel épuise ses fléaux. Pour qui possède celui-là, il n'y a point de
130 revers qui puisse démonter son courage, tant qu'il lui reste une faculté
dans l'âme ou un métier dans la main. L'admirable science des arts est
la plus belle dot* des fiancés. L'aptitude aux soins domestiques est la
couronne des femmes. L'homme qui possède une industrie utile, ou
des connaissances d'une application commune, est plus réellement
135 riche que les riches, ou plutôt il n'y a que lui de riche et d'indépendant sur la terre. Toute autre fortune est trompeuse et passagère. Elle
vaut moins et dure peu.

Améthyste et Saphir n'avaient jamais entendu ce langage. Ils se
regardèrent encore et ne répondirent pas. Pendant qu'ils gardaient le
140 silence, le vieillard se transfigurait. Ses traits décrépits [2] reprenaient les
grâces du bel âge et ses membres cassés l'attitude saine et robuste de
la force. Ce pauvre homme était un génie bienfaisant avec lequel je
vous ai déjà fait faire connaissance. Nos jeunes gens ne s'en étaient
guère doutés, ni vous non plus.

145 — Je ne vous quitterai pas, ajouta-t-il en souriant, sans vous laisser
un faible gage de ma reconnaissance, pour les soins dont vous m'avez
comblé. Puisque l'ennui seul a jusqu'ici troublé le bonheur que la
nature vous dispensait d'une manière si libérale, recevez de moi ces
deux anneaux qui sont de puissants talismans. En poussant le ressort
150 qui en ouvre le chaton [3], vous trouverez toujours dans l'enseignement qui
y est caché un remède infaillible contre cette triste maladie du cœur

---

1. Vicissitudes : événements malheureux.
2. Décrépits : usés.
3. Chaton : partie d'une bague qui renferme la pierre.

et de l'esprit. Si cependant l'art divin qui les a fabriqués trompait une
fois mes espérances, nous nous reverrons dans un an et nous avise-
rons alors à d'autres moyens. En attendant, les petits cadeaux entre-
155 tiennent l'amitié, et je n'attache à celui-ci que deux conditions faciles
à remplir : la première, c'est de ne pas consulter l'oracle[1] de l'anneau
sans nécessité, c'est-à-dire avant que l'ennui vous gagne. La seconde,
c'est d'exécuter ponctuellement tout ce qu'il vous prescrira.

En achevant ces paroles, le génie Bonhomme s'en alla, et un auteur
160 doué d'une imagination plus poétique vous dirait qu'il disparut. C'est
la manière dont les génies prenaient congé.

Améthyste et Saphir ne s'ennuyèrent pas cette nuit-là, et j'imagine
cependant qu'ils dormirent peu. Ils pensèrent probablement à leur
fortune perdue, à leurs années d'aptitude et d'intelligence plus irré-
165 parablement perdues encore. Ils regrettèrent tant d'heures passées
dans de vaines dissipations, et qui auraient pu devenir profitables et
fécondes s'ils avaient su les employer. Ils se levèrent tristement, se
cherchèrent en craignant de se rencontrer, et s'embrassèrent à la hâte
en se cachant une larme. Au bout d'un moment d'embarras, la force
170 de l'habitude l'emporta pourtant encore une fois. Ils retournèrent à
leurs amusements accoutumés et s'amusèrent moins que de coutume.

— Je crois que tu t'ennuies ? dit Améthyste.

— J'allais t'adresser la même question, répondit Saphir ; mais j'ai
eu peur que l'ennui ne servît de prétexte à la curiosité.

175 — Je te jure, reprit Améthyste en poussant le ressort du chaton*,
que je m'ennuie à la mort !

Et au même instant, elle lut, artistement gravée sur la plaque intérieure, cette inscription que Saphir lisait déjà de son côté :

TRAVAILLEZ

POUR VOUS RENDRE UTILES.

RENDEZ-VOUS UTILES

POUR ÊTRE AIMÉS.

SOYEZ AIMÉS

POUR ÊTRE HEUREUX.

180

---

1. Oracle : réponse, message divin ou prophétique ; ici, il s'agirait davantage d'un message
empreint d'une sagesse supérieure.

185   — Ce n'est pas tout, observa gravement Saphir. Ce que l'oracle de l'anneau nous prescrit, il faut l'exécuter ponctuellement. Essayons, si tu m'en crois. Le travail n'est peut-être pas plus ennuyeux que l'oisiveté.

    — Oh ! pour cela, je t'en défie ! répondit la petite fille. Et puis l'anneau nous réserve certainement quelque autre ressource contre
190 l'ennui. Essayons comme tu le dis. Un mauvais jour est vite passé.

Sans être absolument mauvais, comme le craignait Améthyste, ce jour n'eut rien d'agréable. On avait fait venir les maîtres, si souvent repoussés, et ces gens-là parlent une langue qui paraît maussade parce qu'elle est inconnue, mais à laquelle on finit par trouver quelque
195 charme quand on en a pris l'habitude.

Le frère et la sœur n'en étaient pas là. Vingt fois, pendant chaque leçon, le chaton s'était entrouvert au mouvement du ressort, et vingt fois l'inscription obstinée s'était montrée à la même place. Il n'y avait pas un mot changé.

200 Ce fut toujours la même chose pendant une longue semaine ; ce fut encore la même chose pendant la semaine qui la suivit. Saphir ne se sentait pas d'impatience. « On a bien raison de dire, murmurait-il en griffonnant un *pensum* [1], que les génies de ce temps-ci se répètent ! C'est un étrange moyen pour guérir les gens de l'ennui, que de les
205 ennuyer à outrance ! »

Au bout de quinze jours, ils s'ennuyaient moins parce que leur amour-propre commençait à s'intéresser à la poursuite de leurs études. Au bout d'un mois, ils s'ennuyaient à peine parce qu'ils avaient déjà semé assez pour recueillir. Ils se divertissaient à lire à la récréation, et
210 même dans le travail, des livres fort instructifs, et cependant fort amusants, en italien, en anglais, en allemand ; ils ne prenaient point de part directe à la conversation des personnes éclairées, mais ils en faisaient leur profit, depuis que leurs études les mettaient à portée de les comprendre. Ils pensaient enfin, et cette vie de l'âme que l'oisiveté détruit,
215 cette vie nouvelle pour eux, leur semblait plus douce que l'autre ; car ils avaient beaucoup d'esprit naturel. Leur grand-mère était d'ailleurs si heureuse de les voir étudier sans y être contraints, et jouissait si délicieusement de leurs succès ! Je me rappelle fort bien que le plaisir qu'ils procurent à leurs parents est la plus pure joie des enfants.

---

1. *Pensum* : travail supplémentaire imposé à un écolier pour le punir.

220   Le ressort joua cependant bien des fois durant la première moitié de l'année ; le septième, le huitième, le neuvième mois, on l'exerçait encore de temps à autre. Le douzième, il était rouillé.

Ce fut alors que le génie revint au château comme il s'y était engagé. Les génies de cette époque étaient fort ponctuels dans leurs
225   promesses. Pour cette nouvelle visite, il avait déployé un peu plus de pompe*, celle d'un sage qui use de la fortune sans l'étaler en vain appareil, parce qu'il sait le moyen d'en faire un meilleur usage. Il sauta au cou de ses jeunes amis qui ne se formaient pas encore une idée bien distincte du bonheur dont ils lui étaient redevables. Ils l'accueil-
230   lirent avec tendresse, avant d'avoir récapitulé dans leur esprit ce qu'il avait fait pour eux. La bonne reconnaissance est comme la bonne bienfaisance. Elle ne compte pas.

— Eh bien ! enfants, leur dit-il gaiement, vous m'en avez beaucoup voulu, car la science est aussi de l'ennui. Je l'ai entendu dire souvent,
235   et il y a des savants par le monde qui m'ont disposé à le croire. Aujourd'hui, plus d'études, plus de sciences, plus de travaux sérieux ! Du plaisir, s'il y en a, des jouets, des spectacles, des fêtes ! Saphir, vous m'enseignerez le pas le plus à la mode. Mademoiselle, j'ai l'honneur de vous retenir pour la première contredanse*. Je me suis réservé de
240   vous apprendre que vous étiez plus riches que jamais. Ce maudit lac s'est retiré et le séjour de ces conquérants importuns décuple la fertilité des terres. On a déblayé les ruines du palais et on a trouvé dans les fondations un trésor qui a dix fois plus de valeur !…

— Les voleurs pourraient le prendre, dit Améthyste.

245   — Le lac regagnera peut-être le terrain qu'il a perdu ! dit Saphir.

Le génie avait perdu leurs dernières paroles ou il en avait l'air. Il était dans le salon.

— Ce brave homme est bien frivole pour un vieillard ! dit Saphir.

— Et bien bête pour un génie, dit Améthyste. Il croit peut-être que
250   je ne finirai pas le vase de fleurs que je peins pour la fête de grand-maman. Mon maître dit qu'il voudrait l'avoir fait et qu'on n'a jamais approché de plus près du fameux monsieur Rabel❶.

---

1. Daniel Rabel (1578-1637), peintre et graveur français.

— Je serai fâché, bonne petite sœur, reprit Saphir, d'avoir quelque avantage sur toi ce jour-là ; mais j'espère qu'elle aura autant de joie
255 qu'on peut en avoir sans mourir, en comptant mes six couronnes.

— Encore faudra-t-il travailler pour cela, reprit Améthyste, car tes cours ne sont pas finis.

— Aussi faudra-t-il travailler pour finir ton vase de fleurs, répliqua Saphir, car il n'est pas fini non plus.

260 — Tu travailleras donc ? dit Améthyste d'une voix caressante, comme si elle avait voulu implorer de l'indulgence pour elle-même.

— Je le crois bien, dit Saphir, et je ne vois aucune raison pour ne pas travailler, tant que je ne saurai pas tout.

— Nous en avons pour longtemps, s'écria sa sœur en bondissant
265 de plaisir.

Et en parlant ainsi, les jeunes gens arrivèrent auprès de Tropbonne, qui était alors trop heureuse. Saphir s'avança le premier, comme le plus déterminé, pour prier sa grand-mère de leur permettre le travail, au moins pour deux autres années encore. Le génie, qui essayait des
270 entrechats* et des ronds de jambe* en attendant sa première leçon de danse, partit d'un éclat de rire presque inextinguible [1], auquel succédèrent pourtant quelques douces larmes.

— Travaillez, aimables enfants, leur dit-il, votre bonne aïeule le permet, et vous pouvez reconnaître à son émotion le plaisir qu'elle
275 éprouve à vous contenter. Travaillez avec modération, car un travail excessif brise les meilleurs esprits, comme une culture trop exigeante épuise le sol le plus productif. Amusez-vous quelquefois et même souvent, car les exercices du corps sont nécessaires à votre âge, et tout ce qui délasse la pensée d'un travail suspendu à propos la rend plus capable de
280 le reprendre sans efforts. Revenez au travail avant que le plaisir vous ennuie ; les plaisirs poussés jusqu'à l'ennui dégoûtent du plaisir. Rendez-vous utiles enfin pour vous rendre dignes d'être aimés, et, comme disait le talisman, SOYEZ AIMÉS POUR ÊTRE HEUREUX. S'il existe un autre bonheur sur la terre, je n'en sais pas le secret.

---

1. Un […] rire […] inextinguible : un rire éclatant que rien ne peut arrêter.

George SAND

1804-1876

Les Demoiselles

> *J'en viyons[1] une, j'en viyons deux,*
> *Que n'aviant[2] ni bouches ni z'yeux;*
> *J'en viyons trois, j'en viyons quatre,*
> *Je les ârions bien[3] voulu battre.*
> *J'en viyons cinq, j'en viyons six*
> *Qui n'aviant pas les reins bourdis[4] :*
> *Darrier[5] s'en venait la septième,*
> *J'avons jamais vu[6] la huitième.*
> Ancien couplet recueilli par Maurice Sand[7].

Les demoiselles du Berry nous paraissent cousines des *Milloraines*[8] de Normandie, que l'auteur de la *Normandie merveilleuse*[9] décrit

---

1. J'en viyons (populaire) : Nous en vîmes.
2. Que n'aviant (populaire) : Qui n'avaient.
3. Je les ârions bien (populaire) : Nous les aurions bien.
4. Bourdis (populaire) : fatigués à force de sauter.
5. Darrier (populaire) : Derrière.
6. J'avons jamais vu (populaire) : Nous n'avons jamais vu.
7. Jean-François-Maurice-Arnauld, baron Dudevant, dit Maurice Sand (1823-1889), dessinateur et auteur français et fils de George Sand, dont il a adopté le pseudonyme.
8. Milloraines : fées blanches, douces et craintives, qui s'enfuient en faisant un grand courant d'air dans les arbres dès qu'on les approche.
9. Amélie Bosquet (1815-1904), amie de l'écrivain Gustave Flaubert (1821-1880), est l'auteure de ce livre (dont le titre complet est *Normandie romanesque et merveilleuse* [1845]), compilation de récits légendaires typiques de la Normandie.

comme des êtres d'une taille gigantesque. Elles se tiennent immobiles, et leur forme, trop peu distincte, ne laisse reconnaître ni leurs mem-
5 bres ni leur visage. Lorsqu'on s'approche, elles prennent la fuite par une succession de bonds irréguliers très rapides.

Les *demoiselles* ou *filles blanches* sont de tous les pays. Je ne les crois pas d'origine gauloise, mais plutôt française du Moyen Âge. Quoi qu'il en soit, je rapporterai une des légendes les plus complètes que
10 j'aie pu recueillir sur leur compte.

Un gentilhomme du Berry [1], nommé Jean de La Selle, vivait, au siècle dernier, dans son castel [2] situé au fond des bois de Villemort. Le pays, triste et sauvage, s'égaye un peu à la lisière des forêts, là où le terrain sec, plat et planté de chênes, s'abaisse vers des prairies que noient
15 une suite de petits étangs assez mal entretenus aujourd'hui.

Déjà, au temps dont nous parlons, les eaux séjournaient dans les prés de M. de La Selle, le bon gentilhomme n'ayant pas grand bien pour faire assainir ses terres. Il en avait une assez grande étendue, mais de chétive qualité et de petit rapport [3].
20 Néanmoins, il vivait content, grâce à des goûts modestes et à un caractère sage et enjoué. Ses voisins le recherchaient pour sa bonne humeur, son grand sens et sa patience à la chasse. Les paysans de son domaine et des environs le tenaient pour un homme d'une bonté extraordinaire et d'une rare délicatesse. On disait de lui que plutôt
25 que de faire tort d'un fétu [4] à un voisin, quel qu'il fût, il se laisserait prendre sa chemise sur le corps et son cheval entre les jambes.

Or, il advint qu'un soir, M. de La Selle ayant été à la foire de la Berthenoux pour vendre une paire de bœufs, revenait par la lisière du bois, escorté de son métayer [5], le grand Luneau, qui était un homme fin
30 et entendu, et portant, sur la croupe maigre de sa jument grise, la somme de six cents livres* en grands écus* plats à l'effigie de Louis XIV*. C'était le prix des bestiaux vendus.

---

1. Berry : province historique de la France de l'Ancien Régime ayant pour capitale la ville de Bourges. Aujourd'hui, les frontières du Berry sont essentiellement celles des deux départements de l'Indre et du Cher.
2. Castel (vieilli) : château.
3. De petit rapport : qui rapportaient peu.
4. Fétu : brin de paille.
5. Métayer : fermier.

En bon seigneur de campagne qu'il était, M. de La Selle avait dîné sous la ramée[1], et comme il n'aimait point à boire seul, il avait fait
35 asseoir devant lui le grand Luneau et lui avait versé le vin du crû sans s'épargner lui-même, afin de le mettre à l'aise en lui donnant l'exemple. Si bien que le vin, la chaleur et la fatigue de la journée, et, par-dessus tout cela, le trot cadencé de la grise avaient endormi M. de La Selle, et qu'il arriva chez lui sans trop savoir le temps qu'il avait
40 marché ni le chemin qu'il avait suivi. C'était l'affaire de Luneau de le conduire, et Luneau l'avait bien conduit, car ils arrivaient sains et saufs ; leurs chevaux n'avaient pas un poil mouillé. Ivre, M. de La Selle ne l'était point. De sa vie, on ne l'avait vu hors de sens. Aussi dès qu'il se fut débotté, il dit à son valet de porter sa valise dans sa chambre,
45 puis il s'entretint fort raisonnablement avec le grand Luneau, lui donna le bonsoir et s'alla coucher sans chercher son lit. Mais le lendemain, lorsqu'il ouvrit sa valise pour y prendre son argent, il n'y trouva que de gros cailloux, et, après de vaines recherches, force lui fut de constater qu'il avait été volé.

50 Le grand Luneau, appelé et consulté, jura *sur son chrême*[2] *et son baptême,* qu'il avait vu l'argent bien compté dans la valise, laquelle il avait chargée et attachée lui-même sur la croupe de la jument. Il jura aussi sur *sa foi et sa loi,* qu'il n'avait pas quitté son maître *de l'épaisseur d'un cheval,* tant qu'ils avaient suivi la grand-route. Mais il confessa
55 qu'une fois entré dans le bois, il s'était senti un peu lourd, et qu'il avait bien pu dormir sur sa bête environ l'espace d'un quart d'heure. Il s'était vu tout d'un coup auprès de la *Gâgne-aux-Demoiselles*[3], et, depuis ce moment, il n'avait plus dormi et n'avait pas rencontré figure de chrétien.

60 — Allons, dit M. de La Selle, quelque voleur se sera moqué de nous. C'est ma faute encore plus que la tienne, mon pauvre Luneau, et le plus sage est de ne point nous en vanter. Le dommage n'est que pour moi, puisque tu ne partages point dans la vente du bétail. J'en saurai prendre mon parti, encore que la chose me gêne un peu. Cela
65 m'apprendra à ne plus m'endormir à cheval.

---

1. Ramée : branches entrelacées des arbres.
2. Chrême : huile consacrée utilisée lors de certains sacrements, dont le baptême.
3. La Gâgne-aux-Demoiselles : fosse herbue de la région.

Luneau voulut en vain porter ses soupçons sur quelques braconniers besogneux de l'endroit. — Non pas, non pas, répondit le brave hobereau[1] ; je ne veux accuser personne. Tous les gens du voisinage sont d'honnêtes gens. N'en parlons plus. J'ai ce que je mérite.

70   — Mais peut-être bien que vous m'en voulez un peu, notre maître[2]…

— Pour avoir dormi ? Non, mon ami ; si je t'eusse confié la valise, je suis sûr que tu te serais tenu éveillé. Je ne m'en prends qu'à moi, et ma foi, je ne compte pas m'en punir par trop de chagrin. C'est assez d'avoir perdu l'argent, sauvons la bonne humeur et l'appétit.

75   — Si vous m'en croyez, pourtant, notre maître, vous feriez fouiller la *Gâgne-aux-Demoiselles*.

— La *Gâgne-aux-Demoiselles* est une fosse herbue qui a bien un demi-quart de lieue* de long ; ce ne serait pas une petite affaire de remuer toute cette vase[3], et d'ailleurs qu'y trouverait-on ? Mon voleur

80 n'aura pas été si sot que d'y semer mes écus* !

— Vous direz ce que vous voudrez, notre maître, mais le voleur n'est peut-être pas fait comme vous pensez !

— Ah ! ah ! mon grand Luneau ! toi aussi tu crois que les *demoiselles* sont des esprits malins qui se plaisent à jouer de mauvais tours ?

85   — Je n'en sais rien, notre maître, mais je sais bien qu'étant là un matin, *devant jour,* avec mon père, nous les vîmes comme je vous vois ; mêmement que[4], rentrant à la maison bien épeurés, nous n'avions plus ni chapeaux ni bonnets sur nos têtes, ni chaussures à nos pieds, ni couteaux dans nos poches. Elles sont malignes, allez ! elles ont l'air de

90 se sauver, mais, sans vous toucher, elles vous font perdre tout ce qu'elles peuvent et en profitent, car on ne le retrouve jamais. Si j'étais de vous, je ferais assécher tout ce marécage. Votre pré en vaudrait mieux et les *demoiselles* auraient bientôt délogé ; car il est à la connaissance de tout homme de bon sens qu'elles n'aiment point le sec et

95 qu'elles s'envolent de mare en mare et d'étang en étang, à mesure qu'on leur ôte le brouillard dont elles se nourrissent.

---

1. Hobereau : petit gentilhomme campagnard.
2. Notre maître : formule de politesse familière employée par Luneau et qui signifie « mon maître ».
3. Vase : boue.
4. Mêmement que : de même que.

— Mon ami Luneau, répondit M. de La Selle, dessécher le marécage serait, à coup sûr, une bonne affaire pour le pré. Mais, outre qu'il
y faudrait les six cents livres* que j'ai perdues, j'y regarderais encore à
100 deux fois avant de déloger les *demoiselles*. Ce n'est pas que j'y croie
précisément, ne les ayant jamais vues, non plus qu'aucun autre farfadet[1] de même étoffe ; mais mon père y croyait un peu, et ma grand-
mère y croyait tout à fait. Quand on en parlait, mon père disait :
« Laissez les *demoiselles* tranquilles ; elles n'ont jamais fait de mal à
105 moi ni à personne » ; et ma grand-mère disait : « Ne tourmentez et ne
conjurez jamais les *demoiselles* ; leur présence est un bien dans une
terre, et leur protection est un porte-bonheur dans une famille. »

— Pas moins, reprit le grand Luneau en hochant la tête, elles ne
vous ont point garé[2] des voleurs !

110 Environ dix ans après cette aventure, M. de La Selle revenait de la
même foire de la Berthenoux, rapportant sur la même jument grise,
devenue bien vieille, mais trottant encore sans broncher, une somme
équivalente à celle qui lui avait été si singulièrement dérobée. Cette
fois, il était seul, le grand Luneau étant mort depuis quelques mois ; et
115 notre gentilhomme ne dormait pas à cheval, ayant abjuré et définitivement perdu cette fâcheuse habitude.

Lorsqu'il fut à la lisière du bois, le long de la *Gâgne-aux-Demoiselles**,
qui est située au bas d'un talus assez élevé et tout couvert de buissons,
de vieux arbres et de grandes herbes sauvages, M. de La Selle fut pris de
120 tristesse en se rappelant son pauvre métayer*, qui lui faisait bien
faute, quoique son fils Jacques, grand et mince comme lui, comme lui
fin et avisé, parût faire son possible pour le remplacer. Mais on ne
remplace pas les vieux amis, et M. de La Selle se faisait vieux lui-
même. Il eut des idées noires ; mais sa bonne conscience les eut
125 bientôt dissipées, et il se mit à siffler un air de chasse, en se disant que,
de sa vie et de sa mort, il en serait ce que Dieu voudrait.

Comme il était à peu près au milieu de la longueur du marécage, il
fut surpris de voir une forme blanche, que jusque-là il avait prise pour
un flocon de ces vapeurs dont se couvrent les eaux dormantes,
130 changer de place, puis bondir et s'envoler en se déchirant à travers les

---

1. Farfadet : lutin, être merveilleux.
2. Garé : protégé, préservé.

branches. Une seconde forme plus solide sortit des joncs et suivit la première en s'allongeant comme une toile flottante ; puis une troisième, puis une autre et encore une autre ; et, à mesure qu'elles passaient devant M. de La Selle, elles devenaient si visiblement des
135 personnages énormes, vêtus de longues jupes, pâles, avec des cheveux blanchâtres traînant plutôt que voltigeant derrière elles, qu'il ne put s'ôter de l'esprit que c'étaient là les fantômes dont on lui avait parlé dans son enfance. Alors, oubliant que sa grand-mère lui avait recommandé, s'il les rencontrait jamais, de faire comme s'il ne les voyait pas,
140 il se mit à les saluer, en homme bien appris qu'il était. Il les salua toutes, et quand ce vint[1] à la septième, qui était la plus grande et la plus apparente, il ne put s'empêcher de lui dire : « *Demoiselle, je suis votre serviteur.* »

Il n'eut pas plutôt lâché cette parole, que la grande demoiselle se
145 trouva en croupe derrière lui, l'enlaçant de deux bras froids comme l'aube, et que la vieille grise, épouvantée, prit le galop, emportant M. de La Selle à travers le marécage.

Bien que fort surpris, le bon gentilhomme ne perdit point la tête. « Par l'âme de mon père, pensa-t-il, je n'ai jamais fait de mal, et nul
150 esprit ne peut m'en faire. » Il soutint sa monture et la força de se dépêtrer de la boue où elle se débattait, tandis que la *grand-demoiselle* paraissait essayer de la retenir et de l'envaser.

M. de La Selle avait des pistolets dans ses fontes[2], et l'idée lui vint de s'en servir ; mais, jugeant qu'il avait affaire à un être surnaturel, et
155 se rappelant d'ailleurs que ses parents lui avaient recommandé de ne point offenser les *demoiselles de l'eau,* il se contenta de dire avec douceur à celle-ci : « Vraiment, belle dame, vous devriez me laisser passer mon chemin, car je n'ai point traversé le vôtre pour vous contrarier, et si je vous ai saluée, c'est par politesse et non par dérision. Si vous
160 souhaitez des prières ou des messes, faites connaître votre désir, et, foi de gentilhomme, vous en aurez ! »

---

1. Quand ce vint : quand il arriva.
2. Dans ses fontes : dans les deux fourreaux de cuir où se placent les pistolets sur le devant d'une selle.

Alors, M. de La Selle entendit au-dessus de sa tête une voix étrange qui disait : « Fais dire trois messes pour l'âme du grand Luneau, et va en paix ! »

165　Aussitôt la figure du fantôme s'évanouit, la grise redevint docile, et M. de La Selle rentra chez lui sans obstacle. Il pensa alors qu'il avait eu une vision ; il n'en commanda pas moins les trois messes. Mais quelle fut sa surprise lorsqu'en ouvrant sa valise, il y trouva, outre l'argent qu'il avait reçu à la foire, les six cents livres tournois[1] en écus*

170　plats, à l'effigie du feu roi.

On voulut bien dire que le grand Luneau, repentant à l'heure de la mort, avait chargé son fils Jacques de cette restitution, et que celui-ci, pour ne pas entacher la mémoire de son père, en avait chargé les *demoiselles*… M. de La Selle ne permit jamais un mot

175　contre la probité* du défunt, et quand on parlait de ces choses sans respect en sa présence, il avait coutume de dire : « L'homme ne peut pas tout expliquer. Peut-être vaut-il mieux pour lui être sans reproche que sans croyance. »

---

1. Livres tournois : ancienne monnaie frappée dans la ville de Tours, de plus faible valeur que celle que l'on frappait à Paris.

STENDHAL
1783-1842

Vanina Vanini
Ou particularités sur la dernière vente de carbonari découverte dans les États du pape

C'était un soir du printemps de 182... Tout Rome était en mouvement : M. le duc de B..., ce fameux banquier, donnait un bal dans son nouveau palais de la place de Venise. Tout ce que les arts de l'Italie, tout ce que le luxe de Paris et de Londres peuvent produire de plus magni-
5 fique avait été réuni pour l'embellissement de ce palais. Le concours était immense. Les beautés blondes et réservées de la noble Angleterre avaient brigué l'honneur d'assister à ce bal ; elles arrivaient en foule. Les plus belles femmes de Rome leur disputaient le prix de la beauté. Une jeune fille que l'éclat de ses yeux et ses cheveux d'ébène procla-
10 maient Romaine entra conduite par son père ; tous les regards la suivirent. Un orgueil singulier éclatait dans chacun de ses mouvements.

On voyait les étrangers qui entraient frappés de la magnificence de ce bal. « Les fêtes d'aucun des rois de l'Europe, disaient-ils, n'approchent point de ceci. »
15 Les rois n'ont pas un palais d'architecture romaine : ils sont obligés d'inviter les grandes dames de leur cour ; M. le duc de B... ne prie que de jolies femmes. Ce soir-là il avait été heureux dans ses invitations ; les hommes semblaient éblouis. Parmi tant de femmes remarquables il fut question de décider quelle était la plus belle : le choix resta
20 quelque temps indécis ; mais enfin la princesse Vanina Vanini, cette jeune fille aux cheveux noirs et à l'œil de feu, fut proclamée la reine

du bal. Aussitôt les étrangers et les jeunes Romains, abandonnant tous les autres salons, firent foule dans celui où elle était.

Son père, le prince don Asdrubale Vanini, avait voulu qu'elle dansât
25 d'abord avec deux ou trois souverains d'Allemagne. Elle accepta ensuite les invitations de quelques Anglais fort beaux et fort nobles ; leur air empesé l'ennuya. Elle parut prendre plus de plaisir à tourmenter le jeune Livio Savelli qui semblait fort amoureux. C'était le jeune homme le plus brillant de Rome, et de plus lui aussi était
30 prince ; mais, si on lui eût donné à lire un roman, il eût jeté le volume au bout de vingt pages, disant qu'il lui donnait mal à la tête. C'était un désavantage aux yeux de Vanina.

Vers le minuit une nouvelle se répandit dans le bal, et fit assez d'effet. Un jeune carbonaro [1], détenu au fort Saint-Ange, venait de se
35 sauver le soir même, à l'aide d'un déguisement, et, par un excès d'audace romanesque, arrivé au dernier corps de garde de la prison, il avait attaqué les soldats avec un poignard ; mais il avait été blessé lui-même, les sbires [2] le suivaient dans les rues à la trace de son sang, et on espérait le ravoir.

40 Comme on racontait cette anecdote, don Livio Savelli, ébloui des grâces et des succès de Vanina, avec laquelle il venait de danser, lui disait en la reconduisant à sa place, et presque fou d'amour :

— Mais, de grâce, qui donc pourrait vous plaire ?

— Ce jeune carbonaro qui vient de s'échapper, lui répondit Vanina ;
45 au moins celui-là a fait quelque chose de plus que de se donner la peine de naître.

---

1. *Carbonaro* : mot italien signifiant « charbonnier ». Historiquement, les *Carbonari* (pluriel de *carbonaro*) était le nom d'une société secrète italienne du xixᵉ siècle, dont les membres combattaient pour les idées révolutionnaires et la liberté nationale après la chute des nouvelles républiques. Ils visaient donc l'instauration d'un gouvernement démocratique. Les *Carbonari* étaient divisés en petites compagnies de 20 membres (*ventes*), qui envoyaient des députés à une assemblée centrale appelée *vente suprême*. Un mouvement similaire, calqué sur le modèle italien, exista en France. Les « charbonniers » français luttaient contre la Restauration (voir « Les romantiques et leur époque », p. 234) et contribuèrent à la chute de ce régime.

2. Sbires (péjoratif) : hommes chargés de l'exécution des sentences judiciaires et des mesures de police.

Le prince don Asdrubale s'approcha de sa fille. C'est un homme riche qui depuis vingt ans n'a pas compté avec son intendant, lequel lui prête ses propres revenus à un intérêt fort élevé. Si vous le rencontrez
50 dans la rue, vous le prendrez pour un vieux comédien ; vous ne remarquerez pas que ses mains sont chargées de cinq ou six bagues énormes garnies de diamants fort gros. Ses deux fils se sont faits jésuites[1], et ensuite sont morts fous. Il les a oubliés ; mais il est fâché que sa fille unique, Vanina, ne veuille pas se marier. Elle a déjà dix-neuf ans, et a
55 refusé les partis les plus brillants. Quelle est sa raison ? la même que celle de Sylla[2] pour abdiquer, *son mépris pour les Romains*.

Le lendemain du bal, Vanina remarqua que son père, le plus négligent des hommes, et qui de la vie ne s'était donné la peine de prendre une clef, fermait avec beaucoup d'attention la porte d'un petit esca-
60 lier qui conduisait à un appartement situé au troisième étage du palais. Cet appartement avait des fenêtres sur une terrasse garnie d'orangers. Vanina alla faire quelques visites dans Rome ; au retour, la grande porte du palais étant embarrassée par les préparatifs d'une illumination, la voiture rentra par les cours de derrière. Vanina leva
65 les yeux, et vit avec étonnement qu'une des fenêtres de l'appartement que son père avait fermé avec tant de soin était ouverte. Elle se débarrassa de sa dame de compagnie, monta dans les combles[3] du palais, et à force de chercher parvint à trouver une petite fenêtre grillée qui donnait sur la terrasse garnie d'orangers. La fenêtre ouverte qu'elle
70 avait remarquée était à deux pas d'elle. Sans doute cette chambre était habitée ; mais par qui ? Le lendemain Vanina parvint à se procurer la clef d'une petite porte qui ouvrait sur la terrasse garnie d'orangers.

Elle s'approcha à pas de loup de la fenêtre qui était encore ouverte. Une persienne[4] servit à la cacher. Au fond de la chambre il y avait un
75 lit et quelqu'un dans ce lit. Son premier mouvement fut de se retirer ;

---

1. Jésuites : membres d'un puissant et célèbre ordre religieux catholique. La Compagnie de Jésus existe depuis 1540.
2. Lucius Cornelius Sylla ou Sulla (138-78 av. J.-C.), homme d'État romain qui prit le titre de dictateur perpétuel de Rome avant d'abdiquer son pouvoir en 79 av. J.-C., à la stupéfaction générale.
3. Combles : constructions couronnant le sommet du palais.
4. Persienne : châssis de bois qui s'ouvre en dehors des fenêtres, et sur lequel sont assemblées, à distance égale, des tringles de bois en abat-jour.

mais elle aperçut une robe de femme jetée sur une chaise. En regardant mieux la personne qui était au lit, elle vit qu'elle était blonde, et apparemment fort jeune. Elle ne douta plus que ce ne fût une femme. La robe jetée sur une chaise était ensanglantée ; il y avait aussi du sang
80 sur des souliers de femme placés sur une table. L'inconnue fit un mouvement ; Vanina s'aperçut qu'elle était blessée. Un grand linge taché de sang couvrait sa poitrine ; ce linge n'était fixé que par des rubans ; ce n'était pas la main d'un chirurgien qui l'avait placé ainsi. Vanina remarqua que chaque jour, vers les quatre heures, son père
85 s'enfermait dans son appartement, et ensuite allait vers l'inconnue ; il redescendait bientôt, et montait en voiture pour aller chez la comtesse Vitteleschi. Dès qu'il était sorti, Vanina montait à la petite terrasse, d'où elle pouvait apercevoir l'inconnue. Sa sensibilité était vivement excitée en faveur de cette jeune femme si malheureuse ; elle cherchait
90 à deviner son aventure. La robe ensanglantée jetée sur une chaise paraissait avoir été percée de coups de poignard. Vanina pouvait compter les déchirures. Un jour elle vit l'inconnue plus distinctement : ses yeux bleus étaient fixés dans le ciel ; elle semblait prier. Bientôt des larmes remplirent ses beaux yeux ; la jeune princesse eut
95 bien de la peine à ne pas lui parler. Le lendemain Vanina osa se cacher sur la petite terrasse avant l'arrivée de son père. Elle vit don Asdrubale entrer chez l'inconnue ; il portait un petit panier où étaient des provisions. Le prince avait l'air inquiet, et ne dit pas grand-chose. Il parlait si bas que, quoique la porte-fenêtre fût ouverte, Vanina ne put
100 entendre ses paroles. Il partit aussitôt.

« Il faut que cette pauvre femme ait des ennemis bien terribles, se dit Vanina, pour que mon père, d'un caractère si insouciant, n'ose se confier à personne et se donne la peine de monter cent vingt marches chaque jour. »

105 Un soir, comme Vanina avançait doucement la tête vers la croisée* de l'inconnue, elle rencontra ses yeux, et tout fut découvert. Vanina se jeta à ses genoux, et s'écria :

— Je vous aime, je vous suis dévouée.

L'inconnue lui fit signe d'entrer.

110 — Que je vous dois d'excuses, s'écria Vanina, et que ma sotte curiosité doit vous sembler offensante! Je vous jure le secret, et, si vous l'exigez, jamais je ne reviendrai.

— Qui pourrait ne pas trouver du bonheur à vous voir? dit l'inconnue. Habitez-vous ce palais?

115 — Sans doute, répondit Vanina. Mais je vois que vous ne me connaissez pas: je suis Vanina, fille de don Asdrubale.

L'inconnue la regarda d'un air étonné, rougit beaucoup, puis ajouta:

— Daignez me faire espérer que vous viendrez me voir tous les 120 jours; mais je désirerais que le prince ne sût pas vos visites.

Le cœur de Vanina battait avec force; les manières de l'inconnue lui semblaient remplies de distinction. Cette pauvre femme avait sans doute offensé quelque homme puissant; peut-être dans un moment de jalousie avait-elle tué son amant? Vanina ne pouvait voir une cause 125 vulgaire à son malheur. L'inconnue lui dit qu'elle avait reçu une blessure dans l'épaule, qui avait pénétré jusqu'à la poitrine et la faisait beaucoup souffrir. Souvent elle se trouvait la bouche pleine de sang.

— Et vous n'avez pas de chirurgien! s'écria Vanina.

— Vous savez qu'à Rome, dit l'inconnue, les chirurgiens doivent à la 130 police un rapport exact de toutes les blessures qu'ils soignent. Le prince daigne lui-même serrer mes blessures avec le linge que vous voyez.

L'inconnue évitait avec une grâce parfaite de s'apitoyer sur son accident; Vanina l'aimait à la folie. Une chose pourtant étonna beaucoup la jeune princesse, c'est qu'au milieu d'une conversation assuré-135 ment fort sérieuse l'inconnue eut beaucoup de peine à supprimer une envie subite de rire.

— Je serais heureuse, lui dit Vanina, de savoir votre nom.

— On m'appelle Clémentine.

— Eh bien! chère Clémentine, demain à cinq heures je viendrai 140 vous voir.

Le lendemain Vanina trouva sa nouvelle amie fort mal.

— Je veux vous amener un chirurgien, dit Vanina en l'embrassant.

— J'aimerais mieux mourir, dit l'inconnue. Voudrais-je compromettre mes bienfaiteurs?

145 — Le chirurgien de Mgr Savelli-Catanzara, le gouverneur de Rome, est fils d'un de nos domestiques, reprit vivement Vanina ; il nous est dévoué, et par sa position ne craint personne. Mon père ne rend pas justice à sa fidélité ; je vais le faire demander.

— Je ne veux pas de chirurgien, s'écria l'inconnue avec une viva-
150 cité qui surprit Vanina. Venez me voir, et si Dieu doit m'appeler à lui, je mourrai heureuse dans vos bras.

Le lendemain l'inconnue était plus mal.

— Si vous m'aimez, dit Vanina en la quittant, vous verrez un chi-rurgien.

155 — S'il vient, mon bonheur s'évanouit.

— Je vais l'envoyer chercher, reprit Vanina.

Sans rien dire, l'inconnue la retint, et prit sa main qu'elle couvrit de baisers. Il y eut un long silence, l'inconnue avait les larmes aux yeux. Enfin, elle quitta la main de Vanina, et de l'air dont elle serait
160 allée à la mort, lui dit :

— J'ai un aveu à vous faire. Avant-hier, j'ai menti en disant que je m'appelais Clémentine ; je suis un malheureux carbonaro*…

Vanina étonnée recula sa chaise et bientôt se leva.

— Je sens, continua le carbonaro, que cet aveu va me faire perdre
165 le seul bien qui m'attache à la vie ; mais il est indigne de moi de vous tromper. Je m'appelle Pietro Missirilli ; j'ai dix-neuf ans ; mon père est un pauvre chirurgien de Saint-Angelo-in-Vado, moi je suis carbo-naro. On a surpris notre *vente* [1] ; j'ai été amené, enchaîné, de la Romagne [2] à Rome. Plongé dans un cachot éclairé jour et nuit par une
170 lampe, j'y ai passé treize mois. Une âme charitable a eu l'idée de me faire sauver. On m'a habillé en femme. Comme je sortais de prison et passais devant les gardes de la dernière porte, l'un deux a maudit les carbonari ; je lui ai donné un soufflet*. Je vous assure que ce ne fut pas une vaine bravade, mais tout simplement une distraction. Poursuivi
175 la nuit dans les rues de Rome après cette imprudence, blessé de coups de baïonnette*, perdant déjà mes forces, je monte dans une maison dont la porte était ouverte ; j'entends les soldats qui montent après

---

1. Vente : voir *Carbonaro* (note 1, p. 172).
2. Romagne : région historique du nord de l'Italie.

moi, je saute dans un jardin ; je tombe à quelques pas d'une femme qui se promenait.

180   — La comtesse Vitteleschi ! l'amie de mon père, dit Vanina.

— Quoi ! vous l'a-t-elle dit ? s'écria Missirilli. Quoi qu'il en soit, cette dame, dont le nom ne doit jamais être prononcé, me sauva la vie. Comme les soldats entraient chez elle pour me saisir, votre père m'en faisait sortir dans sa voiture. Je me sens fort mal : depuis quelques 185 jours ce coup de baïonnette dans l'épaule m'empêche de respirer. Je vais mourir, et désespéré, puisque je ne vous verrai plus.

Vanina avait écouté avec impatience ; elle sortit rapidement : Missirilli ne trouva nulle pitié dans ces yeux si beaux, mais seulement l'expression d'un caractère altier[1] que l'on vient de blesser.

190   À la nuit, un chirurgien parut ; il était seul, Missirilli fut au désespoir ; il craignait de ne revoir jamais Vanina. Il fit des questions au chirurgien, qui le saigna et ne lui répondit pas. Même silence les jours suivants. Les yeux de Pietro ne quittaient pas la fenêtre de la terrasse par laquelle Vanina avait coutume d'entrer ; il était fort malheureux. 195 Une fois, vers minuit, il crut apercevoir quelqu'un dans l'ombre sur la terrasse : était-ce Vanina ?

Vanina venait toutes les nuits coller sa joue contre les vitres de la fenêtre du jeune carbonaro.

« Si je lui parle, se disait-elle, je suis perdue ! Non, jamais je ne dois 200 le revoir ! »

Cette résolution arrêtée, elle se rappelait, malgré elle, l'amitié qu'elle avait prise pour ce jeune homme, quand si sottement elle le croyait une femme. Après une intimité si douce, il fallait donc l'oublier ! Dans ses moments les plus raisonnables, Vanina était effrayée 205 du changement qui avait lieu dans ses idées. Depuis que Missirilli s'était nommé, toutes les choses auxquelles elle avait l'habitude de penser s'étaient comme recouvertes d'un voile, et ne paraissaient plus que dans l'éloignement.

Une semaine ne s'était pas écoulée, que Vanina, pâle et tremblante, 210 entra dans la chambre du jeune carbonaro avec le chirurgien. Elle venait lui dire qu'il fallait engager le prince à se faire remplacer par un

---

1. Altier : noble, orgueilleux.

domestique. Elle ne resta pas dix secondes ; mais quelques jours après elle revint encore avec le chirurgien, par humanité. Un soir, quoique Missirilli fût bien mieux, et que Vanina n'eût plus le prétexte de
215 craindre pour sa vie, elle osa venir seule. En la voyant, Missirilli fut au comble du bonheur, mais il songea à cacher son amour ; avant tout, il ne voulait pas s'écarter de la dignité convenable à un homme. Vanina, qui était entrée chez lui le front couvert de rougeur, et craignant des propos d'amour, fut déconcertée de l'amitié noble et dévouée, mais
220 fort peu tendre, avec laquelle il la reçut. Elle partit sans qu'il essayât de la retenir.

Quelques jours après, lorsqu'elle revint, même conduite, mêmes assurances de dévouement respectueux et de reconnaissance éternelle. Bien loin d'être occupée à mettre un frein aux transports du
225 jeune carbonaro*, Vanina se demanda si elle aimait seule. Cette jeune fille, jusque-là si fière, sentit amèrement toute l'étendue de sa folie. Elle affecta de la gaieté et même de la froideur, vint moins souvent, mais ne put prendre sur elle de cesser de voir le jeune malade.

Missirilli, brûlant d'amour, mais songeant à sa naissance obscure et
230 à ce qu'il se devait, s'était promis de ne descendre à parler d'amour que si Vanina restait huit jours sans le voir. L'orgueil de la jeune princesse combattit pied à pied. « Eh bien ! se dit-elle enfin, si je le vois, c'est pour moi, c'est pour me faire plaisir, et jamais je ne lui avouerai l'intérêt qu'il m'inspire. » Elle faisait de longues visites à Missirilli, qui lui par-
235 lait comme il eût pu faire si vingt personnes eussent été présentes. Un soir, après avoir passé la journée à le détester et à se bien promettre d'être avec lui encore plus froide et plus sévère qu'à l'ordinaire, elle lui dit qu'elle l'aimait. Bientôt elle n'eut plus rien à lui refuser.

Si sa folie fut grande, il faut avouer que Vanina fut parfaitement
240 heureuse. Missirilli ne songea plus à ce qu'il croyait devoir à sa dignité d'homme ; il aima comme on aime pour la première fois à dix-neuf ans et en Italie. Il eut tous les scrupules de l'amour-passion, jusqu'au point d'avouer à cette jeune princesse si fière la politique dont il avait fait usage pour s'en faire aimer. Il était étonné de l'excès de son bon-
245 heur. Quatre mois passèrent bien vite. Un jour, le chirurgien rendit la liberté à son malade. « Que vais-je faire ? pensa Missirilli ; rester caché chez une des plus belles personnes de Rome ? Et les vils tyrans qui

m'ont tenu treize mois en prison sans me laisser voir la lumière du jour croiront m'avoir découragé! Italie, tu es vraiment malheureuse,
250 si tes enfants t'abandonnent pour si peu!»

Vanina ne doutait pas que le plus grand bonheur de Pietro ne fût de lui rester à jamais attaché; il semblait trop heureux; mais un mot du général Bonaparte retentissait amèrement dans l'âme de ce jeune homme, et influençait toute sa conduite à l'égard des femmes. En
255 1796, comme le général Bonaparte quittait Brescia [1], les municipaux qui l'accompagnaient à la porte de la ville lui disaient que les Bressans aimaient la liberté par-dessus tous les autres Italiens. — Oui, répondit-il, ils aiment à en parler à leurs maîtresses.

Missirilli dit à Vanina d'un air assez contraint:
260 — Dès que la nuit sera venue, il faut que je sorte.

— Aie bien soin de rentrer au palais avant le point du jour; je t'attendrai.

— Au point du jour je serai à plusieurs milles de Rome.

— Fort bien, dit Vanina froidement, et où irez-vous?
265 — En Romagne*, me venger.

— Comme je suis riche, reprit Vanina de l'air le plus tranquille, j'espère que vous accepterez de moi des armes et de l'argent.

Missirilli la regarda quelques instants sans sourciller; puis, se jetant dans ses bras:
270 — Âme de ma vie, tu me fais tout oublier, lui dit-il; et même mon devoir. Mais plus ton cœur est noble, plus tu dois me comprendre.

Vanina pleura beaucoup, et il fut convenu qu'il ne quitterait Rome que le surlendemain.

— Pietro, lui dit-elle le lendemain, souvent vous m'avez dit qu'un
275 homme connu, qu'un prince romain, par exemple, qui pourrait disposer de beaucoup d'argent, serait en état de rendre les plus grands services à la cause de la liberté, si jamais l'Autriche est engagée loin de nous [2], dans quelque grande guerre.

— Sans doute, dit Pietro étonné.

---

1. Brescia: ville du nord-ouest de l'Italie, passée aux mains de Napoléon Bonaparte (1769-1821) lors de la campagne d'Italie, en 1796-1797.
2. Si jamais l'Autriche est engagée loin de nous: l'Italie était retournée aux mains de l'Autriche après le Congrès de Vienne (1815) qui mettait définitivement fin à l'Empire (de Napoléon Ier).

280 — Eh bien! vous avez du cœur; il ne vous manque qu'une haute position; je viens vous offrir ma main et deux cent mille livres* de rente. Je me charge d'obtenir le consentement de mon père.

Pietro se jeta à ses pieds; Vanina était rayonnante de joie.

— Je vous aime avec passion, lui dit-il; mais je suis un pauvre ser-
285 viteur de la patrie; mais plus l'Italie est malheureuse, plus je dois lui rester fidèle. Pour obtenir le consentement de don Asdrubale, il faudra jouer un triste rôle pendant plusieurs années. Vanina, je te refuse.

Missirilli se hâta de s'engager par ce mot. Le courage allait lui manquer.

290 — Mon malheur, s'écria-t-il, c'est que je t'aime plus que la vie, c'est que quitter Rome est pour moi le pire des supplices. Ah! que l'Italie n'est-elle délivrée des barbares[1]! Avec quel plaisir je m'embar-querais avec toi pour aller vivre en Amérique.

Vanina restait glacée. Ce refus de sa main avait étonné son orgueil;
295 mais bientôt elle se jeta dans les bras de Missirilli.

— Jamais tu ne m'as semblé aussi aimable, s'écria-t-elle; oui, mon petit chirurgien de campagne, je suis à toi pour toujours. Tu es un grand homme comme nos anciens Romains.

Toutes les idées d'avenir, toutes les tristes suggestions du bon sens
300 disparurent; ce fut un instant d'amour parfait. Lorsque l'on put parler raison:

— Je serai en Romagne* presque aussitôt que toi, dit Vanina. Je vais me faire ordonner les bains de la *Poretta*. Je m'arrêterai au châ-teau que nous avons à San Nicolò près de Forli…

305 — Là, je passerai ma vie avec toi! s'écria Missirilli.

— Mon lot désormais est de tout oser, reprit Vanina avec un soupir. Je me perdrai pour toi, mais n'importe… Pourras-tu aimer une fille déshonorée?

— N'es-tu pas ma femme, dit Missirilli, et une femme à jamais
310 adorée? Je saurai t'aimer et te protéger.

Il fallait que Vanina allât dans le monde. À peine eut-elle quitté Missirilli, qu'il commença à trouver sa conduite barbare.

«Qu'est-ce que la *patrie*? se dit-il. Ce n'est pas un être à qui nous devions de la reconnaissance pour un bienfait, et qui soit malheureux

---

1. Barbares: désigne ici les Autrichiens.

315 et puisse nous maudire si nous y manquons. La *patrie* et la *liberté*,
c'est comme mon manteau, c'est une chose qui m'est utile, que je dois
acheter, il est vrai, quand je ne l'ai pas reçue en héritage de mon père ;
mais enfin j'aime la patrie et la liberté, parce que ces deux choses me
sont utiles. Si je n'en ai que faire, si elles sont pour moi comme un
320 manteau au mois d'août, à quoi bon les acheter, et à un prix énorme ?
Vanina est si belle ! elle a un génie si singulier ! On cherchera à lui
plaire ; elle m'oubliera. Quelle est la femme qui n'a jamais eu qu'un
amant ? Ces princes romains, que je méprise comme citoyens, ont tant
d'avantages sur moi ! Ils doivent être bien aimables ! Ah ! si je pars, elle
325 m'oublie, et je la perds pour jamais. »

Au milieu de la nuit, Vanina vint le voir ; il lui dit l'incertitude où
il venait d'être plongé, et la discussion à laquelle, parce qu'il l'aimait, il
avait livré ce grand mot de *patrie*. Vanina était bien heureuse.

« S'il devait choisir absolument entre la patrie et moi, se disait-elle,
330 j'aurais la préférence. »

L'horloge de l'église voisine sonna trois heures ; le moment des
derniers adieux arrivait. Pietro s'arracha des bras de son amie. Il descendait déjà le petit escalier, lorsque Vanina, retenant ses larmes, lui
dit en souriant :

335 — Si tu avais été soigné par une pauvre femme de la campagne, ne
ferais-tu rien pour la reconnaissance ? Ne chercherais-tu pas à la
payer ? L'avenir est incertain, tu vas voyager au milieu de tes ennemis :
donne-moi trois jours par reconnaissance, comme si j'étais une
pauvre femme, et pour me payer de mes soins.

340 Missirilli resta. Enfin il quitta Rome. Grâce à un passeport acheté
d'une ambassade étrangère, il arriva dans sa famille. Ce fut une
grande joie ; on le croyait mort. Ses amis voulurent célébrer sa bien-
venue en tuant un carabinier ou deux (c'est le nom que portent les
gendarmes dans les États du pape).

345 — Ne tuons pas sans nécessité un Italien qui sait le maniement des
armes, dit Missirilli ; notre patrie n'est pas une île comme l'heureuse
Angleterre : c'est de soldats que nous manquons pour résister à l'intervention des rois de l'Europe.

Quelque temps après, Missirilli, serré de près par les carabiniers, en tua deux avec les pistolets que Vanina lui avait donnés. On mit sa tête à prix.

Vanina ne paraissait pas en Romagne* : Missirilli se crut oublié. Sa vanité fut choquée ; il commençait à songer beaucoup à la différence de rang qui le séparait de sa maîtresse. Dans un moment d'attendrissement et de regret du bonheur passé, il eut l'idée de retourner à Rome voir ce que faisait Vanina. Cette folle pensée allait l'emporter sur ce qu'il croyait être son devoir, lorsqu'un soir la cloche d'une église de la montagne sonna l'*Angelus* [1] d'une façon singulière, et comme si le sonneur avait une distraction. C'était un signal de réunion pour la *vente** de carbonari* à laquelle Missirilli s'était affilié en arrivant en Romagne. La même nuit, tous se trouvèrent à un certain ermitage* dans les bois. Les deux ermites, assoupis par l'opium, ne s'aperçurent nullement de l'usage auquel servait leur petite maison. Missirilli qui arrivait fort triste, apprit là que le chef de la *vente* avait été arrêté, et que lui, jeune homme à peine âgé de vingt ans, allait être élu chef d'une *vente* qui comptait des hommes de plus de cinquante ans, et qui étaient dans les conspirations depuis l'expédition de Murat en 1815 [2]. En recevant cet honneur inespéré, Pietro sentit battre son cœur. Dès qu'il fut seul, il résolut de ne plus songer à la jeune Romaine qui l'avait oublié, et de consacrer toutes ses pensées au devoir de *délivrer l'Italie des barbares**.

Deux jours après, Missirilli vit dans le rapport des arrivées et des départs qu'on lui adressait, comme chef de *vente,* que la princesse Vanina venait d'arriver à son château de San Nicolò. La lecture de ce nom jeta plus de trouble que de plaisir dans son âme. Ce fut en vain qu'il crut assurer sa fidélité à la patrie en prenant sur lui de ne pas voler le soir même au château de San Nicolò ; l'idée de Vanina, qu'il négligeait, l'empêcha de remplir ses devoirs d'une façon raisonnable. Il la vit le lendemain ; elle l'aimait comme à Rome. Son père, qui voulait la

---

1. *Angelus* : prière qui se fait le matin, à midi et le soir.
2. Joachim Murat (1767-1815), maréchal du Ier Empire qui, après la défaite de Napoléon, tenta de reconquérir Naples à l'aide d'une poignée de partisans.

380 marier, avait retardé son départ. Elle apportait deux mille sequins[1]. Ce secours imprévu servit merveilleusement à accréditer Missirilli dans sa nouvelle dignité. On fit fabriquer des poignards à Corfou ; on gagna le secrétaire intime du légat[2], chargé de poursuivre les carbonari. On obtint ainsi la liste des curés qui servaient d'espions au gouvernement.

385 C'est à cette époque que finit de s'organiser l'une des moins folles conspirations qui aient été tentées dans la malheureuse Italie. Je n'entrerai point ici dans des détails déplacés. Je me contenterai de dire que si le succès eût couronné l'entreprise, Missirilli eût pu réclamer une bonne part de la gloire. Par lui, plusieurs milliers d'insurgés se seraient 390 levés à un signal donné, et auraient attendu en armes l'arrivée des chefs supérieurs. Le moment décisif approchait, lorsque, comme cela arrive toujours, la conspiration fut paralysée par l'arrestation des chefs.

À peine arrivée en Romagne, Vanina crut voir que l'amour de la patrie ferait oublier à son amant tout autre amour. La fierté de la 395 jeune Romaine s'irrita. Elle essaya en vain de se raisonner ; un noir chagrin s'empara d'elle : elle se surprit à maudire la liberté. Un jour qu'elle était venue à Forli pour voir Missirilli, elle ne fut pas maîtresse de sa douleur, que toujours jusque-là son orgueil avait su maîtriser.

— En vérité, lui dit-elle, vous m'aimez comme un mari ; ce n'est 400 pas mon compte.

Bientôt ses larmes coulèrent ; mais c'était de honte de s'être abaissée jusqu'aux reproches. Missirilli répondit à ces larmes en homme préoccupé. Tout à coup Vanina eut l'idée de le quitter et de retourner à Rome. Elle trouva une joie cruelle à se punir de la faiblesse 405 qui venait de la faire parler. Au bout de peu d'instants de silence, son parti fut pris ; elle se fût trouvée indigne de Missirilli si elle ne l'eût pas quitté. Elle jouissait de sa surprise douloureuse quand il la chercherait en vain auprès de lui. Bientôt l'idée de n'avoir pu obtenir l'amour de l'homme pour qui elle avait fait tant de folies l'attendrit profondé-410 ment. Alors elle rompit le silence, et fit tout au monde pour lui arracher une parole d'amour. Il lui dit d'un air distrait des choses fort

---

1. Sequins : monnaie d'or.
2. Légat : cardinal nommé par le pape pour administrer une province de l'État ecclésiastique.

tendres ; mais ce fut avec un accent bien autrement profond qu'en parlant de ses entreprises politiques, il s'écria avec douleur :

— *Ah ! si cette affaire-ci ne réussit pas, si le gouvernement la* 415 *découvre encore, je quitte la partie.*

Vanina resta immobile. Depuis une heure, elle sentait qu'elle voyait son amant pour la dernière fois. Le mot qu'il prononçait jeta une lumière fatale dans son esprit. Elle se dit :

« Les carbonari* ont reçu de moi plusieurs milliers de sequins*. On 420 ne peut douter de mon dévouement à la conspiration. »

Vanina ne sortit de sa rêverie que pour dire à Pietro :

— Voulez-vous venir passer vingt-quatre heures avec moi au châ- teau de San Nicolò ? Votre assemblée de ce soir n'a pas besoin de ta présence. Demain matin, à San Nicolò, nous pourrons nous pro- 425 mener ; cela calmera ton agitation et te rendra tout le sang-froid dont tu as besoin dans ces grandes circonstances.

Pietro y consentit.

Vanina le quitta pour les préparatifs du voyage, en fermant à clef, comme de coutume la petite chambre où elle l'avait caché.

430   Elle courut chez une de ses femmes de chambre qui l'avait quittée pour se marier et prendre un petit commerce à Forli. Arrivée chez cette femme, elle écrivit à la hâte à la marge d'un livre d'Heures [1] qu'elle trouva dans sa chambre, l'indication exacte du lieu où la *vente** des carbonari devait se réunir cette nuit-là même. Elle termina sa 435 dénonciation par ces mots : « Cette *vente* est composée de dix-neuf membres ; voici leurs noms et leurs adresses. » Après avoir écrit cette liste, très exacte à cela près que le nom de Missirilli était omis, elle dit à la femme, dont elle était sûre :

— Porte ce livre au cardinal-légat* ; qu'il lise ce qui est écrit, et qu'il 440 te rende le livre. Voici dix sequins ; si jamais le légat prononce ton nom, ta mort est certaine ; mais tu me sauves la vie si tu fais lire au légat la page que je viens d'écrire.

Tout se passa à merveille. La peur du légat fit qu'il ne se conduisit point en grand seigneur. Il permit à la femme du peuple qui demandait 445 à lui parler de ne paraître devant lui que masquée, mais à condition

---

1. Livre d'Heures : ouvrage médiéval enluminé (illustré) contenant une collection de textes religieux et servant de livre de référence pour la pratique de la religion catholique.

qu'elle aurait les mains liées. En cet état, la marchande fut introduite
devant le grand personnage, qu'elle trouva retranché derrière une
immense table, couverte d'un tapis vert.

450 Le légat lut la page du livre d'Heures, en le tenant fort loin de lui,
de peur d'un poison subtil. Il le rendit à la marchande, et ne la fit
point suivre. Moins de quarante minutes après avoir quitté son
amant, Vanina, qui avait vu revenir son ancienne femme de chambre,
reparut devant Missirilli, croyant que désormais il était tout à elle. Elle
lui dit qu'il y avait un mouvement extraordinaire dans la ville ; on
455 remarquait des patrouilles de carabiniers dans des rues où ils ne
venaient jamais.

— Si tu veux m'en croire, ajouta-t-elle, nous partirons à l'instant
même pour San Nicolò.

Missirilli y consentit. Ils gagnèrent à pied la voiture de la jeune
460 princesse, qui, avec sa dame de compagnie, confidente discrète et bien
payée, l'attendait à une demi-lieue* de la ville.

Arrivée au château de San Nicolò, Vanina, troublée par son étrange
démarche, redoubla de tendresse pour son amant. Mais en lui parlant
d'amour, il lui semblait qu'elle jouait la comédie. La veille, en trahis-
465 sant, elle avait oublié le remords. En serrant son amant dans ses bras,
elle se disait :

« Il y a un certain mot qu'on peut lui dire, et ce mot prononcé, à
l'instant et pour toujours, il me prend en horreur. »

Au milieu de la nuit, un des domestiques de Vanina entra brusque-
470 ment dans sa chambre. Cet homme était carbonaro sans qu'elle s'en
doutât. Missirilli avait donc des secrets pour elle, même pour ces
détails. Elle frémit. Cet homme venait avertir Missirilli que dans la
nuit, à Forli, les maisons de dix-neuf carbonari avaient été cernées, et
eux arrêtés au moment où ils revenaient de la *vente*. Quoique pris à
475 l'improviste, neuf s'étaient échappés. Les carabiniers avaient pu en
conduire dix dans la prison de la citadelle. En y entrant, l'un d'eux
s'était jeté dans le puits, si profond, et s'était tué. Vanina perdit contenance ; heureusement Pietro ne le remarqua pas : il eût pu lire son
crime dans ses yeux.

480 Dans ce moment, ajouta le domestique, la garnison de Forli forme
une file dans toutes les rues. Chaque soldat est assez rapproché de son

voisin pour lui parler. Les habitants ne peuvent traverser d'un côté de la rue à l'autre, que là où un officier est placé.

Après la sortie de cet homme, Pietro ne fut pensif qu'un instant :

485 — Il n'y a rien à faire pour le moment, dit-il enfin.

Vanina était mourante ; elle tremblait sous les regards de son amant.

— Qu'avez-vous donc d'extraordinaire ? lui dit-il.

Puis il pensa à autre chose, et cessa de la regarder.

Vers le milieu de la journée, elle se hasarda à lui dire :

490 — Voilà encore une *vente** de découverte ; je pense que vous allez être tranquille pour quelque temps.

— *Très tranquille,* répondit Missirilli avec un sourire qui la fit frémir.

Elle alla faire une visite indispensable au curé du village de San Nicolò, peut-être espion des jésuites*. En rentrant pour dîner à sept
495 heures, elle trouva déserte la petite chambre où son amant était caché. Hors d'elle-même, elle courut le chercher dans toute la maison ; il n'y était point. Désespérée, elle revint dans cette petite chambre, ce fut alors seulement qu'elle vit un billet ; elle lut :

« *Je vais me rendre prisonnier au légat* ; je désespère de notre cause ; le*
500 *ciel est contre nous. Qui nous a trahis ? apparemment le misérable qui s'est jeté dans le puits. Puisque ma vie est inutile à la pauvre Italie, je ne veux pas que mes camarades, en voyant que, seul, je ne suis pas arrêté, puissent se figurer que je les ai vendus. Adieu ; si vous m'aimez, songez à me venger. Perdez, anéantissez l'infâme qui nous a trahis, fût-ce mon père.* »

505 Vanina tomba sur une chaise, à demi évanouie et plongée dans le malheur le plus atroce. Elle ne pouvait proférer aucune parole ; ses yeux étaient secs et brûlants.

Enfin elle se précipita à genoux :

— Grand Dieu ! s'écria-t-elle, recevez mon vœu ; oui, je punirai
510 l'infâme qui a trahi ; mais auparavant il faut rendre la liberté à Pietro.

Une heure après, elle était en route pour Rome. Depuis longtemps son père la pressait de revenir. Pendant son absence, il avait arrangé son mariage avec le prince Livio Savelli. À peine Vanina fut-elle arrivée, qu'il lui en parla en tremblant. À son grand étonnement, elle consentit
515 dès le premier mot. Le soir même, chez la comtesse Vitteleschi, son père lui présenta presque officiellement don Livio ; elle lui parla beaucoup. C'était le jeune homme le plus élégant et qui avait les plus beaux

chevaux; mais, quoiqu'on lui reconnût beaucoup d'esprit, son caractère passait pour tellement léger, qu'il n'était nullement suspect au
520 gouvernement. Vanina pensa qu'en lui faisant d'abord tourner la tête,
elle en ferait un agent commode. Comme il était neveu de monsignor
Savelli-Catanzara, gouverneur de Rome et ministre de la police, elle
supposait que les espions n'oseraient le suivre.

Après avoir fort bien traité, pendant quelques jours, l'aimable don
525 Livio, Vanina lui annonça que jamais il ne serait son époux; il avait,
suivant elle, la tête trop légère.

— Si vous n'étiez pas un enfant, lui dit-elle, les commis de votre
oncle n'auraient pas de secrets pour vous. Par exemple, quel parti
prend-on à l'égard des carbonari* découverts dernièrement à Forli?
530 Don Livio vint lui dire, deux jours après, que tous les carbonari
pris à Forli s'étaient évadés. Elle arrêta sur lui ses grands yeux noirs
avec le sourire amer du plus profond mépris, et ne daigna pas lui
parler de toute la soirée. Le surlendemain, don Livio vint lui avouer,
en rougissant, que d'abord on l'avait trompé.

535 — Mais, lui dit-il, je me suis procuré une clef du cabinet de mon
oncle; j'ai vu par les papiers que j'y ai trouvés qu'une *congrégation* (ou
commission), composée des cardinaux et des prélats [1] les plus en
crédit, s'assemble dans le plus grand secret, et délibère sur la question
de savoir s'il convient de juger ces carbonari à Ravenne [2] ou à Rome.
540 Les neuf carbonari pris à Forli, et leur chef, un nommé Missirilli, qui
a eu la sottise de se rendre, sont en ce moment détenus au château de
San Leo.

À ce mot de *sottise,* Vanina pinça le prince de toute sa force.

— Je veux moi-même, lui dit-elle, voir les papiers officiels et entrer
545 avec vous dans le cabinet de votre oncle; vous aurez mal lu.

À ces mots, don Livio frémit; Vanina lui demandait une chose
presque impossible; mais le génie bizarre de cette jeune fille redou-
blait son amour. Peu de jours après, Vanina, déguisée en homme et
portant un joli petit habit à la livrée [3] de la casa Savelli, put passer une
550 demi-heure au milieu des papiers les plus secrets du ministre de la

---

1. Prélats: titre particulier des principaux supérieurs ecclésiastiques.
2. Ravenne: ville italienne de la Romagne (voir note 2, p. 176 et glossaire, p. 321).
3. À la livrée: aux couleurs et aux caractéristiques propres à une maison, à une famille.

police. Elle eut un moment de vif bonheur, lorsqu'elle découvrit le rapport journalier du *prévenu* ❶ *Pietro Missirilli*. Ses mains tremblaient en tenant ce papier. En relisant ce nom, elle fut sur le point de se trouver mal. Au sortir du palais du gouverneur de Rome, Vanina
555 permit à don Livio de l'embrasser.

— Vous vous tirez bien, lui dit-elle, des épreuves auxquelles je veux vous soumettre.

Après un tel mot, le jeune prince eût mis le feu au Vatican pour plaire à Vanina. Ce soir-là, il y avait bal chez l'ambassadeur de France ;
560 elle dansa beaucoup et presque toujours avec lui. Don Livio était ivre de bonheur, il fallait l'empêcher de réfléchir.

— Mon père est quelquefois bizarre, lui dit un jour Vanina, il a chassé ce matin deux de ses gens qui sont venus pleurer chez moi. L'un m'a demandé d'être placé chez votre oncle le gouverneur de
565 Rome ; l'autre qui a été soldat d'artillerie sous les Français, voudrait être employé au château Saint-Ange.

— Je les prends tous les deux à mon service, dit vivement le jeune prince.

— Est-ce là ce que je vous demande ? répliqua fièrement Vanina. Je
570 vous répète textuellement la prière de ces pauvres gens ; ils doivent obtenir ce qu'ils ont demandé, et pas autre chose.

Rien de plus difficile. Monsignor Catanzara n'était rien moins qu'un homme léger, et n'admettait dans sa maison que des gens de lui bien connus. Au milieu d'une vie remplie, en apparence, par tous les
575 plaisirs, Vanina, bourrelée ❷ de remords, était fort malheureuse. La lenteur des événements la tuait. L'homme d'affaires de son père lui avait procuré de l'argent. Devait-elle fuir la maison paternelle et aller en Romagne* essayer de faire évader son amant ? Quelque déraisonnable que fût cette idée, elle était sur le point de la mettre à exécution, lorsque
580 le hasard eut pitié d'elle.

Don Livio lui dit :

— Les dix carbonari* de la *vente** Missirilli vont être transférés à Rome, sauf à être exécutés en Romagne, après leur condamnation. Voilà ce que mon oncle vient d'obtenir du pape ce soir. Vous

---

1. Prévenu : accusé.
2. Bourrelée : tourmentée.

585 et moi sommes les seuls dans Rome qui sachions ce secret. Êtes-vous contente ?

— Vous devenez un homme, répondit Vanina ; faites-moi cadeau de votre portrait.

La veille du jour où Missirilli devait arriver à Rome, Vanina prit un
590 prétexte pour aller à Città-Castellana. C'est dans la prison de cette ville que l'on fait coucher les carbonari que l'on transfère de la Romagne à Rome. Elle vit Missirilli le matin, comme il sortait de la prison : il était enchaîné seul sur une charrette ; il lui parut fort pâle, mais nullement découragé. Une vieille femme lui jeta un bouquet de
595 violettes, Missirilli sourit en la remerciant.

Vanina avait vu son amant, toutes ses pensées semblèrent renouvelées ; elle eut un nouveau courage. Dès longtemps elle avait fait obtenir un bel avancement à M. l'abbé Cari, aumônier du château Saint-Ange, où son amant allait être enfermé ; elle avait pris ce bon
600 prêtre pour confesseur. Ce n'est pas peu de chose à Rome que d'être confesseur d'une princesse, nièce du gouverneur.

Le procès des carbonari de Forli ne fut pas long. Pour se venger de leur arrivée à Rome, qu'il n'avait pu empêcher, le parti ultra[1] fit composer la commission qui devait les juger des prélats* les plus ambi-
605 tieux. Cette commission fut présidée par le ministre de la police.

La loi contre les carbonari est claire : ceux de Forli ne pouvaient conserver aucun espoir ; ils n'en défendirent pas moins leur vie par tous les subterfuges possibles. Non seulement leurs juges les condamnèrent à mort, mais plusieurs opinèrent pour des supplices atroces, le
610 poing coupé, etc. Le ministre de la police dont la fortune était faite (car on ne quitte cette place que pour prendre le chapeau), n'avait nul besoin de poing coupé : en portant la sentence au pape, il fit commuer[2] en quelques années de prison la peine de tous les condamnés. Le seul Pietro Missirilli fut excepté. Le ministre voyait dans ce jeune
615 homme un fanatique dangereux, et d'ailleurs il avait aussi été condamné à mort comme coupable de meurtre sur les deux carabiniers dont nous avons parlé. Vanina sut la sentence et la commutation peu d'instants après que le ministre fut revenu de chez le pape.

---

1. Parti ultra : parti conservateur au service de l'Église.
2. Commuer : changer une peine en une peine moindre.

Le lendemain, monsignor Catanzara rentra dans son palais vers le
620 minuit, il ne trouva point son valet de chambre ; le ministre, étonné,
sonna plusieurs fois ; enfin parut un vieux domestique imbécile : le
ministre, impatienté, prit le parti de se déshabiller lui-même. Il ferma
sa porte à clef ; il faisait fort chaud : il prit son habit et le lança en
paquet sur une chaise. Cet habit, jeté avec trop de force, passa par-
625 dessus la chaise, alla frapper le rideau de mousseline[1] de la fenêtre, et
dessina la forme d'un homme. Le ministre se jeta rapidement vers son
lit et saisit un pistolet. Comme il revenait près de la fenêtre, un fort
jeune homme, couvert de sa livrée*, s'approcha de lui le pistolet à la
main. À cette vue, le ministre approcha le pistolet de son œil ; il allait
630 tirer. Le jeune homme lui dit en riant :

— Eh quoi ! Monseigneur, ne reconnaissez-vous pas Vanina
Vanini ?

— Que signifie cette mauvaise plaisanterie ? répliqua le ministre
en colère.

635 — Raisonnons froidement, dit la jeune fille. D'abord votre pistolet
n'est pas chargé.

Le ministre, étonné, s'assura du fait ; après quoi il tira un poignard
de la poche de son gilet.

Vanina lui dit avec un petit air d'autorité charmant :

640 — Asseyons-nous, Monseigneur.

Et elle prit place tranquillement sur un canapé.

— Êtes-vous seule au moins ? dit le ministre.

— Absolument seule, je vous le jure ! s'écria Vanina.

C'est ce que le ministre eut soin de vérifier : il fit le tour de la
645 chambre et regarda partout ; après quoi il s'assit sur une chaise à trois
pas de Vanina.

— Quel intérêt aurais-je, dit Vanina d'un air doux et tranquille,
d'attenter aux jours d'un homme modéré, qui probablement serait
remplacé par quelque homme faible à tête chaude, capable de se
650 perdre soi et les autres ?

— Que voulez-vous donc, Mademoiselle ? dit le ministre avec
humeur. Cette scène ne me convient point et ne doit pas durer.

---

1. Mousseline : étoffe claire faite avec des fils de coton fins entrecroisés.

— Ce que je vais ajouter, reprit Vanina avec hauteur, et oubliant tout à coup son air gracieux, importe à vous plus qu'à moi. On veut que le carbonaro* Missirilli ait la vie sauve : s'il est exécuté, vous ne lui survivrez pas d'une semaine. Je n'ai aucun intérêt à tout ceci ; la folie dont vous vous plaignez, je l'ai faite pour m'amuser d'abord, et ensuite pour servir une de mes amies. J'ai voulu, continua Vanina, en reprenant son air de bonne compagnie, j'ai voulu rendre service à un homme d'esprit, qui bientôt sera mon oncle, et doit porter loin, suivant toute apparence, la fortune de sa maison.

Le ministre quitta l'air fâché : la beauté de Vanina contribua sans doute à ce changement rapide. On connaissait dans Rome le goût de monseigneur Catanzara pour les jolies femmes, et, dans son déguisement en valet de pied de la casa Savelli, avec des bas de soie bien tirés, une veste rouge, son petit habit bleu de ciel galonné [1] d'argent, et le pistolet à la main, Vanina était ravissante.

— Ma future nièce, dit le ministre en riant, vous faites là une haute folie, et ce ne sera pas la dernière.

— J'espère qu'un personnage aussi sage, répondit Vanina, me gardera le secret, et surtout envers don Livio, et pour vous y engager, mon cher oncle, si vous m'accordez la vie du protégé de mon amie, je vous donnerai un baiser.

Ce fut en continuant la conversation sur ce ton de demi-plaisanterie, avec lequel les dames romaines savent traiter les plus grandes affaires, que Vanina parvint à donner à cette entrevue, commencée le pistolet à la main, la couleur d'une visite faite par la jeune princesse Savelli à son oncle le gouverneur de Rome.

Bientôt monseigneur Catanzara, tout en rejetant avec hauteur l'idée de s'en laisser imposer par la crainte, en fut à raconter à sa nièce toutes les difficultés qu'il rencontrerait pour sauver la vie de Missirilli. En discutant, le ministre se promenait dans la chambre avec Vanina ; il prit une carafe de limonade qui était sur sa cheminée et en remplit un verre de cristal. Au moment où il allait le porter à ses lèvres, Vanina s'en empara, et, après l'avoir tenu quelque temps, le laissa tomber dans le jardin comme par distraction. Un instant après, le ministre

---

1. Galonné : orné de galons (tissu d'or ou d'argent plus étroit qu'un ruban et servant soit de décoration ou à indiquer un rang, un ordre, un mérite particuliers sur un habit).

prit une pastille de chocolat dans une bonbonnière, Vanina la lui enleva, et lui dit en riant :

— Prenez donc garde, tout chez vous est empoisonné ; car on
690 voulait votre mort. C'est moi qui ai obtenu la grâce de mon oncle futur, afin de ne pas entrer dans la famille Savelli absolument les mains vides.

Monseigneur Catanzara, fort étonné, remercia sa nièce, et donna de grandes espérances pour la vie de Missirilli.

695   — Notre marché est fait ! s'écria Vanina, et la preuve, c'est qu'en voici la récompense, dit-elle en l'embrassant.

Le ministre prit la récompense.

— Il faut que vous sachiez, ma chère Vanina, ajouta-t-il, que je n'aime pas le sang, moi. D'ailleurs, je suis jeune encore, quoique peut-
700 être je vous paraisse bien vieux, et je puis vivre à une époque où le sang versé aujourd'hui fera tache.

Deux heures sonnaient quand monseigneur Catanzara accompagna Vanina jusqu'à la petite porte de son jardin.

Le surlendemain, lorsque le ministre parut devant le pape, assez
705 embarrassé de la démarche qu'il avait à faire, Sa Sainteté lui dit :

— Avant tout, j'ai une grâce à vous demander. Il y a un de ces carbonari* de Forli qui est resté condamné à mort ; cette idée m'empêche de dormir : il faut sauver cet homme.

Le ministre, voyant que le pape avait pris son parti, fit beaucoup
710 d'objections, et finit par écrire un décret ou *motu proprio*[1], que le pape signa, contre l'usage.

Vanina avait pensé que peut-être elle obtiendrait la grâce de son amant, mais qu'on tenterait de l'empoisonner. Dès la veille, Missirilli avait reçu de l'abbé Cari, son confesseur, quelques petits paquets de bis-
715 cuits de mer, avec l'avis de ne pas toucher aux aliments fournis par l'État.

Vanina ayant su après que les carbonari de Forli allaient être transférés au château de San Leo, voulut essayer de voir Missirilli à son passage à Città-Castellana ; elle arriva dans cette ville vingt-quatre heures avant les prisonniers ; elle y trouva l'abbé Cari, qui l'avait précédée de
720 plusieurs jours. Il avait obtenu du geôlier que Missirilli pourrait

---

1. *Motu proprio* (« de son propre chef ») : lettre apostolique émise par le pape de sa propre initiative.

entendre la messe, à minuit, dans la chapelle de la prison. On alla plus
loin : si Missirilli voulait consentir à se laisser lier les bras et les jambes
par une chaîne, le geôlier se retirerait vers la porte de la chapelle, de
manière à voir toujours le prisonnier, dont il était responsable, mais à
725 ne pouvoir entendre ce qu'il dirait.

Le jour qui devait décider du sort de Vanina parut enfin. Dès le matin,
elle s'enferma dans la chapelle de la prison. Qui pourrait dire les pensées
qui l'agitèrent durant cette longue journée ? Missirilli l'aimait-il assez
pour lui pardonner ? Elle avait dénoncé sa *vente**, mais elle lui avait sauvé
730 la vie. Quand la raison prenait le dessus dans cette âme bourrelée**,
Vanina espérait qu'il voudrait consentir à quitter l'Italie avec elle : si elle
avait péché, c'était par excès d'amour. Comme quatre heures sonnaient,
elle entendit de loin, sur le pavé, le pas des chevaux des carabiniers. Le
bruit de chacun de ces pas semblait retentir dans son cœur. Bientôt elle
735 distingua le roulement des charrettes qui transportaient les prisonniers.
Elles s'arrêtèrent sur la petite place devant la prison ; elle vit deux carabiniers soulever Missirilli, qui était seul sur une charrette, et tellement
chargé de fers qu'il ne pouvait se mouvoir. « Du moins il vit, se dit-elle les
larmes aux yeux, ils ne l'ont pas encore empoisonné ! » La soirée fut
740 cruelle ; la lampe de l'autel, placée à une grande hauteur, et pour laquelle
le geôlier épargnait l'huile, éclairait seule cette chapelle sombre. Les yeux
de Vanina erraient sur les tombeaux de quelques grands seigneurs du
Moyen Âge morts dans la prison voisine. Leurs statues avaient l'air féroce.

Tous les bruits avaient cessé depuis longtemps ; Vanina était
745 absorbée dans ses noires pensées. Un peu après que minuit eut sonné,
elle crut entendre un bruit léger comme le vol d'une chauve-souris.
Elle voulut marcher, et tomba à demi évanouie sur la balustrade de
l'autel. Au même instant, deux fantômes se trouvèrent tout près d'elle,
sans qu'elle les eût entendus venir. C'étaient le geôlier et Missirilli
750 chargé de chaînes, au point qu'il en était comme emmailloté. Le geôlier ouvrit une lanterne, qu'il posa sur la balustrade de l'autel, à côté
de Vanina, de façon à ce qu'il pût bien voir son prisonnier. Ensuite
il se retira dans le fond, près de la porte. À peine le geôlier se fut-il
éloigné que Vanina se précipita au cou de Missirilli. En le serrant dans
755 ses bras, elle ne sentit que ses chaînes froides et pointues. « Qui les lui
a données ces chaînes ? » pensa-t-elle. Elle n'eut aucun plaisir à

embrasser son amant. À cette douleur en succéda une autre plus poignante ; elle crut un instant que Missirilli savait son crime, tant son accueil fut glacé.

760 — Chère amie, lui dit-il enfin, je regrette l'amour que vous avez pris pour moi ; c'est en vain que je cherche le mérite qui a pu vous l'inspirer. Revenons, croyez-m'en, à des sentiments plus chrétiens, oublions les illusions qui jadis nous ont égarés ; je ne puis vous appartenir. Le malheur constant qui a suivi mes entreprises vient peut-être

765 de l'état de péché mortel où je me suis constamment trouvé. Même à n'écouter que les conseils de la prudence humaine, pourquoi n'ai-je pas été arrêté avec mes amis, lors de la fatale nuit de Forli ? Pourquoi, à l'instant du danger, ne me trouvais-je pas à mon poste ? Pourquoi mon absence a-t-elle pu autoriser les soupçons les plus cruels ? J'avais

770 une autre passion que celle de la liberté de l'Italie.

Vanina ne revenait pas de la surprise que lui causait le changement de Missirilli. Sans être sensiblement maigri, il avait l'air d'avoir trente ans. Vanina attribua ce changement aux mauvais traitements qu'il avait soufferts en prison, elle fondit en larmes.

775 — Ah ! lui dit-elle, les geôliers avaient tant promis qu'ils te traiteraient avec bonté.

Le fait est qu'à l'approche de la mort, tous les principes religieux qui pouvaient s'accorder avec la passion pour la liberté de l'Italie avaient reparu dans le cœur du jeune carbonaro*. Peu à peu Vanina s'aperçut

780 que le changement étonnant qu'elle remarquait chez son amant était tout moral, et nullement l'effet de mauvais traitements physiques. Sa douleur, qu'elle croyait au comble, en fut encore augmentée.

Missirilli se taisait ; Vanina semblait sur le point d'être étouffée par ses sanglots. Il ajouta d'un air un peu ému lui-même :

785 — Si j'aimais quelque chose sur la terre, ce serait vous, Vanina ; mais grâce à Dieu, je n'ai plus qu'un seul but dans ma vie : je mourrai en prison, ou en cherchant à donner la liberté à l'Italie.

Il y eut encore un silence ; évidemment Vanina ne pouvait parler : elle l'essayait en vain. Missirilli ajouta :

790 — Le devoir est cruel, mon amie ; mais s'il n'y avait pas un peu de peine à l'accomplir, où serait l'héroïsme ? Donnez-moi votre parole que vous ne chercherez plus à me voir.

Autant que sa chaîne assez serrée le lui permettait, il fit un petit mouvement du poignet, et tendit les doigts à Vanina.

795 — Si vous permettez un conseil à un homme qui vous fut cher, mariez-vous sagement à l'homme de mérite que votre père vous destine. Ne lui faites aucune confidence fâcheuse ; mais, d'un autre côté, ne cherchez jamais à me revoir ; soyons désormais étrangers l'un à l'autre. Vous avez avancé une somme considérable pour le service de 800 la patrie ; si jamais elle est délivrée de ses tyrans, cette somme vous sera fidèlement payée en biens nationaux.

Vanina était atterrée. En lui parlant, l'œil de Pietro n'avait brillé qu'au moment où il avait nommé la *patrie*.

Enfin l'orgueil vint au secours de la jeune princesse ; elle s'était 805 munie de diamants et de petites limes. Sans répondre à Missirilli, elle les lui offrit.

— J'accepte par devoir, lui dit-il, car je dois chercher à m'échapper ; mais je ne vous verrai jamais, je le jure en présence de vos nouveaux bienfaits. Adieu, Vanina ; promettez-moi de ne jamais m'écrire, de ne 810 jamais chercher à me voir ; laissez-moi tout à la patrie, je suis mort pour vous : adieu.

— Non, reprit Vanina furieuse, je veux que tu saches ce que j'ai fait, guidée par l'amour que j'avais pour toi.

Alors elle lui raconta toutes ses démarches depuis le moment où 815 Missirilli avait quitté le château de San Nicolò, pour aller se rendre au légat*. Quand ce récit fut terminé :

— Tout cela n'est rien, dit Vanina : j'ai fait plus, par amour pour toi.

Alors elle lui dit sa trahison.

— Ah ! monstre, s'écria Pietro furieux, en se jetant sur elle, et il 820 cherchait à l'assommer avec ses chaînes.

Il y serait parvenu sans le geôlier qui accourut aux premiers cris. Il saisit Missirilli.

— Tiens, monstre, je ne veux rien te devoir, dit Missirilli à Vanina, en lui jetant, autant que ses chaînes le lui permettaient, les limes et les 825 diamants, et il s'éloigna rapidement.

Vanina resta anéantie. Elle revint à Rome ; et le journal annonce qu'elle vient d'épouser le prince don Livio Savelli.

Alfred
DE VIGNY
1797-1863

Laurette ou le Cachet[1] rouge

De la rencontre que je fis un jour sur la grande route

La grande route d'Artois et de Flandre[2] est longue et triste. Elle s'étend en ligne droite, sans arbres, sans fossés, dans des campagnes unies et pleines d'une boue jaune en tout temps. Au mois de mars 1815[3], je passai sur cette route, et je fis une rencontre que je n'ai point oubliée depuis.

5   J'étais seul, j'étais à cheval, j'avais un bon manteau blanc[4], un habit rouge, un casque noir, des pistolets et un grand sabre ; il pleuvait à verse depuis quatre jours et quatre nuits de marche, et je me souviens

---

1. Cachet : marque faite à l'aide d'un cachet (sorte d'étampe) dans de la cire, cette dernière servant la plupart du temps à sceller une enveloppe.

2. La grande route d'Artois et de Flandre : le récit cadre de la nouvelle de Vigny se déroule en 1815, lors des Cent-Jours (voir « Les romantiques et leur époque », p. 233). Le roi Louis XVIII, incapable de freiner le retour de Napoléon Bonaparte, est parti se réfugier à Gand, en Belgique. Il emprunte donc un itinéraire qui lui fait traverser le nord de la France (l'Artois est une province historique septentrionale ; la Flandre désigne des régions du nord de la France et de la Belgique).

3. Mars 1815 : c'est le 19 mars 1815, plus précisément, que Louis XVIII a quitté la France pour la Belgique.

4. Un bon manteau blanc : couleur traditionnelle du manteau de l'armée royaliste.

que je chantais *Joconde*[1] à pleine voix. J'étais si jeune! – La maison du
Roi, en 1814, avait été remplie d'enfants et de vieillards; l'Empereur
10 semblait avoir pris et tué les hommes[2].

Mes camarades étaient en avant, sur la route, à la suite du roi
Louis XVIII; je voyais leurs manteaux blancs et leurs habits rouges,
tout à l'horizon au nord; les lanciers[3] de Bonaparte, qui surveillaient
et suivaient notre retraite pas à pas, montraient de temps en temps la
15 flamme tricolore[4] de leurs lances à l'autre horizon. Un fer perdu avait
retardé mon cheval: il était jeune et fort, je le pressai pour rejoindre
mon escadron; il partit au grand trot. Je mis la main à ma ceinture,
elle était assez garnie d'or; j'entendis résonner le fourreau[5] de fer de
mon sabre sur l'étrier, et je me sentis très fier et parfaitement heureux.
20 Il pleuvait toujours, et je chantais toujours. Cependant je me tus
bientôt, ennuyé de n'entendre que moi, et je n'entendis plus que la
pluie et les pieds de mon cheval, qui pataugeaient dans les ornières[6].
Le pavé de la route manqua; j'enfonçais, il fallut prendre le pas. Mes
grandes bottes étaient enduites, en dehors, d'une croûte épaisse jaune
25 comme de l'ocre[7]; en dedans elles s'emplissaient de pluie. Je regardai
mes épaulettes d'or* toutes neuves, ma félicité[8] et ma consolation;
elles étaient hérissées par l'eau[9], cela m'affligea.

Mon cheval baissait la tête; je fis comme lui: je me mis à penser, et je
me demandai, pour la première fois, où j'allais. Je n'en savais absolument
30 rien; mais cela ne m'occupa pas longtemps: j'étais certain que, mon escadron étant là, là aussi était mon devoir. Comme je sentais en mon
cœur un calme profond et inaltérable, j'en rendis grâce à ce sentiment

---

1. *Joconde*: titre d'une chanson du folklore français.
2. L'Empereur semblait avoir pris et tué les hommes: les nombreuses guerres de conquête
   de l'Empire (voir «Les romantiques et leur époque», p. 233) avaient fait des millions de
   victimes parmi les hommes du pays.
3. Lanciers: cavaliers armés d'une lance.
4. Flamme tricolore: fanion (petit drapeau) aux trois couleurs de la Révolution française
   (bleu, blanc, rouge).
5. Fourreau: étui, gaine d'une arme blanche.
6. Ornières: traces profondes que font les roues des voitures dans les chemins.
7. Ocre: terre argileuse, rouge ou jaune.
8. Félicité: bonheur.
9. Hérissées par l'eau: retroussées, dressées par la pluie.

ineffable du Devoir, et je cherchai à me l'expliquer. Voyant de près comment des fatigues inaccoutumées étaient gaiement portées par des têtes
35 si blondes ou si blanches, comment un avenir assuré était si cavalièrement risqué par tant d'hommes de vie heureuse et mondaine, et prenant ma part de cette satisfaction miraculeuse que donne à tout homme la conviction qu'il ne se peut soustraire à nulle des dettes de l'Honneur, je compris que c'était une chose plus facile et plus commune qu'on ne
40 pense, que l'*Abnégation*[1].

Je me demandais si l'Abnégation de soi-même n'était pas un sentiment né avec nous; ce que c'était que ce besoin d'obéir et de remettre sa volonté en d'autres mains, comme une chose lourde et importune; d'où venait le bonheur secret d'être débarrassé de ce far-
45 deau, et comment l'orgueil humain n'en était jamais révolté. Je voyais bien ce mystérieux instinct lier, de toutes parts, les peuples en de puissants faisceaux[2], mais je ne voyais nulle part aussi complète et aussi redoutable que dans les Armées la renonciation à ses actions, à ses paroles, à ses désirs et presque à ses pensées. Je voyais partout la résis-
50 tance possible et usitée, le citoyen ayant, en tous lieux, une obéissance clairvoyante et intelligente qui examine et peut s'arrêter. Je voyais même la tendre soumission de la femme finir où le mal commence à lui être ordonné, et la loi prendre sa défense; mais l'obéissance militaire, passive et active en même temps, recevant l'ordre et l'exécutant,
55 frappant, les yeux fermés, comme le Destin antique[3]! Je suivais dans ses conséquences possibles cette Abnégation du soldat, sans retour, sans conditions, et conduisant quelquefois à des fonctions sinistres.

Je pensais ainsi en marchant au gré de mon cheval, regardant l'heure à ma montre, et voyant le chemin s'allonger toujours en ligne droite,
60 sans un arbre et sans une maison, et couper la plaine jusqu'à l'horizon, comme une grande raie jaune sur une toile grise. Quelquefois la raie liquide se délayait dans la terre liquide qui l'entourait, et quand un jour un peu moins pâle faisait briller cette triste étendue de pays, je me voyais au milieu d'une mer bourbeuse*, suivant un courant de vase* et
65 de plâtre.

---

1. Abnégation : sacrifice volontaire de sa personne, de son intérêt.

2. Faisceaux : assemblages d'objets longs, liés ensemble ; ici, au sens figuré.

3. Destin antique : destin des héros des tragédies de l'Antiquité.

En examinant avec attention cette raie jaune de la route, j'y remarquai, à un quart de lieue* environ, un petit point noir qui marchait.
Cela me fit plaisir, c'était quelqu'un. Je n'en détournai plus les yeux. Je
vis que ce point noir allait comme moi dans la direction de Lille[1], et
70 qu'il allait en zigzag, ce qui annonçait une marche pénible. Je hâtai le
pas et je gagnai du terrain sur cet objet, qui s'allongea un peu et grossit
à ma vue. Je repris le trot sur un sol plus ferme et je crus reconnaître
une sorte de petite voiture noire. J'avais faim, j'espérai que c'était la
voiture d'une cantinière, et considérant mon pauvre cheval comme
75 une chaloupe, je lui fis faire force de rames pour arriver à cette île for-
tunée, dans cette mer où il enfonçait jusqu'au ventre quelquefois.

À une centaine de pas, je vins à distinguer clairement une petite
charrette de bois blanc, couverte de trois cercles et d'une toile cirée
noire. Cela ressemblait à un petit berceau posé sur deux roues. Les
80 roues s'embourbaient jusqu'à l'essieu ; un petit mulet qui les tirait
était péniblement conduit par un homme à pied qui tenait la bride. Je
m'approchai de lui et le considérai attentivement.

C'était un homme d'environ cinquante ans, à moustaches blanches, fort et grand, le dos voûté à la manière des vieux officiers d'in-
85 fanterie qui ont porté le sac. Il en avait l'uniforme, et l'on entrevoyait
une épaulette* de chef de bataillon sous un petit manteau bleu court
et usé. Il avait un visage endurci mais bon, comme à l'armée il y en a
tant. Il me regarda de côté sous ses gros sourcils noirs, et tira lestement* de sa charrette un fusil qu'il arma, en passant de l'autre côté de
90 son mulet, dont il se faisait un rempart. Ayant vu sa cocarde[2] blanche,
je me contentai de montrer la manche de mon habit rouge, et il remit
son fusil dans la charrette, en disant :

« Ah ! c'est différent, je vous prenais pour un de ces lapins qui courent après nous. Voulez-vous boire la goutte ?

95   — Volontiers, dis-je en m'approchant, il y a vingt-quatre heures
que je n'ai bu. »

---

1. Lille : grande ville du nord de la France (région Nord-Pas-de-Calais).
2. Cocarde : insigne de couleur porté par les militaires à leur chapeau, et qui permet de
distinguer entre elles les armées de différentes nations.

Il avait à son cou une noix de coco, très bien sculptée, arrangée en flacon, avec un goulot d'argent, et dont il semblait tirer assez de vanité. Il me la passa, et j'y bus un peu de mauvais vin blanc avec
100 beaucoup de plaisir ; je lui rendis le coco.

« À la santé du roi ! dit-il en buvant ; il m'a fait officier de la Légion d'honneur [1], il est juste que je le suive jusqu'à la frontière. Par exemple, comme je n'ai que mon épaulette* pour vivre, je reprendrai mon bataillon après, c'est mon devoir. »
105   En parlant ainsi comme à lui-même, il remit en marche son petit mulet, en disant que nous n'avions pas de temps à perdre ; et comme j'étais de son avis, je me remis en chemin à deux pas de lui. Je le regardais toujours sans questionner, n'ayant jamais aimé la bavarde indiscrétion assez fréquente parmi nous.
110   Nous allâmes sans rien dire durant un quart de lieue* environ. Comme il s'arrêtait alors pour faire reposer son pauvre petit mulet, qui me faisait peine à voir, je m'arrêtai aussi et je tâchai d'exprimer l'eau qui remplissait mes bottes à l'écuyère [2], comme deux réservoirs où j'aurais eu les jambes trempées.
115   « Vos bottes commencent à vous tenir aux pieds, dit-il.

— Il y a quatre nuits que je ne les ai quittées, lui dis-je.

— Bah ! dans huit jours vous n'y penserez plus, reprit-il avec sa voix enrouée ; c'est quelque chose que d'être seul, allez, dans des temps comme ceux où nous vivons. Savez-vous ce que j'ai là-dedans ?
120   — Non, lui dis-je.

— C'est une femme. »

Je dis : « Ah ! » sans trop d'étonnement, et je me remis en marche tranquillement, au pas. Il me suivit.

« Cette mauvaise brouette-là ne m'a pas coûté bien cher, reprit-il,
125 ni le mulet non plus ; mais c'est tout ce qu'il me faut, quoique ce chemin-là soit un *ruban de queue* [3] un peu long. »

Je lui offris de monter mon cheval quand il serait fatigué ; et comme je ne lui parlais que gravement et avec simplicité de son équipage, dont

---

1. Officier de la Légion d'honneur : la plus haute décoration honorifique française, créée par Napoléon Bonaparte en 1802.
2. Exprimer l'eau qui remplissait mes bottes à l'écuyère : extraire (exprimer) l'eau de mes « grandes bottes pour monter à cheval » (bottes à l'écuyère).
3. Ruban de queue : longue route se déroulant à perte de vue.

il craignait le ridicule, il se mit à son aise tout à coup, et, s'approchant
130 de mon étrier, me frappa sur le genou en me disant : « Eh bien, vous
êtes un bon enfant, quoique dans les Rouges[1]. »

Je sentis dans son accent amer, en désignant ainsi les quatre
Compagnies-Rouges, combien de préventions[2] haineuses avaient
données à l'armée le luxe et les grades de ces corps d'officiers.

135 « Cependant, ajouta-t-il, je n'accepterai pas votre offre, vu que je
ne sais pas monter à cheval et que ce n'est pas mon affaire, à moi.

— Mais, commandant, les officiers supérieurs comme vous y
sont obligés.

— Bah ! une fois par an, à l'inspection, et encore sur un cheval de
140 louage. Moi j'ai toujours été marin, et depuis fantassin[3] ; je ne connais
pas l'équitation. »

Il fit vingt pas en me regardant de côté de temps à autre, comme s'attendant à une question ; et comme il ne venait pas un mot, il poursuivit :

« Vous n'êtes pas curieux, par exemple ! cela devrait vous étonner,
145 ce que je dis là.

— Je m'étonne bien peu, dis-je.

— Oh ! cependant si je vous contais comment j'ai quitté la mer,
nous verrions.

— Eh bien, repris-je, pourquoi n'essayez-vous pas ? cela vous
150 réchauffera, et cela me fera oublier que la pluie m'entre dans le dos et
ne s'arrête qu'à mes talons. »

Le bon chef de bataillon s'apprêta solennellement à parler, avec un
plaisir d'enfant. Il rajusta sur sa tête le shako[4] couvert de toile cirée, et il
donna ce coup d'épaule que personne ne peut se représenter s'il n'a servi
155 dans l'infanterie, ce coup d'épaule que donne le fantassin à son sac pour
le hausser et alléger un moment de son poids ; c'est une habitude du
soldat qui, lorsqu'il devient officier, devient un tic. Après ce geste
convulsif, il but encore un peu de vin dans son coco, donna un coup de
pied d'encouragement dans le ventre du petit mulet, et commença.

---

1. Les Rouges : l'expression désigne les quatre compagnies (corps de troupes) de la maison
du roi Louis XVIII.

2. Préventions : ici, au sens de préjugés.

3. Fantassin : soldat d'infanterie (ensemble des militaires combattant à pied).

4. Shako : sorte de coiffure militaire, de forme cylindrique.

Histoire du cachet* rouge

160   « Vous saurez d'abord, mon enfant, que je suis né à Brest[1]; j'ai commencé par être enfant de troupe[2], gagnant ma demi-ration et mon
demi-prêt dès l'âge de neuf ans, mon père étant soldat aux gardes.
Mais comme j'aimais la mer, une belle nuit, pendant que j'étais en
congé à Brest, je me cachai à fond de cale d'un bâtiment* marchand
165 qui partait pour les Indes; on ne m'aperçut qu'en pleine mer, et le
capitaine aima mieux me faire mousse* que de me jeter à l'eau.
Quand vint la Révolution*, j'avais fait du chemin, et j'étais à mon tour
devenu capitaine d'un petit bâtiment marchand assez propre, ayant
écumé la mer quinze ans. Comme l'ex-marine royale, vieille bonne
170 marine, ma foi! se trouva tout à coup dépeuplée d'officiers, on prit des
capitaines dans la marine marchande. J'avais eu quelques affaires de
flibustiers que je pourrai vous dire plus tard: on me donna le commandement d'un brick* de guerre nommé *le Marat*[3].

Le 28 fructidor[4] 1797, je reçus l'ordre d'appareiller pour Cayenne[5].
175 Je devais y conduire soixante soldats et un *déporté*[6] qui restait des cent
quatre-vingt-treize que la frégate* *la Décade* avait pris à bord quelques
jours auparavant. J'avais ordre de traiter cet individu avec ménagement,
et la première lettre du Directoire* en renfermait une seconde, scellée
de trois cachets rouges, au milieu desquels il y en avait un démesuré.
180 J'avais défense d'ouvrir cette lettre avant le premier degré de latitude
nord, du vingt-sept au vingt-huitième de longitude, c'est-à-dire près de
passer la ligne.

Cette grande lettre avait une figure toute particulière. Elle était
longue, et fermée de si près que je ne pus rien lire entre les angles ni à

---

1. Brest: ville portuaire de France, dans la région de la Bretagne. Son port est consacré depuis
   plusieurs siècles à la marine militaire, bien qu'il accueille également d'autres types de navires.
2. Enfant de troupe: enfant dont le père était sous-officier ou soldat et qui suivait la troupe en
   compagnie de sa famille. À partir de 1766, deux postes payés dans l'armée étaient disponibles
   à ces enfants de bas-officiers ou de simples soldats.
3. *Le Marat*: de Jean-Paul Marat (1743-1793), révolutionnaire français ayant voté la mort
   de Louis XVI.
4. Fructidor: douzième mois du calendrier républicain allant de la mi-août à la mi-septembre.
5. Cayenne: commune française située en Guyane (Amérique du Sud).
6. Déporté: prisonnier condamné à la déportation.

185 travers l'enveloppe. Je ne suis pas superstitieux, mais elle me fit peur,
cette lettre. Je la mis dans ma chambre sous le verre d'une mauvaise
petite pendule anglaise clouée au-dessus de mon lit. Ce lit-là était un
vrai lit de marin, comme vous savez qu'ils sont. Mais je ne sais, moi,
ce que je dis : vous avez tout au plus seize ans, vous ne pouvez pas
190 avoir vu ça.

La chambre d'une reine ne peut pas être aussi proprement rangée
que celle d'un marin, soit dit sans vouloir nous vanter. Chaque chose
a sa petite place et son petit clou. Rien ne remue. Le bâtiment peut
rouler tant qu'il veut sans rien déranger. Les meubles sont faits selon
195 la forme du vaisseau et de la petite chambre qu'on a. Mon lit était un
coffre. Quand on l'ouvrait, j'y couchais ; quand on le fermait, c'était
mon sofa, et j'y fumais ma pipe. Quelquefois c'était ma table ; alors on
s'asseyait sur deux petits tonneaux qui étaient dans la chambre. Mon
parquet était ciré et frotté comme de l'acajou, et brillant comme un
200 bijou : un vrai miroir ! Oh ! c'était une jolie petite chambre ! Et mon
brick avait bien son prix aussi. On s'y amusait souvent d'une fière
façon, et le voyage commença cette fois assez agréablement, si ce
n'était… Mais n'anticipons pas.

Nous avions un joli vent nord-nord-ouest, et j'étais occupé à
205 mettre cette lettre sous le verre de ma pendule, quand mon *déporté*
entra dans ma chambre ; il tenait par la main une belle petite de dix-
sept ans environ. Lui me dit qu'il en avait dix-neuf ; beau garçon,
quoiqu'un peu pâle et trop blanc pour un homme. C'était un homme
cependant, et un homme qui se comporta dans l'occasion mieux que
210 bien des anciens n'auraient fait : vous allez le voir. Il tenait sa petite
femme sous le bras ; elle était fraîche et gaie comme une enfant. Ils
avaient l'air de deux tourtereaux. Ça me faisait plaisir à voir, moi. Je
leur dis :

"Eh bien, mes enfants ! vous venez faire visite au vieux capitaine ;
215 c'est gentil à vous. Je vous emmène un peu loin ; mais tant mieux,
nous aurons le temps de nous connaître. Je suis fâché de recevoir
madame sans mon habit ; mais c'est que je cloue là-haut cette grande
coquine de lettre. Si vous vouliez m'aider un peu ?"

Ça faisait vraiment de bons petits enfants. Le petit mari prit le
220 marteau, et la petite femme les clous, et ils me les passaient à mesure

que je les demandais ; et elle me disait : "*À droite ! à gauche ! capitaine !*" tout en riant, parce que le tangage faisait ballotter ma pendule. Je l'entends encore d'ici avec sa petite voix : "*À gauche ! à droite ! capitaine !*" Elle se moquait de moi. "Ah ! je dis, petite méchante ! je vous

225 ferai gronder par votre mari, allez." Alors elle lui sauta au cou et l'embrassa. Ils étaient vraiment gentils, et la connaissance se fit comme ça. Nous fûmes tout de suite bons amis.

Ce fut aussi une jolie traversée. J'eus toujours un temps fait exprès. Comme je n'avais jamais eu que des visages noirs[1] à mon bord, je fai-

230 sais venir à ma table, tous les jours, mes deux petits amoureux. Cela m'égayait. Quand nous avions mangé le biscuit et le poisson, la petite femme et son mari restaient à se regarder comme s'ils ne s'étaient jamais vus. Alors je me mettais à rire de tout mon cœur et me moquais d'eux. Ils riaient aussi avec moi. Vous auriez ri de nous voir

235 comme trois imbéciles, ne sachant pas ce que nous avions. C'est que c'était vraiment plaisant de les voir s'aimer comme ça ! Ils se trouvaient bien partout ; ils trouvaient bon tout ce qu'on leur donnait. Cependant ils étaient à la ration comme nous tous ; j'y ajoutais seulement un peu d'eau-de-vie suédoise quand ils dînaient avec moi, mais

240 un petit verre, pour tenir mon rang. Ils couchaient dans un hamac, où le vaisseau les roulait comme ces deux poires que j'ai là dans mon mouchoir mouillé. Ils étaient alertes et contents. Je faisais comme vous, je ne questionnais pas. Qu'avais-je besoin de savoir leur nom et leurs affaires, moi, passeur d'eau ! Je les portais de l'autre côté de la

245 mer, comme j'aurais porté deux oiseaux de paradis.

J'avais fini, après un mois, par les regarder comme mes enfants. Tout le jour, quand je les appelais, ils venaient s'asseoir auprès de moi. Le jeune homme écrivait sur ma table, c'est-à-dire sur mon lit ; et, quand je voulais, il m'aidait à faire mon *point*[2] : il le sut bientôt faire

250 aussi bien que moi ; j'en étais quelquefois tout interdit[3]. La jeune femme s'asseyait sur un petit baril et se mettait à coudre.

---

1. Des visages noirs : l'esclavage ne sera officiellement aboli qu'en 1848. On présume ici que le commandant du brick était chargé de transporter des esclaves noirs destinés à travailler dans les plantations de Cayenne.

2. Faire mon point : calculer la longitude et la latitude à l'aide d'un sextant (instrument de navigation).

3. Interdit : déconcerté, stupéfait.

Un jour qu'ils étaient posés comme cela, je leur dis :

"Savez-vous, mes petits amis, que nous faisons un tableau de famille, comme nous voilà ? Je ne veux pas vous interroger, mais pro-
255 bablement vous n'avez pas plus d'argent qu'il ne vous en faut, et vous êtes joliment délicats tous deux pour bêcher et piocher comme font les déportés* à Cayenne*. C'est un vilain pays, de tout mon cœur, je vous le dis ; mais moi, qui suis une vieille peau de loup desséchée au soleil, j'y vivrais comme un seigneur. Si vous aviez, comme il me
260 semble (sans vouloir vous interroger), tant soit peu d'amitié pour moi, je quitterais assez volontiers mon vieux brick*, qui n'est qu'un sabot[1] à présent, et je m'établirais là avec vous, si cela vous convient. Moi, je n'ai pas plus de famille qu'un chien, cela m'ennuie ; vous me feriez une petite société. Je vous aiderais à bien des choses ; et j'ai
265 amassé une bonne pacotille[2] de contrebande assez honnête[3], dont nous vivrions, et que je vous laisserais lorsque je viendrais à tourner de l'œil, comme on dit poliment."

Ils restèrent tout ébahis à se regarder, ayant l'air de croire que je ne disais pas vrai ; et la petite courut, comme elle faisait toujours, se jeter
270 au cou de l'autre, et s'asseoir sur ses genoux, toute rouge et en pleurant. Il la serra bien fort dans ses bras, et je vis aussi des larmes dans ses yeux ; il me tendit la main et devint plus pâle qu'à l'ordinaire. Elle lui parlait bas, et ses grands cheveux blonds s'en allèrent sur son épaule ; son chignon s'était défait comme un câble qui se déroule tout
275 à coup, parce qu'elle était vive comme un poisson : ces cheveux-là, si vous les aviez vus ! c'était comme de l'or. Comme ils continuaient à se parler bas, le jeune homme lui baisant le front de temps en temps et elle pleurant, cela m'impatienta :

"Eh bien, ça vous va-t-il ?" leur dis-je à la fin.
280   — Mais... mais, capitaine, vous êtes bien bon, dit le mari ; mais c'est que... vous ne pouvez pas vivre avec des *déportés,* et... il baissa les yeux.

---

1. Sabot : chaussure faite d'un seul morceau de bois creusé en forme de pied, souvent portée par les paysans ; ici, au sens figuré, épave, embarcation de fortune.
2. Une bonne pacotille : un certain nombre d'objets divers.
3. Assez honnête : d'assez bonne valeur.

— Moi, dis-je, je ne sais ce que vous avez fait pour être déporté, mais vous me direz ça un jour, ou pas du tout, si vous voulez. Vous ne
285 m'avez pas l'air d'avoir la conscience bien lourde, et je suis bien sûr que j'en ai fait bien d'autres que vous dans ma vie, allez, pauvres innocents. Par exemple, tant que vous serez sous ma garde, je ne vous lâcherai pas, il ne faut pas vous y attendre ; je vous couperais plutôt le cou comme à deux pigeons. Mais une fois l'épaulette* de côté, je ne
290 connais plus ni amiral ni rien du tout.

— C'est que, reprit-il en secouant tristement sa tête brune, quoique un peu poudrée, comme cela se faisait encore à l'époque, c'est que je crois qu'il serait dangereux pour vous, capitaine, d'avoir l'air de nous connaître. Nous rions parce que nous sommes jeunes ;
295 nous avons l'air heureux parce que nous nous aimons ; mais j'ai de vilains moments quand je pense à l'avenir, et je ne sais pas ce que deviendra ma pauvre Laure."

Il serra de nouveau la tête de la jeune femme sur sa poitrine :

"C'était bien là ce que je devais dire au capitaine ; n'est-ce pas, mon
300 enfant, que vous auriez dit la même chose ?"

Je pris ma pipe et je me levai, parce que je commençais à me sentir les yeux un peu mouillés, et que ça ne me va pas, à moi.

"Allons ! allons ! dis-je, ça s'éclaircira par la suite. Si le tabac incommode madame, son absence est nécessaire."

305 Elle se leva, le visage tout en feu et tout humide de larmes, comme un enfant qu'on a grondé.

"D'ailleurs, me dit-elle en regardant ma pendule, vous n'y pensez pas, vous autres ; et la lettre !"

Je sentis quelque chose qui me fit de l'effet. J'eus comme une dou-
310 leur aux cheveux quand elle me dit cela.

"Pardieu ! je n'y pensais plus, moi, dis-je. Ah ! par exemple, voilà une belle affaire ! Si nous avions passé le premier degré de latitude nord, il ne me resterait plus qu'à me jeter à l'eau." Faut-il que j'aie du bonheur, pour que cette enfant-là m'ait rappelé cette grande coquine
315 de lettre !

Je regardai vite ma carte de marine, et quand je vis que nous en avions encore pour une semaine au moins, j'eus la tête soulagée, mais pas le cœur, sans savoir pourquoi.

"C'est que le Directoire* ne badine pas [1] pour l'article obéissance !
320 dis-je. Allons, je suis au courant cette fois-ci encore. Le temps a filé si
vite que j'avais tout à fait oublié cela."

Eh bien, monsieur, nous restâmes tous trois le nez en l'air à
regarder cette lettre, comme si elle allait nous parler. Ce qui me frappa
beaucoup, c'est que le soleil, qui glissait par la claire-voie [2], éclairait le
325 verre de la pendule et faisait paraître le grand cachet* rouge et les
autres petits, comme les traits d'un visage au milieu du feu.

"Ne dirait-on pas que les yeux lui sortent de la tête ? leur dis-je
pour les amuser.

— Oh ! mon ami, dit la jeune femme, cela ressemble à des taches
330 de sang.

— Bah ! bah ! dit son mari en la prenant sous le bras, vous vous
trompez, Laure ; cela ressemble au billet de *faire part* d'un mariage.
Venez vous reposer, venez ; pourquoi cette lettre vous occupe-t-elle ?"

Ils se sauvèrent comme si un revenant les avait suivis, et montèrent
335 sur le pont. Je restai seul avec cette grande lettre, et je me souviens
qu'en fumant ma pipe je la regardais toujours, comme si ses yeux
rouges avaient attaché les miens, en les humant comme font des
yeux de serpent. Sa grande figure pâle, son troisième cachet, plus
grand que les yeux, tout ouvert, tout béant comme une gueule de
340 loup… cela me mit de mauvaise humeur ; je pris mon habit et je l'ac-
crochai à la pendule, pour ne plus voir ni l'heure ni la chienne de lettre.

J'allai achever ma pipe sur le pont. J'y restai jusqu'à la nuit.

Nous étions alors à la hauteur des îles du cap Vert. *Le Marat** filait,
vent en poupe*, ses dix nœuds [3] sans se gêner. La nuit était la plus
345 belle que j'aie vue de ma vie près du tropique [4]. La lune se levait à
l'horizon, large comme un soleil ; la mer la coupait en deux et devenait toute blanche comme une nappe de neige couverte de petits diamants. Je regardais cela en fumant, assis sur mon banc. L'officier de
quart et les matelots ne disaient rien et regardaient comme moi

---

1. Ne badine pas : ne plaisante pas.
2. Claire-voie : ouverture fermée uniquement par un grillage de fer ou de bois.
3. Dix nœuds : dans la marine, unité de mesure par laquelle on calcule la vitesse de déplacement
   d'un navire. On peut calculer ici que le navire fait environ 18 km à l'heure.
4. Tropique : parallèle terrestre séparant la zone torride des zones tempérées. Le mot désigne ici
   la région comprise entre les deux tropiques (celui du Cancer et celui du Capricorne).

350 l'ombre du brick* sur l'eau. J'étais content de ne rien entendre.
J'aime le silence et l'ordre, moi. J'avais défendu tous les bruits et
tous les feux. J'entrevis cependant une petite ligne rouge presque sous
mes pieds. Je me serais bien mis en colère tout de suite ; mais comme
c'était chez mes petits *déportés*, je voulus m'assurer de ce qu'on fai-
355 sait avant de me fâcher. Je n'eus que la peine de me baisser, je pus voir
par le grand panneau dans la petite chambre, et je regardai.

La jeune femme était à genoux et faisait ses prières. Il y avait une
petite lampe qui l'éclairait. Elle était en chemise ; je voyais d'en haut
ses épaules nues, ses petits pieds nus et ses grands cheveux blonds tout
360 épars. Je pensai à me retirer, mais je me dis : "Bah ! un vieux soldat,
qu'est-ce que ça fait ?" Et je restai à voir.

Son mari était assis sur une petite malle, la tête sur ses mains, et la
regardait prier. Elle leva la tête en haut comme au ciel, et je vis ses
grands yeux bleus mouillés comme ceux d'une Madeleine[1]. Pendant
365 qu'elle priait, il prenait le bout de ses longs cheveux et les baisait sans
faire de bruit. Quand elle eut fini, elle fit un signe de croix en souriant avec l'air d'aller en paradis. Je vis qu'il faisait comme elle
un signe de croix, mais comme s'il en avait honte. Au fait, pour un
homme c'est singulier.

370 Elle se leva debout, l'embrassa, et s'étendit la première dans son
hamac, où il la jeta sans rien dire, comme on couche un enfant dans
une balançoire. Il faisait une chaleur étouffante : elle se sentait bercée
avec plaisir par le mouvement du navire et paraissait déjà commencer
à s'endormir. Ses petits pieds blancs étaient croisés et élevés au niveau
375 de sa tête, et tout son corps enveloppé de sa longue chemise blanche.
C'était un amour, quoi !

"Mon ami, dit-elle en dormant à moitié, n'avez-vous pas sommeil ?
Il est bien tard, sais-tu ?"

Il restait toujours le front sur ses mains sans répondre. Cela l'in-
380 quiéta un peu, la bonne petite, et elle passa sa jolie tête hors du
hamac, comme un oiseau hors de son nid, et le regarda la bouche
entrouverte, n'osant plus parler.

---

1. Madeleine : de l'expression « pleurer comme une Madeleine », dont l'origine est biblique.
L'expression fait en effet référence à Marie-Madeleine, une prostituée qui, dans le Nouveau
Testament, se mit à genoux devant Jésus et inonda ses pieds de larmes tandis qu'elle lui
confessait ses péchés.

Enfin il lui dit :

"Eh ! ma chère Laure, à mesure que nous avançons vers
385 l'Amérique, je ne puis m'empêcher de devenir plus triste. Je ne sais
pourquoi, il me paraît que le temps le plus heureux de notre vie aura
été celui de la traversée.

— Cela me semble aussi, dit-elle ; je voudrais n'arriver jamais."

Il la regarda en joignant les mains avec un transport que vous ne
390 pouvez pas vous figurer.

"Et cependant, mon ange, vous pleurez toujours en priant Dieu,
dit-il ; cela m'afflige beaucoup, parce que je sais bien ceux à qui vous
pensez, et je crois que vous avez regret de ce que vous avez fait.

— Moi, du regret ! dit-elle avec un air bien peiné ; moi, du regret
395 de t'avoir suivi, mon ami ! Crois-tu que, pour t'avoir appartenu si
peu, je t'aie moins aimé ? N'est-on pas une femme, ne sait-on pas ses
devoirs à dix-sept ans ? Ma mère et mes sœurs n'ont-elles pas dit que
c'était mon devoir de vous suivre à la Guyane ? N'ont-elles pas dit
que je ne faisais là rien de surprenant ? Je m'étonne seulement que
400 vous en ayez été touché, mon ami ; tout cela est naturel. Et à présent
je ne sais comment vous pouvez croire que je regrette rien, quand je
suis avec vous pour vous aider à vivre, ou pour mourir avec vous si
vous mourez."

Elle disait tout cela d'une voix si douce qu'on aurait cru que c'était
405 une musique. J'en étais tout ému et je dis :

"Bonne petite femme, va !"

Le jeune homme se mit à soupirer en frappant du pied et en baisant une jolie main et un bras nu qu'elle lui tendait.

"Laurette, ma Laurette ! disait-il, quand je pense que si nous avions
410 retardé de quatre jours notre mariage, on m'arrêtait seul et je partais
tout seul, je ne puis me pardonner."

Alors la belle petite pencha hors du hamac ses deux beaux bras
blancs, nus jusqu'aux épaules, et lui caressa le front, les cheveux et les
yeux, en lui prenant la tête comme pour l'emporter et le cacher dans
415 sa poitrine. Elle sourit comme un enfant, et lui dit une quantité de
petites choses de femme, comme moi je n'avais jamais rien entendu
de pareil. Elle lui fermait la bouche avec ses doigts pour parler toute

seule. Elle disait, en jouant et en prenant ses longs cheveux comme un mouchoir pour lui essuyer les yeux :

420   "Est-ce que ce n'est pas bien mieux d'avoir avec toi une femme qui t'aime, dis, mon ami ? Je suis bien contente, moi, d'aller à Cayenne* ; je verrai des sauvages, des cocotiers comme ceux de Paul et Virginie*, n'est-ce pas ? Nous planterons chacun le nôtre. Nous verrons qui sera le meilleur jardinier. Nous nous ferons une petite case* pour nous

425   deux. Je travaillerai toute la journée et toute la nuit, si tu veux. Je suis forte ; tiens, regarde mes bras ; – tiens, je pourrais presque te soulever. Ne te moque pas de moi ; je sais très bien broder, d'ailleurs ; et n'y a-t-il pas une ville quelque part par là où il faille des brodeuses ? Je donnerai des leçons de dessin et de musique si l'on veut aussi ; et si l'on y

430   sait lire, tu écriras, toi."

Je me souviens que le pauvre garçon fut si désespéré qu'il jeta un grand cri lorsqu'elle dit cela.

"Écrire ! – criait-il, – écrire !"

Et il se prit la main droite avec la gauche en la serrant au poignet.

435   "Ah ! écrire ! pourquoi ai-je jamais su écrire ? Écrire ! mais c'est le métier d'un fou !… – J'ai cru à leur liberté de la presse ! — Où avais-je l'esprit ? Eh ! pourquoi faire ? pour imprimer cinq ou six pauvres idées assez médiocres, lues seulement par ceux qui les aiment, jetées au feu par ceux qui les haïssent, ne servant à rien qu'à nous faire per-

440   sécuter ! Moi, encore passe ; mais toi, bel ange, devenue femme depuis quatre jours à peine ! qu'avais-tu fait ? Explique-moi, je te prie, comment je t'ai permis d'être bonne à ce point de me suivre ici ? Sais-tu seulement où tu es, pauvre petite ? Et où tu vas, le sais-tu ? Bientôt, mon enfant, vous serez à seize cents lieues* de votre mère et de vos

445   sœurs… et pour moi ! tout cela pour moi !"

Elle cacha sa tête un moment dans le hamac ; et moi d'en haut je vis qu'elle pleurait ; mais lui d'en bas ne voyait pas son visage ; et quand elle le sortit de la toile, c'était en souriant pour lui donner de la gaieté.

450   "Au fait, nous ne sommes pas riches à présent, dit-elle en riant aux éclats ; tiens, regarde ma bourse, je n'ai plus qu'un louis* tout seul. Et toi ?"

Il se mit à rire aussi comme un enfant :

"Ma foi, moi, j'avais encore un écu*, mais je l'ai donné au petit
455 garçon qui a porté ta malle.

— Ah bah ! qu'est-ce que ça fait ? dit-elle en faisant claquer ses
petits doigts blancs comme des castagnettes ; on n'est jamais plus gai
que lorsqu'on n'a rien ; et n'ai-je pas en réserve les deux bagues de diamants que ma mère m'a données ? cela est bon partout et pour tout,
460 n'est-ce pas ? Quand tu voudras, nous les vendrons. D'ailleurs, je crois
que le bonhomme [1] de capitaine ne dit pas toutes ses bonnes inten-
tions pour nous, et qu'il sait bien ce qu'il y a dans la lettre. C'est sûrement une recommandation pour nous au gouverneur de Cayenne.

— Peut-être, dit-il ; qui sait ?

465 — N'est-ce pas ? reprit sa petite femme ; tu es si bon que je suis
sûre que le gouvernement t'a exilé pour un peu de temps, mais ne t'en
veut pas."

Elle avait dit ça si bien ! m'appelant le bonhomme de capitaine, que
j'en fus tout remué et tout attendri ; et je me réjouis même, dans le
470 cœur, de ce qu'elle avait peut-être deviné juste sur la lettre cachetée.
Ils commençaient encore à s'embrasser ; je frappai du pied vivement
sur le pont pour les faire finir.

Je leur criai :

"Eh ! dites donc, mes petits amis ! on a l'ordre d'éteindre tous les
475 feux du bâtiment*. Soufflez-moi votre lampe, s'il vous plaît."

Ils soufflèrent la lampe, et je les entendis rire en jasant tout bas
dans l'ombre comme des écoliers. Je me remis à me promener seul sur
mon tillac* en fumant ma pipe. Toutes les étoiles du tropique* étaient
à leur poste, larges comme de petites lunes. Je les regardais en respi-
480 rant un air qui sentait frais et bon.

Je me disais que certainement ces bons petits avaient deviné la
vérité, et j'en étais tout ragaillardi [2]. Il y avait bien à parier qu'un des
cinq Directeurs s'était ravisé et me les recommandait ; je ne m'expli-
quais pas bien pourquoi, parce qu'il y a des affaires d'État que je n'ai
485 jamais comprises, moi ; mais enfin je croyais cela, et, sans savoir pourquoi, j'étais content.

---

1. Le bonhomme : au sens littéral, soit celui de bon homme.
2. Ragaillardi : redevenu de bonne humeur, réconforté.

Je descendis dans ma chambre, et j'allai regarder la lettre sous mon vieil uniforme. Elle avait une autre figure; il me sembla qu'elle riait, et ses cachets* paraissaient couleur de rose. Je ne doutai plus de sa
490 bonté, et je lui fis un petit signe d'amitié.

Malgré cela, je remis mon habit dessus; elle m'ennuyait.

Nous ne pensâmes plus du tout à la regarder pendant quelques jours, et nous étions gais; mais quand nous approchâmes du premier degré de latitude, nous commençâmes à ne plus parler.

495 Un beau matin je m'éveillai assez étonné de ne sentir aucun mouvement dans le bâtiment*. À vrai dire, je ne dors jamais que d'un œil, comme on dit, et le roulis me manquant, j'ouvris les deux yeux. Nous étions tombés dans un calme plat, et c'était sous le 1° de latitude nord, au 27° de longitude. Je mis le nez sur le pont: la mer était lisse comme
500 une jatte* d'huile; toutes les voiles ouvertes tombaient collées aux mâts comme des ballons vides. Je dis tout de suite: "J'aurai le temps de te lire, va! en regardant de travers du côté de la lettre." J'attendis jusqu'au soir, au coucher du soleil. Cependant il fallait bien en venir là: j'ouvris la pendule, et j'en tirai vivement l'ordre cacheté. – Eh bien,
505 mon cher, je le tenais à la main depuis un quart d'heure, que je ne pouvais pas encore le lire. Enfin je me dis: "C'est par trop fort!" et je brisai les trois cachets d'un coup de pouce; et le grand cachet rouge, je le broyai en poussière.

Après avoir lu, je me frottai les yeux, croyant m'être trompé.

510 Je relus la lettre tout entière; je la relus encore; je recommençai en la prenant par la dernière ligne et remontant à la première. Je n'y croyais pas. Mes jambes flageolaient [1] un peu sous moi, je m'assis; j'avais un certain tremblement sur la peau du visage; je me frottai un peu les joues avec du rhum, je m'en mis dans le creux des mains, je me
515 faisais pitié à moi-même d'être si bête que cela; mais ce fut l'affaire d'un moment; je montai prendre l'air.

Laurette était ce jour-là si jolie, que je ne voulus pas m'approcher d'elle: elle avait une petite robe blanche toute simple, les bras nus jusqu'au col, et ses grands cheveux tombants comme elle les portait tou-
520 jours. Elle s'amusait à tremper dans la mer son autre robe au bout d'une

---

1. Flageolaient: tremblaient, faiblissaient.

corde, et riait en cherchant à arrêter les goémons, plantes marines semblables à des grappes de raisin, et qui flottent sur les eaux des Tropiques*.

"Viens donc voir les raisins! viens donc vite!" criait-elle; et son
ami s'appuyait sur elle, et se penchait, et ne regardait pas l'eau, parce
525 qu'il la regardait d'un air tout attendri.

Je fis signe à ce jeune homme de venir me parler sur le gaillard
d'arrière*. Elle se retourna… Je ne sais quelle figure j'avais, mais elle
laissa tomber sa corde; elle le prit violemment par le bras, et lui dit:

"Oh! n'y va pas, il est tout pâle."

530 Cela se pouvait bien; il y avait de quoi pâlir. Il vint cependant près
de moi sur le gaillard; elle nous regardait, appuyée contre le grand
mât. Nous nous promenâmes longtemps de long en large sans rien
dire. Je fumais un cigare que je trouvais amer, et je le crachai dans
l'eau. Il me suivait de l'œil; je lui pris le bras: j'étouffais, ma foi, ma
535 parole d'honneur! j'étouffais.

"Ah çà! lui dis-je enfin, contez-moi donc, mon petit ami, contez-
moi un peu votre histoire. Que diable avez-vous donc fait à ces chiens
d'avocats qui sont là comme cinq morceaux de roi [1]? Il paraît qu'ils
vous en veulent fièrement! C'est drôle!"

540 Il haussa les épaules en penchant la tête (avec un air si doux, le
pauvre garçon!), et me dit:

"Ô mon Dieu! capitaine, pas grand-chose, allez: trois couplets de
vaudeville [2] sur le Directoire*, voilà tout.

— Pas possible! dis-je.

545 — Ô mon Dieu, si! Les couplets n'étaient même pas trop bons. J'ai
été arrêté le 15 fructidor* et conduit à la Force [3], jugé le 16, et condamné
à mort d'abord, et puis à la déportation par bienveillance.

— C'est drôle! dis-je. Les Directeurs sont des camarades bien susceptibles; car cette lettre que vous savez me donne ordre de vous fusiller."

550 Il ne répondit pas, et sourit en faisant une assez bonne contenance
pour un jeune homme de dix-neuf ans. Il regarda seulement sa
femme, et s'essuya le front, d'où tombaient des gouttes de sueur. J'en
avais autant au moins sur la figure, moi, et d'autres gouttes aux yeux.

---

1. Cinq morceaux de roi: allusion aux cinq Directeurs (voir Directoire, note 1, p. 120
   et glossaire, p. 319).

2. Vaudeville: chanson populaire et satirique.

3. La Force: prison de la Force, à Paris.

Je repris :

555 "Il paraît que ces citoyens-là n'ont pas voulu faire votre affaire sur terre, ils ont pensé qu'ici ça ne paraîtrait pas tant. Mais pour moi c'est fort triste ; car vous avez beau être un bon enfant, je ne peux pas m'en dispenser ; l'arrêt de mort est là en règle, et l'ordre d'exécution signé, paraphé [1], scellé ; il n'y manque rien."

560 Il me salua très poliment en rougissant.

"Je ne demande rien, capitaine, dit-il avec une voix aussi douce que de coutume ; je serais désolé de vous faire manquer à vos devoirs. Je voudrais seulement parler un peu à Laure, et vous prier de la protéger dans le cas où elle me survivrait, ce que je ne crois pas.

565 — Oh ! pour cela, c'est juste, lui dis-je, mon garçon ; si cela ne vous déplaît pas, je la conduirai à sa famille à mon retour en France, et je ne la quitterai que quand elle ne voudra plus me voir. Mais, à mon sens, vous pouvez vous flatter qu'elle ne reviendra pas de ce coup-là ; pauvre petite femme !"

570 Il me prit les deux mains, les serra et me dit :

"Mon brave capitaine, vous souffrez plus que moi de ce qui vous reste à faire, je le sens bien ; mais qu'y pouvez-vous ? Je compte sur vous pour lui conserver le peu qui m'appartient, pour la protéger, pour veiller à ce qu'elle reçoive ce que sa vieille mère pourrait lui 575 laisser, n'est-ce pas ? pour garantir sa vie, son honneur, n'est-ce pas ? et aussi pour qu'on ménage toujours sa santé. – Tenez, ajouta-t-il plus bas, j'ai à vous dire qu'elle est très délicate ; elle a souvent la poitrine affectée jusqu'à s'évanouir plusieurs fois par jour ; il faut qu'elle se couvre bien toujours. Enfin vous remplacerez son père, sa mère et moi 580 autant que possible, n'est-il pas vrai ? Si elle pouvait conserver les bagues que sa mère lui a données, cela me ferait bien plaisir. Mais si on a besoin de les vendre pour elle, il le faudra bien. Ma pauvre Laurette ! voyez comme elle est belle !"

Comme ça commençait à devenir par trop tendre, cela m'ennuya, 585 et je me mis à froncer le sourcil ; je lui avais parlé d'un air gai pour ne pas m'affaiblir ; mais je n'y tenais plus : "Enfin, suffit ! lui dis-je, entre braves gens on s'entend de reste. Allez lui parler, et dépêchons-nous."

---

1. Paraphé : marqué des initiales des cinq Directeurs (voir Directoire, note 1, p. 120 et glossaire, p. 319).

Je lui serrai la main en ami, et comme il ne quittait pas la mienne et me regardait avec un air singulier : "Ah çà ! si j'ai un conseil à vous
590 donner, ajoutai-je, c'est de ne pas lui parler de ça. Nous arrangerons la chose sans qu'elle s'y attende, ni vous non plus, soyez tranquille ; ça me regarde.

— Ah ! c'est différent, dit-il, je ne savais pas… cela vaut mieux, en effet. D'ailleurs, les adieux ! les adieux ! cela affaiblit.

595 — Oui, oui, lui dis-je, ne soyez pas enfant, ça vaut mieux. Ne l'embrassez pas, mon ami, ne l'embrassez pas, si vous pouvez, ou vous êtes perdu."

Je lui donnai encore une bonne poignée de main, et je le laissai aller. Oh ! c'était dur pour moi, tout cela.

600 Il me parut qu'il gardait, ma foi, bien le secret : car ils se promenè-rent, bras dessus, bras dessous, pendant un quart d'heure, et ils revin-rent au bord de l'eau reprendre la corde et la robe qu'un de mes mousses* avait repêchées.

La nuit vint tout à coup. C'était le moment que j'avais résolu de
605 prendre. Mais ce moment a duré pour moi jusqu'au jour où nous sommes, et je le traînerai toute ma vie comme un boulet. »

* * *

Ici le vieux commandant fut forcé de s'arrêter. Je me gardai de parler, de peur de détourner ses idées ; il reprit en se frappant la poitrine :

« Ce moment-là, je vous le dis, je ne peux pas encore le com-
610 prendre. Je sentis la colère me prendre aux cheveux, et en même temps je ne sais quoi me faisait obéir et me poussait en avant. J'appelai les officiers et je dis à l'un d'eux :

"Allons, un canot à la mer… puisque à présent nous sommes des bourreaux ! Vous y mettrez cette femme, et vous l'emmènerez au large
615 jusqu'à ce que vous entendiez des coups de fusil ; alors vous revien-drez." Obéir à un morceau de papier ! car ce n'était que cela enfin ! Il fallait qu'il y eût quelque chose dans l'air qui me poussât. J'entrevis de loin ce jeune homme… oh ! c'était affreux à voir !… s'agenouiller devant sa Laurette, et lui baiser les genoux et les pieds. N'est-ce pas
620 que vous trouvez que j'étais bien malheureux ?

Je criai comme un fou : "Séparez-les ! nous sommes tous des scélérats ! – Séparez-les… La pauvre République est un corps mort [1] !
Directeurs, Directoire*, c'en est la vermine ! Je quitte la mer ! Je ne
crains pas tous vos avocats ; qu'on leur dise ce que je dis, qu'est-ce que
625 ça me fait ?" Ah ! je me souciais bien d'eux, en effet ! J'aurais voulu les
tenir, je les aurais fait fusiller tous les cinq, les coquins ! Oh ! je l'aurais
fait ; je me souciais de la vie comme de l'eau qui tombe là, tenez… Je
m'en souciais bien !… une vie comme la mienne… Ah bien, oui !
pauvre vie… va !… »

* * *

630　　Et la voix du commandant s'éteignit peu à peu et devint aussi
incertaine que ses paroles ; et il marcha en se mordant les lèvres et en
fronçant le sourcil dans une distraction terrible et farouche. Il avait de
petits mouvements convulsifs et donnait à son mulet des coups du
fourreau* de son épée, comme s'il eût voulu le tuer. Ce qui m'étonna,
635　ce fut de voir la peau jaune de sa figure devenir d'un rouge foncé. Il
défit et entrouvrit violemment son habit sur la poitrine, la découvrant
au vent et à la pluie. Nous continuâmes ainsi à marcher dans un grand
silence. Je vis bien qu'il ne parlerait plus de lui-même, et qu'il fallait
me résoudre à questionner.

640　　« Je comprends bien, lui dis-je, comme s'il eût fini son histoire,
qu'après une aventure aussi cruelle on prenne son métier en horreur.

　　— Oh ! le métier ; êtes-vous fou ? me dit-il brusquement, ce n'est
pas le métier ! Jamais le capitaine d'un bâtiment* ne sera obligé d'être
un bourreau, sinon quand viendront des gouvernements d'assassins
645　et de voleurs, qui profiteront de l'habitude qu'a un pauvre homme
d'obéir aveuglément, d'obéir toujours, d'obéir comme une malheureuse mécanique, malgré son cœur. »

　　En même temps il tira de sa poche un mouchoir rouge dans lequel
il se mit à pleurer comme un enfant. Je m'arrêtai un moment comme
650　pour arranger mon étrier, et, restant derrière la charrette, je marchai

---

1. La pauvre République est un corps mort : en théorie, la Révolution française de 1789 marquait
le début de la Ire République (régime politique démocratique). La réalité était cependant tout
autre, comme le prouvent la période dite de la Terreur et celle du Directoire (voir « Les
romantiques et leur époque », p. 229 et 230).

quelque temps à la suite, sentant qu'il serait humilié si je voyais trop
clairement ses larmes abondantes.

J'avais deviné juste, car au bout d'un quart d'heure environ, il vint
aussi derrière son pauvre équipage[1], et me demanda si je n'avais pas
655 de rasoirs dans mon porte-manteau ; à quoi je lui répondis simplement que, n'ayant pas encore de barbe, cela m'était fort inutile. Mais
il n'y tenait pas, c'était pour parler d'autre chose. Je m'aperçus cependant avec plaisir qu'il revenait à son histoire, car il me dit tout à coup :

« Vous n'avez jamais vu de vaisseau de votre vie, n'est-ce pas ?

660 — Je n'en ai vu, dis-je, qu'au Panorama de Paris[2], et je ne me fie
pas beaucoup à la science maritime que j'en ai tirée.

— Vous ne savez pas, par conséquent, ce que c'est que le bossoir ?

— Je ne m'en doute pas, dis-je.

— C'est une espèce de terrasse de poutres qui sort de l'avant du
665 navire, et d'où l'on jette l'ancre en mer. Quand on fusille un homme,
on le fait placer là ordinairement, ajouta-t-il plus bas.

— Ah ! je comprends, parce qu'il tombe de là dans la mer. »

Il ne répondit pas, et se mit à décrire toutes les sortes de canots que
peut porter un brick*, et leur position dans le bâtiment ; et puis, sans
670 ordre dans ses idées, il continua son récit avec cet air affecté d'insouciance que de longs services donnent infailliblement, parce qu'il faut
montrer à ses inférieurs le mépris du danger, le mépris des hommes,
le mépris de la vie, le mépris de la mort et le mépris de soi-même ; et
tout cela cache, sous une dure enveloppe, presque toujours une sen-
675 sibilité profonde. – La dureté de l'homme de guerre est comme un
masque de fer sur un noble visage, comme un cachot de pierre qui
renferme un prisonnier royal.

* * *

« Ces embarcations tiennent six hommes, reprit-il. Ils s'y jetèrent
et emportèrent Laure avec eux, sans qu'elle eût le temps de crier et de
680 parler. Oh ! voici une chose dont aucun honnête homme ne peut se
consoler quand il en est cause. On a beau dire, on n'oublie pas une

---

1. Son pauvre équipage : son mulet et sa charrette.
2. Au Panorama de Paris : le panorama (modèle d'exposition en grand angle) succédait alors au
   diorama (dont le point de vue était plus limité) dans les musées et autres lieux d'exposition.

chose pareille !… Ah ! quel temps il fait ! – Quel diable m'a poussé à raconter ça ! Quand je raconte cela, je ne peux plus m'arrêter, c'est fini. C'est une histoire qui me grise [1] comme le vin de Jurançon [2].
685 – Ah ! quel temps il fait ! – Mon manteau est traversé.

Je vous parlais, je crois, encore de cette petite Laurette ! – La pauvre femme ! – Qu'il y a des gens maladroits dans le monde ! l'officier fut assez sot pour conduire le canot en avant du brick*. Après cela, il est vrai de dire qu'on ne peut pas tout prévoir. Moi je comptais sur la nuit
690 pour cacher l'affaire, et je ne pensais pas à la lumière des douze fusils faisant feu à la fois. Et, ma foi ! du canot elle vit son mari tomber à la mer, fusillé.

S'il y a un Dieu là-haut, il sait comment arriva ce que je vais vous dire ; moi je ne le sais pas, mais on l'a vu et entendu comme je vous vois
695 et vous entends. Au moment du feu, elle porta la main à sa tête comme si une balle l'avait frappée au front, et s'assit dans le canot sans s'évanouir, sans crier, sans parler, et revint au brick quand on voulut et comme on voulut. J'allai à elle, je lui parlai longtemps et le mieux que je pus. Elle avait l'air de m'écouter et me regardait en face
700 en se frottant le front. Elle ne comprenait pas, et elle avait le front rouge et le visage tout pâle. Elle tremblait de tous ses membres comme ayant peur de tout le monde. Ça lui est resté. Elle est encore de même, la pauvre petite ! idiote, ou comme imbécile, ou folle, comme vous voudrez. Jamais on n'en a tiré une parole, si ce n'est
705 quand elle dit qu'on lui ôte ce qu'elle a dans la tête.

De ce moment-là je devins aussi triste qu'elle, et je sentis quelque chose en moi qui me disait : *Reste avec elle jusqu'à la fin de tes jours, et garde-la* ; je l'ai fait. Quand je revins en France, je demandai à passer avec mon grade dans les troupes de terre, ayant pris la mer en haine
710 parce que j'y avais jeté du sang innocent. Je cherchai la famille de Laure. Sa mère était morte. Ses sœurs, à qui je la conduisais folle, n'en voulurent pas, et m'offrirent de la mettre à Charenton [3]. Je leur tournai le dos, et je la gardai avec moi.

---

1. Qui me grise : qui m'enivre.
2. Jurançon : commune française du sud-ouest de la France réputée pour ses vignobles.
3. Charenton : l'asile de Charenton, ancien asile psychiatrique.

Ah ! mon Dieu ! si vous voulez la voir, mon camarade, il ne tient
715 qu'à vous. — Serait-elle là-dedans ? lui dis-je. — Certainement !
tenez ! attendez. Hô ! hô ! la mule… »

Comment je continuai ma route

Et il arrêta son pauvre mulet, qui me parut charmé que j'eusse fait
cette question. En même temps il souleva la toile cirée de sa petite
charrette, comme pour arranger la paille qui la remplissait presque, et
720 je vis quelque chose de bien douloureux. Je vis deux yeux bleus,
démesurés de grandeur, admirables de forme, sortant d'une tête pâle,
amaigrie et longue, inondée de cheveux blonds tout plats. Je ne vis, en
vérité, que ces deux yeux, qui étaient tout dans cette pauvre femme,
car le reste était mort. Son front était rouge ; ses joues creuses et blan-
725 ches avaient des pommettes bleuâtres ; elle était accroupie au milieu
de la paille, si bien qu'on en voyait à peine sortir ses deux genoux, sur
lesquels elle jouait aux dominos toute seule. Elle nous regarda un
moment, trembla longtemps, me sourit un peu, et se remit à jouer. Il
me parut qu'elle s'appliquait à comprendre comment sa main droite
730 battait sa main gauche.

« Voyez-vous, il y a un mois qu'elle joue cette partie-là, me dit le
chef de bataillon ; demain, ce sera peut-être un autre jeu qui durera
longtemps. C'est drôle, hein ? »

En même temps il se mit à replacer la toile cirée de son shako*, que
735 la pluie avait un peu dérangée.

« Pauvre Laurette ! dis-je, tu es perdue pour toujours, va ! »

J'approchai mon cheval de la charrette, et je lui tendis la main ; elle
me donna la sienne machinalement et en souriant avec beaucoup de
douceur. Je remarquai avec étonnement qu'elle avait à ses longs doigts
740 deux bagues de diamants ; je pensai que c'étaient encore les bagues de
sa mère, et je me demandai comment la misère les avait laissées là.
Pour un monde entier je n'en aurais pas fait l'observation au vieux
commandant ; mais comme il me suivait des yeux et voyait les miens
arrêtés sur les doigts de Laure, il me dit avec un certain air d'orgueil :

745 « Ce sont d'assez gros diamants, n'est-ce pas ? Ils pourraient avoir
leur prix dans l'occasion, mais je n'ai pas voulu qu'elle s'en séparât, la

pauvre enfant. Quand on y touche, elle pleure, elle ne les quitte pas. Du reste, elle ne se plaint jamais, et elle peut coudre de temps en temps. J'ai tenu parole à son pauvre petit mari, et, en vérité, je ne m'en
750 repens pas. Je ne l'ai jamais quittée, et j'ai dit partout que c'était ma fille qui était folle. On a respecté ça. À l'armée tout s'arrange mieux qu'on ne le croit à Paris, allez! — Elle a fait toutes les guerres de l'Empereur [1] avec moi, et je l'ai toujours tirée d'affaire. Je la tenais toujours chaudement. Avec de la paille et une petite voiture, ce n'est
755 jamais impossible. Elle avait une tenue assez soignée, et moi, étant chef de bataillon, avec une bonne paye, ma pension de la Légion d'honneur et le mois Napoléon [2], dont la somme était double, dans le temps, j'étais tout à fait au courant de mon affaire, et elle ne me gênait pas. Au contraire, ses enfantillages faisaient rire quelquefois les offi-
760 ciers du 7e léger [3]. »

Alors il s'approcha d'elle et lui frappa sur l'épaule, comme il eût fait à son petit mulet.

« Eh bien, ma fille! dis donc, parle donc un peu au lieutenant qui est là: voyons, un petit signe de tête. »
765 Elle se remit à ses dominos.

« Oh! dit-il, c'est qu'elle est un peu farouche aujourd'hui, parce qu'il pleut. Cependant elle ne s'enrhume jamais. Les fous, ça n'est jamais malade, c'est commode de ce côté-là. À la Bérésina [4] et dans toute la retraite de Moscou [5], elle allait nu-tête. – Allons, ma fille, joue toujours,
770 va, ne t'inquiète pas de nous; fais ta volonté, va, Laurette. »

Elle lui prit la main qu'il appuyait sur son épaule, une grosse main noire et ridée; elle la porta timidement à ses lèvres et la baisa comme une pauvre esclave. Je me sentis le cœur serré par ce baiser, et je tournai bride violemment.

775 « Voulons-nous continuer notre marche, commandant? lui dis-je; la nuit viendra avant que nous soyons à Béthune [6]. »

1. L'Empereur: Napoléon Bonaparte (1769-1821).
2. Le mois Napoléon: le 13e mois de solde (prime versée aux militaires).
3. Les officiers du 7e léger: les officiers du septième régiment.
4. La Bérésina: rivière de Biélorussie; ici, bataille qui eut lieu aux abords de cette rivière (1812) entre les troupes de Napoléon Ier et trois armées russes.
5. La retraite de Moscou: retraite de la campagne de Russie par les troupes napoléoniennes (voir «Les romantiques et leur époque», p. 233).
6. Béthune: ville de France, de la région Nord-Pas-de-Calais.

Le commandant racla soigneusement avec le bout de son sabre la boue jaune qui chargeait ses bottes ; ensuite il monta sur le marchepied de la charrette, ramena sur la tête de Laure le capuchon de drap d'un petit manteau qu'elle avait. Il ôta sa cravate de soie noire et la mit autour du cou de sa fille adoptive ; après quoi il donna le coup de pied au mulet, fit son mouvement d'épaule et dit : « En route, mauvaise troupe ! » Et nous repartîmes.

La pluie tombait toujours tristement ; le ciel gris et la terre grise s'étendaient sans fin ; une sorte de lumière terne, un pâle soleil, tout mouillé, s'abaissait derrière de grands moulins qui ne tournaient pas. Nous retombâmes dans un grand silence.

Je regardais mon vieux commandant ; il marchait à grands pas, avec une vigueur toujours soutenue, tandis que son mulet n'en pouvait plus et que mon cheval même commençait à baisser la tête. Ce brave homme ôtait de temps à autre son shako* pour essuyer son front chauve et quelques cheveux gris de sa tête, ou ses gros sourcils, ou ses moustaches blanches, d'où tombait la pluie. Il ne s'inquiétait pas de l'effet qu'avait pu faire sur moi son récit. Il ne s'était fait ni meilleur ni plus mauvais qu'il n'était. Il n'avait pas daigné se dessiner. Il ne pensait pas à lui-même, et au bout d'un quart d'heure il entama, sur le même ton, une histoire bien plus longue sur une campagne du maréchal Masséna[1], où il avait formé son bataillon en carré contre je ne sais quelle cavalerie. Je ne l'écoutai pas, quoiqu'il s'échauffât pour me démontrer la supériorité du fantassin* sur le cavalier.

La nuit vint, nous n'allions pas vite. La boue devenait plus épaisse et plus profonde. Rien sur la route et rien au bout. Nous nous arrêtâmes au pied d'un arbre mort, le seul arbre du chemin. Il donna d'abord ses soins à son mulet, comme moi à mon cheval. Ensuite il regarda dans la charrette, comme une mère dans le berceau de son enfant. Je l'entendais qui disait : « Allons, ma fille, mets cette redingote sur tes pieds, et tâche de dormir. – Allons, c'est bien ! elle n'a pas une goutte de pluie. – Ah ! diable ! elle a cassé ma montre que je lui avais laissée au cou ! – Oh ! ma pauvre montre d'argent ! – Allons, c'est égal : mon enfant, tâche de dormir. Voilà le beau temps qui va

---

1. André Masséna (1758-1817), homme militaire (maréchal d'Empire) sous Napoléon Ier.

venir bientôt. – C'est drôle ! elle a toujours la fièvre ; les folles sont comme ça. Tiens, voilà du chocolat pour toi, mon enfant. »

Il appuya la charrette à l'arbre, et nous nous assîmes sous les roues, à l'abri de l'éternelle ondée, partageant un petit pain à lui et un à moi : 815 mauvais souper.

« Je suis fâché que nous n'ayons que ça, dit-il ; mais ça vaut mieux que du cheval cuit sous la cendre avec de la poudre dessus, en manière de sel, comme on en mangeait en Russie. La pauvre petite femme, il faut bien que je lui donne ce que j'ai de mieux. Vous voyez que je la 820 mets toujours à part ; elle ne peut pas souffrir le voisinage d'un homme depuis l'affaire de la lettre. Je suis vieux, et elle a l'air de croire que je suis son père ; malgré cela, elle m'étranglerait si je voulais l'embrasser seulement sur le front. L'éducation leur laisse toujours quelque chose, à ce qu'il paraît, car je ne l'ai jamais vue oublier de se 825 cacher comme une religieuse. – C'est drôle, hein ? »

Comme il parlait d'elle de cette manière, nous l'entendîmes soupirer et dire : « *Ôtez ce plomb ! ôtez-moi ce plomb !* » Je me levai, il me fit rasseoir.

« Restez, restez, me dit-il, ce n'est rien ; elle dit ça toute sa vie, parce 830 qu'elle croit toujours sentir une balle dans sa tête. Ça ne l'empêche pas de faire tout ce qu'on lui dit, et cela avec beaucoup de douceur. »

Je me tus en l'écoutant avec tristesse. Je me mis à calculer que, de 1797 à 1815, où nous étions, dix-huit années s'étaient ainsi passées pour cet homme. – Je demeurai longtemps en silence à côté de lui, cher-835 chant à me rendre compte de ce caractère et de cette destinée. Ensuite, à propos de rien, je lui donnai une poignée de main pleine d'enthousiasme. Il en fut étonné.

« Vous êtes un digne homme ! » lui dis-je.

Il me répondit :

840   « Eh ! pourquoi donc ? Est-ce à cause de cette pauvre femme ?... Vous sentez bien, mon enfant, que c'était un devoir. Il y a longtemps que j'ai fait abnégation*. »

Et il me parla encore de Masséna*.

Le lendemain, au jour, nous arrivâmes à Béthune*, petite ville laide 845 et fortifiée, où l'on dirait que les remparts, en resserrant leur cercle, ont pressé les maisons l'une sur l'autre. Tout y était en confusion, c'était le

moment d'une alerte. Les habitants commençaient à retirer les drapeaux blancs des fenêtres et à coudre les trois couleurs dans leurs maisons[1]. Les tambours battaient la générale ; les trompettes sonnaient *à*
850 *cheval,* par ordre de M. le duc de Berry[2]. Les longues charrettes picardes[3] portaient les Cent-Suisses[4] et leurs bagages ; les canons des Gardes-du-Corps[5] courant aux remparts, les voitures des princes, les escadrons des Compagnies-Rouges* se formant, encombraient la ville. La vue des Gendarmes du roi[6] et des Mousquetaires[7] me fit
855 oublier mon vieux compagnon de route. Je joignis ma compagnie, et je perdis dans la foule la petite charrette et ses pauvres habitants. À mon grand regret, c'était pour toujours que je les perdais.

Ce fut la première fois de ma vie que je lus au fond d'un vrai cœur de soldat. Cette rencontre me révéla une nature d'homme qui m'était
860 inconnue, et que le pays connaît mal et ne traite pas bien ; je la plaçai dès lors très haut dans mon estime. J'ai souvent cherché depuis autour de moi quelque homme semblable à celui-là et capable de cette abnégation de soi-même entière et insouciante. Or, durant quatorze années que j'ai vécu dans l'armée, ce n'est qu'en elle, et surtout
865 dans les rangs dédaignés et pauvres de l'infanterie, que j'ai retrouvé ces hommes de caractère antique, poussant le sentiment du devoir jusqu'à ses dernières conséquences, n'ayant ni remords de l'obéissance ni honte de la pauvreté, simples de mœurs et de langage, fiers de la gloire du pays, et insouciants de la leur propre, s'enfermant avec
870 plaisir dans leur obscurité, et partageant avec les malheureux le pain noir qu'ils payent de leur sang.

---

1. Les habitants remplacent les drapeaux royalistes par des drapeaux aux couleurs de la France républicaine, Napoléon ayant contraint à l'exil le roi Louis XVIII.

2. Charles Ferdinand d'Artois, duc de Berry (1778-1820), militaire français ayant accompagné Louis XVIII à Gand lors des Cent-Jours. Le duc de Berry fait donc changer les drapeaux aux fenêtres non pas par conviction personnelle, mais pour protéger la population.

3. Picardes : de la Picardie (région du nord-est de la France).

4. La compagnie des Cent-Suisses faisait partie de la maison militaire du roi ; lors de sa création, en 1497, il s'agissait de la première unité suisse permanente au service d'un souverain étranger.

5. Gardes-du-Corps : corps de cavalerie appartenant à la maison militaire du roi de France.

6. Gendarmes du roi : corps de cavalerie au service de Louis XVIII.

7. Mousquetaires : corps de soldats combattant indifféremment à cheval ou à pied et chargés de la garde du roi à l'extérieur de la résidence royale.

J'ignorai longtemps ce qu'était devenu ce pauvre chef de bataillon, d'autant plus qu'il ne m'avait pas dit son nom et que je ne le lui avais pas demandé. Un jour, cependant, au café, en 1825, je crois, un vieux capitaine d'infanterie de ligne à qui je le décrivis, en attendant la parade, me dit :

« Eh ! pardieu, mon cher, je l'ai connu, le pauvre diable ! C'était un brave homme ; il a été *descendu* par un boulet à Waterloo [1]. Il avait, en effet, laissé aux bagages une espèce de fille folle que nous menâmes à l'hôpital d'Amiens, en allant à l'armée de la Loire, et qui y mourut, furieuse, au bout de trois jours.

— Je le crois bien, lui dis-je ; elle n'avait plus son père nourricier !

— Ah bah ! *père !* qu'est-ce que vous dites donc ? ajouta-t-il d'un air qu'il voulait rendre fin et licencieux [2].

— Je dis qu'on bat le rappel [3] », repris-je en sortant. Et moi aussi, j'ai fait abnégation*.

---

1. Bataille de Waterloo (18 juin 1815), en Belgique, entre les troupes de Napoléon Bonaparte et les alliés (armées britannique et néerlandaise, essentiellement) (voir « Les romantiques et leur époque », p. 233).
2. Licencieux : immoral.
3. On bat le rappel : on rappelle les soldats au drapeau en battant le tambour d'une façon particulière.

OFFICIER DE CHASSEURS À CHEVAL DE LA GARDE IMPÉRIALE (1814).
THÉODORE GÉRICAULT (1791-1824).

*Première représentation d'*Hernani *de* Victor Hugo (1830).
Jean-Ignace-Isidore Gérard, dit J. J. Grandville (1803-1847).

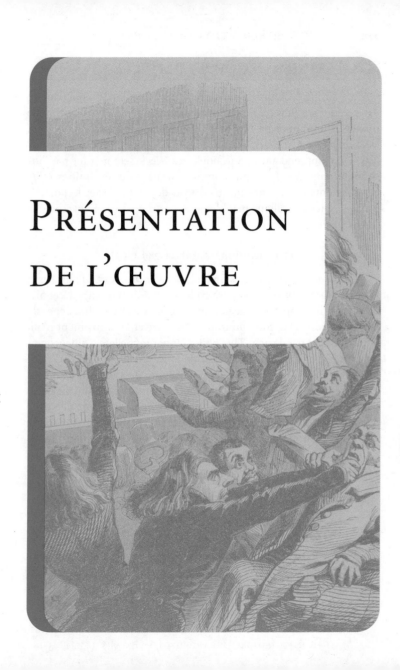

Présentation de l'œuvre

LES ROMANTIQUES ET LEUR ÉPOQUE

En 1789, la Révolution française met fin à 10 siècles de monarchie de droit divin[1] en France. Cet événement marque les débuts du monde moderne, un monde partagé entre la poursuite de l'idéal républicain, la valorisation de l'esprit bourgeois et le respect de la tradition royaliste. On comprend ainsi pourquoi le XIXe siècle sera marqué par l'instabilité politique. Le nombre impressionnant de révolutions et de changements de régimes jusqu'en 1870 dessine en effet le portrait d'une France cherchant péniblement à rompre avec le passé pour mieux inventer l'avenir.

La Révolution française (1789-1799)

À la fin du XVIIIe siècle, les finances de la France sont au plus bas et le peuple crie famine. Cette crise est le résultat de plusieurs décennies de gestion incompétente, de guerres incessantes et de folles dépenses occasionnées par la cour, pour qui l'élégance et le raffinement n'ont apparemment pas de prix. Théophile Gautier rappellera d'ailleurs plus tard à ses lecteurs le faste excessif de la Régence dans *La Cafetière*. Depuis plusieurs années déjà, les philosophes du siècle des Lumières annoncent à mots couverts ou plus directement la nécessité du changement. Or, la monarchie ne se renouvelle pas. Divisant depuis le Moyen Âge la France en trois ordres (le clergé, la noblesse, le tiers état[2]), elle néglige l'importance d'une classe sociale de plus en plus dominante au sein du tiers état : la bourgeoisie[3]. Lorsqu'en mai 1789 les États généraux[4] sont convoqués pour discuter de la situation financière, le tiers état, animé par les idées des Lumières et poussé par la colère de la bourgeoisie, réclame l'égalité politique et l'abolition des

---

1. Monarchie de droit divin : monarchie où le roi tient son pouvoir directement de Dieu.
2. Tiers état : tous ceux qui n'appartiennent pas aux deux premiers ordres, c'est-à-dire les bourgeois, les artisans, les paysans.
3. Dans *Croisilles,* Alfred de Musset évoquera les frustrations de cette classe avide de pouvoir par la peinture du financier Godeau, à la recherche de l'ultime reconnaissance sociale : un titre de noblesse.
4. États généraux : assemblée politique réunie exceptionnellement en situation de crise et composée de représentants des trois ordres précédemment cités.

privilèges réservés à la noblesse et au clergé. Ces revendications enfanteront la Révolution.

L'ABOLITION DE LA FÉODALITÉ[1]

Devant le refus de Louis XVI de céder à la requête du tiers état et craignant une réplique armée de la noblesse, des paysans aux quatre coins du pays saccagent et pillent les châteaux, allant jusqu'à s'en prendre à leurs occupants[2]. Le 9 juillet, on proclame la fin de l'absolutisme royal et le début de la monarchie constitutionnelle, qui donne le pouvoir à la nation. Mais les soulèvements ne s'arrêtent pas là. À Paris, le peuple monte à l'assaut de la prison de la Bastille (le 14 juillet 1789), symbole de l'oppression royale. Le 4 août, alors que la Grande Peur secoue encore les provinces françaises, l'Assemblée constituante abolit les privilèges, mettant ainsi fin au système féodal en France.

LA TERREUR (1792-1794)

En juin 1791, le roi entreprend de fuir. Il est arrêté à Varennes. L'affaire soulève la colère de la population. Des guerres incessantes avec les pays avoisinants qui désapprouvent la Révolution et craignent le soulèvement de leur propre population s'ajoutent aux problèmes des partisans de la monarchie constitutionnelle. *∅ Louis XVI*

On suspend alors Louis XVI de ses fonctions. Devant la menace d'un complot aristocratique, le peuple s'en prend au clergé et à la noblesse dans un état de frénésie meurtrière. Ironiquement, ces massacres de septembre 1792 coïncident avec l'instauration de la Ire République (1792-1799), premier effort de démocratisation du pouvoir. Mais c'est également le début de la Terreur, une période de dictature dominée sur le plan politique par le parti le plus extrémiste (les Jacobins) et marquée par la condamnation à mort de Louis XVI, de la reine Marie-Antoinette et de plus de 42 000 personnes soupçonnées

morts pour plusieurs

---

1. Féodalité : nom donné au système politique médiéval qui divisait le pays en seigneuries et en fiefs. La féodalité est l'incarnation politique de la monarchie de droit divin, accordant tous ses privilèges aux nobles et reléguant le peuple à l'état de serviteurs (vassaux).
2. Cet épisode est connu dans l'histoire sous le nom de Grande Peur.

d'agir contre les intérêts de la Révolution. En raison de cet abus de pouvoir et de sa suspicion croissante envers ceux qui l'entourent, Robespierre (1758-1794), le principal acteur de la Terreur, est finalement arrêté et exécuté avec ses partisans, les 9 et 10 thermidor de l'an III[1].

LE DIRECTOIRE (1795-1799)

Le Directoire, qui a donné son nom au régime succédant à celui de Robespierre, est le dernier régime politique de la Ire République. L'idée était ingénieuse : afin d'éviter la dictature, cinq dirigeants (appelés « Directeurs ») devaient se partager le pouvoir. Cette initiative, plus en accord avec les idéaux révolutionnaires, ne fera pourtant pas long feu. C'est que la France est pratiquement au bord de la faillite. Menacé de toutes parts par des partis aux intérêts divergents, le Directoire tente de faire oublier ses échecs en célébrant ses victoires à l'étranger, comme cette campagne d'Italie (1796-1797) menée avec brio par un certain Napoléon Bonaparte[2], qui force l'Autriche et ses alliés à faire la paix. Bonaparte, toutefois, fait peur. Son panache, sa bravoure, son génie politique et stratégique et surtout sa popularité croissante constituent une menace pour un régime aussi instable. Désireux de l'éloigner de Paris et du pouvoir, le Directoire nomme donc Napoléon à la tête de la campagne d'Égypte (1798-1801), qui vise à couper le chemin des Indes à l'Angleterre.

L'aventure devient plus ambitieuse lorsque, aux desseins militaires, s'ajoutent des ambitions scientifiques. À l'armée française vient en effet se greffer toute une équipe de botanistes, de dessinateurs et d'historiens chargés à la fois d'étudier le pays afin de mieux connaître sa valeur sur le plan historique et d'apporter les connaissances civilisatrices des Lumières à la population. C'est dans le cadre de cette expédition marquante aussi bien sur le plan historique que culturel

---

1. Les 9 et 10 thermidor de l'an III : les jours 9 et 10 du onzième mois (19 juillet-18 août) de la IIIe année du calendrier républicain. Une nouvelle division des mois de l'année et un retour à l'an I avaient été instaurés afin de bien marquer la fin de l'Ancien Régime et le début d'un monde nouveau.
2. Napoléon Bonaparte (1769-1821), premier consul, puis empereur de France.

qu'évolue le personnage principal de la nouvelle *Une passion dans le désert* de Balzac.

Napoléon se sent toutefois éventuellement contraint d'abandonner son rêve de conquérir l'Orient. La continuelle résistance arabe, l'affaiblissement progressif de son armée, la situation critique de la France et l'impression qu'une inévitable capitulation viendrait ternir sa longue liste de victoires le décident rapidement à quitter l'Égypte.

De retour en France, Bonaparte profite de l'aggravation de la crise financière, de l'accroissement des écarts entre les différentes classes sociales, de la frustration générale et de ses liens avec les Jacobins pour fomenter un coup d'État (le 18 brumaire de l'an VIII[1]).

Ainsi prend fin le Directoire et, avec lui, la Ire République. Comparativement beaucoup plus modéré que la Terreur, ce régime a malgré tout donné lieu à de criantes injustices, tant du point de vue économique que de celui du respect de la liberté d'expression. C'est ce dont témoignera Alfred de Vigny dans sa nouvelle intitulée *Laurette ou le Cachet rouge* en racontant l'histoire d'un jeune homme condamné à mort pour avoir écrit quelques vers critiquant les Directeurs. La France semble encore bien loin de cette république pleinement démocratique à laquelle rêvera bientôt la jeunesse romantique.

L'épopée napoléonienne (1799-1815)

LE CONSULAT (1799-1804)

Nommé premier des trois consuls de France, Napoléon entend profiter de sa situation pour réorganiser le pays. Il crée la Légion d'honneur[2] (1802) et le Code civil[3] (1804) et ramène la paix, permettant le développement du commerce et de l'industrie. Profitant de sa popularité, Bonaparte fait en sorte que le Premier consul soit nommé

---

1. Le 18 brumaire de l'an VIII : le 9 novembre 1799.
2. Légion d'honneur : ordre chargé de récompenser les services civils et militaires.
3. Le Code civil est l'un des apports les plus précieux de Napoléon à la vie politique. Il fut adopté par de nombreux pays et est encore à la base de la législation de nombreux États dans le monde. Ainsi, au Québec, le Code civil du Bas-Canada (1866), inspiré directement par le code Napoléon, est resté inchangé jusqu'en 1955.

LE GÉNÉRAL BONAPARTE AU PONT D'ARCOLE (1796).
ANTOINE-JEAN GROS (1771-1835).

à vie (4 août 1802) et renforce son pouvoir au détriment du législatif. Ces décisions pavent la voie à l'Empire.

L'Empire (1804-1814)

Le 2 décembre 1804, Napoléon se fait sacrer empereur des Français. Assoiffé d'ambition, il se lance à la conquête de l'Europe. La France connaît ainsi une période de rayonnement politique, social et culturel intense, mais qui n'est pas sans rappeler l'Ancien Régime. C'est que Napoléon gouverne en despote, crée une nouvelle noblesse (de mérite)[1], et consacre toute son énergie aux guerres de conquêtes, faisant plus d'un million de victimes parmi ses soldats. Lorsqu'il s'attaque finalement à la Russie en 1812, l'hiver rigoureux entraîne sa défaite. En 1814, les forces alliées (Russes, Anglais, Autrichiens, Prussiens) obligent l'empereur à capituler et le condamnent à l'exil sur l'île d'Elbe. Louis XVIII prend alors le pouvoir. C'est le retour de la monarchie, une période de l'histoire de la France mieux connue sous le nom de Restauration.

Les Cent-Jours (1815)

Les Cent-Jours désignent la courte période, du 20 mars 1815 au 22 juin 1815, pendant laquelle Napoléon, s'étant échappé de l'île d'Elbe, rallie les soldats envoyés pour l'arrêter et effectue une remontée triomphale vers Paris, où il profite de la fuite de Louis XVIII pour reprendre le pouvoir. Dans *Laurette ou le Cachet rouge* d'Alfred de Vigny, le narrateur est un soldat de l'armée du roi chargé d'escorter ce dernier jusqu'à son lieu d'exil, la Belgique.

C'est également en Belgique que Napoléon sera finalement défait par les Anglais et les Prussiens lors de la bataille de Waterloo. Forcé d'abdiquer pour la seconde et dernière fois, l'empereur déchu est déporté à Sainte-Hélène avec quelques fidèles. Il y trouvera la mort le 5 mai 1821.

---

1. Noblesse (de mérite) : les titres de noblesse, autrefois décernés par le roi selon le lignage familial de l'individu, avaient été abolis lors de la Révolution française. Napoléon crée une nouvelle noblesse, décernant ses titres selon le mérite (services rendus à l'Empire).

La France déchirée : de la Restauration à la IIᵉ République

LA RESTAURATION (1814/1815-1830)

On donne le nom de Restauration à la période qui suit la chute de l'Empire[1] et qui se termine avec la révolution de 1830. Au cours de cette période où la monarchie est effectivement « restaurée » en France (Louis XVIII[2], de 1814 à 1824 et Charles X[3], de 1824 à 1830), les ultraroyalistes imposent progressivement leur approche conservatrice du pouvoir : loi sur le double vote, qui permet aux plus riches de voter deux fois, loi sur l'autorisation de la censure et rôle important de l'Église dans l'encadrement de la population, en particulier dans l'enseignement. En fait, les ultraroyalistes deviennent si dominants que l'opposition libérale se voit presque réduite à la clandestinité. C'est d'ailleurs l'époque des *Carbonari*, cette société secrète révolutionnaire venue d'Italie et longuement évoquée par Stendhal dans *Vanina Vanini*. Lorsque Charles X devient roi, en 1824, la tendance ultraroyaliste se fait encore plus écrasante.

À partir de 1826-1827, des dissidents de tous les partis manifestent leur mécontentement à l'égard du roi. Mais ce dernier n'entend faire aucun compromis et gouverne de façon de plus en plus autoritaire. Les ordonnances de Saint-Cloud (25 juillet 1830) achèvent de mettre le feu aux poudres. Ces quatre textes visent en effet à écraser l'opposition libérale en décrétant une nouvelle dissolution de la Chambre (le roi avait ordonné une première dissolution le 16 mai), en imposant une réforme électorale uniquement favorable aux plus gros propriétaires fonciers, en déterminant une nouvelle échéance électorale en la faveur du roi, mais aussi en supprimant les libertés de la presse. C'est surtout cette dernière ordonnance, ultime symbole de l'oppression royale, qui conduit aux trois journées de la révolution de 1830.

---

1. Période brièvement interrompue par l'épisode des Cent-Jours.
2. Louis XVIII (1755-1824), roi de France.
3. Charles X (1757-1836), roi de France.

LA RÉVOLUTION DE JUILLET OU LES TROIS GLORIEUSES (1830)

Le 26 juillet 1830, l'indignation des milieux journalistiques est à son comble. Une pétition est lancée par 44 journalistes, qui entraînent dans leur sillage les typographes et les imprimeurs. On manifeste dans la capitale. Bientôt, ouvriers de toutes sortes, industriels et patrons d'ateliers, étudiants excédés par la présence écrasante de la religion dans l'enseignement supérieur se mettent de la partie.

Le 27 juillet, l'émeute prend les allures d'une véritable révolution. On élève des barricades, on s'empare de l'Hôtel de Ville, des Tuileries, du Louvre, si bien que le 29 juillet, la victoire semble acquise : les émeutiers contrôlent désormais la capitale. Au terme des Trois Glorieuses (les trois journées révolutionnaires, soit les 27, 28 et 29 juillet), la bataille aura fait plus de 1000 morts (dont 800 chez les insurgés), mais les républicains, désireux d'établir une rupture totale avec la monarchie, semblent pouvoir croire en la réalisation de leur idéal. La France serait-elle réellement à l'aube de jours meilleurs ?

En coulisses, la réalité est tout autre. La bourgeoisie d'affaires et les orléanistes[1] ne sont guère républicains dans l'âme. En fait, les idéaux républicains (abaissement du cens[2] et suffrage universel[3]) leur nuisent plus qu'ils ne les favorisent. Aussi s'empressent-ils de devancer leurs ennemis dans leur course au pouvoir et imposent-ils rapidement à la tête du pays le duc d'Orléans[4], un monarchiste modéré qui semble pouvoir à la fois apaiser la colère du peuple et favoriser la bourgeoisie d'affaires. Le 9 août 1830, le duc d'Orléans devient le nouveau roi de France, Louis-Philippe Ier.

La substitution d'une monarchie par une autre, malgré son titre officiel de monarchie constitutionnelle, suscite une vague de mécontentement chez une partie de la population, principalement chez les républicains, parmi lesquels on compte un grand nombre d'artistes. Le « mal du siècle » de la jeunesse romantique est donc encore accru

---

1. Orléanistes : partisans de la famille d'Orléans, l'une des grandes familles de la royauté française.
2. Cens : impôt.
3. Suffrage universel : le vote pour tous, indépendamment de son appartenance sociale.
4. Louis-Philippe d'Orléans (1773-1850), roi de France.

par l'échec républicain de 1830 et la perspective de vivre sous un régime rétrograde, à peine plus libéral que le précédent. C'est dans ce contexte qu'il faut situer la lutte ardue contre la peine de mort entamée par Hugo à compter de 1832 ou les propos acidulés de Mérimée au sujet de l'esclavage dans *Tamango,* toujours d'actualité sous Louis-Philippe. Le romantisme, en se faisant ainsi le porte-parole de la colère et des aspirations d'une grande partie de la population, deviendra à la même époque le courant le plus en vogue. C'est à cette période importante que Dumas situera donc le récit-cadre de son recueil *Les Mille et Un Fantômes,* se rappelant avec nostalgie ses glorieux débuts.

La monarchie de Juillet ou monarchie bourgeoise (1830-1848)

Le règne de Louis-Philippe Ier est pour le moins ambigu. Issu de la noblesse, Louis-Philippe apparaît souvent comme le jouet de la bourgeoisie d'affaires qui, elle, s'empare des privilèges autrefois réservés à l'aristocratie. Bien que cette période soit marquée par une grande prospérité économique, elle n'en demeure pas moins une période agitée sur le plan politique.

De nombreux partis s'affrontent, mais deux d'entre eux se font plus particulièrement remarquer : celui du Mouvement, qui soutient que la révolution de Juillet devrait permettre d'entamer une marche vers la démocratie, et celui de la Résistance, plus favorable au maintien de la monarchie. Le roi, après avoir tenté de s'entendre avec le premier, finit par se ranger du côté du second, affichant de façon évidente sa complicité avec la bourgeoisie d'affaires ainsi qu'un conservatisme croissant qui débouche sur plusieurs répressions. Le roi devient alors la cible de plusieurs attentats entre 1835 et 1846. Dès la première tentative d'assassinat, des lois de censure interdisant toute revendication de républicanisme et réduisant de beaucoup la liberté de la presse sont promulguées. Le supposé « libéralisme » de la monarchie de Juillet semble de plus en plus illusoire.

Malgré un débat d'idées intéressant entre 1836 et 1840, qui promet pendant un temps de déboucher sur une meilleure définition du

« juste milieu » (soit le partage équitable des pouvoirs entre le roi et la nation), la monarchie de Juillet se révèle incapable de moderniser réellement la politique française. Qui plus est, la corruption règne à la Chambre et la bourgeoisie d'affaires s'en donne à cœur joie, se réservant encore la plus grande part du pouvoir.

À partir de juillet 1847, les républicains s'organisent en lançant la fameuse « campagne des Banquets », vaste série de réunions politiques visant à mieux planifier la stratégie de l'opposition. Le 22 février 1848, l'interdiction par le roi d'une de ces réunions dégénère d'abord en manifestation, puis devient rapidement le point de départ d'une nouvelle révolution. Le 24 février, Louis-Philippe doit abdiquer. Même sa Garde nationale s'est rangée du côté des révolutionnaires. Bien décidés à ne pas se laisser devancer une seconde fois par les monarchistes, les républicains s'empressent cette fois de se réunir à l'Hôtel de Ville de Paris pour proclamer la république, le 25 février.

LA IIᵉ RÉPUBLIQUE

Comme la Révolution française de 1789, la IIᵉ République provoque la chute de la monarchie et pave la voie à un empire, celui de Napoléon III. Après la formation d'un gouvernement provisoire où dominent des hommes de pouvoir moins révolutionnaires que réformateurs, plusieurs agitateurs issus de la classe ouvrière protestent contre la tendance conservatrice et la faible présence socialiste au gouvernement[1]. À la suite d'une tentative de soulèvement (en juin 1848) qui se solde par la mort de plus de 5500 hommes, le parti de l'Ordre, qui veut contenir la menace socialiste, gagne en popularité pour finalement triompher aux élections de 1849, après avoir soutenu la candidature de Louis Napoléon Bonaparte[2] à la présidence de la République (décembre 1848). À nouveau, l'espoir d'une république égalitaire est réduit à néant. En 1852, après un coup d'État qui n'est pas sans rappeler celui de son oncle, en 1799, Louis Napoléon Bonaparte devient le nouvel empereur des Français sous le nom de Napoléon III.

---

1. George Sand, alors convertie au socialisme et au communisme, s'impliqua notamment dans ce débat d'idées pour le moins virulent (voir p. 289).
2. Charles Louis Napoléon Bonaparte (1808-1873), empereur de France.

Le Second Empire (1852-1870)

Ère d'un prodigieux essor économique, de transformations notables (industrialisation, urbanisation radicale de Paris et de Lyon, expansion coloniale, progrès de la science, de l'industrie, du commerce, etc.), la période dite du Second Empire est aussi celle du triomphe absolu de la bourgeoisie et de ses valeurs conservatrices. On associe généralement cette période à la victoire écrasante du capitalisme, mais également à l'organisation progressive de la classe ouvrière, au développement des idéologies majeures du monde moderne (socialisme, positivisme, communisme, anarchisme, etc.).

En art, le Second Empire coïncide avec la fin du romantisme au profit de courants parfois déjà existants (comme le réalisme en littérature et en peinture), mais plus adaptés à la réalité de l'époque (c'est également l'époque du symbolisme et du naturalisme).

Enfin, en 1870, une série de maladresses en matière de politique extérieure conduit à la guerre franco-prussienne, qui se soldera par la défaite humiliante de l'armée française et par l'effondrement du régime, qui cède bientôt sa place à la IIIe République (1870-1940).

LE CONTEXTE ARTISTIQUE

L'émergence d'une sensibilité nouvelle

Le romantisme est un courant artistique européen des XVIIIe et XIXe siècles qui rompt avec le classicisme, jugé trop cérébral et artificiel. Être romantique, c'est d'abord et avant tout favoriser l'expression de son moi intime, de son individualité, en mettant de l'avant sentiments et passions au détriment de la raison. = romantique.

C'est également valoriser la liberté sous toutes ses formes, en particulier dans l'acte créateur. Les romantiques cherchent en effet à se soustraire aux règles, aux principes désuets implantés par le classicisme. C'est pourquoi, par exemple, on préférera au théâtre de Racine celui de Shakespeare, plus éclaté, fougueux, et lyrique.

Être romantique, c'est aussi trouver dans la nature sauvage une alliée, une complice, par opposition à ce que peut offrir la civilisation, corrompue et destructrice. Ce goût pour la beauté « naturelle », « primitive », on le trouve également dans la passion que manifestent les romantiques pour l'histoire et l'art médiéval, qui tranche de façon si flamboyante avec l'histoire et l'art contemporains.

Finalement, le romantisme est marqué par l'expression d'un mal de vivre évident, qu'il s'agisse de la douleur ressentie à la suite d'une déception amoureuse, de l'impression d'être né trop grand (ou trop tard) dans un monde trop petit, d'être seul au monde, incompris, ou encore de la honte d'appartenir à cette grande famille des êtres humains, si petits, si imparfaits.

En bref, le romantisme est le courant qui, sur le plan artistique, émerge pendant la Révolution française de 1789. Désireux de rompre avec le passé, misant sur l'individu, profondément idéalistes malgré l'expression d'un désenchantement pouvant parfois tourner au cynisme, les romantiques sont les porte-parole des aspirations et des déceptions d'une jeunesse avide de changements, mais vivant dans un monde qui semble incapable de répondre à leurs aspirations.

romantisme rompt avec le classicisme.

Le romantisme allemand et anglais

La sensibilité romantique apparaît d'abord en Allemagne avec les œuvres de Klopstock (1724-1803), Lessing (1729-1781), Herder (1744-1803), Schiller (1759-1805) et Goethe (1749-1832). Célébrant l'Allemagne primitive, se détournant des canons esthétiques hérités du classicisme français, n'hésitant pas à porter aux nues le génie «barbare» de William Shakespeare, ces poètes pavent la voie à une littérature où sont exprimés avec véhémence les désordres du cœur, la passion à l'état brut et le désir de renouer avec l'esprit sauvage du Moyen Âge germanique. Amorcée par le courant *Sturm und Drang* (Tempête et élan), cette période de l'histoire littéraire allemande marque la naissance du romantisme en Occident.

Goethe, en particulier, publie en 1774 un ouvrage d'une importance capitale. *Les Souffrances du jeune Werther,* roman racontant l'histoire d'un jeune homme si éprouvé par l'amour qu'il finit par se suicider, connaîtra en effet tant de succès en Europe qu'il donnera lieu à une vague de suicides chez les jeunes en proie au mal de vivre.

En Angleterre, on se montre également fasciné par l'esthétique et les valeurs plus «primitives» du Moyen Âge ainsi que par l'expression d'une mélancolie lancinante. Chatterton (1752-1770), Cowper (1731-1800), Wordsworth (1770-1850), Coleridge (1772-1834), Shelley (1792-1822), Keats (1795-1821), Walter Scott (1771-1832), mais aussi Lord Byron (1788-1824) donnent le ton à cette nouvelle génération d'artistes. Byron, plus que tout autre, apparaît dans sa vie et dans ses œuvres comme le symbole même du romantisme. Excentrique, individualiste, révolté contre l'ordre et le conservatisme de son pays, il multiplie les scandales, les déboires amoureux et les œuvres poétiques dans lesquelles il se met en scène sous les traits d'un jeune exalté (*Pèlerinage de Childe Harold,* 1812) ou d'un débauché cynique, mais plein de panache (*Don Juan,* 1819-1824). Grand voyageur, il parcourt l'Italie, l'Espagne, le Portugal et la Grèce, dont il fait son pays d'adoption et où il trouvera la mort en 1824. Suprême incarnation du dandy[1], Byron EST le romantisme dans toute sa démesure.

---

1. Dandy: homme d'une suprême élégance, autant dans son apparence extérieure que dans ses manières. Le dandysme devient presque, avec Byron, une condition essentielle pour faire partie du clan des romantiques.

Le romantisme en France

LES PRÉCURSEURS

La littérature du XVIIIe siècle est principalement une littérature d'idées. Période de grand rayonnement au niveau intellectuel, le siècle des Lumières est dominé par des écrivains comme Rousseau, Voltaire[1] et Diderot, qui mettent la littérature au service de la philosophie. Contrairement aux romantiques, qui feront triompher après eux la passion sous toutes ses formes, ces écrivains misent essentiellement sur la raison, leur but premier étant de faire réfléchir le lecteur.

Malgré ce triomphe de l'esprit rationnel, une sensibilité nouvelle se fait sentir. C'est ainsi que Rousseau publie en 1761 *La Nouvelle Héloïse*, un roman épistolaire qui raconte, comme nous le dit son titre complet, la vie de «deux amants habitants d'une petite ville au pied des Alpes». S'appuyant sur l'idée que l'homme naît bon, mais que la société le corrompt, Rousseau situe cette histoire d'un amour passionné dans un décor rustique, d'une beauté sauvage, loin de la civilisation malfaisante. Ce roman ainsi que l'idée d'une nature salvatrice auront une influence majeure sur les romantiques.

Pour mieux comprendre la place qu'occupera cette idée d'un retour à la nature dans l'art romantique, il est important de noter que Rousseau ne fait pas figure d'exception. Beaucoup d'autres artistes louangent cette redécouverte de la nature. Les romans de l'abbé Prévost (1697-1763), de Bernardin de Saint-Pierre (1737-1814) et de Gresset (1709-1777) célèbrent à leur manière la beauté céleste des décors champêtres ou primitifs. Les toiles de Watteau reflètent également le goût de la bonne société pour les promenades bucoliques et les paysages apaisants. Des jardins à l'anglaise fleurissent partout en France. Pensons au parc de Bagatelle, dans le bois de Boulogne à Paris, ou à celui d'Ermenonville, que décrira si bien le romantique Gérard de Nerval dans sa nouvelle *Sylvie*. Ces parcs (et bien d'autres) attirent une foule de curieux et de citadins désireux de prendre la clé des champs pour renouer avec les beautés de la Création. Rousseau

---

1. François Marie Arouet, dit Voltaire (1694-1778), philosophe et écrivain français.

lui-même séjournera à Ermenonville, un lieu si cher à son cœur qu'il s'y fera enterrer. C'est d'ailleurs devant le tombeau de Rousseau que se tue Werther dans le roman éponyme de Goethe.

Dans cette France troublée, accablée par la misère et l'injustice sociale, l'espoir placé en l'homme civilisé semble céder progressivement sa place à la foi en une communion avec la nature sauvage, promesse d'une purification immédiate et d'un rapprochement avec Dieu. Chateaubriand (1768-1848) et Lamartine (1790-1869), qui écriront bientôt les premiers chefs-d'œuvre du romantisme français, poursuivent cette quête dans leurs œuvres, encouragés par leurs contemporains anglais et allemands, presque tous adeptes d'un retour aux sources.

L'INFLUENCE ALLEMANDE ET LES PREMIERS ROMANTIQUES FRANÇAIS

Le romantisme allemand est véritablement introduit en France par Mme de Staël (1766-1817). De retour d'un long séjour en Allemagne (membre de la noblesse, elle avait choisi l'exil pendant une bonne partie de l'époque napoléonienne), elle publie *De l'Allemagne* en 1810, essai dans lequel est longuement évoquée cette nouvelle sensibilité littéraire adoptée par les jeunes auteurs germaniques.

L'impact de cette œuvre majeure se fera attendre quelque peu, la circulation du livre étant freinée par la police impériale. Mais, à compter de 1815, l'influence de Mme de Staël ne tarde pas à se faire sentir chez les jeunes écrivains, tout comme celle de Chateaubriand, qui chante la grandeur du christianisme et relate ses amours tourmentées et ses voyages dans le Nouveau Monde, en Orient et en Grèce. Le romantisme français deviendra ainsi peu à peu, au grand dam des classiques, le courant dominant en France.

Notons finalement le succès de l'écrivain allemand E. T. A. Hoffmann (1776-1822), auteur de contes fantastiques qui marqueront des écrivains comme Charles Nodier (*Le Génie Bonhomme*), Théophile Gautier (*La Cafetière*) ou Alexandre Dumas (*Le Bracelet de cheveux*). Déjà en France, des écrivains tels que Jacques Cazotte (1719-1792) (*Le Diable amoureux,* 1772) avaient choisi de rompre avec la peinture d'un univers rationnel trop rassurant et limité. Mais c'est Hoffmann qui modernisera le genre fantastique en l'adaptant au goût du jour. Au début du xixe siècle, effectivement, le rationalisme et le triomphe croissant de la bourgeoisie, naturellement encline au matérialisme, rendent désuète la tentative de faire croire en un monde dominé par des forces surnaturelles. Pour être convaincant, le fantastique doit provenir d'une zone encore inexplorée, mystérieuse, de notre univers. C'est pourquoi Hoffmann fait en sorte que le fantastique soit d'abord et avant tout le résultat du psychisme de ses personnages. En effet, l'être humain a ceci de particulier qu'il semble mieux connaître le monde extérieur que lui-même, surtout à cette époque où la psychologie et la psychiatrie en sont à leurs premiers balbutiements. Ainsi, le fantastique conserve son pouvoir de fascination sur le lecteur moderne, avide de frissons et d'angoisses, mais également d'évasion.

L'INFLUENCE ANGLAISE

Tout comme les écrivains allemands, les auteurs anglais exercent une influence considérable sur les romantiques français, non seulement en raison de leur propre goût pour une littérature intime et mélancolique, mais également (et surtout peut-être) pour leur peinture d'un monde inquiétant, frayant avec le surnaturel. Le théâtre shakespearien, violent, passionné, où se heurtent dans un combat sans fin les forces du bien et du mal, du rationnel et de l'irrationnel, est d'abord découvert au xviiie siècle par Voltaire (1694-1778), qui offrira au public des traductions édulcorées, adaptées au goût du classicisme. Néanmoins, Shakespeare laisse peu à peu son empreinte dans la vie intellectuelle et artistique en France. « Le genre sombre », comme l'appelle alors les Français, naît effectivement de l'influence shakespearienne combinée à celle de poètes comme Young (*Les Nuits*) et Macpherson (*Les Poèmes d'Ossian*), dont les œuvres remplies de squelettes, de crânes et de tombeaux émergeant des brumes celtiques font de multiples adeptes.

Le roman gothique achève de convaincre les écrivains français d'opter pour cette esthétique troublante qui ouvre les portes de l'imagination, depuis si longtemps muselée par le classicisme. Dans

Le Sommeil de la Raison engendre des monstres (vers 1797-1798).
Francisco de Goya (1746-1828).

le roman gothique, en effet, le surnaturel et le morbide jouent un rôle prépondérant, comme le prouvent le *Frankenstein* (1818) de Mary Shelley (1797-1851) ou *Le Vampire* (1818) de Polidori (1795-1821), une longue nouvelle qui contribue à populariser le mythe du vampire partout en Europe. En France, Charles Nodier sera le traducteur le plus célèbre de la nouvelle de Polidori (il en tirera également une pièce de théâtre) avant de poursuivre dans ses propres œuvres l'exploration de ce mythe incontournable.

LES SOIRÉES DE L'ARSENAL

À partir de 1825, Nodier, nommé bibliothécaire de l'Arsenal (à Paris) depuis l'année précédente, organise à la bibliothèque des soirées au cours desquelles se réunissent les écrivains romantiques les plus en vue : Hugo, Vigny, Lamartine, Dumas, Sainte-Beuve[1], Musset, Mérimée, Gautier, Nerval. On y discute de politique, de poésie, d'art en général. À leurs débuts, les soirées de l'Arsenal ne sont pas encore le champ de bataille de l'école romantique. Seul Nodier semble vraiment vouloir imposer ses vues révolutionnaires. Peu à peu, toutefois, Victor Hugo prend le relais, se déclarant ouvertement romantique et libéral. L'assemblée prend bientôt le nom de Cénacle. Lorsqu'il aménage dans un nouvel appartement, rue Notre-Dame-des-Champs, en 1827, il invite ses amis et collègues à venir discuter d'art et de littérature chez lui. La même année, la publication de *Cromwell* achève de diviser partisans de l'école classique et adeptes du romantisme. Pièce shakespearienne, *Cromwell* est en effet précédée d'une longue préface dans laquelle Hugo affirme la nécessité de favoriser l'esthétique shakespearienne et l'inspiration historique à la Walter Scott[2]. La guerre éclate. Elle trouve son apothéose en 1830, lors de la première d'*Hernani*, une autre pièce de Hugo. Les représentations sont en effet si houleuses que romantiques et classiques en viennent littéralement aux poings. Le public et la critique sont toutefois conquis et le romantisme devient dès lors le courant officiel en France.

---

1. Charles Augustin Sainte-Beuve (1804-1869), écrivain et critique romantique français.
2. Walter Scott (1771-1832) est un romancier écossais spécialisé dans le roman historique. Il eut à ce titre une influence considérable sur les romantiques, qui s'essayèrent presque tous à l'écriture de ce genre de roman.

L'ENGAGEMENT POLITIQUE

ce qui plaît aux écrivains

Jeunes gens engagés, la plupart des romantiques optent de façon générale pour l'idéal républicain. Le rêve d'une véritable démocratie qui triompherait enfin la liberté d'expression et la protection des droits de l'individu enchante en effet bon nombre de ces écrivains. Lorsque la révolution de Juillet éclate en 1830, l'espoir est à son comble. N'est-ce pas après tout la révolution des intellectuels, des journalistes et de la jeunesse? C'est pourquoi l'issue de cet événement sanglant, qui donnait pourtant l'avantage aux républicains, sera si pénible à encaisser. Déjà en proie au mal du siècle, les romantiques verront en effet dans le triomphe de Louis-Philippe Ier et de la monarchie constitutionnelle le pied de nez d'une société qui semble incapable de suivre l'appel de sa propre libération. Pour plusieurs, c'est la fin de l'engagement et le début du cynisme. C'est ainsi que Musset, par exemple, écrira *Lorenzaccio* en 1833, un drame historique dans lequel il dénonce à mots à peine couverts l'incompétence des républicains, mais surtout la médiocrité des êtres humains, incapables de souhaiter leur propre bonheur.

LE DÉCLIN DU ROMANTISME

Jusqu'en 1852, le romantisme demeure un courant majeur dont l'influence est toujours palpable, mais la France change peu à peu. Au besoin de rêver et de s'épancher succède le besoin de dénoncer une société s'enlisant progressivement dans l'esprit bourgeois et le conservatisme religieux et moral. Après l'échec de la IIe République, instaurée en 1848 et prenant fin abruptement en 1852 par le coup d'État de Louis Napoléon Bonaparte, le romantisme devient un courant désuet et cède définitivement sa place au réalisme.

Bien sûr, Victor Hugo et George Sand écrivent toujours, bien entendu l'influence du romantisme se fait encore sentir, même chez les réalistes, mais les belles années du Cénacle et de la bataille d'Hernani sont loin et l'école romantique, après tout, a déjà accompli sa mission: libérer l'art du corset esthétique que lui avait imposé le classicisme et ouvrir les portes de l'imagination et de la liberté créatrice.

HISTOIRE DE LA NOUVELLE ET DU CONTE

La nouvelle

Le terme « nouvelle » vient du latin *novus,* qui signifie « nouveau ». Présent dans la langue française depuis le XIIᵉ siècle, il renvoie à l'idée d'informations nouvelles et, encore plus, d'informations surprenantes, jamais vues.

D'abord apparentée au fabliau, la nouvelle aborde à sa naissance des sujets plus ou moins licencieux sur un mode léger. La publication du *Décaméron* (1350-1353) de l'Italien Boccace (1313-1375) marque toutefois une rupture évidente avec le fabliau : les sujets, le ton et le style des nouvelles de ce recueil sont en effet beaucoup plus variés. Unifiés par une histoire-cadre, ces récits brefs contribuent à élargir le champ des possibilités d'un genre jusque-là plutôt limité.

En France, *Les Cent Nouvelles nouvelles* (1456-1457), recueil anonyme, confirme l'influence grandissante de l'œuvre de Boccace, tout comme *L'Heptaméron* (1558) de Marguerite de Navarre (1492-1549) à la Renaissance.

Au XVIIᵉ siècle, la traduction des *Nouvelles exemplaires* (1613) de l'Espagnol Miguel de Cervantès (1547-1616) enflamme l'imagination des écrivains et des lecteurs français. Les nouvelles de Cervantès deviennent ainsi rapidement le modèle absolu en la matière et la nouvelle connaît en France une grande popularité. En témoigne la publication des *Contes et nouvelles en vers* (1665-1674) de La Fontaine (1621-1695), des nouvelles de Mᵐᵉ de Scudéry (1607-1701) et, surtout, de *La Princesse de Clèves* (1678) de Mᵐᵉ de Lafayette (1634-1693), longue nouvelle qualifiée maintenant de premier roman moderne. Bien que très différentes les unes des autres, les nouvelles classiques partagent la caractéristique de raconter une « histoire vraie » mais surprenante. Cette caractéristique permet à la nouvelle de se distinguer du « roman romanesque », déjà en vogue.

Au siècle des Lumières (XVIIIᵉ siècle), la nouvelle connaît une période de déclin, ne se distinguant souvent plus du roman que par sa relative brièveté. On semble lui préférer le conte philosophique, popularisé par Voltaire (*Candide,* 1759). Il faudra attendre le romantisme pour assister à une résurgence et à une redéfinition du genre.

Les romantiques semblent en effet s'être presque tous adonnés tôt ou tard à l'écriture de nouvelles, que ce soit par plaisir ou pour des motifs purement alimentaires. Publiées dans les revues littéraires ou dans des journaux à grand tirage qui favorisent la production d'œuvres courtes, leurs nouvelles sont soit à caractère fantastique (témoignant en cela de l'influence de Hoffmann), soit de facture plus réaliste. Elles ont cependant comme caractéristique commune d'offrir au lecteur un récit resserré et une chute inattendue.

Ainsi redéfinie par les romantiques, la nouvelle connaît son âge d'or au XIXe siècle, le flambeau étant repris bientôt par les Parnassiens et les réalistes. Guy de Maupassant (1850-1893), l'un des maîtres incontestés du réalisme, en fera même son genre de prédilection, publiant plus de 18 recueils de son vivant.

À l'étranger, même phénomène : la mode de la nouvelle se répand comme une traînée de poudre. En Amérique, Edgar Allan Poe (1809-1849) se fait théoricien et défenseur du genre. En Russie, les nouvelles de Pouchkine (1799-1837), Gogol (1809-1852), Tourgueniev (1818-1883) et Tchekhov (1860-1904) comptent parmi les plus belles œuvres de ces écrivains. Henry James (1843-1916), quant à lui, est l'auteur de *short stories* ayant pour cadre l'Angleterre victorienne et décrivant avec finesse les mœurs de cette époque.

Le conte

Alors que la nouvelle suppose une certaine part de réalisme, même lorsqu'il s'agit de nouvelles fantastiques (les caractéristiques réalistes de la nouvelle fantastique permettent en effet de rendre plus crédibles et inquiétants les aspects irrationnels du récit), le conte ne se cache pas d'être de la pure fiction. Dans le conte, le merveilleux est donné comme tel, l'enjeu étant de permettre l'évasion du lecteur dans un monde où tout devient possible, depuis la présence de lutins, de génies ou d'objets magiques, jusqu'à l'intervention d'animaux parlants. Le conte peut également avoir des visées didactiques en débouchant sur une morale, comme c'est le cas dans les contes de fées d'Andersen ou de Perrault, ou dans *Le Génie Bonhomme* du romantique Charles Nodier (voir p. 155-163).

Issu de la tradition orale, le conte semble exister depuis la nuit des temps. Un papyrus égyptien du xiiie siècle avant Jésus-Christ relate l'histoire des *Deux Frères,* le plus ancien conte qui soit parvenu jusqu'à nous. Au cours de l'Antiquité, la tradition du conte se poursuit avec *L'Âne d'or* d'Apulée, œuvre à laquelle Gérard de Nerval fait d'ailleurs référence dans *Sylvie.* Au Moyen Âge, le conte acquiert soudainement une fonction théologique. Les prédicateurs, en effet, s'en servent pour illustrer leurs sermons, au même titre que la parabole biblique. Cela permet en outre de rassurer l'Église, qui voit d'un œil suspicieux tout récit à caractère purement divertissant. Ainsi légitimé aux yeux du clergé, le conte peut survivre à la censure.

Au xvie siècle, le genre est encore à la mode, comme en témoignent *Les Nuits facétieuses* (1550, 1553) de Straparole (1480-1557) en Italie et les œuvres du Français Bonaventure des Périers (1510-1543 ou 1544), inspirées de celles des conteurs italiens. Devenu beaucoup plus littéraire, le conte semble plus facile à confondre avec d'autres formes de récits brefs. C'est ainsi que les nouvelles de Marguerite de Navarre ou de Boccace seront qualifiées indifféremment (à cette époque, du moins) de contes ou de nouvelles.

Au xviie siècle, le conte divise les écrivains du classicisme. Les Anciens rejettent du revers de la main ce genre trop populaire alors que les Modernes comme Perrault obtiennent un succès considérable avec leurs contes de fées issus de la tradition orale. C'est également à cette époque que le conte acquiert véritablement sa fonction didactique en débouchant la plupart du temps sur une morale.

Au xviiie siècle, l'esprit des Lumières, partisan du matérialisme et de la rationalité, semble d'abord en rupture avec la nature merveilleuse du conte. Toutefois, la condamnation du conte par Leibniz (philosophe allemand, 1646-1716) n'empêche pas le genre de faire des adeptes. L'apparition du conte philosophique, popularisé par Voltaire, le réhabilite finalement aux yeux de ses détracteurs.

Les romantiques, quant à eux, se détourneront du conte voltairien en redécouvrant les beautés du Moyen Âge et de la Renaissance et, sous l'impulsion de Charles Nodier (voir p. 285), relanceront la mode du conte merveilleux en France.

Aujourd'hui, il est encore parfois difficile de distinguer le conte de la nouvelle, la problématique pouvant même susciter une certaine controverse. Le terme de conte devient en fait si passe-partout au XIXᵉ siècle que certains écrivains l'appliquent à des œuvres ayant peu de rapport avec lui. C'est ainsi par exemple qu'Alfred de Musset qualifie de contes les poèmes de son premier recueil (*Contes d'Espagne et d'Italie,* 1829) afin d'insister sur la nature ludique de son contenu. De manière plus ambiguë, certains récits de Maupassant dans lesquels n'intervient jamais le merveilleux sont qualifiés de contes en raison du caractère plus fictif de la narration ou de la morale qui semble s'en dégager. Cet élargissement parfois troublant de la définition du conte prouve cependant une chose : le genre est toujours bien vivant, qu'il prenne l'allure de la nouvelle ou demeure plus tributaire du conte folklorique, à qui il doit son origine.

PRÉSENTATION DES AUTEURS ET DES ŒUVRES

Honoré de Balzac (1799-1850)

BIOGRAPHIE

Honoré de Balzac est né à Tours, en France, dans une famille de la petite bourgeoisie. En 1807, il est placé comme pensionnaire au collège de Vendôme, une expérience qui lui laissera un goût amer. Confiné à la plus grande solitude, presque abandonné par sa mère qui lui préfère un fils illégitime, Balzac ne retrouve sa famille que lorsque celle-ci s'installe à Paris, en 1814.

Cinq ans plus tard, il renonce à la carrière de notaire à laquelle sa mère le destinait et déclare à ses parents qu'il souhaite devenir écrivain. Avec leur permission, il s'installe dans un modeste appartement où il entreprend la rédaction d'une pièce de théâtre, *Cromwell*. La pièce est un échec cuisant et Balzac se tourne alors vers le roman, dont il apprend à maîtriser les rouages dans l'anonymat, préférant publier le produit maladroit de ses premiers efforts sous divers pseudonymes.

En 1825, son incursion dans le monde de l'imprimerie (dont il pressent l'expansion) le laisse endetté pour la vie, situation qui ne l'empêchera toutefois pas de demeurer jusqu'à sa mort un dépensier impénitent.

Dandy, homme du monde, bourreau de travail et monarchiste convaincu, Balzac trouve finalement le succès avec sa *Physiologie du mariage* (1826), petit essai plaisant sur la vie conjugale, et le premier roman signé de son nom : *Le Dernier Chouan* (1829). Dégoûté par la monarchie de Juillet, il publie en 1831 *La Peau de chagrin*, roman fantastique et féroce critique sociale qui achève d'en faire un auteur à la mode.

Deux ans plus tard, une soudaine illumination le lance dans le projet le plus ambitieux de sa carrière : construire une immense fresque romanesque capable de synthétiser toute son époque et dont chaque roman serait plus ou moins lié aux autres par le retour de personnages. Cette fresque, Balzac l'entame avec *Le Père Goriot* (1835) et lui donne le titre de *Comédie humaine*. Sans plus tarder, il fait le plan de cette impressionnante cathédrale littéraire : plus de 130 romans à écrire, classés en différentes catégories (études philosophiques, scènes de la vie privée, scènes de la vie parisienne, scènes de la vie militaire, etc.). Il récupère bientôt ses publications antérieures pour les greffer à cette œuvre immense à laquelle il se consacre désormais corps et âme. Miné précocement par la fatigue et les multiples excès auxquels sa nature expansive le soumet, Balzac s'éteint en 1850 à l'âge de 51 ans, après avoir écrit plus de 91 romans.

La Comédie humaine, bien qu'inachevée, n'en est pas moins l'une des œuvres les plus marquantes et influentes du xixᵉ siècle. Les ambitions à la fois littéraires et scientifiques qui l'animent font de son auteur l'un des précurseurs du réalisme.

UNE PASSION DANS LE DÉSERT

La place de la nouvelle dans l'œuvre de Balzac

Parue dans *La Revue de Paris* le 24 décembre 1830, *Une passion dans le désert* est greffée en 1837 à *La Comédie humaine,* où elle prend place parmi les *Études philosophiques,* aux côtés de *La Peau de chagrin.* À partir de 1845, toutefois, la nouvelle figure dorénavant dans les *Scènes de la vie militaire,* avec *Les Chouans.*

Les thèmes

Ce court récit de Balzac montre à quel point les premières œuvres de l'auteur de *La Comédie humaine* appartiennent autant (sinon plus) au romantisme qu'au réalisme. Les thèmes de cette nouvelle sont en effet bien de leur temps. L'orientalisme, d'abord et avant tout, est un thème chéri par la jeunesse romantique ; pensons simplement au Hugo des *Orientales* ou à *La Mort de Sardanapale* (1827) de Delacroix (peintre romantique, 1798-1863). Popularisé par la traduction française des *Mille et Une Nuits* (1704-1717), mais surtout par l'expédition d'Égypte et les œuvres de Lord Byron, l'Orient fascine les romantiques en quête d'évasion et de beauté exotique.

On retrouve également dans la nouvelle de Balzac le thème de la passion amoureuse. La panthère pour laquelle le personnage principal s'éprend d'une vive affection est en effet sans cesse comparée à une femme (« une petite maîtresse », l. 221). Elle est même baptisée

« *Mignonne* » (l. 321) par le Provençal. Cette comparaison a pour effet premier d'humaniser l'animal et de bestialiser la femme. Autrement dit, la panthère aime comme la femme, la femme aime comme une panthère. Dans les deux cas, la vision de Balzac est romantique. La nature devient en effet le miroir du comportement humain alors qu'est réaffirmée la nature animale de la femme, révélée à travers l'expression de sa sensualité.

La comparaison établie par Balzac est également évocatrice de la puissance destructrice de la civilisation. Le comportement changeant de l'animal (d'abord docile, puis soudainement agressif) peut effectivement être interprété comme une crise de jalousie incontrôlable devant l'intérêt nouveau que porte le soldat à un aigle. Pour survivre à ce débordement violent du cœur, notre personnage principal n'a guère le choix : il doit tuer l'objet de son amour, cette bête sauvage qu'il a dénaturée en l'humanisant, et porter en son âme le poids de ce double crime. Ainsi se trouve confirmée l'affirmation initiale du narrateur selon laquelle on peut apprendre aux animaux « tous les vices dus à notre état de civilisation » (l. 12-13). Autrement dit, à force de traiter l'animal comme une femme, le soldat a fini par faire de la panthère une maîtresse en proie aux ravages de la passion amoureuse.

Polysémique, la nouvelle de Balzac suggère cependant une autre interprétation, à lier cette fois au thème romantique de la nature. Rappelons à cet égard que les romantiques reconnaissent à la nature sauvage et primitive une pureté qui la rend supérieure à la civilisation. Qui plus est, le romantique s'identifie lui-même à la nature et voit en l'animal rebelle, indomptable, le reflet de sa propre personnalité. C'est le cas de Delacroix, entre autres, qui fait du lion et du tigre des symboles de l'idéal romantique. Ainsi, lorsque la panthère finit par mordre le soldat dans la nouvelle de Balzac, on peut affirmer dans un premier temps que la nature a retrouvé sa pureté initiale : la panthère a en effet cessé de se comporter comme un être humain et a retrouvé sa véritable essence, celle d'un animal sauvage. Le désert, « c'est Dieu sans les hommes » (l. 461), soutient à cet effet le soldat, rappelant au lecteur « civilisé » l'essence divine du reste de la Création et légitimant du coup le comportement de la bête. Et comme la nature est ici le reflet de l'âme romantique, force est de constater que la réaction de la panthère souligne par le fait même le triomphe des valeurs de ce courant. En d'autres mots, la panthère ne peut véritablement agir que comme une panthère, fidèle à sa nature primitive, pure de toute influence « civilisatrice », tout comme le romantique obéit à sa propre nature primitive en rejetant le corset étouffant imposé par la société. Ainsi, si l'on opte pour cette interprétation, l'affirmation initiale du narrateur de la nouvelle est soudainement contredite : on ne peut véritablement corrompre les bêtes sauvages. La nature finit toujours par reprendre ses droits.

Le plus surprenant ici est que, peu importe que l'affirmation initiale du narrateur soit vraie ou non, la conclusion demeure la même. En effet, dans les deux cas, l'être civilisé fait fausse route. Corrompu selon la première interprétation (le comportement de la panthère est malsain, comme celui de la femme jalouse et possessive), dénaturé selon la seconde (contrairement à la panthère et au romantique, l'individu vivant en société est privé de sa véritable nature), l'homme civilisé est un être imparfait dont la prétention à la supériorité ne fait que souligner davantage l'imperfection.

Plus simplement encore, on pourrait résumer tout ceci en établissant un parallèle avec le fameux thème du sublime et du grotesque, si cher à Hugo et à l'ensemble des romantiques. Le sublime serait ici la pureté de la nature (symbolisée par la sauvage beauté de la panthère) et le grotesque serait incarné par la civilisation corruptrice, ces deux pôles nous ramenant à une seule et même constatation : celle de l'imperfection humaine. C'est cette conclusion on ne peut plus rousseauiste qui confirme définitivement l'appartenance d'*Une passion dans le désert* au courant romantique.

La forme

Sur le plan formel, la nouvelle de Balzac a de quoi surprendre. Le récit-cadre, d'abord, est étonnamment complexe, surtout pour une si courte nouvelle. On pourrait presque soutenir en fait qu'il y a deux récits-cadres. Le premier tourne autour de la discussion entre un homme (le narrateur) et une femme qui quittent la ménagerie Martin. Le second récit-cadre concerne une rencontre : celle du narrateur et du soldat, personnage principal de la nouvelle. Cette rencontre a également lieu à la ménagerie Martin, mais précède dans le temps la discussion entre le narrateur et la femme. Retour alors au premier récit-cadre : les confidences du soldat au narrateur sont rapportées à la femme sous forme de lettre afin de satisfaire la curiosité de cette dernière. C'est cette lettre qui constitue le cœur de la nouvelle.

À la suite de cette missive sans conclusion, on assiste à une reprise de l'échange oral entre le narrateur et la femme qui, tout comme le lecteur, veut connaître la fin du récit. Ultime retour alors au second récit-cadre (le dialogue entre le soldat et le narrateur, rapporté par ce dernier) qui nous mène à la conclusion de la nouvelle.

Virtuosité narrative ? Maladresse de débutant ? Balzac n'aurait-il pas mieux fait de se contenter d'une simple confidence orale faite par le soldat au narrateur plutôt que d'introduire le personnage apparemment accessoire de la femme ? À bien y penser, cette complexité narrative semble confirmer davantage le génie de Balzac que sa relative inexpérience. En doutant de la véracité de la thèse du narrateur, la femme souligne dans un premier temps la nature dialectique et donc philosophique de la nouvelle. C'est en effet son incrédulité qui pousse le narrateur à lui raconter, en guise d'argument, l'histoire qu'il a entendue de la bouche même du soldat. La femme représente aussi de cette façon le lecteur, moins enclin à penser que l'on peut « civiliser » les bêtes sauvages que le narrateur, mais surtout curieux de voir comment ce dernier défendra son point. Après avoir lu la lettre, la femme continue de représenter le lecteur dans la mesure où elle semble soudain moins préoccupée par la fameuse hypothèse du narrateur que par la simple envie de connaître la fin de cette étonnante « histoire d'amour ». Car c'est bien d'une histoire d'amour qu'il s'agit et Balzac, qui connaît le goût des lectrices de son temps pour ce genre d'histoires, nous le rappelle précisément en faisant du personnage avide d'en savoir plus… une femme. Ainsi se trouve justifié le recours à ce troisième personnage qui impose à l'écrivain une structure complexe sur le plan narratif et spatio-temporel. C'est cette complexité qui, du reste, donne à la nouvelle toute son originalité et en fait aujourd'hui encore une œuvre si unique et si déroutante au sein de *La Comédie humaine*.

Alexandre Dumas (1802-1870)

Biographie

Métis d'origine haïtienne (par son arrière-grand-mère), Alexandre Dumas est le fils d'un général de la Révolution disgracié par l'Empire et mort alors que le jeune Alexandre n'a que trois ans et demi. Élevé par sa mère, Dumas reçoit une instruction sommaire et devient clerc de notaire en province.

En 1822, il s'installe à Paris dans l'espoir d'y trouver fortune. Une relation illégitime en 1824 entraîne la naissance d'un fils, futur auteur de *La Dame aux camélias*. Devenu expéditionnaire pour le duc d'Orléans en 1826, Dumas se passionne pour la littérature et dévore les œuvres de Shakespeare, Walter Scott, Goethe et Schiller, complétant ainsi l'instruction qui lui faisait défaut. Il connaît bientôt le succès en tant que dramaturge avec sa pièce *Henri III et sa cour* (1829), jouée à la Comédie-Française et annonçant la révolution romantique déclenchée par Hugo un an plus tard avec *Hernani*. Dumas devient du jour au lendemain une célébrité et enchaîne les succès au théâtre avant de se lancer dans une carrière de romancier en 1838.

Entouré de collaborateurs, il publie plus de 80 récits, parmi lesquels on trouve *Les Trois Mousquetaires* (1844), *Vingt Ans après* (1845) et *Le Comte de Monte-Cristo* (1844-1846). Spécialisé dans le roman-feuilleton à caractère historique, Dumas est régulièrement critiqué pour ses anachronismes et ses facilités stylistiques, ce qui n'empêche pas les lecteurs de dévorer les œuvres pleines de rebondissements de ce conteur de génie.

Riche et célèbre (il s'était fait construire un château en 1844), poussé par l'ambition, Dumas finance en 1847 la construction du Théâtre historique, sur la scène duquel il souhaite présenter des adaptations théâtrales de ses plus grands romans. L'entreprise est un échec financier et Dumas quitte alors la France pour la Belgique afin de fuir les 150 créanciers qui sont à ses trousses. Il y rédige ses *Mémoires* (1852 et 1854) et revient éventuellement à Paris, où il fonde le journal *Le Mousquetaire*. Une série d'opérations financières désastreuses et un accident vasculaire qui le paralyse à demi le laissent finalement sans le sou et à la charge de son fils. L'écrivain ruiné s'éteint en 1870.

LE BRACELET DE CHEVEUX

La genèse de l'œuvre

« Le Bracelet de cheveux » appartient au recueil de nouvelles fantastiques *Les Mille et Un Fantômes,* parues d'abord dans le journal *Le Constitutionnel* en 1849. À cette époque, le courant fantastique n'a rien de nouveau (il avait atteint des sommets de popularité dans les années 1830) et on peut donc se demander ce qui pousse Dumas à s'attaquer si tardivement à un genre aussi essoufflé. L'explication se trouve dans la mort d'amis chers à l'auteur des *Trois Mousquetaires,* dont celle de Charles Nodier en 1844.

L'amitié de Dumas pour Nodier (l'un des maîtres de la nouvelle fantastique) remonte aux soirées de l'Arsenal (voir p. 245), époque où tous les espoirs étaient permis aux jeunes romantiques. Or, à la fin des années 1840, le romantisme n'est plus le courant de la jeunesse et l'idéalisme politique qui animait autrefois Dumas s'est transformé en amère déception après sa défaite aux élections complémentaires de 1848. L'écrivain vit donc des heures difficiles, et il n'est pas inconcevable qu'il ait voulu à la fois rendre hommage à son ami et apaiser sa douleur en rédigeant ces nouvelles où les morts ne sont jamais vraiment morts et où le passé et le présent sont en étroite relation.

Les thèmes

La nouvelle de Dumas est des plus romantiques en ce qu'elle raconte l'histoire d'une relation conjugale heureuse se poursuivant au-delà de la mort. Le thème de la passion amoureuse, on le sait, est probablement le plus célèbre des thèmes du romantisme, au point où il donne aujourd'hui encore, dans l'esprit des néophytes, tout son sens à l'adjectif « romantique ». Mais il serait réducteur de ne voir dans le récit de Dumas qu'une sorte de célébration facile de la puissance de l'amour. En fait, Dumas s'inspire ici plus largement des théories de l'illuminisme, un courant philosophique et religieux auquel appartient le suédois Emmanuel Swedenborg (1688-1772). Homme de sciences, théologien et philosophe, adepte prudent du spiritisme, Swedenborg connaît une vague de popularité au xixe siècle. Goethe, Nerval et Balzac, pour ne citer que ceux-là, ont été marqués par ses théories concernant la vie spirituelle.

Dans *L'Amour vraiment conjugal,* Swedenborg accorde à l'homme et à la femme une complémentarité céleste. Autrement dit, mari et épouse forment ensemble « un ange », vivant unis l'un à l'autre bien au-delà de la mort, dans une éternelle jeunesse. On comprend donc aisément pourquoi les romantiques, idéalistes en quête d'absolu, ont été si touchés par une telle conception du mariage. Dumas ne fait pas exception, et c'est cette conception de l'amour conjugal que l'on trouve illustrée dans *Le Bracelet de cheveux,* où la pousse des cheveux après la mort symbolise la continuité de la vie et permet également à la femme de se constituer un bracelet lui assurant de rester en étroite relation avec son bien-aimé.

La forme

Comme toutes les nouvelles des *Mille et Un Fantômes,* « Le Bracelet de cheveux » est constitué d'une histoire-cadre et d'un récit enchâssé. L'histoire-cadre est amorcée dès le début du recueil et a une valeur supposément autobiographique (en réalité, presque tout tient ici de la fiction, mais Dumas cherche à donner à ses histoires fantastiques une crédibilité accrue en les intégrant à la réalité historique). Ainsi, l'écrivain se met en scène lui-même en racontant comment le jeune dramaturge qu'il était dans les années 1830 reçoit à dîner des amis fascinés par un fait divers morbide et affolant : un villageois a décapité sa femme et prétend que la tête de sa victime lui a parlé. Le recueil est ainsi lancé, chacun des convives racontant à tour de rôle une histoire échappant aux lois de notre univers rationnel.

C'est pourquoi *Le Bracelet de cheveux* s'ouvre avec une discussion entre Alliette, un spécialiste de la divination qui se croit immortel, et le docteur Robert, partisan du matérialisme. Ce dernier joue le rôle conventionnel de l'incrédule, position qui motive le reste des invités à rendre leurs histoires aussi convaincantes que possible. Le bon docteur est par le fait même le digne représentant du lecteur contemporain de Dumas, plus volontiers enclin à croire aux prodiges de la science qu'aux miracles de la religion ou au surnaturel.

Notons enfin que la partie de l'histoire-cadre assurant la transition entre la fin du *Bracelet de cheveux* et la nouvelle suivante a été coupée de la présente édition pour des raisons de clarté (d'autres convives présentés plus tôt dans le recueil y interviennent) et afin de bien « fermer » le récit de Dumas.

Théophile Gautier (1811-1872)

Biographie

Né à Tarbes, dans les Hautes-Pyrénées (sud de la France), Théophile Gautier monte très tôt à Paris avec le reste de sa famille. Élève au collège Charlemagne à partir de 1822, il se lie d'amitié avec Gérard de Nerval, de trois ans son aîné. Bon élève bien qu'un peu indiscipliné, le jeune Gautier passe ses récréations à construire des vaisseaux et des théâtres.

En 1829, il se destine à la peinture et fréquente l'atelier du peintre Rioult. Présenté à Victor Hugo par Gérard de Nerval l'année suivante, il prend part à la représentation houleuse d'*Hernani*, où il provoque le scandale avec son flamboyant costume rouge, couleur par excellence du romantisme. La publication de *Poésies* la même année, puis de *La Cafetière* en 1831, lance sa carrière d'écrivain.

À la fin de 1830, Gautier fréquente avec Nerval et Dumas le petit Cénacle, version plus excentrique et « délinquante » du Cénacle de Victor Hugo. Deux œuvres publiées en 1833 laissent alors entrevoir son désir d'indépendance face au courant romantique : *Albertus ou l'Âme et le péché,* long poème parodiant le goût des romantiques pour le macabre, et *Les Jeunes-Frances, romans goguenards,* satire de la bohème romantique.

La publication de *Mademoiselle de Maupin,* en 1835, confirme sa rupture avec le romantisme. Dans sa célèbre préface à ce roman, Gautier développe sa théorie de l'art pour l'art, centrée sur le dédain de l'artiste envers tout ce qui est utile. Pour Gautier, il est clair que l'art doit être préservé de toute fonction didactique ou morale et s'éloigner de tout sentimentalisme. Seule compte la beauté formelle de l'œuvre. Il devient ainsi le précurseur et l'un des maîtres du Parnasse.

Grand voyageur, chroniqueur d'art, auteur de plusieurs contes et récits fantastiques, Gautier publie dans les années subséquentes des œuvres importantes et variées telles que *La Morte amoureuse* (nouvelle fantastique, 1836), *Émaux et Camées* (poésies, 1852), *Arria Marcella* (nouvelle fantastique, 1852), *Le Roman de la momie* (1858) et *Le Capitaine Fracasse* (roman de cape et d'épée, 1863). Ironiquement, il sera malgré tout refusé quatre fois à l'Académie française au cours de sa carrière.

Consterné par le déclenchement de la guerre franco-prussienne en 1870, miné par la maladie, Gautier s'éteint le 23 octobre 1872, à l'âge de 61 ans. Il est enterré au cimetière de Montmartre, à Paris.

La Cafetière

La genèse de l'œuvre

Lorsque le *Cabinet de lecture* publie « La Cafetière » en 1831, Gautier a 20 ans. Il s'agit de sa toute première nouvelle. Comme son aîné Charles Nodier et plusieurs autres romantiques, le jeune écrivain est profondément marqué par la lecture des contes fantastiques d'Hoffmann. C'est la découverte de l'œuvre du célèbre auteur allemand qui lui inspire son court récit.

Les thèmes

Malgré sa brièveté, la nouvelle de Gautier est extrêmement riche. D'abord, le thème de l'amour impossible saute aux yeux. En effet, le narrateur connaît l'amour dans les bras d'une morte et termine en déclarant que cette découverte lui fait prendre conscience « qu'il n'y [a] plus pour [lui] de bonheur sur la terre » (l. 250-251). Ce thème, lié à celui de la mélancolie, est courant chez les romantiques. On n'a qu'à penser au *Lac* de Lamartine, dans lequel l'auteur pleure la mort de sa bien-aimée en revenant sur les lieux où il a connu le bonheur à ses côtés.

La différence ici (et elle est notable) est que le narrateur n'a jamais connu cette femme de son vivant. Il est amoureux d'un fantôme ou… d'un fantasme. Le narrateur a-t-il rêvé ? L'habitation est-elle vraiment hantée ? Une seule certitude semble se dégager du récit : la beauté de l'univers « rêvé » du narrateur dépasse de beaucoup celle du monde réel dans lequel il retombe fatalement. Une simple cafetière peut en effet y devenir un objet mystérieux, envoûtant comme la beauté céleste et la pâleur de la femme aimée (la femme, chez l'esthète qu'est Gautier, est toujours supérieurement belle lorsqu'elle est blanche comme le marbre des statues antiques ; on comprendra donc la fascination qu'exercent sur les personnages de ses récits ces revenantes encore plus pâles que la pierre).

Ainsi, bien que Gautier soit encore étroitement lié au romantisme à l'époque où il publie *La Cafetière,* on peut déjà noter une distinction dans la vision du monde qui se dégage de sa nouvelle. En effet, bien que le narrateur se désespère de trouver le bonheur sur terre, il croit en revanche l'avoir trouvé dans ce monde chimérique où les œuvres d'art et les objets prennent vie et où tout, même la femme, semble acquérir une sorte de perfection esthétique (« mon âme, dégagée de sa prison de boue, nageait dans le vague et l'infini », l. 191-192). En effet, le narrateur de *La Cafetière* ne conclut pas qu'il n'y a plus de bonheur pour lui, mais qu'il n'y a plus de bonheur dans le monde matériel où il est forcé de vivre chaque jour. Le thème de l'amour impossible appelle ici ceux de la quête de la beauté suprasensible et de l'évasion. En cela, le jeune écrivain romantique est bien un précurseur du Parnasse.

Le thème de la mélancolie se manifeste également dans l'évocation d'une époque révolue, celle de la Régence. N'oublions pas que Gautier est le produit de la France révolutionnaire, dominée par la notion de progrès, de modernité, et par la toute-puissante bourgeoisie, aux valeurs si matérialistes. Par opposition, la Régence appartient à l'Ancien Régime et représente en cela la tradition et le raffinement aristocratique perdus. Ce seul statut suffit à conférer à cette époque tout son pouvoir de fascination. Comme la femme défunte, la Régence devient envoûtante justement parce qu'elle n'est plus. Elle représente ici un certain rayonnement artistique, appelle le fantasme d'une innocente décadence et d'une France où chaque objet, chaque élément architectural semble échapper à sa fonction utilitaire pour acquérir le statut d'œuvre d'art. Ainsi embellie, la Régence vient s'ajouter à la beauté de la femme angélique (qui porte d'ailleurs le prénom d'Angéla) afin de créer un paradis d'esthétisme pour le seul plaisir du narrateur.

La forme

Nouvelle fantastique, *La Cafetière* fait valser le lecteur entre le réalisme de sa mise en situation (les voyageurs, épuisés, avancent péniblement vers leur destination, les pieds dans la boue ; le narrateur se couche dans sa chambre et ferme aussitôt les yeux, éreinté) et l'intrusion du surnaturel. L'explication la plus vraisemblable est que le narrateur rêve, explication que la chute de la nouvelle vient éventuellement remettre en question, sans jamais l'interdire tout à fait (la femme a réellement vécu et pourrait donc être apparue sous forme de spectre au narrateur ; mais rien ne nous empêche de persister à croire que ce dernier a rêvé). En laissant ainsi planer le doute, Gautier prouve qu'il a bien retenu la leçon d'Hoffmann, car c'est le propre du fantastique moderne que de créer l'ambiguïté en mettant en étroite relation l'émergence du surnaturel et les forces de l'inconscient (voir p. 243).

La description joue également un rôle important dans *La Cafetière*, annonçant la place prépondérante qu'elle occupera plus tard dans les œuvres parnassiennes de Gautier. Alors que les romantiques utilisent surtout les mots pour exprimer leurs sentiments et que leurs descriptions visent essentiellement à traduire l'émotion qui les habite, l'écrivain parnassien, cherchant à évacuer tout sentimentalisme de son œuvre, décrit avec une minutie presque maniaque les objets, les lieux et les êtres, afin de révéler leur beauté parfois cachée, travaillant jusqu'à atteindre ce haut degré de perfection qui, à lui seul, transforme le récit en œuvre d'art.

Aussi, la description joue le double rôle d'inscrire la nouvelle dans la réalité matérielle et historique et de donner corps à la réalité suprasensible, aidant en cela à préserver l'ambiguïté de la nouvelle. Gautier, en effet, décrit avec force détails le monde fantomatique découvert par le narrateur (des pas de danse des convives à l'étoffe de leur costume) pour bien rendre sa beauté surréelle, mais également afin d'en faire un univers vraisemblable et tangible aux yeux des lecteurs.

Finalement, le recours à la narration subjective, plus que la description peut-être, permet de préserver la nature ambiguë du récit, le narrateur étant le seul et unique témoin de la scène qui se déroule sous ses yeux. Qui plus est, ce « je » peut désigner Gautier lui-même, non seulement par le fait qu'il s'agit après tout de la première personne du singulier, mais parce que certains détails de la narration laissent croire à la nature autobiographique du récit (tout comme notre auteur, qui se destinait à la peinture et fréquentait l'atelier du peintre Rioult, le narrateur est accompagné de deux compagnons d'atelier). Pour toutes ces raisons, *La Cafetière* demeure encore aujourd'hui un parfait exemple de nouvelle fantastique, véritable petit chef-d'œuvre de la jeunesse romantique de Gautier.

Victor Hugo (1802-1885)

BIOGRAPHIE

Poète, romancier, dramaturge, homme politique, intellectuel, aquarelliste, Hugo est le plus important des écrivains romantiques, ne serait-ce qu'en raison de son rôle de chef du courant. Né à Besançon, il est le fils d'un général napoléonien. Le mariage de ses parents est houleux, sa mère ayant une relation avec le général Lahorie et son père de nombreuses maîtresses. Vers 1813, le jeune garçon suit sa mère à Paris, où il passera son enfance et où il écrira à 14 ans, dans un journal intime : « Je veux être Chateaubriand ou rien. »

En 1819, il fonde une revue avec ses deux frères aînés : *Le Conservateur littéraire,* qu'il rédige presque entièrement lui-même et qui lui permet déjà d'attirer l'attention du milieu artistique. Après avoir remporté quelques prix littéraires, Hugo délaisse les mathématiques pour se lancer dans une carrière d'écrivain.

En 1822, il se marie avec son amie d'enfance, Adèle Foucher (qui lui donnera quatre enfants) et publie la même année *Odes,* un premier recueil de poésies. Il participe également aux soirées de l'Arsenal, tenues par Charles Nodier, et fonde le Cénacle, qui regroupe les principaux écrivains romantiques. Son rôle au sein du courant devient plus important avec la publication de *Cromwell* (1827), dont la préface contestataire de l'esthétique classique constitue un véritable manifeste du romantisme. Le coup d'envoi décisif de sa carrière demeure toutefois la représentation houleuse d'*Hernani* (1830), pièce dans laquelle il a appliqué les principes développés dans la *Préface de Cromwell* et qui suscite une controverse sans précédent. Le courant romantique émerge alors comme grand vainqueur de cette bataille entre classiques et romantiques et cette victoire aide Hugo à enchaîner succès après succès.

Alternant entre poésie, roman et œuvres dramatiques, Hugo publie à partir des années 1830 des œuvres majeures dans l'histoire du romantisme, telles que *Les Orientales* (poésies, 1829), *Notre-Dame de Paris* (roman historique, 1831), *Ruy Blas* (théâtre, 1838) et *Les Rayons et les Ombres* (poésie, 1840). Sa devise « Ego Hugo » souligne toute l'ampleur de son ambition artistique et, bientôt, politique.

D'abord monarchiste et catholique, Hugo devient plus libéral au fil des ans et développe une véritable compassion pour le petit peuple, si souvent traité injustement par le pouvoir en place. C'est cette compassion sans bornes qui se révèle peu à peu dans son œuvre, comme en témoignent *Claude Gueux* (nouvelle, 1834) ou *Les Misérables* (roman, 1868). Élu à l'Académie française en 1841, devenu pair de France en 1845, rien ne semble arrêter sa course au succès. Sa vie privée, toutefois, n'est pas aussi heureuse : la mort de sa fille Léopoldine, noyée dans la Seine avec son mari, lui inspire son recueil de poésies *Les Contemplations,* en 1856.

La révolution de 1848 entraîne Hugo dans une vie politique plus active. Il se réjouit alors dans un premier temps de l'arrivée de Louis Napoléon Bonaparte dans le paysage politique. Mais le coup d'État de ce dernier en 1852 fait de l'écrivain et du futur empereur des ennemis jurés. À 50 ans, Victor Hugo prend donc le chemin de l'exil politique, accompagné de sa maîtresse Juliette Drouet. Il s'établit d'abord à Jersey, puis dans sa maison de Guernesey, deux petites îles anglo-normandes. Il y restera pendant plus de 19 ans, critiquant férocement et publiquement Napoléon III (« Napoléon le petit ») tout en se consacrant à son travail de romancier et de poète. *Les Châtiments* (poésie, 1853), *La Légende des siècles* (poésie, 1859-1883) et *Les Misérables* sont des œuvres de cette période.

La fin du Second Empire en 1870 voit le retour de Hugo en France, où l'écrivain, véritable patriarche des lettres, lutte pour l'abolition de la peine de mort, les droits de la femme, la création des États-Unis d'Europe et l'instruction obligatoire. Incapable de se faire entendre d'un gouvernement trop conservateur, Hugo se fait plus grave et sombre. Il s'éteint en 1885, célébré par des milliers de personnes accompagnant jusqu'au Panthéon le « corbillard des pauvres » qu'il avait réclamé en guise d'ultime marque de respect envers ce peuple qu'il chérissait tant.

Claude Gueux

La genèse de l'œuvre

En 1829, Hugo entame sa lutte contre la peine de mort avec la publication du *Dernier Jour d'un condamné*, court roman écrit au « je » racontant précisément les derniers moments d'un prisonnier condamné à la peine de mort. Le roman est publié anonymement afin que le lecteur puisse croire à l'histoire de cet homme et ressentir ainsi l'horreur de l'exécution.

Le 7 novembre 1831, Claude Gueux, petit voleur emprisonné à Clairvaux, assassine le directeur des ateliers de la prison. Son geste est acclamé publiquement par les autres prisonniers. L'année suivante, Gueux est jugé, condamné à mort et exécuté. Hugo adjoint alors une importante préface au *Dernier Jour du condamné*, puis rédige un plaidoyer contre la peine de mort dans lequel il imagine le discours incendiaire d'un citoyen anonyme critiquant la Chambre.

En 1834, « Claude Gueux » paraît dans *La Revue de Paris*. Hugo a fait d'une pierre deux coups en greffant à sa nouvelle (inspirée du fait divers) le plaidoyer écrit deux ans plus tôt. Finalement, en juillet 1834, Charles Carlier, négociant et lecteur de la revue, finance la publication de 500 exemplaires de la nouvelle afin d'en assurer la diffusion et de répandre ainsi le message de son auteur.

Les thèmes

Comme beaucoup de romantiques, Hugo eut à cœur de s'impliquer dans la vie politique de son temps afin de lutter en faveur d'une démocratie éclairée. Contrairement à Gautier, qui rejette le concept de littérature engagée, le chef de file du romantisme n'hésite jamais à mettre sa plume au service des causes qui lui tiennent à cœur. Aussi, les deux premiers thèmes à émerger franchement de *Claude Gueux* sont ceux de la lutte contre la peine de mort et du respect de l'individu. À la différence du *Dernier Jour d'un condamné,* qui visait à attirer la sympathie du lecteur en faisant appel uniquement à sa propre peur de la mort, *Claude Gueux* complexifie le débat entourant cette épineuse question (toujours d'actualité). En effet, puisqu'il s'inspire d'un fait divers bien connu, Hugo ne peut cette fois rien cacher des motifs qui ont conduit son personnage en prison. À la simple volonté de rappeler au lecteur l'horreur de la mort se substitue le défi de rendre son personnage digne de compassion, défi de taille puisque Claude Gueux est bel et bien voleur et meurtrier. Hugo s'acharne ainsi à faire ressortir la profonde dignité de Claude, son évidente humanité, jusqu'à ce que le prisonnier devienne sous sa plume un symbole du petit peuple, cet éternel opprimé. Ironiquement, le hasard fait parfois bien les choses, le nom de famille du personnage ayant en effet déjà cette portée symbolique (« gueux » est synonyme de « mendiant »).

Ainsi, l'écrivain romantique nous rappelle que ce pauvre homme a été condamné à mort pour avoir voulu nourrir sa famille et fait ressortir son éloquence naturelle, sa sagesse et sa bienveillance à l'endroit de ses semblables. À ce portrait élogieux et plein de compassion (populiste, diront ses détracteurs), Hugo oppose l'inhumanité du directeur d'atelier et des conditions de vie des prisonniers, soumis à une forme de torture trop souvent ignorée des tribunaux : la torture psychologique, qui ignore le prisonnier ou le prive du seul bien qui lui reste : son humanité.

Ainsi, c'est toute la société que Hugo met au banc des accusés. Le thème du mal social est en effet un autre thème majeur de *Claude Gueux.* Pourquoi cet homme a-t-il eu besoin d'avoir recours au vol ? Pourquoi ce prisonnier s'est-il senti contraint de tuer le directeur des ateliers ? Doit-on le considérer réellement comme seul coupable de ses crimes? Les réponses que fournit Hugo à ces questions sont claires: les injustices sociales condamnent d'avance les démunis, le manque d'éducation encourage la criminalité, l'inhumanité du système carcéral ne fait qu'aggraver le problème. La société est bel et bien la grande coupable, d'autant plus qu'elle va jusqu'à exécuter ceux qu'elle a elle-même condamnés à devenir criminels.

À cette dénonciation en règle, preuve de son libéralisme naissant, Hugo joint des solutions qui témoignent de sa valorisation du christianisme. Contrairement à Voltaire, qui prêchait en faveur de la laïcité, Hugo rappelle en effet à quel point la religion peut offrir une consolation aux miséreux en les laissant espérer trouver une vie meilleure au ciel. Enfant de la révolution de 1789, Hugo s'oppose donc ici à l'un des chevaux de bataille de cette révolution: celui de la société laïque. Ce mélange de libéralisme (lutte contre la peine de mort) et de conservatisme (valorisation du christianisme) fait donc du plaidoyer de Hugo un texte éminemment romantique.

La forme

Parce que son récit est inspiré d'un fait divers et qu'il constitue la partie « romanesque » d'un plaidoyer contre la peine de mort, le style adopté par Hugo rappelle en partie celui du reportage, l'auteur enchaînant chronologiquement les faits en resserrant l'action au maximum. C'est que Hugo compte à la fois sur ce style laconique et sur la brièveté de l'ensemble pour créer un impact accru chez le lecteur. Et bien qu'on ne puisse parler de récit objectif (la position de l'auteur est clairement exprimée tout au long du récit, ne serait-ce qu'à travers l'opposition parfois manichéenne entre l'humanité de son personnage et l'inhumanité du directeur), Hugo cherche au moins à prouver au lecteur qu'il connaît bien les faits l'ayant mené à prendre parti.

Un style incisif (« L'ouvrier était capable, habile, intelligent, fort mal traité par l'éducation, fort bien traité par la nature, ne sachant pas lire et sachant penser », l. 5-7), des formules assassines (« L'entêtement sans l'intelligence, c'est la sottise soudée au bout de la bêtise et lui servant de rallonge », l. 53-54), une ironie mordante (« [le directeur] étant de bonne humeur, et voyant Claude Gueux fort triste, car cet homme pensait toujours à celle qu'il appelait *sa femme,* il lui conta, par manière de jovialité et de passe-temps, et aussi pour le consoler, que cette malheureuse s'était faite fille publique », l. 69-73), des images saisissantes de simplicité et de vérité (« Il y a des hommes qui sont fer et des hommes qui sont aimant. Claude était aimant », l. 90-92) sont les caractéristiques formelles les plus apparentes de cette nouvelle.

Récit à thèse, *Claude Gueux* se veut moins une œuvre d'art qu'un texte argumentatif convaincant. C'est pourquoi l'auteur ne se gêne pas, après avoir terminé l'histoire du condamné à mort, pour ajouter un long plaidoyer où sont mis à profit ses talents de rhétoriqueur. La rhétorique, en effet, tient un rôle important dans cette œuvre. Hugo nous a d'abord rappelé dans son récit à quel point Claude Gueux lui-même, bien que fort peu instruit, était éloquent et persuasif. Lorsque ce dernier prend la parole à son procès, ses arguments ainsi que les questions posées à la Chambre achèvent de convaincre le lecteur de sa dignité et de sa valeur. Pour Hugo, il est clair que l'éducation entraîne la capacité à raisonner, à distinguer le bien du mal et à régler pacifiquement les problèmes survenant en société. C'est le propre de la démocratie, après tout, que de valoriser le verbe plus que les armes. Or ici, malgré la force de ses arguments, Claude Gueux ne convainc pas les juges, qui l'ont déjà condamné en leur for intérieur avant qu'il tente de se défendre. Une fois de plus, la société est coupable et en pleine contradiction avec les principes qu'elle cherche à faire valoir.

Après l'exécution de Claude Gueux, c'est donc Hugo lui-même qui prend la relève de son personnage, se cachant (à peine) derrière un personnage de citoyen anonyme pour tenir un discours enflammé et constructif tout à la fois. Le recours à l'actualité politique, la démonstration de l'étendue de son savoir au sujet des méthodes par lesquelles la société juge et condamne ses criminels, un ton sarcastique mais également lyrique, la formulation claire de solutions concrètes sont autant de moyens utilisés par l'écrivain pour rendre son discours convaincant.

Étonnant récit que *Claude Gueux,* où l'auteur encensé par la critique et le public, chef du courant artistique le plus en vue, se fait le « grand frère » spirituel d'un criminel au nom de mendiant.

Prosper Mérimée (1803-1870)

Biographie

Prosper Mérimée est né à Paris dans une famille de la bourgeoisie. Son père est un peintre reconnu et un professeur de dessin à l'École polytechnique. Sa mère est portraitiste et enseigne également le dessin. Tous deux sont athées. Le jeune Mérimée, qui ne sera pas baptisé, grandit donc en contact étroit avec le milieu artistique.

À 15 ans, Mérimée maîtrise l'anglais, qu'il pratique avec les élèves de sa mère venus d'Angleterre. En 1819, il entame des études en droit sur les conseils de son père, mais, sous l'influence de sa mère, s'intéresse bientôt à la littérature anglaise, en vogue chez les romantiques. Il entreprend alors l'écriture d'une tragédie (*Cromwell*) et fréquente Alfred de Musset, Victor Hugo et Stendhal, avec lequel il se lie d'une solide amitié.

Sa carrière débute vraiment en 1825 lorsqu'il conçoit l'idée d'une mystification littéraire : il invente de toutes pièces une comédienne espagnole du nom de Clara Gazul, dont les œuvres viennent supposément d'être traduites par un certain Joseph Lestrange. Ainsi paraît *Le Théâtre de Clara Gazul,* recueil de six pièces qu'il fait passer pour l'œuvre de la brillante comédienne. Le livre connaît un grand succès et plusieurs journalistes tombent dans le piège jusqu'à ce que *Le Globe* découvre la mystification.

Menant une vie de dandy, Mérimée fait quelques voyages en Angleterre et, en 1827, rencontre Émilie Lacoste, qui devient sa maîtresse. La même année, il publie *La Guzla* (anagramme de Gazul), supposé recueil de chants populaires traduits cette fois par l'imaginaire Hyacinthe Maglanovitch. Encore une fois, il réussit le tour de force de berner la presse et le public. En 1828, il est blessé en duel par le mari de sa maîtresse et commence à écrire les nouvelles qui le rendront célèbre.

Membre du Cénacle de Hugo en 1829, passionné d'histoire, Mérimée surprend agréablement la critique en publiant *Chronique du règne de Charles IX,* ouvrage traitant des guerres de religion à la Renaissance. *Mateo Falcone, Tamango, L'Enlèvement de la redoute* comptent au nombre des nouvelles publiées dans la foulée la même année.

La prochaine décennie s'avérera étonnamment prospère pour le jeune auteur. En effet, il entre dès 1831 dans la haute administration de la monarchie de Juillet et, en 1834, devient inspecteur général des monuments historiques, poste qui lui permet de combiner deux passions : l'archéologie et le goût des voyages. La même année, il publie sa première nouvelle fantastique : *Les Âmes du purgatoire,* suivie bientôt de *La Vénus d'Ille* (1835), que plusieurs (dont lui-même) considèrent comme son chef-d'œuvre.

Il est reçu à l'Académie française en 1844 et publie *Carmen,* une nouvelle que popularisera plus tard (1875) le compositeur Bizet en l'adaptant pour l'opéra. En 1845, il apprend le russe et devient le traducteur des œuvres de Pouchkine. Son émouvant *H. B.,* publié en 1848, est un hommage à son ami Stendhal, décédé en 1842.

Atteint de graves problèmes respiratoires à partir de 1856, Mérimée continue malgré tout à voyager et se lie d'amitié avec l'empereur Napoléon III, avec qui il projette même d'écrire une *Histoire de Jules César.* Par le fait même, il devient une des cibles de Victor Hugo, alors en exil politique («Le paysage était plat comme Mérimée», dira celui-ci à son retour). Profondément secoué par la chute du Second Empire et la débâcle de la guerre franco-prussienne, affaibli par son asthme, Prosper Mérimée meurt à Cannes, le 23 septembre 1870.

TAMANGO

La genèse de l'œuvre

Le 8 février 1815, le Congrès de Vienne s'était prononcé contre la traite des Noirs. En dépit de cette ordonnance, l'odieux (mais fructueux) commerce du «bois d'ébène» persistait. De nouvelles ordonnances en 1823 et 1826 furent également sans effet. Les journaux s'emparèrent de l'affaire et l'opinion publique en fit un sujet d'actualité. De leur côté, les écrivains romantiques s'étaient déjà mis de la partie, popularisant assez tôt le thème de l'esclavage en faisant du Noir un modèle de dignité et d'héroïsme. Citons entre autres *Bug-Jargal* (1819), premier roman de Victor Hugo écrit à l'âge de 16 ans, qui traite de la révolte des esclaves de Saint-Domingue, en 1791. En écrivant *Tamango* (1829), Mérimée s'attaque donc de façon personnelle à un sujet bien de son temps.

On ne sait avec certitude quelles furent les sources de l'écrivain, mais on croit que Mérimée, qui maîtrisait bien l'anglais, a surtout trouvé ses informations dans la littérature anglo-saxonne. La nouvelle parut d'abord dans *La Revue de Paris*, le 4 octobre 1829, et reçut un accueil favorable de la critique et du public.

Les thèmes

Mérimée est un inclassable. Ni vraiment romantique (il détestait l'emphase et le sentimentalisme du courant), ni réaliste (il reprochait aux réalistes de ne peindre que la laideur du monde), il a mené sa carrière en artiste indépendant et méfiant à l'égard de toutes les modes.

Romantique, sa nouvelle l'est malgré tout par sa dénonciation de la traite des Noirs, un thème qui montre bien l'appartenance de l'auteur à cette génération de jeunes artistes engagés qui souhaitent réformer la société du XIXᵉ siècle.

On y trouve également la vision rousseauiste qu'ont les romantiques de la civilisation. Les Blancs y sont en effet dépeints comme d'ignobles personnages, traitant les Noirs comme des animaux, semant la zizanie et corrompant dans la foulée des êtres comme Tamango, prêt à vendre ses semblables contre de l'eau-de-vie et des babioles apportées d'Europe. Ce n'est pas pour rien que Mérimée prend la peine de nous décrire l'accoutrement de son personnage principal. Vêtu d'un costume de l'armée laissant voir son caleçon et sa peau nue, muni d'un sabre tenant à une corde, Tamango n'est ni le « bon sauvage » de Rousseau, ni l'élégant européen qu'il croit être devenu : il est le pur produit de la civilisation corruptrice, perdu entre deux mondes, méprisé de tous. Moins à blâmer qu'à plaindre, il nous rappelle que l'homme blanc est le véritable « sauvage », tentateur suprême du Noir prêt à vendre son âme pour un semblant de richesses.

Un autre thème romantique présent dans la nouvelle est celui de la lutte pour la liberté, thème découlant de celui de la valorisation de l'individu. Rappelons à ce titre que le combat pour la reconnaissance des droits de l'individu est l'un des principaux enjeux politique et social du XIXᵉ siècle, aussi bien en Europe qu'en Amérique. Et bien que la France de Mérimée soit plus libre que l'Afrique dépeinte dans *Tamango,* cette liberté fut durement acquise aux Français et semble encore bien relative sous le règne de Charles X (*Tamango* est d'ailleurs publié à l'aube de la révolution de Juillet [voir p. 234-235]). Il n'est donc pas étonnant que ce thème soit si populaire à cette époque.

Toutefois, là où Mérimée se distingue d'un idéaliste comme Hugo est qu'il refuse à son lecteur toute solution au problème. Incapables de gouverner le vaisseau à la dérive, les esclaves meurent en effet l'un après l'autre, victimes de leur incompétence et de leurs superstitions. Tamango, secouru par les Anglais, est le seul survivant de cette hécatombe, mais ne jouira que d'une liberté et d'un avenir peu enviables au sein de l'armée britannique. La liberté n'est donc qu'un espoir, un idéal, semble nous dire l'auteur. Ce n'est d'ailleurs pas un hasard si le nom du vaisseau emportant avec lui Tamango, Ayché et les autres esclaves nous le suggère si bien. Baptisé *L'Espérance* (l. 33) par son capitaine (au nom tout aussi ironique de Ledoux, l. 1), il se retrouvera en piteux état à l'issue de la révolte des Noirs, petite coquille perdue dans l'immensité de l'océan.

Notons enfin la présence du thème de l'amour, un thème qui, même s'il paraît parfois éclipsé par les précédents, est malgré tout le moteur de l'action. Car c'est l'amour qu'il ressent pour sa femme Ayché qui éveille le sentiment de culpabilité de Tamango, et c'est au nom de cet amour qu'il cherchera à reprendre sa femme après avoir commis l'acte odieux de la vendre aux Blancs.

De même, sur le plan narratif, c'est cette capacité d'aimer qui « sauve » Tamango aux yeux du lecteur en l'humanisant et en lui conférant le capital de sympathie nécessaire à tout bon protagoniste. Finalement, c'est encore cette relation amoureuse avec Ayché qui rend la finale de la nouvelle si touchante, alors que Tamango s'allonge contre le cadavre de sa femme à bord de *L'Espérance* (l. 674-676). En cela aussi donc, la nouvelle de Mérimée est bel et bien romantique.

La forme

Mérimée n'appréciait ni les élans de sentimentalisme, ni le populisme à la Hugo, ni le ton emphatique si courants dans les œuvres romantiques. Partisan d'un style « sec », il tenait de ses parents cette hantise du débordement lyrique. Aussi n'est-il pas étonnant que son récit, dont le sujet épique se prête pourtant à l'emphase, soit traité avec une évidente retenue et dominé par une ironie mordante. Mérimée ne manquait pas d'humour, on le sait ; on n'a qu'à se rappeler les deux mystifications littéraires qui lui permirent de lancer sa carrière d'homme de lettres. Or, l'ironie est probablement, de tous les procédés humoristiques, celui qui permet le mieux à l'auteur de garder une distance par rapport à son sujet. Dès le début de la nouvelle, le ton est donné : le capitaine si dur du négrier s'appelle Ledoux. Le vaisseau qui sert à la traite des Noirs, on l'a dit plus haut, se nomme *L'Espérance.* On aurait pu y placer encore plus de Noirs qu'il en contenait déjà, mais, nous dit l'auteur, il fallait bien se montrer humain et laisser à chaque esclave quelques pieds carrés pour s'ébattre pendant la traversée de six semaines (l. 46-48) ! Plus loin encore, lorsqu'on remplace les fourches de bois qui tiennent les esclaves prisonniers par des carcans et des menottes de fer, le narrateur s'empresse de commenter : « [cela] montre bien la supériorité de la civilisation européenne » (l. 148).

Les exemples sont innombrables, presque tout le récit étant en effet imprégné de cet humour caustique qui rappelle plus le conte philosophique du siècle des Lumières que la nouvelle romantique. Bien sûr, puisqu'il s'agit d'ironie, il ne faut pas prendre Mérimée au pied de la lettre. Derrière cet apparent détachement bouillonne en effet le sentiment de révolte qui lui a fait prendre la plume et qui le pousse, à la fin de sa nouvelle, à se faire plus romantique, comme s'il était finalement emporté par la charge émotive de son récit. Rappelons seulement en guise d'exemple le passage où Ayché, consciente de sa mort prochaine, refuse de priver son mari de cette moitié de biscuit qu'il lui tend. Ici, l'ironie cède sa place à un ton plus direct et sincère, tout en retenue encore, mais laissant mieux filtrer l'émotion de l'auteur. La critique ne manqua d'ailleurs pas de faire remarquer cette rupture de ton. Ainsi, Gustave Planche, célèbre critique de l'époque, écrit : « L'auteur, malgré son antipathie bien connue pour les images lyriques, pour les comparaisons solennelles, cède malgré lui à l'irrésistible majesté de son sujet, et se laisse entraîner aux mouvements de la plus tumultueuse poésie[1]. »

---

1. Cité dans Prosper Mérimée, *Contes et Nouvelles*, tome I, Paris, Garnier, 1967, p. 27.

Commençant comme un conte voltairien, *Tamango* se termine donc comme une nouvelle romantique, preuve de l'influence des soirées passées avec les écrivains du Cénacle sur le jeune Mérimée.

Alfred de Musset (1810-1857)

BIOGRAPHIE

Musset est né le 11 décembre 1810 à Paris, dans une famille aristocratique aisée, cultivée et libérale. Son père se passionne pour Jean-Jacques Rousseau et transmet à son fils son goût pour l'œuvre du philosophe des Lumières. Avec Paul, son frère aîné, le jeune Alfred vit donc une enfance relativement heureuse au cours de laquelle il découvre le plaisir de la lecture et du théâtre.

À l'âge de 17 ans, après avoir terminé de brillantes études secondaires, il se confie à son ami Paul Foucher dans une lettre demeurée célèbre : « Je ne voudrais pas écrire, ou je voudrais être Shakespeare ou Schiller ; je ne fais donc rien […] » On le voit, Musset est déjà un romantique dans l'âme : idéaliste, excessif, rêveur au point où la réalité ne peut qu'être décevante. La même année, après avoir abandonné des études de droit, puis de médecine, il commence à fréquenter la bohème artistique.

Musset est publié pour la première fois en 1828 (*Un rêve,* poème). La même année paraît également son *Anglais mangeur d'opium,* une adaptation libre de *Confessions of an English Opium Eater* de l'écrivain anglais Thomas de Quincey (1785-1859).

Considéré comme un jeune prodige, Musset est alors invité par Victor Hugo à joindre les rangs du Cénacle. D'abord flatté de se retrouver en si grande compagnie, l'enfant terrible du romantisme est très vite agacé par la forte présence de Victor Hugo, qui impose ses vues et tout un protocole.

Au printemps de 1829, il accepte un emploi dans une entreprise de chauffage pour faire plaisir à son père, qui s'inquiète de l'insouciance de son fils. Mais celui-ci a trop la piqûre de la poésie, des femmes et du bon vin pour se conformer à ce travail routinier. Il ne cesse d'écrire, publiant à cette époque son premier ouvrage d'importance : *Contes d'Espagne et d'Italie* (poésies).

En 1830, Musset essuie un échec lamentable et déterminant dans sa carrière : sa pièce *La Nuit vénitienne* est huée et n'obtient que deux représentations. Meurtri, Musset jure de ne plus jamais présenter ses pièces au théâtre.

Peu de temps après, il fait son entrée à la *Revue des Deux Mondes,* où il commence par écrire le compte rendu d'un opéra. Le directeur de la revue, François Buloz, s'attache officiellement les services de Musset et présente ce dernier à George Sand. Commence alors une relation amoureuse passionnée et légendaire au cours de laquelle Musset écrira sa plus belle pièce, *Lorenzaccio* (1833). La même année, au cours d'un voyage d'amoureux à Venise, les amants se querellent vivement après être tombés malades l'un à la suite de l'autre. D'infidélité en infidélité et de rupture en rupture, Sand et Musset finiront par se séparer définitivement en 1835.

Entre le retour de Venise et la fin de sa relation avec George Sand, Musset aura toutefois connu sa période d'écriture la plus prolifique. Ses amours tempétueuses semblent lui avoir inspiré en effet ses plus belles pages. *On ne badine pas avec l'amour* (théâtre, 1834), *La Confession d'un enfant du siècle,* qui fait le récit de sa relation avec George Sand, et *Un spectacle dans un fauteuil, prose* datent de cette période. D'autres œuvres sont également publiées dans la foulée.

Curieusement, les deux dernières décennies de sa vie seront celles du déclin de sa santé et de son inspiration, mais, en parallèle, celles de son accès aux plus grands honneurs. Dès 1838, Musset est nommé conservateur de la Bibliothèque du ministère de l'Intérieur. La même année, il entreprend la rédaction d'ouvrages en prose, œuvres de commandes dont il se désintéresse rapidement. En 1840, ses œuvres poétiques sont rassemblées et publiées. Devenu chevalier de la Légion d'honneur en 1845, il se consacre de plus en plus au théâtre, enchaînant pièces et proverbes avant de publier en 1850 ses *Poésies nouvelles.*

En 1852, il est finalement admis à l'Académie française. Couvert de lauriers, écrivain maintenant officiel, Musset n'a plus grand-chose de l'ancien jeune prodige rebelle et plein d'espoirs. Vieilli prématurément, rongé par la débauche et l'alcool, Musset s'éteint le 2 mai 1857 à l'âge de 47 ans.

CROISILLES

La genèse de l'œuvre

« *Finis prosae !* » (Fini, la prose !) s'écriera Alfred de Musset en 1839 après avoir terminé la rédaction de *Croisilles,* la dernière des six nouvelles qui complétait son engagement contractuel envers François Buloz. Musset avait en effet accepté de livrer au directeur de la *Revue des Deux Mondes* un certain nombre d'ouvrages d'imagination en prose, travail qui l'ennuyait passablement. D'abord poète et dramaturge, Musset ne voyait pas en effet d'un bon œil l'activité de prosateur, qu'il estimait en deçà de ses capacités.

Le problème est qu'à partir de 1840 l'inspiration poétique et dramatique de Musset semble tarie. Le plus jeune des romantiques vient en effet d'avoir 30 ans, un événement qui, à ses yeux, a sonné le glas de sa carrière de jeune prodige du romantisme. Sortant d'une relation tumultueuse et éreintante avec George Sand, ayant publié *Les Nuits* (1835-1837), son œuvre poétique la plus aboutie et qui parle déjà de la douleur d'écrire, Musset vit une crise d'inspiration sans précédent. Dégoûté de lui-même et du romantisme, il se prend alors à rêver de renouer avec le style et le ton des Anciens. Sa relation amoureuse avec Aimée d'Alton, qui, comme lui, se reconnaît dans l'esprit du siècle des Lumières, l'entraînera donc à adopter dans ses nouvelles une esthétique quelque peu différente, mais où l'on reconnaît encore les traces de la nature romantique du poète déchu.

Les thèmes

Comme dans la plupart des œuvres de Musset, l'amour est le thème prédominant du récit. Musset, on le sait, sacrifiait tout au nom de l'amour, y compris sa carrière littéraire, qu'il avait tendance à négliger sitôt qu'il était amoureux (en général, chaque printemps). C'est pourquoi il ne faut pas se surprendre de l'attitude de Croisilles, que seule la promesse d'un mariage avec mademoiselle Godeau pourrait empêcher de se jeter à l'eau.

Ce qui empêche toutefois la nouvelle de sombrer dans un sentimentalisme de mauvais goût est précisément la rapidité avec laquelle Croisilles, à l'annonce de la faillite de son père, opte pour le suicide.

La résolution inébranlable du protagoniste, qui semble marcher vers la mort avec la même désinvolture que lorsqu'il revenait à pied de Paris au début de la nouvelle, nous rappelle le caractère juvénile des romantiques. Peu de place ici pour la nuance : une faillite vous condamne au suicide, tout comme le moindre amour malheureux. Il y a de l'ironie dans le regard que jette Musset sur son personnage et on assiste ainsi dans *Croisilles* à une sorte de parodie ou de satire du tempérament romantique, l'auteur paraissant rire autant des excès de ses contemporains que des siens.

Opposé au thème de l'amour est celui de l'avancement social. En plongeant le lecteur dans l'Europe du XVIIIe siècle, Musset lui rappelle la formidable ascension de la bourgeoisie et de ses détestables valeurs (le matérialisme, le commerce, l'argent, etc.). Comment l'amour pourrait-il triompher de l'obstacle insurmontable que représente le manque de fortune ? Comment deux êtres destinés à s'aimer, mais occupant une position sociale fort différente, pourraient-ils trouver le bonheur dans une société si hiérarchisée ? Musset en savait quelque chose, lui qui avait vu sa famille perdre une bonne partie de sa fortune et de ses avantages sociaux sous la Restauration (son père, amateur de Rousseau et partisan des idées de la Révolution, avait été maltraité par la monarchie de Louis XVIII et de Charles X).

La finale de la nouvelle, si critiquée à l'époque de Musset (il faut bien avouer qu'elle est un peu expéditive !), montre bien la superficialité de cette société où la vanité n'a pas de prix. M. Godeau, en riche bourgeois qu'il est, n'a en effet pas besoin de plus d'argent. Pour avancer en société, il lui faut un titre. C'est pourquoi, lorsqu'il comprend que Croisilles a une vieille tante qui est baronne, il accordera avec tant de plaisir la main de sa fille à l'infortuné fils de marchand. Ce n'est pas l'amour qui triomphe vraiment ici, mais la société, avec tous ses rouages absurdes et immoraux. Faut-il voir dans ce dénouement l'approbation d'un Musset vieillissant, en voie de rentrer lui-même dans le rang ? C'est ce que lui ont reproché ses détracteurs à l'époque. On peut cependant lire la finale de *Croisilles* autrement, le ton souvent moqueur de la nouvelle permettant en effet une interprétation plus ironique, voire cynique de cette *happy end* tout aussi vide de sens que la société décrite par Musset.

La forme

Comme Gautier dans *La Cafetière,* Musset évoque ici avec nostalgie le glorieux siècle des Lumières. Sa nouvelle se déroule « [a]u commencement du règne de Louis XV » (l. 1), période marquée par un libertinage joyeux. Aussi n'est-il pas surprenant que Musset, dont la réputation de libertin n'était plus à faire, adopte un ton plus gai et insouciant. Les phrases sont simples, brèves, rythmées comme la joyeuse marche de Croisilles qui revient « de Paris au Havre, sa ville natale » (l. 2-3).

À ce style incisif, Musset combine un humour moqueur, léger et percutant tout à la fois, empreint d'ironie et de sarcasme, mais aussi de désinvolture. On n'a qu'à se rappeler la description de M. Godeau pour s'en convaincre : « M. Godeau, parmi les financiers, était des plus classiques qu'on pût voir, c'est-à-dire des plus gros ; pour l'instant il avait la goutte, chose fort à la mode en ce temps-là, comme l'est à présent la migraine » (l. 153-156). C'est cette légèreté de ton et cette allure de badinage sous laquelle sommeille une impitoyable critique de la nature humaine et de la société qui donnent à la nouvelle tout son charme.

On remarquera également que le récit est divisé en six courts chapitres lui conférant l'allure d'un petit roman. Cette technique, assez utilisée à l'époque, est favorisée par Musset dans toutes ses nouvelles, généralement assez longues pour être conçues comme des romans en miniature (*Croisilles* est le plus court de ces récits).

Chacun des chapitres raconte un moment déterminant de l'histoire, depuis la nouvelle de la faillite du père de Croisilles (chap. I), jusqu'au stratagème de mademoiselle Godeau pour sauver le jeune homme de l'infortune (chap. VI). Chaque chapitre se termine également par une chute surprenante. Ainsi, le premier chapitre prend fin au moment où Croisilles frappe à la porte de M. Godeau afin de lui demander la main de sa fille ; le second se clôt sur l'image de Croisilles sortant de la maison du financier, tenant le bouquet de violettes « échappé » par mademoiselle Godeau et ne sachant plus que faire, etc. Musset a peut-être bâclé sa nouvelle, mais elle n'en demeure pas moins structurée avec la précision et la minutie d'un orfèvre.

C'est tout le talent de Musset pour la poésie (qui l'a habitué à « faire court ») combiné à sa grande expérience de l'écriture de pièces aux actions resserrées et aux coups de théâtre percutants qui sont à l'œuvre ici. Nul doute que la critique n'a pas été tendre à l'égard de certaines nouvelles de Musset, mais il est à se demander si la propre opinion du poète à l'égard de ses œuvres en prose n'a pas faussé davantage encore la perception que l'on s'en fait souvent. *Croisilles,* en tout cas, est loin d'être l'échec que l'on croit.

Gérard de Nerval (1808-1855)

Biographie

Gérard de Nerval (de son vrai nom, Gérard Labrunie) perdit sa mère à l'âge de deux ans. Fils d'un médecin de l'armée napoléonienne, il fut élevé dans la propriété d'un grand-oncle habitant la région du Valois, rurale et mystérieuse, remplie de forêts et d'étangs. Très jeune, le contact avec la beauté envoûtante de ce coin de pays éveille Nerval à la poésie et au folklore de l'endroit. Il s'en souviendra d'ailleurs avec nostalgie dans *Sylvie.*

Au collège Charlemagne, où il se lie d'amitié avec Théophile Gautier, Nerval acquiert un goût certain pour la littérature allemande. Il devient d'ailleurs en 1828 un excellent traducteur de Goethe (qui le félicitera personnellement), puis de Hoffmann.

Membre du Cénacle, Nerval prend part à la bataille d'Hernani (1830), soutenant avec conviction Victor Hugo et le reste des romantiques. Il fréquente alors la bohème littéraire et se prend d'une passion allant jusqu'à l'idolâtrie pour la cantatrice Jenny Colon, qui épousera un musicien. Femme de ses rêves, source de ses plus grandes joies et de ses plus grandes peines, Jenny Colon sera évoquée avec lyrisme dans plusieurs œuvres du poète, notamment dans *Aurélia,* en 1855.

En 1841, Nerval est victime d'une première crise de démence. Pris d'hallucinations, le poète évoque dans son délire la femme mythique qu'il porte en lui et qui vit dans un univers imaginaire dont il est le seul maître. Un an plus tard, Jenny, l'objet de ses fantasmes, trouve la mort. Nerval entreprend alors un voyage en Orient pour se remettre de sa peine, périple qu'il raconte avec verve et érudition en 1851 (*Voyage en Orient*).

De retour en France, Nerval vit d'expédients, acceptant par-ci par-là de petits emplois dans le monde de l'édition et du journalisme. Sa santé s'altère dangereusement dans les années 1840 et 1850 alors que ses crises deviennent plus fréquentes et ses séjours dans la maison de santé du docteur Blanche plus longs. Pour se sortir de l'état d'abattement dans lequel ses problèmes mentaux le plongent, Nerval continue de voyager (en particulier en Allemagne, qu'il appelait justement la « Terre-Mère[1] ») et se consacre à son œuvre. *Sylvie, Les Filles du feu* et *Les Chimères,* qui comptent parmi ses plus belles réussites, datent de cette période.

Les dernières années de sa vie sont marquées par l'errance et la pauvreté. On le retrouve finalement pendu à la grille d'un escalier à côté d'un tripot mal famé, le 26 janvier 1855.

SYLVIE

La genèse de l'œuvre

« Sylvie » paraît d'abord dans la *Revue des Deux Mondes,* le 15 août 1853. Nerval avait commencé la rédaction de cette longue nouvelle en 1852 et s'était rendu dans le Valois pendant l'été afin d'y trouver l'inspiration. Il la terminera au début de 1853. C'est donc en tant que récit autonome que les lecteurs découvrent d'abord ce chef-d'œuvre de l'auteur du *Voyage en Orient.*

Toutefois, à la même époque, l'idée d'un recueil regroupant des nouvelles ayant pour cadre l'Italie (« Corilla », « Isis », « Octavie ») commence à germer dans la tête de l'écrivain. Les trois nouvelles constituant un ensemble trop bref, Nerval y greffe alors trois autres récits : « Jemmy » (adaptation d'une nouvelle allemande), « Angélique » et « Émilie », nouveau titre d'un récit intitulé « Le Fort de Bitche ». Il augmente encore le volume avec « Sylvie » et les douze sonnets des « Chimères », le tout paraissant finalement en 1854 sous le titre *Les Filles du feu.*

---

1. Nerval a toujours été un fervent admirateur de la littérature allemande ; c'est également en Allemagne que sa mère mourut alors qu'il n'avait que deux ans.

On reprochera souvent au recueil de Nerval de manquer de cohérence et d'unité, mais le temps et l'expertise des spécialistes de l'auteur semblent avoir eu raison de ce reproche. *Les Filles du feu* est en effet considéré aujourd'hui comme le chef-d'œuvre de l'auteur, bien que l'on s'entende généralement pour dire que « Sylvie », plus réussie que le reste des nouvelles du recueil, se détache par le fait même de l'ensemble.

Les thèmes

« Sylvie » est une nouvelle qui traite essentiellement du souvenir, thème commun à l'ensemble des nouvelles des *Filles du feu* et qui en assure l'unité. Toutefois, bien que Nerval s'y souvienne du Valois de sa petite enfance, la tentation de faire de sa nouvelle une autobiographie doit être écartée d'office. La mémoire, ici, est en effet celle du narrateur. Autrement dit, le thème du souvenir est évoqué à travers l'invention d'un personnage qui, bien qu'on puisse lui reconnaître des points communs avec Nerval, appartient malgré tout à la fiction.

Au souvenir de la campagne enchanteresse se greffe celui de trois femmes aimées : Sylvie, un amour de jeunesse, et deux comédiennes : Adrienne, devenue religieuse et dont le souvenir remonte également aux belles années du narrateur, et Aurélie, idolâtrée par notre protagoniste au début du récit et qui déclenche en lui le souvenir de ses amours passées.

Il est aisé de voir en Sylvie la figure de la femme « réelle » par opposition à Adrienne et Aurélie, purs objets de fantasme (cette lecture est d'autant plus facile que ces deux derniers personnages sont comédiennes, profession qui appelle tout de suite les thèmes de l'illusion, du rêve, de la fantasmagorie). On peut ainsi voir dans la nouvelle de Nerval la lutte constante entre la tentation de l'amour chimérique et l'appel du bonheur terrestre, de la vie simple et modeste, incarnée ici par le personnage de Sylvie. Une telle lecture montre à quel point le narrateur, toujours en quête d'absolu, ne peut se résoudre à faire un choix, coincé entre l'appel du rêve, aussi envoûtant qu'insécurisant, et celui de la vie « normale », rassurante, mais trop banale pour sa nature romantique.

En réalité, le thème du souvenir est fouillé par Nerval de façon beaucoup plus complexe. C'est en effet toute la subjectivité du souvenir qui intéresse l'écrivain, cette faculté de notre esprit à transformer ou du moins à figer notre passé afin qu'il réponde à nos désirs et satisfasse les besoins de notre esprit torturé. Ainsi, Sylvie ne représente la petite paysanne modeste et pragmatique, le bonheur simple et tranquille, que dans l'esprit du narrateur. Il le découvre bien lorsqu'il s'aperçoit que son amie chante maintenant des airs d'opéra au lieu des petites chansons folkloriques de sa jeunesse (l. 777-779). Sylvie échappe ainsi du coup au souvenir qu'il s'en était fait, la petite paysanne ayant grandi et se confondant maintenant avec les figures mythiques d'Adrienne et d'Aurélie. Or, ce n'est évidemment pas ce qu'il souhaite, la réalité défaisant le monde qu'il s'était créé et dans lequel il vit constamment. C'est pourquoi il se montrera si contrarié, exigeant de la «vraie» Sylvie qu'elle se conforme à nouveau à celle de sa mémoire en se remémorant les airs de leur jeunesse.

Il faut donc nuancer la lecture suggérée plus tôt : le narrateur ne se débat pas tant avec l'amour qu'avec lui-même, chacune des figures féminines symbolisant un aspect particulier de sa psyché. Le thème du souvenir appelle ainsi celui de la quête d'identité. La véritable question que se pose le narrateur dans *Sylvie* est effectivement plus «Qui suis-je ?» que «Qui dois-je aimer ?». Est-il cet enfant simple et serein de la campagne, amoureux de Sylvie ? Est-il ce rêveur en quête d'absolu, épris de la belle Adrienne (qui symbolise ici une dimension plus spirituelle de l'amour, la comédienne étant en effet devenue religieuse) ? Est-il finalement ce mondain à la vie dissolue, l'intellectuel perdu dans ses fantasmes, cloisonné dans la vie cérébrale (symbolisée par l'amour du narrateur pour Aurélie) ?

Évidemment, la réponse semble assez facile à formuler : il est tout cela à la fois. Mais, en associant chacune de ces parties disloquées de son être à une femme, le narrateur montre à quel point il lui est impossible de les harmoniser, de se constituer en tant qu'être complet. L'amoureux doit choisir ; son amour, s'il est sincère, ne peut aller qu'à l'une ou à l'autre de ces femmes, pas aux trois à la fois. Condamné à vivre ainsi perpétuellement en rupture avec lui-même, partagé entre des désirs qui lui semblent inconciliables, notre protagoniste mène une vie d'errance, passant de Paris au Valois, de Sylvie à Adrienne, puis à Aurélie, jusqu'à ce qu'il les perde toutes les trois

(Sylvie se marie, Adrienne est morte, Aurélie le rejette lorsqu'elle s'aperçoit qu'il ne l'aime pas). Cette triple déconvenue amoureuse constitue ainsi une finale beaucoup plus dramatique que l'on pourrait le croire, en cela qu'elle symbolise la mort du narrateur à lui-même, l'abdication fatale devant l'impuissance à concilier les aspects les plus contradictoires de sa personne.

Sylvie est donc bien une nouvelle romantique en ce qu'elle évoque des thèmes chers à ce courant : la mélancolie, la nostalgie (liée au thème du souvenir), la beauté de la nature sauvage (évoquée ici à travers les souvenirs du Valois et du parc d'Ermenonville), l'amour, la quête d'idéal et la quête d'identité (thème souvent abordé par les romantiques allemands, en particulier Hoffmann et Goethe). Mais elle dépasse par la subtilité et la lucidité de son analyse du souvenir bien des œuvres du romantisme français. Proust qui, au début du XXe siècle, fera du souvenir le thème principal de *À la recherche du temps perdu* le constatera d'ailleurs avec enthousiasme, contribuant ainsi à réhabiliter Nerval et *Sylvie* aux yeux de la critique et des lecteurs contemporains.

La forme

Le temps commande la structure de la nouvelle. Procédant par une série de retours en arrière, Nerval part ainsi d'un passé relativement récent (celui où le narrateur se rend au théâtre admirer la belle Aurélie) pour remonter le fil du temps jusqu'à l'époque de son enfance et de ses amours de jeunesse, et revenir enfin à un passé voisin du moment présent (celui de l'écriture de la nouvelle, véritable présent de l'histoire). Les trois derniers chapitres du récit, au cours desquels on apprend que Sylvie s'apprête à épouser le grand frisé, qu'Aurélie quitte le narrateur pour le régisseur et que nous est révélée la mort d'Adrienne, nous font ainsi constater en dernier lieu que le passé est tout ce qui reste au narrateur, son présent s'apparentant effectivement à un désert.

La nouvelle est également remplie de références à l'histoire et à la littérature d'autres siècles, d'autres époques, d'autres civilisations, passés plus lointains encore qui montrent à quel point toute la vie du narrateur est d'abord et avant tout une construction de l'esprit, notre protagoniste s'étant en effet volontairement coupé de la réalité du présent, celui de la France moderne, industrielle, associé à l'échec de sa vie personnelle et intérieure.

Finalement, la division de la nouvelle en courts chapitres sert à mieux isoler dans le temps et dans l'espace chacun de ces souvenirs, chacun de ces moments précieux par lesquels le narrateur tente de se définir et de donner un sens à son existence. En jouant à la fois avec la temporalité et cette division du récit en fragments quasi autonomes, Nerval montre à quel point tous ces souvenirs sont, dans l'esprit de son narrateur, comme les morceaux d'un casse-tête s'enchevêtrant les uns dans les autres jusqu'à constituer une image plus claire de son existence : celle du vide qui l'habite vraiment.

Charles Nodier (1780-1844)

BIOGRAPHIE

Né de père inconnu, Charles Nodier voit le jour à Besançon en 1780. En 1791, il fait finalement la connaissance de son père, promu président du Tribunal criminel départemental. Celui-ci reconnaît officiellement son fils et épouse la même année la mère de ce dernier, Suzanne Pâris. Charles accompagne alors fréquemment M. Nodier au club des Jacobins et y prononce, à l'âge de 11 ans, un discours patriotique enflammé.

Après avoir fondé une société secrète avec des amis (Les Philadelphes), en 1796, Nodier organise trois ans plus tard une représentation satirique des séances du club des Jacobins. Il évite de peu l'arrestation en prenant la fuite. En 1802, il publie à Paris son premier roman, *Stella ou les Proscrits,* qui le fait connaître du public. Devenu monarchiste, il est emprisonné pour avoir écrit *La Napoléone* (1800), ode farouchement anti-bonapartiste.

En 1808, après la mort de son père, Nodier épouse Désirée Charve, qui lui donnera en 1810 une fille prénommée Marie. Au cours des 10 années subséquentes, Nodier voyage beaucoup et change plusieurs fois d'occupation (il sera professeur de philosophie, d'histoire et de belles-lettres, secrétaire d'un écrivain anglais, directeur d'un journal, puis journaliste). En 1820, il adapte pour la scène la nouvelle *Le Vampire* de Polidori (voir p. 245), puis, en 1821, publie le conte fantastique qui le consacre maître du genre en France : *Smarra ou les Démons de la nuit.* Un voyage en Écosse, au cours duquel il rencontre le romantique Walter Scott, l'amène à écrire l'année suivante son fameux *Trilby,* autre réussite du genre.

En 1824, sa grande érudition lui vaut d'obtenir le poste de bibliothécaire à la Bibliothèque de l'Arsenal, à Paris (voir aussi p. 245). Rapidement, il tient salon, mettant ainsi à profit son talent de brillant causeur. Nodier est ainsi vu comme le chef des romantiques, jusqu'à ce que Victor Hugo prenne la relève et crée le Cénacle.

Au début des années 1830, Nodier fait du conte et de la nouvelle fantastique ses spécialités en publiant *L'Histoire du roi de Bohême et de ses sept châteaux* (1830), *La Fée aux miettes* (1832) et *Jean les Bas-bleus* (1832). Il s'intéresse également au monde du rêve dans *De quelques phénomènes du sommeil* (1832). En 1833, il est élu à l'Académie française.

Déplorant l'arrivée du monde moderne, le triomphe de l'industrialisation et du matérialisme, Nodier se retranche progressivement dans l'univers des livres rares, que son poste de bibliothécaire lui permet de collectionner, et dans le monde imaginaire du conte fantastique, dont il continue à être l'un des représentants les plus célèbres. Gravement malade à partir de 1839, il s'éteint 5 ans plus tard à l'âge de 63 ans. Hugo, Musset et Sainte-Beuve reconnaîtront sa grande influence.

Le Génie Bonhomme

Les thèmes

Pour les romantiques, l'existence est une affaire de contrastes. Le thème du sublime et du grotesque dont parle Hugo dans la *Préface de Cromwell* concerne précisément cette éternelle opposition entre le beau et le laid, la lumière et la nuit, le bien et le mal, l'amour et la haine, etc. Pour offrir du monde une représentation sentie et captivante, l'écrivain romantique doit nourrir son œuvre des contrastes les plus extrêmes. Le peintre Delacroix oppose à ses rouges flamboyants le noir le plus profond ; Musset oppose l'idéal à la débauche ; Nerval et Gautier opposent le monde du rêve et du fantasme à la triste réalité de leur temps.

Dans *Le Génie Bonhomme,* Nodier offre aux lecteurs un conte merveilleux dont la morale rappelle l'importance du contraste dans nos vies. Comment pourrait-on vraiment savourer le plaisir sans le travail ? De même, comment pourrait-on apprécier le travail si l'on ne goûtait jamais au repos ? Et comment pourrait-on se faire aimer si l'on ne faisait jamais rien qui nous rende digne de l'amour des autres ?

On a reproché au bibliothécaire du Cénacle d'être trop moralisateur. Faux reproche, puisque le conte merveilleux est toujours moralisateur de par sa nature même, mais qui en cache un autre, un « vrai ». En effet, Nodier ose rompre ici avec la vision romantique du contraste : celle d'une lutte, d'une rivalité, d'une opposition éternelle entre deux forces irréconciliables qui, en se déchirant, nous déchirent également. Dans *Le Génie Bonhomme,* Nodier montre plutôt comment le contraste favorise au contraire une existence harmonieuse, le problème résidant moins dans sa présence que dans notre attitude face à lui. Tout est affaire de modération, finit par conclure Bonhomme, livrant ainsi la surprenante morale du conte au lecteur.

Beaucoup plus près ici de l'esprit rationnel des Lumières, Nodier déçoit donc les inconditionnels du romantisme, avides de sensations fortes, de sentiments extrêmes, et ne se reconnaissant que dans l'artiste torturé, en proie au mal du siècle. L'auteur l'avait d'ailleurs probablement pressenti en écrivant son conte. Cela expliquerait en effet pourquoi le pauvre Bonhomme n'est qu'un génie de seconde zone, un « génie d'entresol » (l. 5), comme Nodier l'écrit si bien ; car quel génie digne de ce nom penserait à enseigner, en cette époque où l'on rêve de toucher au soleil, que le bonheur ne se trouve pas dans les extrêmes, mais dans l'alternance mesurée de contrastes un peu moins prononcés ?

C'est bien là le véritable reproche que l'on adresse au conte de Nodier, non pas qu'il soit moralisateur, en effet, mais que sa morale si fade (aux yeux de la critique) semble provenir d'une âme vieillie, en rupture avec elle-même. Il est vrai que le romantisme est un courant dont l'esthétique juvénile ne s'accorde bien qu'avec l'artiste faustien, doté de l'éternelle jeunesse. Il est donc à ce titre un peu choquant qu'un écrivain comme Nodier, l'un des piliers du courant, soit l'émissaire d'un tel message. Mais ne serait-ce pas là encore, ironiquement, l'un de ces contrastes si chers aux romantiques?

La forme

Bien qu'on y trouve une certaine part de réalisme (la référence à la Révolution et à l'École des Chartes) le rattachant par là à la nouvelle fantastique, *Le Génie Bonhomme* est essentiellement un conte merveilleux. Le temps historique du récit est très vague, l'histoire se déroulant dans un passé lointain (l'auteur précise simplement que son récit se déroule «bien avant la Révolution», l. 16), première caractéristique qui le rapproche du conte. Son protagoniste, également, nous est décrit sans ambiguïté comme étant un génie, un autre trait typique du conte merveilleux qui, rappelons-le, ne vise pas à créer le doute chez le lecteur, mais à favoriser son évasion dans un monde imaginaire (voir p. 248). En outre, le nom des personnages n'a rien de réaliste (Améthyste, Saphir et Tropbonne), ce qui contribue à faire des seuls humains de l'histoire des êtres fantaisistes vivant dans un monde de pure fiction. Enfin, le récit débouche sur une morale nettement formulée, comme dans les contes de Perrault et de tant d'autres, ce qui achève de faire du récit de Nodier un parfait exemple de conte merveilleux du XIXᵉ siècle.

Notons enfin la présence d'adresses au lecteur (procédé souvent employé par l'auteur dans d'autres œuvres) créant un effet de distance avec le récit, Nodier s'observant écrire et nous rappelant par le fait même que nous sommes en présence d'un texte de pure fiction, chargé de l'unique mission de nous divertir. «Je ne vous dirai pas même quel était ce bon vieillard, parce que je veux vous ménager le plaisir de la surprise» (l. 78-79), écrit Nodier à propos de Bonhomme, révélant ainsi (avec un savoureux sens de l'autodérision) la simplicité des rouages narratifs de son récit et, indirectement, la surprise qu'il voulait nous faire!

George Sand (1804-1876)

Biographie

Née à Paris, George Sand (de son vrai nom, Aurore Dupin) perdit son père à l'âge de quatre ans et fut élevée par sa grand-mère maternelle à Nohant, dans l'Indre (région de la Loire, à deux heures de Paris). Elle s'éprend rapidement de la vie rurale et évoquera souvent dans son œuvre cette région de son enfance. En 1821, après la mort de sa grand-mère, elle épouse le baron Dudevant et donne naissance à deux enfants : Maurice (1823) et Solange (1828).

Devenue la maîtresse de Jules Sandeau en 1830, elle quitte son mari et emménage à Paris, où elle commence à fréquenter le milieu littéraire et écrit avec son amant un roman publié sous le nom de J. Sand. En 1832, elle se fait mieux connaître avec *Indiana,* première œuvre signée George Sand. Célébrée par la critique, Sand collabore à la *Revue des Deux Mondes,* qui lui accorde une rente annuelle de 4000 francs contre la livraison de 32 pages par semaine. Commence alors une prolifique carrière qui ne se terminera qu'à la mort de l'écrivaine, en 1876.

En adoptant un pseudonyme masculin, Sand espère être jugée par ses pairs selon son talent, et non comme une femme (le milieu littéraire était essentiellement masculin au XIXᵉ siècle). Elle prend également ment l'habitude de se vêtir en homme (allant jusqu'à fumer la pipe en public) afin de se glisser incognito dans les lieux réservés exclusivement à la gent masculine. Ce comportement outrancier pour l'époque lui vaut rapidement de perdre la plupart des privilèges associés à son titre de baronne.

Lélia (roman, 1833), tout comme *Indiana,* aborde un thème devenu familier à Sand : celui du conflit entre l'amour et les conventions sociales. Féministe avant la lettre, éprise de liberté, Sand enchaîne les relations amoureuses et les scandales. Elle sera ainsi la maîtresse de Mérimée, de Musset ainsi que des compositeurs Franz Liszt et Frédéric Chopin (avec qui elle restera 10 ans). Dans la foulée, elle publie des œuvres majeures du romantisme telles que *Consuelo* (roman, 1842-1844), *La Mare au diable* (roman, 1846), *La Petite Fadette* (roman, 1849) et *Les Maîtres sonneurs* (roman, 1853).

En 1835, elle s'éprend de Michel de Bourges, brillant avocat qui l'initie aux idées socialistes et l'aide l'année suivante à obtenir séparation d'avec son mari et à redevenir la seule propriétaire de sa résidence de Nohant.

En 1848, elle s'enflamme pour la révolution, affichant clairement ses idées communistes et appelant ses contemporains à s'unir pour faire triompher « la vérité socialiste ». Profondément déçue par la tournure des événements, elle quitte alors Paris pour Nohant, où elle se consacrera désormais à son œuvre littéraire. *Histoire de ma vie* (autobiographie, 1854-1855) et *Elle et Lui* (qui traite de sa relation avec Musset, 1859) sont des œuvres de cette période. À sa mort, en 1876, George Sand fut saluée comme la grande écrivaine qu'elle était devenue par l'ensemble du milieu littéraire.

LES DEMOISELLES

La genèse de l'œuvre

« Les Demoiselles » est l'un des 12 récits de *Légendes rustiques* (1858), un recueil rassemblant des légendes folkloriques du Berry (province historique de la France à laquelle appartiennent l'Indre et Nohant) recueillies par Sand et illustrées par son fils. L'ouvrage, souvent écrit dans la langue du terroir, révèle le profond attachement de l'écrivaine pour le folklore et les charmes ruraux de cette région où elle a grandi. Il appartient également à un volet moins connu de l'œuvre de George Sand, celui des récits merveilleux et fantastiques.

Les thèmes

En s'attaquant aux légendes du Berry, Sand combine trois champs d'intérêt bien romantiques : le Moyen Âge, le fantastique et le christianisme. Les légendes berrichonnes remontent en effet à l'époque médiévale, une période de l'histoire où les superstitions païennes se mêlent avec bonheur à celles du christianisme.

Des *Demoiselles* se dégage donc le thème de la rédemption, l'explication du mystère entourant l'apparition des fées à M. de La Selle étant que le grand Luneau aurait fait pénitence après sa mort en restituant par l'entremise des demoiselles la somme vraisemblablement dérobée à son maître. Les fées de cette légende, dont l'origine est sûrement païenne, sont ainsi « christianisées », puisqu'elles deviennent des figures angéliques permettant au défunt d'obtenir le divin pardon.

Chateaubriand et Hugo, bien avant George Sand, avaient déjà poursuivi l'objectif de réhabiliter le christianisme dans l'art, inspirés par la littérature allemande et rompant ainsi avec l'esthétique classique, où prédominait l'amour de l'Antiquité. Mais Sand apporte ici quelque chose de nouveau à cette réhabilitation typiquement romantique : en redonnant sa voix au peuple, véritable auteur de ces récits dont elle n'est que la secrétaire éclairée, elle rappelle en effet à ses contemporains les origines populaires de cette esthétique nouvelle et vantée par l'élite artistique de son temps. En effet, c'est là tout le charme et l'intérêt de ces légendes rustiques que d'établir le pont parfois manquant entre la littérature romantique et la littérature orale.

La forme

« Les Demoiselles » est principalement une légende, comme nous le rappelle d'ailleurs le titre du recueil (*Légendes rustiques*). Rappelons que la légende, en tant que genre, se distingue du conte merveilleux en prétendant rapporter, dans une version embellie et invérifiable, une histoire authentique. Autrement dit, le but de l'auteur de la légende est d'abord et avant tout de faire croire à son histoire en dépit de son recours au surnaturel ou à des éléments issus du merveilleux (comme c'est le cas ici, puisque les personnages désignés par le titre de la légende sont des fées).

La légende est donc également à distinguer de la nouvelle fantastique en cela que le conteur ou l'écrivain n'y joue pas forcément, comme dans cette dernière, avec la notion d'ambiguïté. Il ne le fera en effet que si celle-ci lui permet de mieux manipuler son auditoire ou son lecteur afin de lui faire croire à l'authenticité de son récit.

Ainsi, la légende de Sand commence comme une nouvelle fantastique : M. de La Selle et le grand Luneau, fatigués par le voyage et la chaleur et ayant tous les deux trop bu, se font mystérieusement dérober la somme d'argent qu'ils portaient avec eux. Ont-ils été simplement victimes de voleurs de grands chemins ou doit-on avoir recours à l'explication surnaturelle (les demoiselles devenant alors les principales suspectes) ?

L'ambiguïté est toutefois écartée à la fin de la nouvelle alors que M. de La Selle, à jeun et très éveillé, fait la rencontre des fées, qui le chargent de faire dire trois messes pour son pauvre métayer, mort un peu plus tôt. De nouvelle fantastique, le récit de Sand devient dès lors une légende en bonne et due forme, car si on peut raisonnablement douter de l'explication finale (voir section précédente), on ne peut remettre en question l'apparition des fées au pauvre De La Selle, la narration étant en effet très claire à ce sujet.

Stendhal (1783-1842)

BIOGRAPHIE

Stendhal (de son vrai nom, Henri Beyle) est né à Grenoble dans une famille de la bourgeoisie. Après avoir perdu sa mère à l'âge de sept ans, il doit souffrir la double tyrannie de son précepteur (l'abbé Raillane) et de son père. Son aversion pour l'abbé s'étend alors à la religion au grand complet, aversion qui deviendra l'un des thèmes principaux de son œuvre.

En 1799, il monte à Paris pour passer l'examen de l'École polytechnique, mais renonce finalement à se présenter. Déçu par la capitale, il y tombe malade, puis devient sous-lieutenant dans l'armée de Napoléon, participant ainsi à la campagne d'Italie (1800). De retour à Paris, il mène une existence précaire, tentant de faire sa place au soleil dans le commerce, le milieu littéraire ou par l'entremise des femmes. À partir de 1810, il fait partie de l'administration de l'Empire et participe aux guerres napoléoniennes. C'est ainsi qu'en 1812, il est témoin à Moscou du grand incendie qui ravage la ville après le passage de l'armée de Napoléon.

Après la chute de l'Empire, Stendhal s'installe à Milan. L'Italie deviendra rapidement pour lui une véritable patrie d'adoption. Il avait d'ailleurs déjà entrepris une *Histoire de la peinture en Italie* en 1812, mais avait perdu le manuscrit lors de la retraite de Russie. En

1818, il travaille à une *Vie de Napoléon* et s'éprend d'une passion sans précédent pour Mathilde Dembowski, qui ne la lui rend guère. S'intéressant aux mécanismes du sentiment amoureux, il publie alors *De l'amour* en 1821. La même année, accusé de sympathiser avec les *Carbonari*, il est chassé de Milan.

De retour à Paris, au bord de la faillite à la suite de la mort de son père, Stendhal fréquente le milieu littéraire. Il y fera la connaissance de Prosper Mérimée, avec qui il se lie d'une amitié durable. Il publie également articles, essais (*Racine et Shakespeare*, 1823), puis un premier roman, *Armance* (1827). La révolution de Juillet, qui se solde par l'échec des républicains, lui inspire l'un de ses chefs-d'œuvre, *Le Rouge et le Noir*, qui connaît un certain succès.

Il est alors nommé consul à Civitavecchia, en Italie, où il s'ennuie. Il se distrait du mieux qu'il peut en voyageant et en écrivant (bien des œuvres de cette période sont néanmoins inachevées, l'auteur vivant une crise personnelle intense). En 1836, il est de retour à Paris pour un séjour de trois mois, mais y reste finalement trois ans, années au cours desquelles il rédige la plupart des nouvelles du recueil *Chroniques italiennes* (1855). En 1839 paraît enfin un autre grand roman : *La Chartreuse de Parme*.

Stendhal meurt trois ans plus tard dans son sommeil, victime d'une crise d'apoplexie.

Vanina Vanini

La genèse de l'œuvre

Publiée en 1829 dans *La Revue de Paris*, « Vanina Vanini » a été greffée au recueil posthume *Chroniques italiennes*, constitué de nouvelles écrites entre 1836 et 1839. Certains critiques contestent toutefois l'appartenance de la nouvelle à ce recueil, puisqu'elle a été écrite un peu plus tôt et qu'elle s'inspire d'un fait contemporain (les autres récits nous ramènent en effet dans l'histoire plus ancienne de l'Italie). Aujourd'hui encore, *Vanina Vanini* est parfois coupée de certaines éditions des *Chroniques italiennes*.

Les thèmes

Stendhal était un républicain convaincu. Aussi, on trouve dans *Vanina Vanini* le thème romantique de la lutte pour la démocratie, lutte que mènent Pietro et le reste des *Carbonari*. À ce thème vient également se greffer celui du conflit entre l'amour que ressent Vanina pour le jeune Pietro et celui que ce dernier ressent pour sa patrie. Le récit de Stendhal s'inscrit ainsi dans la tradition de la tragédie classique, où le sens du devoir et le dévouement envers une cause plus grande que le bonheur individuel mènent les amants à leur perte.

Ce qui fascinera davantage le lecteur averti est la singulière ressemblance entre le tempérament des deux amoureux. Vanina est en effet aussi passionnée, intrépide et courageuse que Pietro, ressemblance qui explique en partie leur attirance réciproque. Le conflit réside moins ici dans une sorte d'incompréhension mutuelle que dans le fait que les deux protagonistes luttent pour des causes différentes. Alors que Vanina veut sauver celui qu'elle aime, Pietro, lui, est prêt à mourir pour sa patrie. Tout l'héroïsme et le dévouement de Vanina deviennent ainsi aux yeux du jeune homme un acte de trahison suprême.

Cette étrange ressemblance est d'ailleurs renforcée par le thème du travestissement. Pietro apparaît en effet déguisé en femme au début de la nouvelle alors que Vanina se déguisera plus tard en homme afin de mener à bien le projet de sauver Pietro de la mort. Ce double travestissement produit ainsi l'effet de brouiller davantage le traditionnel contraste entre l'amoureux viril et héroïque et la belle de service ; comme si Vanina n'était finalement que le reflet de Pietro, et vice versa. Notons par ailleurs que le thème du travestissement, également abordé par Musset dans son théâtre, rappelle autant, sinon plus, la littérature libertine du XVIIIe siècle que le romantisme à proprement parler.

Finalement, le thème de l'honneur est aussi abordé par l'auteur. Pour Vanina (Stendhal dirait probablement « pour les femmes en général »), l'honneur est une notion non pas incompréhensible, mais secondaire en comparaison de l'amour ou de la poursuite du bonheur. C'est pourquoi la jeune femme n'hésitera pas à sauver son bien-aimé de la mort. Peut-on parler ici d'égoïsme ? Probablement, puisque l'amour (dans l'œuvre de l'auteur, du moins) est toujours en partie égoïste. Mais Stendhal ne condamne pas le geste de Vanina, pas plus qu'il ne tourne le sacrifice de Pietro en ridicule. Il se contente de montrer les conséquences fâcheuses de cette rencontre entre une jeune femme du monde, pour qui la lutte pour la démocratie signifie peu de choses, et un jeune homme du peuple, qui a tout à gagner (et plus rien à perdre) en luttant pour l'amélioration des conditions de vie de ses semblables. S'il y a critique dans *Vanina Vanini,* c'est donc dans le regard lucide jeté sur les rouages de cette société où riches et pauvres tiennent un dialogue de sourds. On retrouve d'ailleurs ce même regard dans le premier chef-d'œuvre de l'auteur, *Le Rouge et le Noir,* écrit à la même époque.

Le style

Ce qui frappe d'abord chez Stendhal est son style. L'auteur de *Vanina Vanini,* contrairement à Hugo et à bien d'autres romantiques, détestait l'emphase, les fioritures inutiles, le recours au synonyme (pour éviter l'effet de répétition), l'élégance raffinée et les descriptions interminables. Afin de s'assurer de la plus grande simplicité de style (certains, comme Hugo, parlaient plutôt de « sécheresse »), Stendhal dictait ses romans. Plus encore, son empressement à terminer ainsi que sa désinvolture naturelle le détournaient rapidement du travail de relecture. *La Chartreuse de Parme,* son dernier et volumineux grand roman, a été écrit en moins de deux mois. *Le Rouge et le Noir,* tout aussi volumineux, paraît la même année qu'éclate la révolution dont il fait la critique.

Mais c'est également afin d'égaler son modèle absolu en matière de style (le Code civil!) ainsi que par amour pour la littérature anglaise, plus pragmatique, que Stendhal se refuse à donner dans le style « français », où la recherche de la perfection stylistique est toujours au moins aussi importante que les propos tenus par l'auteur. Ce style sec et bref, combiné à son amour pour la description de « petits faits vrais » et à sa définition du roman (« un roman, c'est un miroir que l'on promène le long d'un chemin ») font donc de Stendhal l'un des précurseurs du réalisme.

Romantique dans le choix de ses thèmes (l'amour passion, la lutte pour la liberté, etc.), l'auteur des *Chroniques italiennes* est en effet plus près du réalisme d'un Maupassant dans le choix d'une langue dépouillée de tous ses artifices, ne visant qu'à bien rendre compte de la réalité.

Alfred de Vigny (1797-1863)

BIOGRAPHIE

Alfred de Vigny voit le jour en Touraine (au sud de Paris), dans une famille de l'ancienne noblesse que la tourmente révolutionnaire ruinera peu de temps après. Les parents de Vigny emménagent alors à Paris, où le jeune homme fréquentera plus tard le milieu littéraire.

À la chute de l'Empire (1814), Vigny devient sous-lieutenant dans les Compagnies-Rouges. Profondément marqué par son éducation aristocratique, qui glorifiait la vie militaire, Vigny rêve alors d'aventure, d'actes héroïques, de sacrifice au nom de la patrie. Malheureusement, sous la Restauration, l'armée est cantonnée à son rôle de police politique et la seule « aventure » militaire que vivra l'écrivain sera d'escorter le roi Louis XVIII en exil (voir p. 298).

Profondément déçu, ennuyé par une existence ressemblant plus à celle d'un fonctionnaire, Vigny quitte l'armée en 1827. Il continuera néanmoins toute sa vie à en célébrer dans son œuvre les valeurs morales.

Cette œuvre, Vigny l'entame officiellement dès 1822 en publiant son premier poème dans la revue de Victor Hugo (voir p. 263), avec qui il s'est lié d'amitié. Il fréquente également le Cénacle et épouse une jeune Anglaise du nom de Lydia Bunbury. Son premier roman, *Cinq-Mars* (1826) est un grand succès et permet à Vigny de prendre définitivement sa place au sein du courant romantique.

Traducteur de quelques pièces de Shakespeare, il devient lui-même un dramaturge de renom avec *Chatterton* (1835), qui reprend le thème du poète « paria de la société » déjà abordé dans *Stello* (récits, 1832). La comédienne Marie Dorval, qui y tient un rôle important, devient alors la maîtresse de l'écrivain. La même année, Vigny publie *Servitude et Grandeur militaires,* recueil de nouvelles centrées autour du thème de l'armée et opposant la conscience du soldat à son devoir de militaire.

Commence alors une période sombre dans la vie de Vigny : la mort de sa mère, des querelles incessantes avec ses amis du Cénacle et sa rupture avec Marie Dorval le poussent à s'isoler et à se consacrer presque exclusivement à son œuvre. Ses poèmes *La Mort du loup* et *Le Mont des Oliviers,* dans lesquels l'auteur vante les mérites d'un stoïcisme héroïque, datent de cette période.

Élu membre de l'Académie française en 1845 (après six candidatures infructueuses), Vigny entend profiter de son statut d'écrivain officiel afin de faire valoir ses idées républicaines lors de la révolution de 1848. Déçu par le peu de voix qu'il récolte aux élections tenues dans son département, il se retire alors à la campagne, où il s'occupe de sa femme, gravement malade. Après la mort de sa femme (1853), il revient à Paris où, après avoir publié quelques poèmes, il meurt des suites d'un cancer en 1863. Quatre ans plus tard paraissent *Les Destinées,* somme poétique qui fait définitivement entrer son auteur dans le camp des immortels.

LAURETTE OU LE CACHET ROUGE

La genèse de l'œuvre

Dès 1830, Vigny a l'idée de consacrer un ouvrage de fiction à son expérience de la vie militaire. C'est la révolution de Juillet qui, semble-t-il, a fait germer ce projet dans son esprit. À cette époque, en effet, Vigny est passé de l'aristocrate quelque peu conservateur qu'il était à l'artiste libéral, sceptique face à la monarchie de Charles X et dégoûté par le fanatisme religieux. Toutefois, compte tenu de son éducation militaire et de la marque indélébile que celle-ci a laissée sur son caractère, l'auteur s'interroge vivement : si le roi l'appelait à son secours, ne serait-ce pas son devoir de lui prêter main-forte, en dépit de ses convictions personnelles ? C'est ce dilemme moral qu'il tentera de mettre en lumière dans *Servitude et Grandeur militaires,* recueil de nouvelles dont fait partie « Laurette ou le Cachet rouge ».

Le premier plan de *Servitude,* conçu d'abord comme un roman, date de 1832. La même année, il entreprend l'écriture de *Laurette.* La nouvelle est un genre à la mode à cette époque et Vigny admire ces récits à l'action resserrée et au style sobre et incisif. S'inspirant à la fois de sa propre expérience (voir plus haut) et d'une anecdote de Bougainville, il termine donc ce court récit en trois jours et le fait parvenir à la *Revue des Deux Mondes,* qui le publie en mars 1833.

Deux ans plus tard, l'écrivain, qui a terminé deux autres nouvelles traitant de thèmes similaires (« La Veillée de Vincennes » et « La Vie et la mort du capitaine Renaud ou la Canne de jonc »), les joint à « Laurette » dans la version définitive de *Servitude et Grandeur militaires.* Ce sera la dernière œuvre publiée de son vivant.

Les thèmes

Pour vraiment apprécier *Laurette ou le Cachet rouge,* il faut être sensible à la notion de « devoir » (au sens le plus « militaire » du terme). Le bon soldat doit en effet être capable de faire preuve d'abnégation, c'est-à-dire qu'il doit pouvoir s'oublier pour remplir sa mission, peu importe ce que cette dernière exige de lui. Or, tout le conflit intérieur du vieux soldat de la nouvelle de Vigny réside précisément dans l'horreur que lui inspirent les ordres qu'on lui demande de suivre, ordres auxquels sa conscience de soldat l'empêche de désobéir. Le dilemme moral du protagoniste, partagé entre son sens du devoir et ses convictions personnelles, est donc le thème principal de *Laurette.*

Pour rendre le conflit plus intense et faire en sorte que le lecteur le ressente autant que l'ancien marin de sa nouvelle, Vigny écarte tout ce qui pourrait atténuer le geste affreux du militaire. Il ne s'agit pas en effet d'exécuter un ennemi anonyme, ici, mais un jeune compatriote avec qui le soldat s'est lié d'une solide amitié. De plus, ce jeune homme est marié à la plus adorable femme, Laurette, dont la fonction dans le récit est d'ajouter à l'horreur du crime commis au nom de la patrie. Enfin, Vigny situe l'action à l'époque du Directoire, gouvernement médiocre s'il en est un, afin que le lecteur ne puisse disculper facilement le vieil homme en reconnaissant aux ordres qu'il reçoit une légitimité accrue par le prestige de ses supérieurs. Ces choix dramatisent ainsi la situation et limitent à une seule explication notre compréhension des motifs qui poussent le militaire à exécuter son jeune ami : son sens du devoir. Les conséquences de cette abnégation sont terribles : non seulement Laurette devient folle, mais le vieux loup de mer traînera avec lui, jusqu'à la mort, un sentiment de culpabilité intense, symbolisé ici par le poids de la charrette qu'il s'acharne à conduire, les pieds dans la boue.

Un autre thème important dans la nouvelle et que Vigny a également abordé dans *Stello* et *Chatterton* est celui du poète paria de la société. Dans *Laurette ou le Cachet rouge*, effectivement, le jeune mari de Laurette est condamné à mort pour avoir écrit des vers critiquant le régime en place. Son statut de nouveau marié, son jeune âge, son courage, sa gentillesse et son dévouement importent peu : il a osé se moquer publiquement du Directoire, il doit périr. Même le vieux militaire est dépassé par la sévérité excessive de la punition (« Les Directeurs sont des camarades bien susceptibles », l. 548-549). N'oublions pas que la liberté d'expression est encore très relative au XIXe siècle, que l'on vive à l'époque du Directoire ou à celle de Vigny. C'est pourquoi le poète, que les romantiques perçoivent comme un « porteur de vérité », est perçu dans les œuvres de Vigny comme un être dangereux.

La forme

Laurette ou le Cachet rouge, comme bien des nouvelles de l'époque (ce recueil en témoigne d'ailleurs), est composé d'un récit-cadre et d'un récit enchâssé. Ici, le récit-cadre prend place en 1815, alors que Napoléon marche vers Paris et que Louis XVIII est escorté par son armée jusqu'en Belgique, son lieu d'exil. Vigny, qui avait lui-même pris part à cette mission alors qu'il était militaire, impose donc un narrateur subjectif lui ressemblant comme un frère, celui d'un jeune militaire idéaliste. Au cours du voyage, le jeune homme fera la rencontre d'un vieux soldat marchant à côté d'une charrette et qui deviendra le narrateur et le personnage principal du récit enchâssé. Notons au passage que Vigny avait lui-même fait pareille rencontre à l'époque, mais son mutisme quant à ce que contenait la charrette de l'homme laisse supposer que le reste de sa nouvelle tient plus de la fiction que de l'autobiographie.

Le récit enchâssé commence donc lorsque le vieil homme prend la parole afin de raconter son histoire. Ce récit constitue évidemment le cœur de la nouvelle, tout en servant d'illustration aux réflexions du narrateur du récit enchâssé. Une fois ce récit achevé, l'écrivain nous ramène à l'époque des Cent-Jours afin de bien montrer au lecteur ce qu'est devenue la jeune Laurette et de mieux nous faire ressentir la culpabilité du vieux soldat. La nouvelle s'achève enfin sur une sorte d'épilogue se déroulant en 1825 (10 ans plus tard), qui nous apprend la mort de l'ancien marin et l'internement de Laurette.

Finalement, la division de la nouvelle en trois chapitres distincts montre à la fois le souci de clarté narrative de Vigny, qui sépare ainsi de façon marquée le récit-cadre du récit enchâssé, mais également son approche romanesque du genre (rappelons à ce sujet qu'il avait longuement hésité à faire de *Servitude et Grandeur militaires* un recueil de nouvelles plutôt qu'un roman).

Le Radeau de la Méduse (1819).
Théodore Géricault (1791-1824).

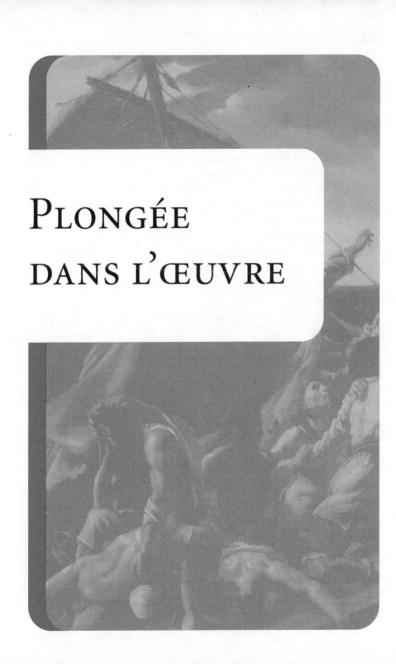

PLONGÉE
DANS L'ŒUVRE

QUESTIONS SUR LES ŒUVRES

HONORÉ DE BALZAC

UNE PASSION DANS LE DÉSERT (P. 8-22)

Compréhension

1. Quel lieu ont fréquenté le narrateur, la femme et le soldat de la nouvelle? Qu'y observaient-ils?
2. À quelle célèbre expédition le soldat a-t-il participé?
3. Comment le Provençal s'est-il retrouvé isolé dans le désert?
4. Avec qui ou quoi le soldat développe-t-il une relation toute personnelle?
5. Qu'arrive-t-il au cheval du soldat?
6. Qui est «Mignonne»?
7. Par quel animal le soldat est-il brièvement attiré à la fin de la nouvelle?
8. Par qui ou par quoi le soldat est-il blessé à la fin du récit? Pourquoi?
9. Pourquoi la femme cherche-t-elle tant à connaître la fin de l'histoire?
10. Quelle question philosophique la nouvelle pose-t-elle?

Écriture

1. Sous quelle forme la femme découvre-t-elle l'histoire du soldat?
2. Peut-on parler ici d'une nouvelle épistolaire? Justifiez votre réponse.
3. Quel est le récit-cadre de la nouvelle?
4. Peut-on parler d'un «double récit-cadre»? Si oui, dans quelle mesure?
5. En quoi la question philosophique posée par Balzac est-elle typiquement romantique?

ALEXANDRE DUMAS

LE BRACELET DE CHEVEUX (P. 23-31)

Compréhension

1. Pour quelle raison la femme du négociant bâlois quitte-t-elle son mari au début de la nouvelle ? Où se rend-elle ?
2. Qui est le narrateur du récit ? Quelle part prend-il à cette histoire ?
3. Qu'ont de particulier les adieux des époux ?
4. De quoi la femme croit-elle être témoin en cours de route ? Est-elle la seule ?
5. Qu'advient-il du mari ?
6. Qui demande à la femme de toujours porter le bracelet de cheveux ? À quelles fins ?
7. Comment la femme se procure-t-elle finalement ce bracelet de cheveux ?
8. Quelle est la particularité du bracelet ?

Écriture

1. Le personnage d'Alliette fait-il partie du récit-cadre ou du récit enchâssé ? Expliquez.
2. En quoi la nouvelle de Dumas est-elle fantastique ?
3. En quoi cette nouvelle peut-elle s'inscrire dans la tradition du roman gothique ?

THÉOPHILE GAUTIER

LA CAFETIÈRE (P. 32-40)

Compréhension

1. Dans quelle région de la France la nouvelle se déroule-t-elle ? Que vient faire le narrateur dans cette région ?
2. À quelle époque la chambre du narrateur transporte-t-elle ce dernier ?
3. Pourquoi le narrateur se met-il à « trembler comme la feuille » (l. 28) avant de se coucher ?

4. Pourquoi le narrateur ne peut-il rester dans la position dans laquelle il s'était couché?
5. Quel rôle le feu joue-t-il dans le récit?
6. Qu'est-ce que la cafetière a d'inusité?
7. D'où sortent les personnages qui animent la chambre du narrateur?
8. Quelle voix entend le narrateur, hormis celles des apparitions?
9. De tous les étranges personnages qui peuplent sa chambre, lequel attire le plus l'attention du narrateur? Pourquoi?
10. Qu'apprend le narrateur à la fin de la nouvelle qui le plonge dans la désolation? Qui lui apprend cette triste nouvelle?

Écriture
1. Quelle est la chute de la nouvelle?
2. Y a-t-il un récit-cadre dans ce récit? Justifiez votre réponse.
3. En quoi cette nouvelle annonce-t-elle le Parnasse (voir p. 261)? Justifiez votre réponse.
4. En quoi s'agit-il d'une nouvelle fantastique et non d'un conte merveilleux? Expliquez.

VICTOR HUGO

Claude Gueux (p. 41-67)
Compréhension
1. Pour quelles raisons Claude Gueux est-il emprisonné?
2. Qu'était autrefois la prison centrale de Clairvaux?
3. Comment Hugo explique-t-il qu'en moins de trois mois Claude Gueux était devenu «l'âme, la loi et l'ordre de l'atelier» (l. 93-94)?
4. Quel personnage n'apprécie pas du tout l'emprise de Claude Gueux sur les autres prisonniers? Pourquoi?
5. Qui est M. D.?
6. Quel rôle (volontaire ou non) Albin joue-t-il dans la décision de Claude Gueux de tuer le directeur de l'atelier?
7. Quel est le plan de Claude Gueux? Comment le met-il à exécution?

8. Que répète Claude Gueux sur l'échafaud avant de se faire couper la tête ? Expliquez.

9. Quelle(s) solution(s) Hugo propose-t-il à la criminalité ?

Écriture

1. En quoi le personnage principal de la nouvelle est-il une bonne illustration du thème du sublime et du grotesque, si cher à Hugo ?

2. En quoi peut-on dire que le style adopté par Hugo est parfois « journalistique » ?

3. Pourquoi cette nouvelle est-elle considérée comme une nouvelle romantique ?

4. Peut-on parler d'un récit à thèse ? Justifiez votre réponse.

PROSPER MÉRIMÉE

TAMANGO (P. 68-90)

Compréhension

1. En quoi Tamango profite-t-il de l'esclavage au début du récit ?

2. Quelles circonstances amènent Tamango à se départir d'Ayché ?

3. Pourquoi le capitaine Ledoux décide-t-il de s'emparer de Tamango pour le vendre comme esclave ?

4. Quelle est la fonction d'Ayché à bord du négrier ?

5. Comment Tamango parvient-il à se libérer de ses fers ?

6. À quel(s) problème(s) les Noirs font-ils face après s'être débarrassés de l'équipage de *L'Espérance* ?

7. Par qui Tamango est-il sauvé ?

8. Qu'advient-il de Tamango après qu'il a été secouru ?

Écriture

1. Donnez quelques exemples d'ironie dans le texte (autres que ceux mentionnés dans la présentation de l'œuvre). Justifiez vos choix.

2. Mérimée était un partisan du « style sec ». Illustrez.

3. Dégagez la structure de la nouvelle en la découpant en quelques chapitres. Justifiez vos choix.

ALFRED DE MUSSET

CROISILLES (P. 91-117)

Compréhension

1. À quelle époque la nouvelle se déroule-t-elle ?
2. D'où revient Croisilles au début du récit ? Qu'était-il allé y faire ? Où retourne-t-il ?
3. Pourquoi le père de Croisilles a-t-il quitté Le Havre ?
4. Que veut tenter Croisilles en dernier recours avant d'aller se jeter à l'eau ?
5. Pourquoi M. Godeau refuse-t-il à Croisilles la main de sa fille ?
6. Que conseille Jean à Croisilles pour se sortir de ses problèmes financiers ?
7. Pourquoi mademoiselle Godeau consentirait-elle à épouser Croisilles si celui-ci avait cent mille écus ?
8. Que tente Croisilles pour faire fortune et ainsi pouvoir épouser mademoiselle Godeau ?
9. Que fait mademoiselle Godeau pour aider Croisilles ?
10. Quelle est l'issue de cette histoire sentimentale ?

Écriture

1. Quel est le ton général de la nouvelle ? Justifiez votre réponse.
2. En quoi cette nouvelle est-elle construite à la manière d'un court roman ?
3. L'histoire littéraire nous apprend que *Croisilles* a été rédigé à la hâte et non sans une certaine désinvolture de la part de Musset. Pouvez-vous trouver des traces de cette désinvolture dans le style ou dans la construction de cette nouvelle ? Expliquez.

GÉRARD DE NERVAL

SYLVIE (P. 118-154)

Compréhension

1. Qu'est-ce qui ramène le souvenir du Valois dans l'esprit du narrateur au début du récit ?

2. De qui le narrateur est-il amoureux à Paris? De quel(s) amour(s) du Valois se souvient-il?

3. Qui est devenue religieuse?

4. Qu'est-ce qui distingue Adrienne de Sylvie?

5. En quoi le souvenir de la visite faite à la tante de Sylvie est-il particulièrement cher au narrateur?

6. Que se passe-t-il au bal de Loisy?

7. Qui est le grand frisé?

8. Qui est le père Dodu? Quel est son rôle dans le récit?

9. Qui est Aurélie? Pourquoi rompt-elle avec le narrateur?

10. Qu'advient-il de Sylvie? d'Adrienne?

Écriture

1. La nouvelle de Nerval se déroule à différents moments du passé et du présent du narrateur. Faites le schéma de la chronologie des événements.

2. Quel est le thème central de la nouvelle?

3. Nerval nourrit sa nouvelle d'évocations historiques, qu'il s'agisse de références à l'Antiquité ou à l'Ancien Régime. Expliquez en quoi l'insertion de tant de références sert le thème principal de la nouvelle.

4. La nouvelle est divisée en 14 courts chapitres. Pourrait-on parler alors de court roman? Justifiez votre réponse.

CHARLES NODIER

LE GÉNIE BONHOMME (P. 155-163)

Compréhension

1. À quelle époque se déroule le récit?

2. Qu'est-il advenu des parents d'Améthyste et de Saphir?

3. Que se reproche Tropbonne?

4. Pourquoi le génie Bonhomme apparaît-il aux enfants une première fois?

5. Qui est «plus réellement riche que les riches» (l. 134-135) selon le génie Bonhomme?

6. Quel cadeau le génie offre-t-il aux enfants?

7. Quelles sont les deux conditions qu'attache le génie au cadeau offert à Saphir et Améthyste?

8. Quel est, dans vos propres mots, le message contenu dans le cadeau du génie Bonhomme?

9. Pourquoi le génie revient-il voir les enfants une seconde fois?

10. Quelle est la morale du récit?

Écriture

1. Nodier a choisi de donner des noms fantaisistes à ses personnages. Pourquoi? Expliquez en quoi ces noms nous renseignent sur la personnalité du personnage qu'ils désignent.

2. En quoi le récit de Nodier est-il un conte merveilleux? Justifiez vos propos à l'aide de quelques citations.

3. Quel procédé narratif Nodier emploie-t-il afin d'établir une certaine complicité avec le lecteur? Donnez un exemple.

GEORGE SAND

Les Demoiselles (p. 164-170)

Compréhension

1. Que sont les demoiselles?

2. Pourquoi les terres de M. de La Selle sont-elles « de chétive qualité et de petit rapport » (l. 19)?

3. Quelle fonction Luneau remplit-il auprès de son maître? Expliquez.

4. D'où reviennent M. de La Selle et le grand Luneau au début du récit?

5. Pourquoi M. de La Selle et le grand Luneau s'endorment-ils au cours de ce voyage?

6. Que manque-t-il aux deux hommes à leur retour? Quelle est l'explication rationnelle de M. de La Selle à ce sujet?

7. Pourquoi Luneau veut-il faire fouiller la Gâgne-aux-Demoiselles? Pourquoi son maître s'y oppose-t-il?

8. Pourquoi, selon l'opinion publique, les demoiselles ont-elles conseillé à M. de La Selle de faire dire trois messes pour l'âme du grand Luneau?

Écriture

1. En quoi le récit de Sand est-il une légende?
2. En quoi cette nouvelle peut-elle servir d'exemple pour expliquer l'ambiguïté propre au fantastique?
3. Que nous rappelle l'exergue[1] de la nouvelle?

STENDHAL

VANINA VANINI (P. 171-195)

Compréhension

1. Où la nouvelle se déroule-t-elle? À quelle époque?
2. Pourquoi Missirilli est-il déguisé en femme?
3. Qu'est-ce qu'un *carbonaro*?
4. Qui est proclamée reine du bal au début de la soirée? Pourquoi?
5. Comment expliquer que Vanina tombe amoureuse d'un personnage qu'elle croit être une femme?
6. Pourquoi Missirilli tient-il tant à retourner en Romagne?
7. Pour quelle raison Pietro est-il arrêté et condamné?
8. Que fait Vanina pour obtenir que Pietro soit gracié?
9. Pourquoi Pietro repousse-t-il Vanina à la fin du récit?
10. Qui Vanina épouse-t-elle à la fin du récit? Qui est cet homme?

Écriture

1. En quoi le portrait physique que Stendhal fait de Vanina illustre-t-il le caractère de la jeune fille?
2. En quoi peut-on dire que la nouvelle de Stendhal est bien romantique, malgré l'utilisation d'un style « sec » assez différent de celui des autres romantiques?
3. Alors que certains romantiques comme Gautier ou Nerval privilégient la description, Stendhal donne prédominance à un autre procédé narratif. Lequel? En quoi ce procédé sert-il sa nouvelle?

---

1. Exergue: citation placée en tête du texte.

ALFRED DE VIGNY

Laurette ou le Cachet rouge (P. 196-224)

Compréhension

1. À quelle époque la nouvelle se déroule-t-elle? De quelle mission les soldats du roi s'acquittent-ils?

2. Qu'a de particulier le vieux militaire rencontré par le narrateur?

3. Pour quelle raison le jeune couple est-il à bord du navire?

4. Qu'est-ce que le «cachet rouge» du titre?

5. Que contient la lettre des Directeurs?

6. Pourquoi le capitaine trouve-t-il si difficile d'obéir à ces ordres?

7. De quel événement traumatisant Laurette est-elle témoin? Comment se fait-il que, malgré les précautions prises par le capitaine, elle a malgré tout été la pauvre spectatrice de cette scène horrible?

8. Qu'advient-il du vieil officier? de Laurette?

9. Pourquoi le narrateur termine-t-il son récit en disant qu'il a lui aussi fait preuve d'abnégation?

Écriture

1. Quel est le récit-cadre de la nouvelle? Quel est le récit enchâssé? Quels en sont les narrateurs respectifs?

2. En quoi la division de la nouvelle en chapitres clarifie-t-elle sa structure?

3. En quoi le paysage dans lequel évoluent le narrateur et le vieil officier renforce-t-il l'aspect dramatique du récit?

LA CAFETIÈRE

Compréhension

1. Où, dans la chambre, le narrateur se trouve-t-il au moment où il est témoin de l'étrange spectacle qui s'offre à lui ?

2. D'où sortent les « dignes personnages » dont l'auteur parle à la ligne 80 ?

3. D'où provient la voix qui ordonne aux personnages de danser ?

4. Quels articles de cuisine semblent avoir soudainement pris vie ?

5. D'où provient l'orchestre ?

6. Par quelle attitude Angéla se démarque-t-elle d'abord des autres convives ?

7. Qu'éprouve le narrateur à la vue d'Angéla ? Que ressent-il en lui parlant ?

8. Qui autorise Angéla à danser avec Théodore ?

9. Comment réagissent les assistants à la vue des danseurs ?

10. Pourquoi ne reste-t-il plus qu'un fauteuil lorsque le narrateur et Angéla cessent de danser ?

Écriture

1. Quels détails viennent nous rappeler qu'il s'agit d'une nouvelle fantastique et non d'un conte merveilleux ?

2. Quelles sont d'après vous les caractéristiques typiquement romantiques de cet extrait ?

3. Quel est, selon vous, l'effet recherché par Gautier lorsqu'il fait dire au narrateur : « J'ai oublié de dire que […] » (l. 97) ?

4. Cet extrait est dominé entre autres par l'énumération. En quoi cette figure de style sert-elle ici le récit ? Donnez quelques exemples.

5. Montrez comment la description d'Angéla en fait un être fantomatique.

6. Tentez d'expliquer, à partir de cet extrait, le titre donné par Gautier à sa nouvelle.

Analyse littéraire

1. Montrez comment la description permet à Gautier de conférer aux éléments surnaturels de son récit un aspect réaliste.

Dissertation explicative

1. Le fantastique brouille la frontière entre rêve et réalité. Montrez comment cette affirmation s'applique bien à l'extrait de *La Cafetière* de Théophile Gautier.

p. 61-67 **EXTRAIT 2**

Claude Gueux

Compréhension

1. Après avoir lu cet extrait, pouvez-vous expliquer en quoi le peuple est l'un des grands problèmes du XIXᵉ siècle (l. 623-624)? Précisez.
2. À la ligne 636, Hugo demande qui est réellement coupable, Claude Gueux ou la société? Quelle réponse à cette question Hugo fournit-il éventuellement?
3. La fiction peut-elle encourager au vice? Cette question encore brûlante d'actualité était déjà dans l'air à l'époque de Hugo. Trouvez le passage de l'extrait qui l'évoque et expliquez dans vos propres mots la réponse de Hugo.
4. Selon le citoyen, à quoi la misère pousse-t-elle le peuple?
5. Quel est le syllogisme dont parle Hugo aux lignes 704 et 705? Expliquez.
6. Plutôt que d'investir dans le système carcéral, quel genre d'investissement propose le citoyen de Hugo?
7. Quelle consolation doit-on permettre aux miséreux?
8. De quelle maladie parle-t-on à la ligne 692?
9. À quoi Hugo fait-il allusion aux lignes 720 à 727? Expliquez.

Écriture

1. Relevez les traces d'ironie comprises dans le premier paragraphe de l'extrait (l. 617-620).

2. Que veut dire Hugo par « [r]emettez les lois au pas des mœurs » (l. 709) ?

3. Trouvez un ou deux exemples de métaphores filées dans cet extrait. Justifiez vos réponses.

4. « Rome et la Grèce avaient le front haut » (l. 731-732). Quelle figure de style emploie ici Hugo ?

5. Comment appelle-t-on la figure de style employée par Hugo aux lignes 745 à 748 ?

6. Quelle(s) figure(s) de style retrouve-t-on aux lignes 762 à 764 ?

Analyse littéraire

1. Montrez comment Hugo met les figures de style et l'art de la formule au service des idées.

Dissertation explicative

1. L'invention (l'art de trouver les idées et de les développer en fonction du sujet et des destinataires), la disposition (la structure du discours : parties, paragraphes, transitions, etc.) et l'élocution (le style, le rythme, les figures de style, etc.) sont les trois premiers éléments du système rhétorique. Montrez comment le discours du citoyen de Hugo est conçu pour convaincre les juges auxquels il s'adresse, structuré de manière à faire ressortir l'absurdité de la peine de mort et rédigé avec éloquence.

| p. 129-132 | **EXTRAIT 3** |

SYLVIE

Compréhension

1. De quel village est-il question dans l'extrait ? Pourquoi le narrateur s'y rend-il ?

2. À quels vestiges de l'Antiquité le narrateur fait-il référence entre les lignes 325 et 338 ?

3. Où le narrateur passe-t-il la nuit avant de reprendre son chemin au matin ?

4. Quel est l'unique objet de la pensée du narrateur ?

5. Quels murs le narrateur se garde-t-il de franchir ? Pourquoi ?

6. Qu'est-ce qui distingue Sylvie des fileuses?
7. Comment réagit Sylvie à l'arrivée du narrateur?
8. Quelle activité Sylvie propose-t-elle au narrateur?
9. À quel philosophe du siècle des Lumières le narrateur fait-il allusion?
10. Quel ouvrage le narrateur vante-t-il à Sylvie? En vous référant au contexte artistique (voir p. 241), expliquez l'importance de cet ouvrage pour les romantiques.

Écriture

1. Pouvez-vous observer dans cet extrait le thème du sentiment de la nature, si cher aux romantiques? Expliquez.
2. Quels éléments descriptifs laissent entrevoir le caractère sauvage de la nature?
3. À quoi sert l'énumération des lieux entre les lignes 339 et 351?
4. Montrez comment la description de Sylvie entre les lignes 366 et 392 renforce l'idée d'une jeune femme de la campagne, pure et innocente.
5. Comment l'auteur s'y prend-il pour opposer aux lignes 382 à 392 la sensibilité urbaine du narrateur à la mentalité plus rurale de Sylvie?

Analyse littéraire

1. Montrez comment le narrateur s'y prend pour faire ressortir la beauté du paysage.

Dissertation explicative

1. Montrez comment la description des lieux reflète l'état d'esprit du narrateur.

p. 212-219 **EXTRAIT 4**

Laurette ou le Cachet rouge
Compréhension

1. Comment le commandant du navire réagit-il au contenu de la lettre?
2. Pourquoi le capitaine n'ose-t-il pas approcher Laurette?

3. Pourquoi l'officier considère-t-il les Directeurs comme « bien susceptibles » (l. 548-549) ?

4. Quel âge a le jeune mari de Laurette ?

5. Pourquoi les Directeurs ont-ils tenu à ce que le jeune homme soit exécuté en mer ?

6. Que demande le jeune homme au capitaine dans le cas où Laurette lui survivrait ? Qu'aimerait-il que Laurette conserve, dans la mesure du possible ?

7. Pourquoi le capitaine commence-t-il à être ennuyé au cours de son entretien avec le condamné ?

8. Que propose le capitaine au jeune homme pour ménager Laurette ?

9. Quel est le plan du capitaine pour épargner à la jeune femme l'horrible spectacle de l'exécution de son mari ?

10. Pourquoi le capitaine crie-t-il « comme un fou » (l. 621) de séparer Laurette et le jeune homme ?

11. Pourquoi le plan du capitaine échoue-t-il ? Quel effet cet épouvantable spectacle a-t-il eu sur Laurette ?

12. Pourquoi le capitaine a-t-il décidé de garder Laurette ?

Écriture

1. Montrez comment la description des conditions météorologiques (l. 495-501) accentue le caractère dramatique de l'extrait.

2. Montrez comment les propos du capitaine à l'égard des Directeurs s'opposent à son sens du devoir.

3. Quels détails contenus entre les lignes 517 et 583 font de Laurette le modèle même de la jeune femme romantique, frêle et innocente ?

4. À quoi sert la répétition du mot « adieux » à la ligne 594 ?

5. À quoi servent les astérisques placés entre les lignes 606 et 607 ?

6. Que vient renforcer l'utilisation des points de suspension entre les lignes 613 et 629 ?

7. À quoi sert le retour au récit-cadre entre les lignes 682 et 685 ?

Analyse littéraire

1. Toute l'histoire de Laurette est racontée par le vieux marin au jeune militaire. Montrez comment Vigny adopte un style conforme à son personnage et conserve ainsi le ton oral imposé par le récit-cadre.

Dissertation explicative

1. Dans cet extrait de *Laurette ou le Cachet rouge*, le vieil officier de Vigny est à la fois le bourreau de Laurette et son propre bourreau. Expliquez.

QUESTIONS COMPARATIVES

1. Mérimée et Stendhal étaient tous deux partisans d'un « style sec », c'est-à-dire d'un style sobre s'éloignant des débordements lyriques du courant romantique. Voyez-vous malgré tout quelques différences notables entre le style de ces deux auteurs? Lesquelles?

2. *Tamango* de Mérimée et *Claude Gueux* de Hugo sont deux nouvelles traitant de graves problèmes sociaux. Quelles différences majeures voyez-vous entre la façon qu'ont leurs auteurs de revendiquer les causes qui leur tiennent à cœur?

3. *La Cafetière* de Gautier et *Les Demoiselles* de George Sand traitent toutes deux de thèmes relevant du surnaturel. Toutefois, la première est une nouvelle fantastique alors que la seconde fait partie d'un recueil de légendes. Comment expliquez-vous cette distinction? Illustrez vos propos à l'aide de citations.

4. Dumas avoue avoir été influencé par Charles Nodier, à qui il rend indirectement hommage en rédigeant ses contes fantastiques, dont *Le Bracelet de cheveux*. Pourtant, *Le Bracelet de cheveux* et *Le Génie Bonhomme* ont peu de choses en commun. Expliquez les principales différences entre les deux récits.

5. Quelles différences voyez-vous entre les deux amoureux des récits de Nerval et de Musset?

6. En quoi *Une passion dans le désert* de Balzac et *Laurette ou le Cachet rouge* d'Alfred de Vigny s'apparentent-elles du point de vue de leur construction?

ANNEXES

GLOSSAIRE DE L'ŒUVRE

Abnégation : sacrifice volontaire de sa personne, de son intérêt.

Baïonnette : arme pointue (couteau) qui s'ajoute au bout d'un fusil.

Barbares : désigne ici les Autrichiens.

Bâtiment : navire.

Bergère : fauteuil.

Béthune : ville de France, de la région Nord-Pas-de-Calais.

Bivouac : campement ; ici, campement militaire.

Boucher, François (1703-1770) : peintre français dont les œuvres appartiennent au style rococo (mouvement privilégiant un enrichissement décoratif très chargé).

Bourbeux : qui est plein de bourbe (boue formant le fond des eaux croupissantes).

Bourrelé : tourmenté.

Brick : navire à deux mâts.

Cabestan : treuil par lequel on remonte l'ancre d'un navire.

Cachet : marque faite à l'aide d'un cachet (sorte d'étampe) dans de la cire, cette dernière servant la plupart du temps à sceller une enveloppe.

***Carbonaro* :** mot italien signifiant « charbonnier ». Historiquement, les *Carbonari* (pluriel de *carbonaro*) était le nom d'une société secrète italienne du xixᵉ siècle, dont les membres combattaient pour les idées révolutionnaires et la liberté nationale après la chute des nouvelles républiques. Ils visaient donc l'instauration d'un gouvernement démocratique. Les *Carbonari* étaient divisés en petites compagnies de 20 membres (*ventes*), qui envoyaient des députés à une assemblée centrale appelée *vente suprême*. Un mouvement similaire, calqué sur le modèle italien, exista en France. Les « charbonniers » français luttaient contre la Restauration et contribuèrent à la chute de ce régime.

Carlovingien (ou carolingien) : relatif à la dynastie des rois francs carolingiens, qui régnèrent sur l'Europe de 750 jusqu'au xᵉ siècle.

Case : hutte.

Cayenne : commune française située en Guyane (Amérique du Sud).

Chaton : partie d'une bague qui renferme la pierre.

Cimeterre : sabre oriental à lame recourbée.

Cloître : lieu situé à l'intérieur d'un monastère et comportant une galerie à colonnes encadrant une cour intérieure ou un jardin carré.

Conjuré : celui qui prend part à un complot.

Contredanse: danse où les couples de danseurs se font vis-à-vis et exécutent des figures similaires.

Cor: instrument de musique utilisé dans la chasse à courre.

Cotonnade: étoffe de coton imprimé, aussi appelée indienne.

Croisée: fenêtre dont l'espace est divisé en quatre par une croix de pierre.

Croiseur: vaisseau de guerre.

Déporté: prisonnier condamné à la déportation.

Directoire (1795-1799): régime politique français faisant suite à la Terreur (1792-1794) et prenant fin avec le coup d'État de Napoléon Bonaparte. La France était alors dirigée par cinq Directeurs afin d'éviter le fanatisme de la Terreur, d'où le nom donné à cette période de l'histoire.

Dot: somme donnée à une fille à son mariage.

Douairière: vieille dame sévère de la haute société.

Druidique: relatif à la religion celtique (les druides étant les ministres du culte dans la culture celtique).

Échafaud: estrade destinée à l'exécution publique des condamnés à mort par décapitation.

Écoutille: ouverture faite au pont d'un navire pour établir la communication entre deux étages.

Écu: monnaie d'argent.

***Émile ou De l'éducation* (1762):** traité de Jean-Jacques Rousseau sur l'éducation des enfants. L'auteur affirme qu'il faut laisser libre cours à la nature et se contenter d'écarter les obstacles ou de créer les conditions les plus favorables au développement des instincts et des facultés de l'enfant.

Empire: pouvoir, force.

Entrechat: pas de danse.

Entrepont: étage inférieur d'un grand navire.

Épaulette (d'or): décoration militaire (bande de galon de couleur or garnie d'une touffe de fils pendants portée sur chaque épaule).

Ermitage: habitation d'un ou de plusieurs ermites.

Fantassin: soldat d'infanterie (ensemble des militaires combattant à pied).

Fête de l'arc: fête du Bouquet provincial ou fête traditionnelle de l'archerie, qui rassemble tous les archers d'une région, jeunes ou vieux.

Fétiche: objet ensorcelé, magique.

Fourreau: étui, gaine d'une arme blanche.

Frégate: navire de guerre à trois mâts.

Fructidor: douzième mois du calendrier républicain allant de la mi-août à la mi-septembre.

Fuseau : instrument de bois servant à faire de la dentelle.

Gabrielle : Gabrielle d'Estrée (1570-1599), maîtresse du roi Henri IV.

Gaillard d'arrière : partie du pont située à l'arrière du mât d'artimon (mât le plus près de l'arrière du bateau).

Gorge : poitrine.

Goutteux : atteint de la goutte (maladie des petites articulations, caractérisée par de la rougeur, un gonflement).

Guichetier : employé qui ouvre et ferme le guichet, terme désignant ici la petite ouverture pratiquée dans la porte de la cellule, qui permet de parler au prisonnier ou de lui passer quelque chose.

Hallier : ensemble de buissons épais.

Havre (Le) : ville portuaire de Haute-Normandie (région du nord-ouest de la France).

Henri IV (1553-1610) : roi de la Renaissance française.

Hôtel : au xixe siècle, demeure d'une personne éminente ou riche.

Ieau (familier) : eau.

Impérieux : autoritaire, tranchant.

Jatte : vase rond, d'une seule pièce et sans rebord.

Jésuite : membre d'un puissant et célèbre ordre religieux catholique. La Compagnie de Jésus existe depuis 1540.

La Fronde (1648-1652/1653) : célèbre guerre menée contre le roi de France par la noblesse.

La Gâgne-aux-Demoiselles : fosse herbue de la région.

La Révolution : la Révolution française de 1789, qui mit fin à l'Ancien Régime.

La Saint-Barthélemy : le 24 août.

Lambris : revêtement.

Le Marat : de Jean-Paul Marat (1743-1793), révolutionnaire français ayant voté la mort de Louis XVI.

Légat : cardinal nommé par le pape pour administrer une province de l'État ecclésiastique.

Lestement : avec dextérité et rapidité.

Lieue : ancienne unité de distance. Une lieue équivalait à environ 4 km.

Livre : monnaie de compte qui se divisait en sous et en deniers.

Livrée : couleurs et caractéristiques propres à une maison, à une famille.

Loisy : ville de la région du Valois.

Louis : ancienne monnaie d'or.

Louis XIV (1638-1715) : roi de France surnommé le Roi-Soleil en raison de son règne éclatant.

Maison d'Este : famille originaire de la ville d'Este, en Vénétie (Italie).

Majesté: grandeur imposant le respect.

Masséna, André (1758-1817): homme militaire (maréchal d'Empire) sous Napoléon Ier.

Maugrabin: synonyme de Maghrébin (habitant de l'Afrique du Nord).

Médicis: famille de banquiers italiens qui gouvernaient la ville de Florence entre les xve et xviiie siècles.

Métayer: fermier.

Métier: machine utilisée dans l'industrie textile.

Minauderie: mine, manière par laquelle on cherche à séduire, agacerie.

Mousse: jeune garçon qui fait son apprentissage du métier de marin.

Nantes: ville du nord-ouest de la France, près de l'océan Atlantique.

Napoléon: Napoléon Bonaparte ou Napoléon Ier (1769-1821).

Ogive: ornement typique de l'architecture gothique (xiie-xvie siècles).

Opulence: richesse, abondance de biens.

Pan: partie flottante ou tombante d'un vêtement.

Passer outre: aller plus loin.

Plat-bord: rangée de larges planches fixées horizontalement sur le sommet de la muraille d'un navire dans toute sa longueur, accoudoir.

Pompe: éclat.

Poupe: arrière d'un navire.

Pourvoi: demande en appel.

Préau: cour intérieure.

Prélat: titre particulier des principaux supérieurs ecclésiastiques.

Probité: honnêteté.

Procureur du roi: magistrat qui, dans un régime monarchique, représente le ministère public dans un procès.

Provençal: originaire de la Provence (région du sud de la France).

Railler, railleur: plaisanter; qui plaisante (souvent avec ironie, sarcasme).

Ratifier: approuver.

Régence (1715-1723): à la mort de Louis XIV (1638-1715), période au cours de laquelle le duc Philippe d'Orléans (1674-1723) occupe le trône en raison du trop jeune âge de l'héritier désigné, Louis XV (1710-1774). Philippe d'Orléans n'était donc pas roi de France, mais régent (d'où le nom donné à cette période).

Romagne: région historique du nord de l'Italie.

Rond de jambe: pas de danse.

Rouges: l'expression désigne les quatre compagnies (corps de troupes) de la maison du roi Louis XVIII.

Rousseau, Jean-Jacques (1712-1778) : philosophe genevois du siècle des Lumières considéré comme un précurseur du romantisme, principalement à cause de son roman épistolaire *Julie ou la Nouvelle Héloïse*. Paru en 1761, ce roman raconte l'histoire d'amour entre Saint-Preux et Héloïse, qui ne peuvent pourtant s'épouser en raison de leurs origines sociales différentes.

Saint-S… : probablement Saint-Sulpice-du-Désert, près de Loisy.

Scellé : sceau apposé à une serrure, à un cabinet, par autorité de justice pour empêcher de les ouvrir.

Sein, dans le sein : poitrine ; contre la poitrine.

Senlis : ville de la région du Valois.

Sente : sentier.

Sequin : monnaie d'or.

Shako : sorte de coiffure militaire, de forme cylindrique.

Solennité : cérémonie publique solennelle.

Soufflet : gifle.

Tillac (anciennement) : pont.

Tropique : parallèle terrestre séparant la zone torride des zones tempérées. Le mot désigne ici la région comprise entre les deux tropiques (celui du Cancer et celui du Capricorne).

Trumeau : panneau décoratif.

Valois : région dans le nord-ouest de la France ; famille royale qui porta la couronne de 1328 à 1589. Les Valois succèdent aux Capétiens et précèdent les Bourbons, deux autres familles de France ayant occupé le trône.

Vase : boue.

Vente : voir *Carbonaro*.

Vergue : pièce de bois léger qui porte la voile.

Virginie : personnage de jeune adolescente amoureuse passionnée du roman *Paul et Virginie* (1788) de Bernardin de Saint-Pierre (1737-1814), racontant l'histoire de ces deux enfants sans père dans l'île de France (actuellement l'île Maurice, État de l'océan Indien).

Voûte : ouvrage de maçonnerie cintré.

MÉDIAGRAPHIE

Les œuvres

BALZAC, Honoré de. *La Comédie humaine,* tome VII, Paris, Gallimard, coll. « Bibliothèque de la Pléiade », 1936.

DUMAS, Alexandre. *Les Mille et Un Fantômes* précédé de *La Femme au collier de velours,* Paris, Gallimard, coll. « Folio classique », 2006.

GAUTIER, Théophile. *Contes et récits fantastiques,* Paris, Le Livre de poche classique, 1990.

HUGO, Victor. *Claude Gueux,* Paris, Le Livre de poche, coll. « Les Classiques d'aujourd'hui », 1995.

MÉRIMÉE, Prosper. *Mateo Falcone et autres nouvelles,* Paris, Le Livre de poche classique, 1995.

MUSSET, Alfred de. *Œuvres complètes en prose,* Paris, Gallimard, coll. « Bibliothèque de la Pléiade », 1960.

NERVAL, Gérard de. *Les Filles du feu, Les Chimères et autres textes,* Paris, Le Livre de poche classique, 1999.

NODIER, Charles. *Contes* (avec des textes et des documents inédits), Paris, Garnier, coll. « Classiques Garnier », 1999.

SAND, George. *Légendes rustiques,* Paris, Éditions Libres-Hallier, 1980.

STENDHAL. *Chroniques italiennes,* Paris, GF Flammarion, 1977.

VIGNY, Alfred de. *Œuvres complètes,* tome I, Paris, Gallimard, coll. « Bibliothèque de la Pléiade », 1986.

Ouvrages de référence

ARON, Paul, Denis SAINT-JACQUES et Alain VIALA. *Le Dictionnaire du littéraire,* Paris, PUF, 2002.

BÉNICHOU, Paul. *Le Temps des prophètes – Doctrines de l'âge romantique,* Paris, Gallimard, 1987.

BÉNICHOU, Paul. *L'École du désenchantement : Sainte-Beuve, Nodier, Musset, Nerval, Gautier,* Paris, Gallimard, 1992.

FORT, Sylvain. *Le Romantisme, Anthologie,* Paris, GF Flammarion, coll. « Étonnants classiques », 2002.

GENGEMBRE, Gérard. *Le Romantisme,* Ellipses, 2001.

LESTRINGANT, Frank. *Musset,* Paris, Flammarion, coll. « Grandes Biographies », 1999.

REY, Pierre-Louis. *La Littérature française du xixe siècle,* Paris, Colin, coll. « Cursus », 2002.

RICHARD, Jean-Pierre. *Études sur le romantisme,* Paris, Seuil, 1971.

RINCÉ, Dominique. *La Littérature française du xixe siècle,* Paris, PUF, coll. «Que sais-je», n° 1742, 1978.

TADIÉ, Jean-Yves. *Introduction à la vie littéraire au xixe siècle,* Paris, Dunod, 1984.

VAILLANT, Alain, Jean-Pierre BERTRAND et Philippe RÉGNIER. *Histoire de la littérature française du xixe siècle,* Paris, Nathan Université, 1998.

VAN TIEGHEM, Philippe. *Le Romantisme français,* Paris, PUF, coll. «Que sais-je», n° 156, 1990.

Adaptations cinématographiques

Laurette ou le Cachet rouge, un film de Jacques de Casembroot, avec Kissa Kouprine et Jim Gérald, 1931.

Tamango, un film de Jean Roké Patoudem, avec Jean Yanne, Gérard Essomba et Meskie Shibru-Sivan, 2002.

Une passion dans le désert, un film de Lavinia Currier, avec Ben Daniels et Michel Piccoli, 1998.

Vanina Vanini, un film de Roberto Rossini, avec Martine Carol, Sandra Milo et Laurent Terzieff, 1961.

SOURCES ICONOGRAPHIQUES

Page couverture, Photo : Louvre, Paris, France/The Bridgeman Art Library • Page 6, Photo : Musée de la Ville de Paris, Maison de Victor Hugo, France, Lauros/Giraudon/The Bridgeman Art Library • Page 8, Photo : Musée de la Ville de Paris, Maison de Balzac, Paris, France, Giraudon/The Bridgeman Art Library • Page 23, Photo : Bibliothèque nationale de France • Page 32, Photo : Bibliothèque nationale de France • Page 41, Photo : Bibliothèque nationale de France • Page 68, Photo : Bibliothèque nationale de France • Page 91, Photo : Château de Versailles, France, Lauros/Giraudon/The Bridgeman Art Library • Page 118, Photo : Bibliothèque nationale de France • Page 155, Photo : Bibliothèque nationale de France • Page 164, Photo : Bibliothèque nationale de France • Page 171, Photo : Bibliothèque nationale de France • Page 196, Photo : Musée de la Vie romantique, Paris, France, Lauros/Giraudon/The Bridgeman Art Library • Page 225, Photo : Louvre, Paris, France/The Bridgeman Art Library • Page 226, Photo : Bibliothèque nationale de France • Page 232, Photo : Bibliothèque nationale de France • Page 244, Photo : Bibliothèque nationale de France • Page 300, Photo : Musée des Beaux-Arts, Rouen, France, Lauros/Giraudon/The Bridgeman Art Library.

ŒUVRES PARUES

300 ans d'essais au Québec
Apollinaire, *Alcools*
Balzac, *Le Colonel Chabert*
Balzac, *La Peau de chagrin*
Balzac, *Le Père Goriot*
Baudelaire, *Les Fleurs du mal* et *Le Spleen de Paris*
Beaumarchais, *Le Mariage de Figaro*
Chateaubriand, *Atala* et *René*
Chrétien de Troyes, *Yvain* ou *Le Chevalier au lion*
Colette, *Le Blé en herbe*
Contes et légendes du Québec
Contes et nouvelles romantiques : de Balzac à Vigny
Corneille, *Le Cid*
Daudet, *Lettres de mon moulin*
Diderot, *La Religieuse*
Écrivains des Lumières
Flaubert, *Trois Contes*
Girard, *Marie Calumet*
Hugo, *Le Dernier Jour d'un condamné*
Jarry, *Ubu Roi*
Laclos, *Les Liaisons dangereuses*
Marivaux, *Le Jeu de l'amour et du hasard*
Maupassant, *Contes réalistes et Contes fantastiques*
Maupassant, *La Maison Tellier et autres contes*
Maupassant, *Pierre et Jean*
Mérimée, *La Vénus d'Ille* et *Carmen*
Molière, *L'Avare*
Molière, *Le Bourgeois gentilhomme*
Molière, *Dom Juan*
Molière, *L'École des femmes*
Molière, *Les Fourberies de Scapin*
Molière, *Le Malade imaginaire*
Molière, *Le Misanthrope*
Molière, *Tartuffe*
Musset, *Lorenzaccio*
Poe, *Le Chat noir et autres contes*
Poètes et prosateurs de la Renaissance
Poètes romantiques
Poètes surréalistes
Poètes symbolistes
Racine, *Phèdre*
Rostand, *Cyrano de Bergerac*
Tristan et Iseut
Voltaire, *Candide*
Voltaire, *Zadig* et *Micromégas*
Zola, *La Bête humaine*
Zola, *Thérèse Raquin*